新しい
鉄筋コンクリート構造　第2版

嶋津孝之・福原安洋・佐藤立美
大田和彦・松野一成・寺井雅和　共著

森北出版

第2版はしがき

本書は，2002 年に初版が発行されて以来，毎年のように増刷を繰り返し，昨年には 16 刷に及ぶにいたった．筆者らの浅学により十分でない内容であるにもかかわらず，大学や高専で多くの方々に活用いただいてきたことはたいへんに光栄なことでありがたく思っている．

現在の大学や高専では，効率の良いカリキュラムでありながら，一方では JABEE という国際基準に対応するためにも，基礎から実践までの幅広い教育システムを実現する専門教育課程が要求されている．それに応じて，本書も微力ながらそのような欲張りな目標の実現をかかげてきた．

さてこの 10 年の間にも鉄筋コンクリート部材に使用されるコンクリートの強度，鉄筋の性能などが向上した．これに対応して鉄筋コンクリート構造の設計に対する知見はさらに深まり，超高層建築物も普及してきた．また，2018 年までに日本建築学会からは，鉄筋の付着・定着，開口壁部材の扱い，せん断設計式など構造設計基準や指針が改定された．これを機に，本書は，鉄筋コンクリート構造計算規準・同解説の 2018 年改定版に対応して修正した．

一方，限界耐力計算による設計方法は近年の業界では取り扱われることがまれとなったこと，また梁のせん断終局耐力理論は，一般の設計では普及しなかったことから削除することとした．

さらに，2 色刷りや，分数表記をわかりやすくするなど若い読者に少しでも親しまれるようにした．また，ここ 10 年間，不急の校正を行わなかった部分や，語句の訂正などをこの際実施した．

本書を記述するにあたって，多くの文献を参考にし，図表などを引用させていただいた．参考・引用文献は一括して巻末に掲げておいた．これらの文献の著者の方々に心から謝意を表するとともに，本書の出版に際して森北出版株式会社諸氏に多大なるご協力のあったことを記して厚く感謝する．

2021 年 11 月

著者しるす

はしがき

旧書［鉄筋コンクリート構造］は 1986 年に発刊されて，それ以来毎年増刷をくり返し，昨年には第 16 刷に及ぶに至った．筆者らの浅学により，十分でない内容であるにもかかわらず，大学や高専で，かくも永きにわたり多くの方々に活用いただけてきたことは，誠に有難く，大変光栄なことと思っている．

さてこの 20 年に近い歳月の間に，大地震動による建築物被害についての解析的研究もかなり進展し，鉄筋コンクリート構造の設計法について，各種の改良提案がなされてきた．これら提案の結実したものとして，前世紀末に日本建築学会から同構造に関する規準や指針が発行された．そして今世紀に入って，建築基準法改正の施行がなされることになった．この改正の構造関係での大きな特色は従来の「許容応力度計算」法に加え，新たに，「限界耐力計算」法が採用されたことである．後者は前者の仕様規定型と異なり，地震力を含む各種外力レベルと構造物の抵抗能力（耐力並びに変形）の関係を明らかにした計算法であり，これからの国際的な設計法の確立をも視野においたものである．

一方，この十数年において，社会が大学等に対して期待するものが大きく変わってきている．すなわち，従来は大学等への期待は社会への予備教育の色彩が強かった．しかし，最近では，社会に出てすぐに通用する，即戦力のある学生像への期待が顕著に出てきている．折しも現在，全国的に大学改革の波が進行し，ジャビー（JABEE）と呼ぶ教育システムが普及しはじめている．このジャビーは大学等のカリキュラムが国際的基準に合致していることを認定する制度である．

本書［新しい鉄筋コンクリート構造］はこの社会での即戦力のある学生の育成と言うこれからの大学教育等の目標を既に十数年前に先取りした旧書の 2 大執筆方針，すなわち学生にとって

1）鉄筋コンクリート各部材の力学的性質についての十分な理解と，建築物全体についての構造設計法の掌握

2）具体的な説明と多くの例題を通して，基本的理解のみならず応用力がえられることによる独習的内容消化

の 2 点が自然に可能になることを土台としつつ，このたびの学会規準や指針の改定内容や基準法改正による「限界耐力計算」法の内容を具体的に組み入れたものである．すなわち，本書においては，前者の改定内容を第 1 章をはじめとして，関連のある各章及び付録に反映させている．一方，「限界耐力計算」法自体については，その全体像の

要約と具体的な計算例は，本文終章に設けているものの，本計算法に必要な弾塑性解析法としての［マトリクス解法］の説明を，第 10 章において行っている．従来の［手計算による実用解法］の説明は最小限にとどめ，コンピューター利用時代に合わせた対応を行った．さらに，本書においては，国際単位（SI 単位）を用いている．

以上のように，本書は数ある［鉄筋コンクリート構造］に関する教科書の中でも，かなりユニークな内容をもつよう工夫を凝らしたものであるので，旧書同様ご活用いただければ幸甚である．なお，執筆者も旧書の三名に一名を加え，四名体制とした．

本書を記述するにあたって，多くの文献を参考にし，また図表など引用させていただいた．参考・引用文献は一括して巻末に掲げておいた．これらの文献の著者の方々に心から謝意を表すと共に，本書の出版に際して，森北出版株式会社諸氏に多大なるご協力のあったことを記して厚く感謝する．

平成 14 年 3 月

著者しるす

目　次

第１章　鉄筋コンクリート構造の基礎知識 …… 1

1.1　鉄筋コンクリート構造の構造安全の確認方法　2
1.2　コンクリート　4
1.3　鉄　筋　9
1.4　主筋とあばら筋または帯筋およびそれらのかぶり厚さとあき　11
1.5　コンクリートと鉄筋の圧縮力の分担および収縮　12

第２章　曲げを受ける梁 …… 14

2.1　単筋梁　14
2.2　複筋梁の断面設計　18
2.3　T 形梁の断面設計　24
2.4　ラーメンの梁の曲げモーメントと変形　27
2.5　終局強度時の靱性変形に対する設計　32

第３章　曲げと軸力を受ける部材 …… 35

3.1　柱断面の基本的な応力度（無筋柱）　35
3.2　柱の断面算定　39
3.3　構造制限など　45
3.4　柱の終局曲げ強度　48
3.5　柱の曲げモーメントと変形　51

第４章　せん断力を受ける部材 …… 53

4.1　ひび割れのない梁のせん断応力度　54
4.2　曲げひび割れ後のせん断力負担　55
4.3　せん断ひび割れ（斜めひび割れ）強度　56
4.4　ひび割れ後のせん断力負担　59
4.5　許容せん断力　62
4.6　大地震動時におけるせん断力に対する安全検討　63
4.7　構造制限など　65
4.8　せん断力に対する断面算定（梁，柱のせん断補強）　66

第５章　接合部 …… 69

5.1　接合部の応力　69
5.2　接合部の強度　70
5.3　断面設計　71
5.4　柱梁接合部の終局せん断強度，主筋の定着　74

第 6 章　付着，定着，および継手 …… 76
6.1　主筋の付着応力度と安全の検討　77
6.2　定　着　83
6.3　継　手　87

第 7 章　スラブ …… 90
7.1　スラブの設計　91
7.2　スラブの曲げ応力（交差梁理論）　91
7.3　設計曲げモーメント，および断面算定　93
7.4　たわみに対する検討　96
7.5　せん断力に対する検討　97
7.6　擁壁，地下室外壁の設計　99
7.7　階段の設計　100

第 8 章　基　礎 …… 103
8.1　中心荷重を受ける独立基礎　104
8.2　偏心荷重を受ける独立基礎　108
8.3　複合基礎の応力と基礎スラブの算定　110
8.4　連続基礎の応力と基礎スラブの算定　111
8.5　べた基礎の応力と基礎スラブの算定　113
8.6　杭基礎の応力と基礎スラブの算定　114

第 9 章　壁部材 …… 118
9.1　応力と変形　119
9.2　壁部材の許容せん断力　120
9.3　付帯ラーメンの曲げモーメントに対する検討　122
9.4　袖壁付き柱，腰壁付き梁，垂れ壁付き梁，柱型のない壁の許容曲げモーメント M_A および終局強度 M_u，Q_u　123
9.5　構造制限など　123
9.6　有開口壁部材の剛性と耐力　127
9.7　壁部材の終局状態　134
9.8　終局強度　135

第 10 章　構造設計 …… 137
10.1　構造設計の手順および設計法　137
10.2　構造物に加わる荷重と外力　139
10.3　応力計算　145
10.4　保有水平耐力計算等による耐震設計　154

第 11 章　構造計算例 ………… 171
11.1　計算の手順および設計条件　171
11.2　長期荷重による応力計算　177
11.3　地震力による応力計算および耐震性の検討　183
11.4　断面算定，および配筋図　197
11.5　保有水平耐力の検討　205

第 12 章　構造物の動的性質と設計 ………… 219
12.1　地　震　219
12.2　振動の基本　223
12.3　応答スペクトル，および地盤との相互作用　230
12.4　多層骨組の振動　234
12.5　動的解析法　239
12.6　時刻歴応答解析法などの高度な検証法　242

付　録 ………… 245
付録 1　本書で使用する単位記号および単位に掛ける倍数の記号）　245
付録 2　異形棒鋼寸法，断面積表　246
付録 3　長方形梁の許容曲げモーメント　247
付録 4　長方形梁の断面計算図　249
付録 5　長方形柱の許容曲げモーメント　251
付録 6　長方形柱の断面計算図　253
付録 7　パソコンの表計算による梁の断面算定　255
付録 8　パソコンの表計算による柱の断面算定　255
付録 9　壁付き部材の許容曲げモーメント, 終局曲げモーメントの略算方法　257
付録 10　部材の断面二次モーメント　261
付録 11　床スラブ形状と梁の C，M_0，Q_0　262
付録 12　柱の D 値と反曲点高比　263
付録 13　連層耐震壁の D 値　266
付録 14　建築物区分, 構造計算の方法, および審査の方法のフローチャート　269
付録 15　建築基準法施行令第 3 章（構造強度）の構成　270
付録 16　鉄筋コンクリート構造関係の施行令と関連告示一覧　271

参考および引用文献 ………… 272

演習問題解答 ………… 273

索　引 ………… 276

記号一覧

サフィックス略字

a：acceleration, allowable, adhesion
b：base, balanced, beam, bond
c：column, compression, concrete, crack
d：damage, design, diagonal
e：eccentric, elastic, equal
g：gross
h：horizontal
j：joint
L：longtime
max：maximum
min：minimum
n：neutral, need
r：reinforcement
ro：rocking
s：safe, shear, shorttime, stiffness, steel
sw：sway
t：tension
u：ultimate
v：vertical
w：wall, web reinforcement
y：yield

記号

A, a：断面積
- A_e：等価断面積
- A_s：鉄筋断面積
- a_0：鉄筋 1 本の断面積
- a_c：圧縮鉄筋の断面積
- a_d：壁板の斜め補強筋の断面積
- a_g：柱の全主筋断面積
- a_h：壁板の水平補強筋の断面積
- a_s：壁筋断面積
- a_t：引張鉄筋の断面積
- a_v：壁板の鉛直補強筋の断面積
- a_w：1 組のあばら筋または帯筋断面積

A_i：層せん断力の高さ方向分布係数
B, b：幅
- B：スラブ付 T 形断面梁の有効幅
- b：梁または柱の幅
- b_a：スラブ付 T 形断面梁の板部の協力幅
- b_j：接合部の有効幅

C：梁の許容曲げモーメント係数
c：粘性減衰定数
D：せい
- D：梁，柱の全せい
- D：独立フーチング基礎のスラブ厚さ

D：せん断力分布係数
D_s：構造特性係数
d：鉄筋までの距離
- d：曲げ材の有効せい
- d_c：圧縮縁から圧縮鉄筋重心までの距離
- d_t：曲げ材の引張縁から引張鉄筋重心までの距離

d_b：鉄筋径
E：弾性係数
- E_c：コンクリートの弾性係数
- E_s：鉄筋の弾性係数

e：偏心距離
F：設計基準強度
- F：鋼材の設計基準強度
- F_c：コンクリートの設計基準強度

f：許容応力度
- f_a：鉄筋の許容付着応力度
- f_b：大地震動に対する安全確保のための検討用付着割裂の基準となる強度
- f_c：コンクリートの許容圧縮応力度
- f_s：コンクリートの許容せん断応力度
- f_t：鉄筋の許容引張応力度
- ${}_rf_c$：鉄筋の許容圧縮応力度
- ${}_wf_t$：あばら筋または帯筋のせん断補強用許容引張応力度

F：係数
- F_e：偏心率による割り増し係数
- F_s：剛性率による割り増し係数

Fh：減衰による加速度の低減率
G：せん断弾性係数
G_s：地盤増幅係数
g：重力加速度
H, h：階高
- H, h：階高，梁中心間の距離
- h'：柱の内法高さ
- h_0：耐震壁開口部の高さ
- h_{0p}：開口の等価な高さ

h_e：等価粘性減衰定数
I：断面二次モーメント
j：曲げ材の応力中心間距離
K：剛性，剛度，ばね定数，鉄筋配置と横補強による係数
L, l：スパン長さ，水平方向長さ
- L：梁のスパン長さ
- L'：梁の内法スパン長さ，壁板部分の長さ
- L_a：曲げ補強鉄筋の仕口面から鉄筋端までの直線定着長さ

L_{ab}：必要な定着長さ
L_d：鉄筋の付着長さまたは継ぎ手長さ
L_e：壁板の有効長さ
L_0：単純梁の長さ
l_{0p}：開口の等価な長さ，耐震壁の開口部の水平長さ
L_w：壁長さ（柱含む）
L_x：長方形スラブの短辺長さ
L_y：長方形スラブの長辺長さ
l：継手長さ
M：梁または柱の曲げモーメント
M_y：梁または柱の降伏曲げモーメント
M_u：梁または柱の終局曲げモーメント
m：質量
N：軸方向力
n：ヤング係数比
p：鉄筋比
p_c：圧縮鉄筋比
p_t：引張鉄筋比
p_s：壁板の直交する各方向のせん断補強筋比
p_w：あばら筋比，または帯筋比
Q：せん断力
Q_A：許容せん断力
Q_{A_j}：柱梁接合部の安全性確保のための許容せん断力
Q_{AL}：柱の長期許容せん断力
Q_{AS}：柱の短期許容せん断力
Q_B：地階の層せん断力
Q_c：柱の許容せん断力
Q_D：柱または梁の設計用せん断力
Q_{D_j}：柱梁接合部の設計用せん断力
Q_L：柱または梁の長期荷重によるせん断力
Q_u：柱または梁の終局せん断力
Q_w：無開口壁の壁筋が負担できる許容せん断力
Q_{PA}：スラブのパンチングシアーに対する許容せん断力
Q_{Mu}：曲げ耐力によって決まる柱または梁の終局せん断力
Q_{ud}：設計用層せん断力
Q_{un}：必要保有水平耐力
R, r：率
R：層間変形角
R_e：偏心率
R_s：剛性率
R_t：振動特性係数
r_1, r_2, r_3：耐震壁の開口に対する低減率
r_e：弾力半径
S：応答スペクトル値
S_A：加速度の応答スペクトル値
s：秒
T：周期
T：設計用 1 次固有周期
T_c：地盤の卓越周期
t：スラブ，壁板の厚さ，時間
x：あばら筋または帯筋の間隔
x_n：曲げ材の圧縮縁から中立軸までの距離
W：重量
w：床スラブの単位面積あたりの全荷重
w_p：床スラブの単位面積あたりの積載荷重と仕上荷重の和
α：梁または柱のせん断スパン比による割り増し係数，曲げ材の剛性低下率，壁板周辺の柱の Q_c を計算するときの拘束による割増係数
β：耐震壁のせん断剛性低下率
β_u：耐力壁の負担率
${}_s\beta$：刺激係数
γ：コンクリートの気乾単位体積重量，せん断歪み度，複筋比
δ：たわみ，層間変位
ε：歪み度
ε_c：コンクリートの圧縮歪み度
ε_t：引張歪み度
ε_u：コンクリートの終局歪み度
ε_y：主筋の降伏歪み度
ϕ：塑性ヒンジの回転角，接合部における直交梁の有無の係数
ψ：周長
μ：塑性率
θ：角度
κ：係数
λ：床スラブ，独立フーチング基礎スラブの辺長比
ν：ポアソン比，材料安全率
ξ：架構の形状に関する係数
π：円周率
ρ：曲率半径
$1/\rho$：曲率
σ：軸方向応力度
σ_B：コンクリート圧縮強度
σ_c：コンクリート最外縁の応力度
σ_t：引張鉄筋の引張応力度
σ_y：鉄筋の降伏応力度
σ_{yu}：鉄筋の上限用強度
τ：せん断応力度
τ_a：付着応力度
ω：角速度（円振動数）

1 鉄筋コンクリート構造の基礎知識

鉄筋コンクリート構造（reinforced concrete structure）は，図 1.1 に示すように多くの構造形式で用いられている．

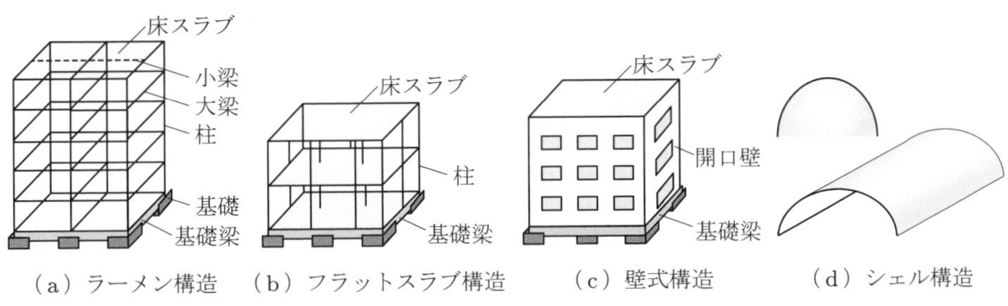

図 1.1　鉄筋コンクリート構造の形式

図 1.1(a)のラーメン構造は，棒状の梁，柱と平板状の床スラブで構成されるもので，一般の多層建築物に採用され，近年ではこの構造によって，地震国の我が国でも数十階建て超高層建築物が作られている．図(b)のフラットスラブ構造は，床スラブを厚くして梁の役割も兼ねる構造で，床荷重が大きい場合に適しており，また天井を高くでき，柱を自由に配置できるという長所がある．図(c)の壁式構造は，壁と床スラブで構成されるもので，壁が鉛直荷重を支え，水平力にも抵抗する．大スパン構造には適さないが，壁が多い住宅に用いられる．ラーメン構造のように柱型や梁型がないので天井高さや，室の形状に有利である．図(d)のシェル構造は，2 次曲面をもつ板で構造体を構成される構造で，コンクリートの圧縮強度を有効に用いて大スパンやデザイン性を拡大するものである．

このほかに鉄筋コンクリート構造は，鉄骨鉄筋コンクリート構造や鋼構造建築物の低層部や基礎などに用いられる．梁部材として鉄骨を採用した混合構造もある．

なお本書では，ラーメン構造に照準を合わせて話を展開していく．

鉄筋コンクリートは，コンクリートと鋼の 2 つの材料で作られるが，図 1.2 に示すように，コンクリートにも鋼にもそれぞれ弱点があり，これを補い合うように考えられたものである．

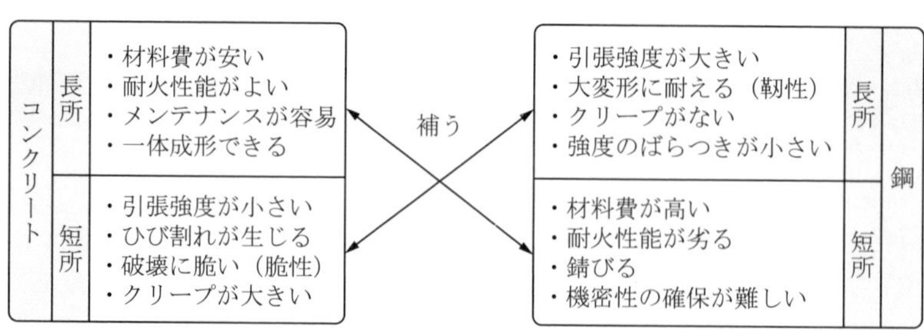

図 1.2　コンクリートと鋼の特徴

1.1　鉄筋コンクリート構造の構造安全の確認方法

鉄筋コンクリート構造の設計においては，大きく分けて以下の（1）～(3）の3つの段階で安全を確認する．これらのうち，（1）と（2）の段階を一次設計，（3）の段階を二次設計という．なお，鉄筋コンクリート構造物は，地震による被害が最も大きいので，中地震動時，大地震動時についての検討が主である．

■(1) 使用性の確認（長期許容応力度段階：一次設計）

第1段階では，建築物は図1.3に示すように，常時の荷重に対して，曲げひび割れや乾燥収縮によるひび割れは多少生じても，鉄筋の防錆や美観のために幅0.2 mm以下のヘアークラック程度に収まる状態が要求される．また，床スラブは，長期にわたるたわみ（クリープ）が生じてもスパンの1/250を超えないようにするなど，常時の使用に支障がないことが要求される．

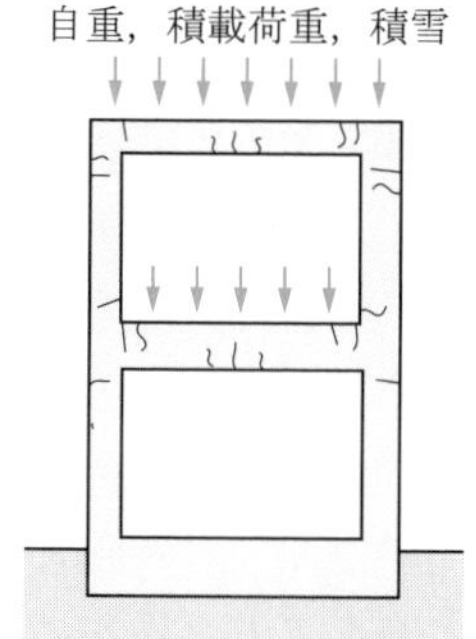

図 1.3　常時の状態とひび割れ

使用性の確認は，以下のように行われる．

まず，材料の許容応力度 f を次式により決める．なお，設計においては，材料強度として次節で述べる設計基準強度を採用する．

$$\text{許容応力度}\quad f = \frac{\text{材料強度}}{\text{材料安全率}\ \nu} \tag{1.1}$$

ν(長期)：コンクリート3，鉄筋1.5

次に，弾性力学によって構造物の各部の応力 M，N，Q を求め，危険部の応力度 σ，τ を求める．そして，応力度 σ，τ が許容応力度 f を超えないことを確認する．

$$\sigma, \tau \leqq f \tag{1.2}$$

さらに，最少鉄筋量，配筋，最小断面などの構造制限を確認する．

■(2) 損傷制御性の確認（短期許容応力度段階：一次設計）

第2段階では，建築物の耐用年限までに1回以上は経験するであろう程度の地震（中地震動）に対して大きな損傷が生じないことを確認する．

一般的な鉄筋コンクリート構造物に地震による水平力が加わった場合，図1.4に示すように変形し，ひび割れが生じる．

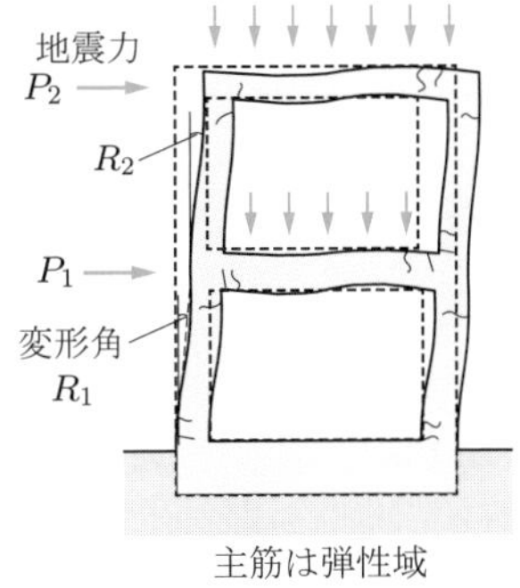

図1.4 中地震動時の変形とひび割れ

地震力 Q と建築物の変形の関係を図1.5に示す．なお，変形は，層間変形角（$R = \delta/h =$ 水平変形/柱高さ）で示す．

図1.5のように，はじめはひび割れはない（図中①）が，地震による水平力によって柱が傾き，$R = 1/1000$ 程度で，柱部材の一部，梁端部などに曲げひび割れが生じる（②）．

その後は，ひび割れは進展しながら幅も大きくなり，建築物の変形量は増大し，剛性は低下する（③）．鉄筋の応力負担は増えていくが，まだ弾性範囲内にある．したがって，地震後に，水平力がなくなると，ひび割れ幅は，ほとんど肉眼で見えない程度に縮小し，部材のたわみもほとんど元に戻る．

さらに，$R = 1/500$〜$1/200$ 程度に変形すると，引張鉄筋の応力度は弾性域を超えて降伏する．これは，Q–R 曲線の段階④であり，このときの剛性はひび割れ前の弾性剛性の1/3程度である．この段階では長期応力度段階と同様に短期許容応力度による確認を行う．このとき，材料安全率 ν はコンクリートで1.5，鉄筋で1.0を用いる．すなわち，コンクリート応力度は $(2/3)F_c$，鉄筋の応力度は F（$= \sigma_y$）を超えないようにする．また，部材角 $R \leqq 1/200$ とする．この段階では，地震後には，仕上げ材などの被害は多少生じるが，構造体の修理はほとんど不要である．

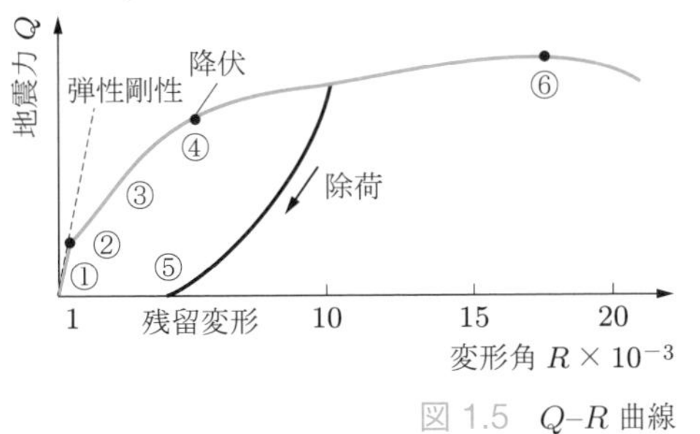

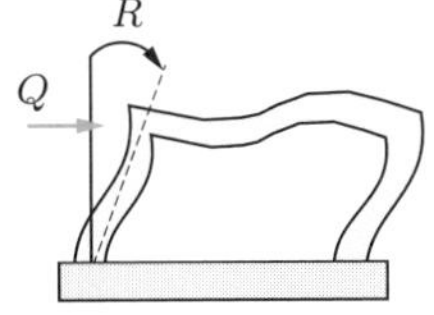

図1.5 Q–R 曲線

■(3) 安全性の確認（保有水平耐力の検討：二次設計）

第3段階では，数百年に一度あるかないかの強い地震（大地震動）に対して，人命に危険を及ぼすような倒壊に至らないことを確認する．

大地震動時には，図1.6のように，建築物は大きく揺れ，部材端部では引張鉄筋が伸びて変形が進み，ひび割れはさらに拡大進展し，コンクリートの圧縮歪み度も増える．地震後はたわみやひび割れ幅は元に戻らず残留する（図1.5の⑤）．さらに，層間変形角が $R = 1/100$〜$1/30$ になると曲げ圧縮コンクリートの歪み度が大きくなり，断面の縁からコンクリートが破壊して剥落が始まる．耐力は低下し始め，建築物は倒壊の危険状態となる（図1.5の⑥）．

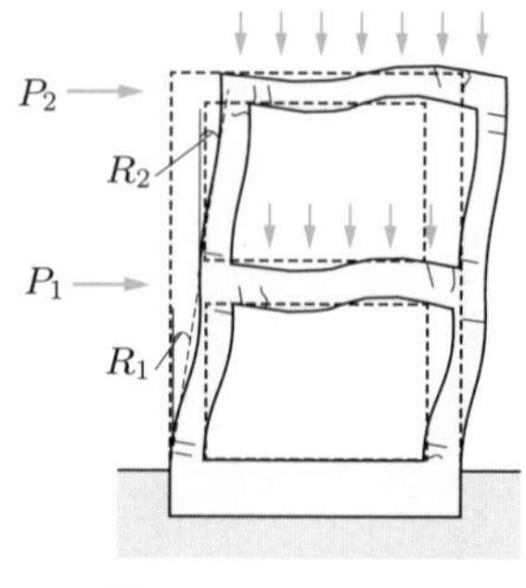

図1.6 大地震動時

この段階では，10.4節で述べるように，建築物が崩壊や倒壊に至る終局せん断力 Q_u を求め，大地震に必要な保有水平耐力 Q_{un} に対して安全であることを確認する．

$$Q_u \geqq Q_{un} \tag{1.3}$$

この段階に至っては，建築物は倒壊はしないものの大きな損傷を受け，大規模な修理もやむを得ないものとする．

以上の設計レベルについて表1.1にまとめる．

表1.1 設計レベル，検証段階

設計レベル	検証の応力段階	荷重の再現期間	荷重レベル	確認の内容
一次設計	長期許容応力度	常時	常時の荷重，および数年に一度くらいに遭遇する積雪や積載荷重	振動，たわみ，ひび割れ幅，クリープなどによる障害はないか
	短期許容応力度	10〜50年程度	建築物の耐用年限までに1回以上は被るような，暴風，大雪，中地震動	建築物の構造的な安全に支障をきたさないか．建築物の継続使用か可能か
二次設計	保有水平耐力	100年程度	建築物の耐用年限までに一度あるかないかのような大地震動	建築物の崩壊によって，人命に対して致命的な被害が生じないか

1.2 コンクリート

1.2.1 コンクリートの高強度化

コンクリートの材料強度は，一般に，21〜40 N/mm^2 のものが使用されているが，それに従うと，高層建築物の設計では，下層部の柱断面が著しく大きくなってしまい建築物としての魅力が小さくなる．そのため，コンクリートを高強度化して小断面とすることが不可欠である．たとえば，60 階建ての超高層マンションで，最下階の柱断面を 1000 mm × 1000 mm 程度にするには，少なくとも 60 N/mm^2，できれば 100 N/mm^2 程度が必要である．

1988〜1992 年に，建設省の「鉄筋コンクリート造建築物の超軽量・超高層化技術」の開発プロジェクトが実施され，強度 60〜120 N/mm^2 を対象とするためのさまざまな実験が行われ検討された．その成果として，我が国でも表 1.2 に示すように強度 60 N/mm^2 以上の実施設計が普及してきた．ただし，一般に，60 N/mm^2 以上のコンクリートは，超高強度コンクリートとよばれ，特別な材料特性についての知識や高度な施工管理が必要なものであるので，本書では扱わない．

表 1.2 高強度コンクリートを使用した高層建築物の例

建築物名称（場所）	竣工年	階	高さ[m]	設計強度 [N/mm^2]	高強度鉄筋
Lake Point Tower（シカゴ）	1965	70		51.6	
Mid Continental Plaza（シカゴ）	1972	50		62.0	
Interfirst Plaza（ダラス）	1983	72		68.6	
Two Union Square（シアトル）	1989	58		96.0	
小松川グリーンタウン（東京）	1989	33		48	SD390
ザ・シーン城北（名古屋）	1996	45	160	60	SD785
クアラルンプールシティーセンター（マレーシア）	1996	92	452	80	
リバーシティー 21 北ブロック N 棟（東京）	1998	43	145	100	SD685
スカイタワー 41（上山市）	1999	41	134	100	
アクティ汐留（東京）	2004	56	184	100*	USD685

＊ 耐火コンクリート

1.2.2 コンクリートの性質

コンクリートは，使用する骨材の種類によって表 1.3 のように分類される．また，コンクリートの耐久性は，高強度なものほど高密度でその性能に優れているので，耐久設計には強度により，表 1.4 のようなランク（級）に分類される．なお，設計に採用されるコンクリート強度は，設計基準強度 F_c とよばれ，21，24，27，30，... N/mm^2（F_c21，F_c24，F_c27，F_c30，... と表記）のように 3 N/mm^2 間隔のものが常用されている．

表 1.3 コンクリートの種類と気乾単位体積重量（文献 7）

コンクリートの種類	骨材		設計基準強度の範囲[N/mm^2]	気乾単位体積重量[kN/m^3]	
	粗骨材	細骨材		鉄筋コンクリート	コンクリート
普通コンクリート	砂利，砕石，スラグ砕石	砂，砕砂，スラグ砂	$18 \leqq F_c \leqq 36$	24	23
			$36 < F_c \leqq 48$	24.5	23.5
			$48 < F_c \leqq 60$	25	24
軽量コンクリート 1 種	人工軽量骨材	同上	$18 \leqq F_c \leqq 27$	20	19
			$27 < F_c \leqq 36$	22	21
軽量コンクリート 2 種	同上	人工軽量骨材または一部を砂，砕砂，スラグ砂で置き換えたもの	$18 \leqq F_c \leqq 27$	18	17

表 1.4 耐久設計のための基準強度の級（文献 7）

級	耐久設計基準強度[N/mm^2]	大規模補修期間[年]	供用限界期間[年]
一般	18	30	65
標準コンクリート	24	65	100
長期コンクリート	30	100	—

1.2.3 コンクリートの圧縮応力度と歪み度

コンクリートの圧縮強度試験による応力度と歪み度の関係を，図 1.7 に示す．コンクリートの圧縮歪み度が 0.15〜0.2%程度で最大強度を示し，その後は，強度が下がりながら歪み度が大きくなる．コンクリートの種類や強度によっても異なる．そして，歪み度が 0.3〜0.5%程度で破壊する，

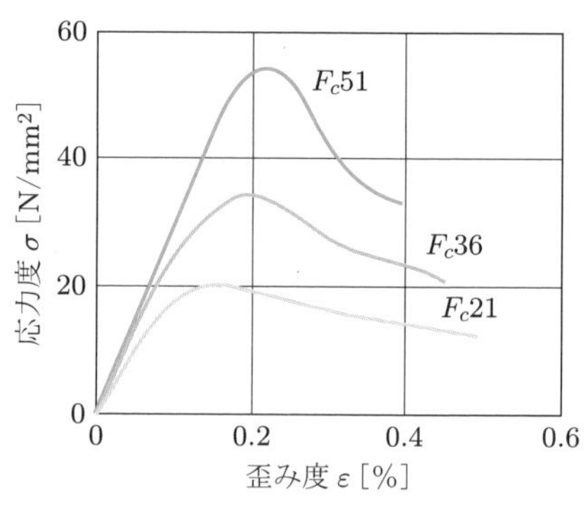

図 1.7 各種強度の応力度–歪み度曲線

コンクリートの応力度と歪み度の関係は細かくみると直線にならない．しかし，設計では，図 1.8 に示すように最大強度 σ_B の 1/3 の点 $(1/3)\sigma_B$ と原点を結んだ直線の勾配を弾性係数 E_c として採用する．この弾性係数は，割線弾性係数，またはセカントモデュラスとよばれ，表 1.5 に示す実験結果に基づく式を用いる．表にはポアソン比 ν，および線膨張係数も示す．せん断弾性係数 G は，表 1.5 の値を用いて，$G = E_c/\{2(1+\nu)\}$ より求められる．

1.2.4 クリープとヤング係数比

図 1.9 に示すように，応力を負担するコンクリートは，応力が加わった瞬間に弾性

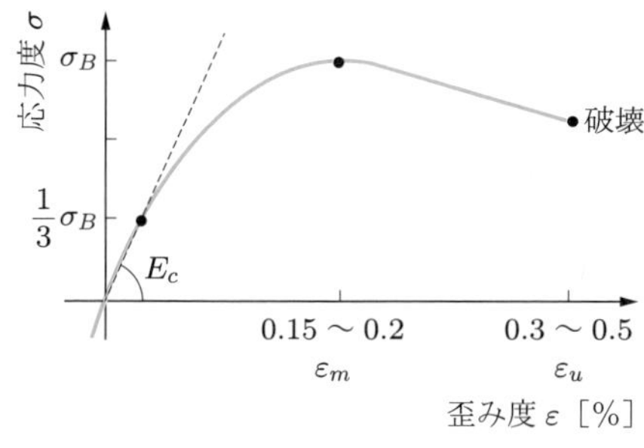

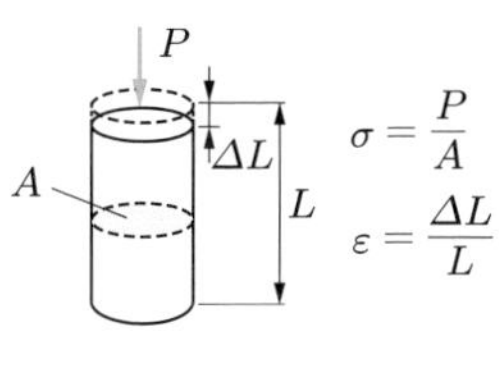

図 1.8 コンクリートのヤング係数

表 1.5 材料の定数（文献 16）

	ヤング係数（弾性係数） E [N/mm²]	ポアソン比 ν	線膨張係数 [1/°C]
コンクリート	$3.35 \times 10^4 \times (\gamma/24)^2 \times (F_c/60)^{1/3}$	0.2	1.0×10^{-5}
鉄筋	2.05×10^5	–	1.0×10^{-5}

注）γ：コンクリートの単位体積重量[kN/m³]で，特に調査しないときは表 1.3 の数値.

係数に比例した歪み度（瞬間歪み度）を受けるが，その歪み度は日数とともに増し，その大きさは応力の大きい場所では最終的に瞬間歪み度の 2 倍またはそれ以上になる．このような性質をクリープ（creep）という．

したがって設計では，図 1.10 に示すように長期応力下でのクリープによる歪み度を考慮してみかけの弾性係数 E'_c を小さく見積もる必要がある．そこで，断面算定に用いるコンクリートに対する鉄筋のヤング係数の比率（ヤング係数比）n は，次式で表す．

$$n = \frac{E_s}{E'_c} \tag{1.4}$$

E'_c はコンクリートの 4 週強度試験時の弾性係数 E_c の 1/1.5 倍程度を採用する．

一方，鉄筋のクリープは無視できるほど小さいので E_s はそのまま用いる．したがって，実際の設計では，コンクリートの設計基準強度に応じて表 1.6 の値が用いられる．

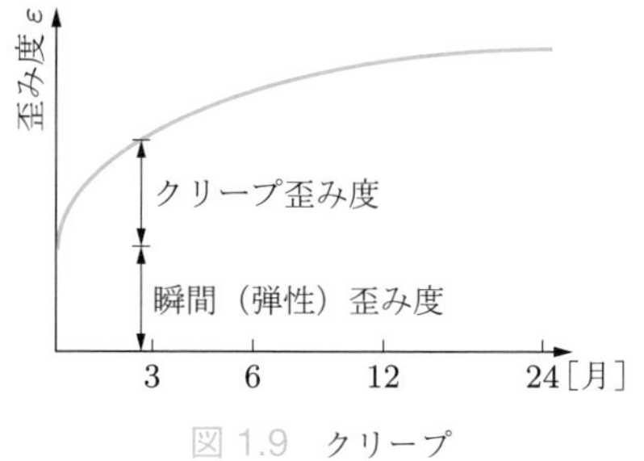

図 1.9 クリープ

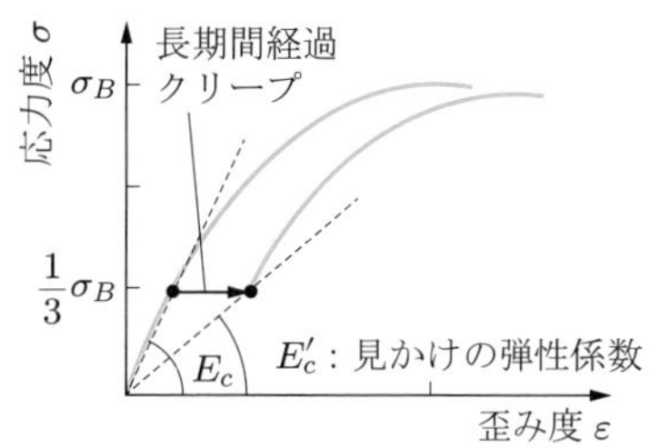

図 1.10 見かけの弾性係数

表 1.6　コンクリートに対する鉄筋のヤング係数比（文献 16）

コンクリートの設計基準強度[N/mm^2]	ヤング係数比 n
$F_c \leqq 27$	15
$27 < F_c \leqq 36$	13
$36 < F_c \leqq 48$	11
$48 < F_c \leqq 60$	9

1.2.5　コンクリートの曲げひび割れ強度，およびせん断ひび割れ強度

強度試験におけるコンクリートの引張強度は，圧縮強度の 1/10 程度と小さいこと，また実際の梁やスラブなどでは，長期的には，乾燥収縮ひび割れが生じていることも懸念されるので，曲げ応力度に対する引張強度は無視して設計される．

一方，せん断強度（せん断ひび割れ強度）については，圧縮強度の 1/10 程度を用いて設計する（詳しくは第 4 章参照）．

1.2.6　許容圧縮応力度 f_c，許容せん断応力度 f_s

許容応力度は，1.1 節で述べたように式(1.1)で表される．許容圧縮応力度は，材料強度 = 設計基準強度 F_c として，長期応力に対して安全率 3 とし，短期応力では長期の 2 倍（$= (2/3)F_c$）としている．また，許容せん断応力度は，長期の場合は，実験研究の結果により，F_c に応じて式が分けられており，短期の場合は，建築基準法では長期に対して 1.5〜2.0 倍としている．これらの許容応力度を表 1.7 に示す．

なお，本書の計算例では日本建築学会の値を用いる．

表 1.7　コンクリートの許容応力度 f_c, f_s[N/mm^2]（文献 16）

	長期許容応力度			短期許容応力度（長期に対する倍率）		
	圧縮 f_c	引張	せん断 f_s	圧縮 f_c	引張	せん断 f_s
普通コンクリート	$F_c/3$	0	$F_c/30$ かつ $0.49 + F_c/100$ 以下	2.0 倍	0	1.5 倍
軽量コンクリート 1，2 種			普通コンクリートの場合の 0.9 倍			

1.2.7　鉄筋とコンクリートの付着，および許容付着応力度 f_a

図 1.11 において，鉄筋の引張力 T を負担するのは，鉄筋表面の凹凸によるコンクリートとの噛み合いによる抵抗力である．その大きさは，鉄筋の表面積 = 周長 ψ × 長さ L で除して次式での応力度 τ_a として表す．

$$\tau_a = \frac{T}{\psi L} \tag{1.5}$$

ここに，τ_a は付着応力度とよばれる．なお，ψ は付録 2 のように決められている．

また，抜け出す際の強度は，以下のようにそのコンクリートの強度や配筋の位置に影響される．

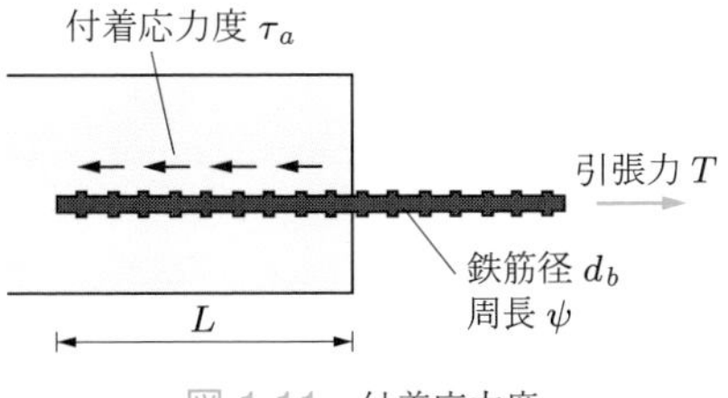

図 1.11 付着応力度

1）コンクリート強度に比例する．

2）上端筋（うわばきん）（その鉄筋の下に 300 mm 以上のコンクリートが打ち込まれる場合の水平筋をいう）では，コンクリートのブリージングにより，鉄筋下部に空洞部が生じるため付着力は劣る．

3）軽量コンクリートの付着力は，普通コンクリートとほぼ同等である．

そこでこれらを考慮して，許容付着応力度は表 1.8 のように決められている．

表 1.8 異形鉄筋のコンクリートに対する許容付着応力度 f_a [N/mm^2]（文献 16）

		長期許容付着応力度 $_Lf_a$		短期許容付着応力度 $_sf_a$
		上端筋	その他の鉄筋	
普通コンクリート	$F_c \leqq 21$	$F_c/15$	$F_c/10$	長期の 1.5 倍
	$F_c > 21$	$0.9 + 2F_c/75$	$1.35 + F_c/25$	
軽量コンクリート		上記の値と同じ		

注 1）上端筋とは，その下に 300 mm 以上のコンクリートがある鉄筋（主筋）

2）f_a の算出において，異形鉄筋で鉄筋までのかぶり厚さが鉄筋径 d_b の 1.5 倍未満の場合は，かぶり厚さ/$(1.5d_b)$ を掛けた値とする．

1.3 鉄 筋

1.3.1 鉄筋の種類

鉄筋（steel bar for concrete reinforcement）には次のような種類がある．

1）異形棒鋼（SD：deformed bar）

2）溶接金網（welded wire fabric）

3）丸鋼（SR：round bar）

このうち丸鋼は近年用いられなくなり，異形棒鋼が主流である．溶接金網は，細い径のものをメッシュに溶接したもので，ひび割れ抑制効果も期待してスラブなどに多く使用されている．また，鉄筋の径は 6〜51 mm のものが用いられ，異形棒鋼の場合，その径の種類を D6，D10，D13，D16，D19，D22，D25，D29，... などと称する．これらの断面積および周表を付録 2 に示す．

1.3.2　鉄筋の強度

鉄筋の設計基準となる強度は，降伏点強度または，降伏点が明確でない場合は，図 1.12 に示すように残留歪み度が 0.2%となるときの応力度で表す．その強度は 295～490 N/mm^2 のものが一般的で，鉄筋には，その下限の値に応じて，SD295，SD345，SD390，SD490 の種類がある．これらの鉄筋の応力度と歪み度の関係を図 1.13 に示す．なお，490 N/mm^2 を超える高強度鉄筋も使用されるが，これらは特別な規定のもとに使用しなければならないので本書では対象としない．

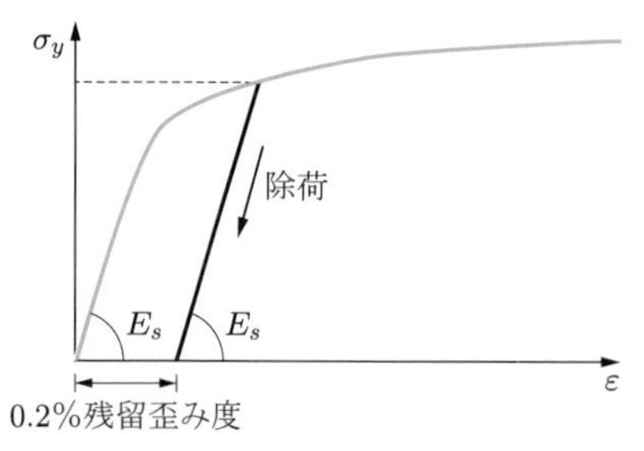

図 1.12　鉄筋残留歪み度 0.2%の耐力

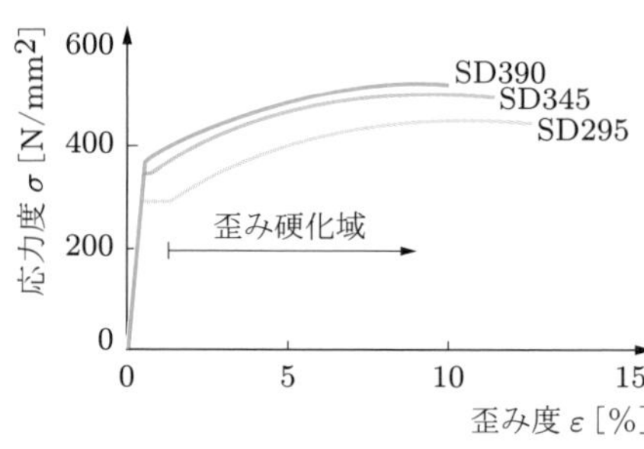

図 1.13　鉄筋の種類と応力度，歪み度

また，鉄筋の許容応力度を決める際に太径（D29 以上）のものは，ひび割れ間隔が大きくなり，その分ひび割れ幅も大きくなることや，高強度鉄筋を高応力度で使用する場合は，歪み度が大きくなることなどから，その対策として許容応力度を制限している．また，短期の許容応力度は，長期の場合に対して安全率を 1.5 としている．

鉄筋の許容応力度を表 1.9 に示す．弾性係数および線膨張係数は表 1.5 に示した．

表 1.9　鉄筋の許容応力度[N/mm^2]（文献 16）

	長期		短期	
	引張および圧縮	せん断補強	引張および圧縮	せん断補強
SR235	155	155	235	235
SR295	155	195	295	295
SD295A および B	195	195	295	295
SD345	215（195*）	195	345	345
SD390	215（195*）	195	390	390
溶接金網	195	195	295**	295

注）* D29 以上の太さの鉄筋に対して用いる数値.

** スラブ筋として引張鉄筋に用いる場合に限る.

1.4　主筋とあばら筋または帯筋およびそれらのかぶり厚さとあき

ラーメンを構成する梁および柱には，図1.14に示す軸方向の主筋とそれを囲むあばら筋（梁）または帯筋（柱）があり，それらの表面からコンクリート表面までの距離（かぶり厚さ）と鉄筋どうしのあき（あき）は，次の理由で必要である．

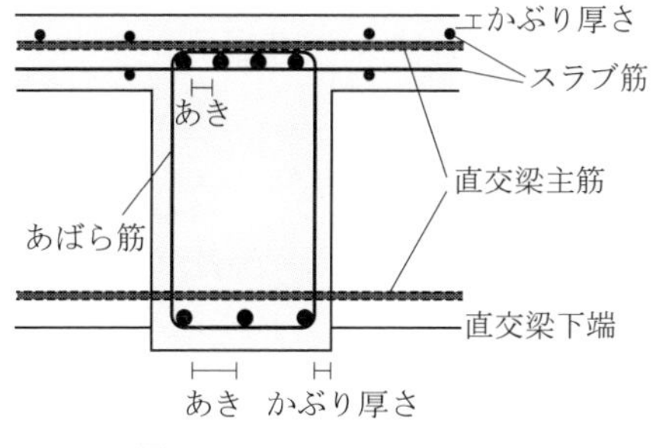

図 1.14　かぶり厚さとあき

1）鉄筋の引き抜き力に対して，コンクリートが割裂しないでその強度を発揮させるため（付着強度の確保）．

2）コンクリート打設時に骨材が通り抜けられるようにするため．

さらに，かぶり厚さには次の2点の必要理由が加わる．

1）建築物の寿命期間内に鉄筋を錆びから防ぎ，耐久性を保つため（防錆）．

2）火災時の温度上昇によって鉄筋の強度が安全率を超えるほどには低下しないようにするため（耐火性）．

鉄筋に対するコンクリートのかぶり厚さの最小値は，建築工事標準仕様書・同解説2018，JASS5鉄筋コンクリート工事（文献7），また建築基準法施行令第79条では，表1.10のように決められている．なお，JASS5では，建築物の使用供用期間に応じて，短期（30年），標準（65年），長期（100年），および超長期（200年）の4段階で区分けされており，設計かぶり厚さには，配筋などの施工誤差10 mmが含まれている．

梁では，上端筋が，直交する梁の上端筋の下に配置される場合には，さらにその主

表 1.10　鉄筋に対するコンクリートのかぶり厚さの最小値[mm]

部位			設計かぶり厚さ *			最小かぶり厚さ **
			短期	標準・長期	超長期	
土に接しない部分	屋根スラブ，床スラブ，非耐力壁	屋内	30 以上	30 以上	40 以上	20 以上
		屋外		40 以上	50 以上	
	柱，梁，耐力壁	屋内	40 以上	40 以上	40 以上	30 以上
		屋外		50 以上	50 以上	
	構造部材と同等の耐久性を要求する非構造部材	屋内	30 以上	30 以上	40 以上	—
		屋外		40 以上	50 以上	
土に接する部分	柱，梁，床スラブ，壁，布基礎の立ち上がり		50 以上	50 以上	50 以上	40 以上
	基礎，擁壁		70 以上	70 以上	70 以上	60 以上

注）* 建築工事標準仕様書・同解説2018，JASS5鉄筋コンクリート工事
** 建築基準法施行令第79条

筋径分多く必要となる．したがって，一般の梁では，コンクリート表面から主筋中心までの距離は，70〜100 mm 程度必要である．

1.5　コンクリートと鉄筋の圧縮力の分担および収縮

図 1.15 のコンクリート柱は，内部に鋼棒があり，コンクリートと一体化して外力の圧縮力 N を受けている．この場合のコンクリートおよび鋼棒の応力度と歪み度，および柱の収縮量を考えてみる．

柱の断面 $b \times D$，長さ L

コンクリート：

断面積 A_c，弾性係数 E_c，応力度 σ_c

鋼棒：

断面積 A_s，弾性係数 E_s，応力度 σ_s

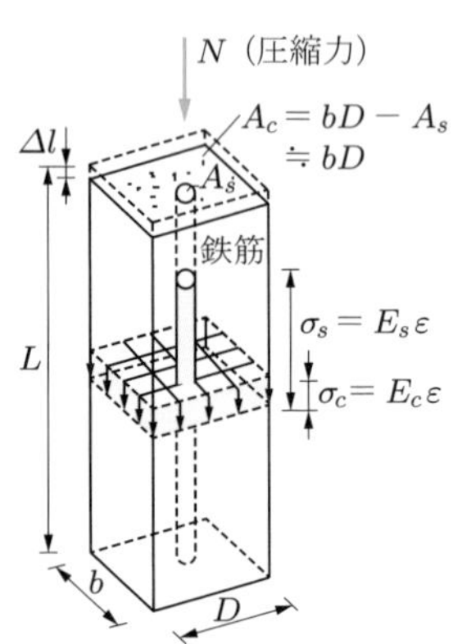

図 1.15　鉄筋コンクリート柱

断面の歪み度はコンクリートも鋼棒も同じで ε であるので，フックの法則から次式が成り立つ．

$$\text{コンクリートの応力度}\quad \sigma_c = E_c\varepsilon \tag{1.6}$$

$$\text{鋼棒の応力度}\quad \sigma_s = E_s\varepsilon \tag{1.7}$$

式(1.6)，(1.7)より ε を消去し，式(1.4)のヤング係数比を用いると，次式となる．

$$\sigma_s = n\sigma_c \tag{1.8}$$

そして，これらが外力 N を負担するので，次式となる．

$$N = \sigma_c A_c + \sigma_s A_s = \sigma_c A_c + n\sigma_c A_s = \sigma_c(A_c + nA_s) \tag{1.9}$$

ここで，

$$A_c + nA_s = A_e \tag{1.10}$$

は等価断面積とよばれる．これを用いると，

$$N = \sigma_c A_e \tag{1.11}$$

となる．これより，コンクリートの応力度は次式となる．

$$\sigma_c = \frac{N}{A_e} \tag{1.12}$$

さらに，コンクリートの歪み度は式(1.6)の関係から

$$\varepsilon = \frac{\sigma_c}{E_c} \tag{1.13}$$

であり，さらに鋼棒の応力度は，式(1.7)または式(1.8)より求められる．

また，部材の収縮量は次式となる．

$$\Delta L = \varepsilon L \tag{1.14}$$

■ 例題 1.1 ■ 図 1.16 の柱において圧縮力 $N = 1000$ [kN] を受けるときの（1）応力度と（2）収縮量を求めよ．ただし，$E_s = 2.05 \times 10^5$ [N/mm^2]，ヤング係数比 $n = 15$ とする．

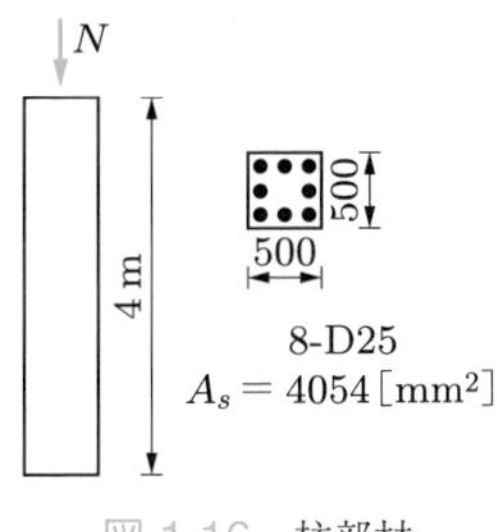

図 1.16 柱部材

解答 等価断面積は次のようになる．

式(1.10)より，$A_e = 500 \times 500 + 15 \times 4054 = 310.8 \times 10^3$ [mm^2]

（1）応力度

式(1.12)より，$\sigma_c = \dfrac{1000 \times 10^3}{310.8 \times 10^3} = 3.22$ [N/mm^2]

式(1.8)より，$\sigma_s = 15 \times 3.22 = 48.3$ [N/mm^2]

（2）収縮量

式(1.4)より　$E'_c = \dfrac{2.05 \times 10^5}{15} = 1.37 \times 10^4$ [N/mm^2]

式(1.13)より，$\varepsilon = \dfrac{3.22}{1.37 \times 10^4} = 2.35 \times 10^{-4}$

式(1.14)より，$\Delta L = 2.35 \times 10^{-4} \times 4000 = 0.940$ [mm]

□ 演習問題 □

1.1　F_c24 の各種許容応力度一覧表を作成せよ．

1.2　1 層 1 スパンの鉄筋コンクリートラーメン建築物が鉛直荷重あるいは水平荷重を受けた場合のひび割れ図を図 1.3，1.4 を参考にして描け．

2 曲げを受ける梁

梁は，柱と協力してラーメン構造を形成して床からの荷重だけでなく，地震力を負担する．そのとき，梁には図 2.1 のように大きな曲げモーメント M とせん断力 Q が加わる．本章では，曲げを受ける梁について考える．

なお，一般にラーメン構造の梁は，床スラブと一体化しており，図 2.2 のようなスラブの一部を加えた T 形断面であるが，本章では，最初に力学的に基本である長方形断面について説明する．

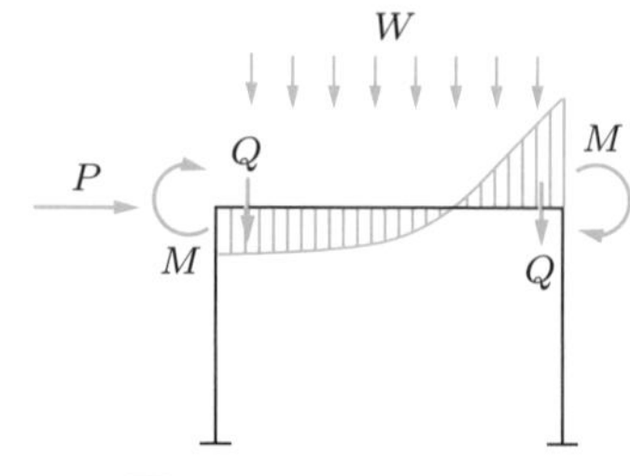

図 2.1　梁の受ける応力

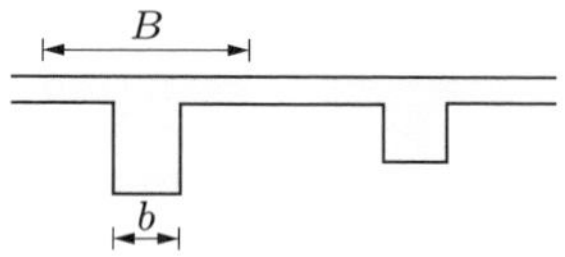

図 2.2　T 型断面の梁

実際の断面算定では，考え方を簡明にするために次のように仮定する．

1）コンクリートは，ひび割れが生じやすいため引張応力を負担しないものとする．

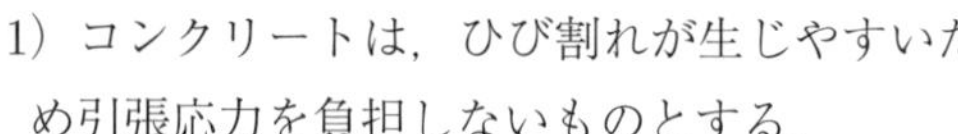

2）断面は，応力を受けても平面を保持する．

3）許容応力度設計では，応力度と歪み度が比例するというフックの法則に従う．

4）鉄筋とコンクリートは，一体化して歪み度を生じる．

5）鉄筋とコンクリートとのヤング係数比 n には，第 1 章の表 1.6 を用いる．

2.1　単筋梁

断面の引張側のみに配筋したものを単筋梁という．この断面では，図 2.3(a)のように，引張側はひび割れが生じて，断面内の引張応力度は，鉄筋が負担している．したがって，歪み度が 0 の位置を中立軸といい，ここを境に，圧縮側はコンクリートが負担し，引張側は鉄筋が負担する．この梁の断面について，前節と同じように力の釣り合いなどを考えてみる．ここで，圧縮縁から引張側鉄筋の重心位置までの距離を有効せいとよび，d で表す．

① 鉄筋の歪み度 ε_t と圧縮コンクリート縁の歪み度 ε_c との関係は，図 2.3(b)のように平面保持の仮定から次式となる．

$$\frac{\varepsilon_t}{\varepsilon_c} = \frac{d - x_n}{x_n} \tag{2.1}$$

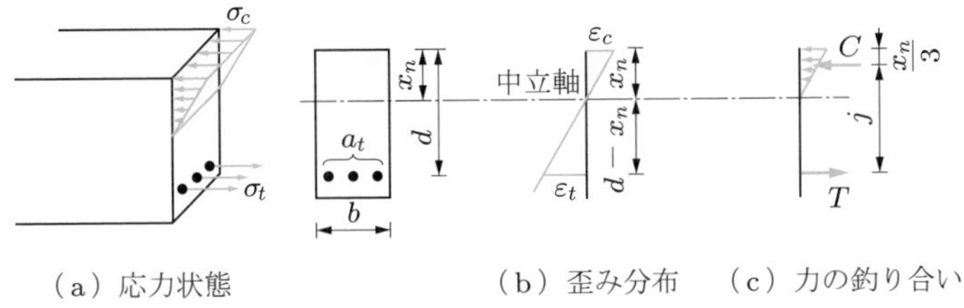

図 2.3 単筋梁の応力

② 応力度は，フックの法則により（コンクリート，鉄筋のそれぞれの弾性係数を E_c, E_s とする）次式となる．

$$\sigma_c = E_c\varepsilon_c \tag{2.2}$$

$$\sigma_t = E_s\varepsilon_t \tag{2.3}$$

③ コンクリートの圧縮応力度の合計 C，および鉄筋の引張応力度の合計 T は，次式となる（鉄筋の断面積を a_t とする）．

$$C = \frac{\sigma_c x_n b}{2} \tag{2.4}$$

$$T = \sigma_t a_t \tag{2.5}$$

④ 材軸方向の力の釣り合いを考えると，次式が成立する．

$$C = T \tag{2.6}$$

⑤ 外力 M と断面応力度による曲げモーメントの釣り合いを考える．鉄筋位置での釣り合いからは式(2.7)，コンクリートの応力の中心位置での釣り合いからは式(2.8)となる．

$$M = Cj \tag{2.7}$$

$$M = Tj \tag{2.8}$$

ただし，j は応力中心間距離であり，次式で表される．

$$j = d - \frac{1}{3}x_n \tag{2.9}$$

⑥ 式の変形から次のように中立軸を求める．

式(2.1)，(2.2)，(2.3)，およびヤング係数比（$n = E_s/E_c$）より次式となる．

$$\frac{\sigma_t}{\sigma_c} = \frac{(E_s/E_c)(d - x_n)}{x_n} = \frac{n(d - x_n)}{x_n} \tag{2.10}$$

式(2.4)，(2.5)，(2.6) より次式となる．

$$\frac{\sigma_t}{\sigma_c} = \frac{x_n b}{2a_t} \tag{2.11}$$

式(2.10) ＝ 式(2.11)より，次のような中立軸距離 x_n についての 2 次方程式が得られる．

$$b{x_n}^2 + 2na_t x_n - 2nda_t = 0 \tag{2.12}$$

これより，次式のように x_n を求められる．

$$x_n = \frac{-na_t + \sqrt{(na_t)^2 + 2bnda_t}}{b} \tag{2.13}$$

⑦ さらに，式(2.4)，(2.5)，(2.7)，(2.8)，(2.9)より次式の M に対する断面応力度を求められる．

$$\sigma_c = \frac{2M}{bx_n(d - x_n/3)} \tag{2.14}$$

$$\sigma_t = \frac{M}{a_t(d - x_n/3)} \tag{2.15}$$

次に，式(2.14)，(2.15)において，応力度が許容応力度 f_c，f_t になった場合の曲げモーメントを考えてみる．$\sigma_c = f_c$ のときの曲げモーメント M_1 は，中立軸比（$x_{n1} = x_n/d$）を用いると，

$$M_1 = \frac{x_{n1}(1 - x_{n1}/3)}{2} f_c bd^2 = C_1 bd^2 \tag{2.16}$$

となり，同様に $\sigma_t = f_t$ のときの曲げモーメント M_2 は

$$M_2 = \frac{a_t(1 - x_{n1}/3)}{bd} f_t bd^2 = C_2 bd^2 \tag{2.17}$$

となる．ここに，

$$C_1 = \frac{M_1}{bd^2} = \frac{x_{n1}(1 - x_{n1}/3)}{2} f_c, \qquad C_2 = \frac{M_2}{bd^2} = \frac{a_t(1 - x_{n1}/3)}{bd} f_t$$

である．

また，

$$p_t = \frac{a_t}{bd} \tag{2.18}$$

を引張鉄筋比とよび，これを用いると，C_1，C_2 は p_t の関数となり，その関係は図 2.4 のようになる．

これをみると，p_t が小さいときは，$C_1 > C_2$（あるいは $M_1 > M_2$）となり，許容曲げモーメントは，M_2 すなわち引張鉄筋の応力度が $\sigma_t = f_t$ によって決まることがわかる．一方，p_t が大きい場合は，$C_1 < C_2$（あるいは $M_1 < M_2$）となり，許

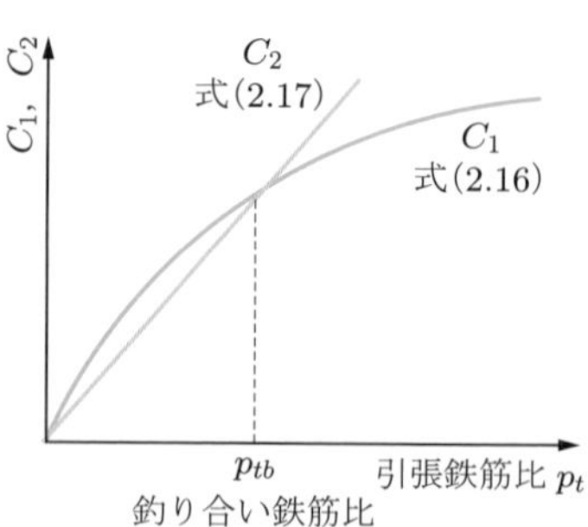

図 2.4　C_1, C_2–p_t

容曲げモーメントは，M_1 すなわち圧縮コンクリートが $\sigma_c = f_c$ によって決まることになる．

さらに，これらが交差して $C_1 = C_2$（あるいは $M_1 = M_2$）の場合は，鉄筋もコンクリートもそれぞれ同時に許容応力度になる．このときの p_t を釣り合い鉄筋比 p_{tb} といい，次式で表せる．

$$p_{tb} = \frac{1}{2\{1 + f_t/(nf_c)\}(f_t/f_c)} \tag{2.19}$$

■ 例題 2.1 ■ 図 2.5 の梁に，$M = 200$ [kN·m] が作用するときの中立軸距離 x_n，コンクリート応力度 σ_c，鉄筋応力度 σ_t を求めよ．ただし，鉄筋は引張鉄筋（4-D25）のみである．また，鉄筋断面積は，付録 2 より，$a_t = 4 \times 506.7 = 2027$ [mm^2]（$n = 15$）とする．

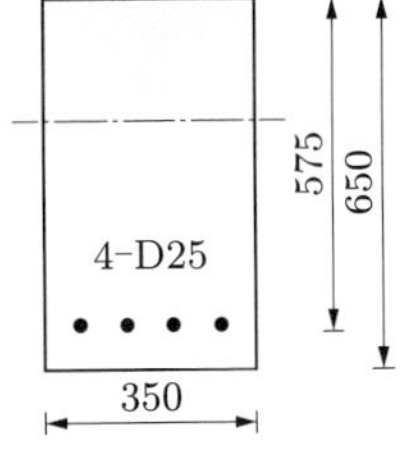

図 2.5 断面図

解答 式(2.13)より，$x_n = \dfrac{-15 \times 2027 + \sqrt{(15 \times 2027)^2 + 2 \times 350 \times 15 \times 575 \times 2027}}{350}$

$= 240.9$ [mm]

式(2.14)より，$\sigma_c = \dfrac{2 \times 200 \times 10^6}{350 \times 240.9 \times (575 - 240.9/3)} = 9.590$ [N/mm^2]

式(2.15)より，$\sigma_t = \dfrac{200 \times 10^6}{2027 \times (575 - 240.9/3)} = 199.5$ [N/mm^2]

■ 例題 2.2 ■ 例題 2.1 と同断面の長期許容曲げモーメントを求めよ．ただし，コンクリート：F_c24，表 1.7 より $f_c = 24/3 = 8$ [N/mm^2]，鉄筋：SD345，表 1.9 より $f_t = 215$ [N/mm^2]，また，例題 2.1 より $x_n = 240.9$ [mm] とする．

解答 $x_{n1} = \dfrac{240.9}{575} = 0.4190$

式(2.16)より，$M_1 = \dfrac{0.4190 \times (1 - 0.4190/3)}{2} \times 8 \times 350 \times 575^2$

$= 166.9 \times 10^6$[N·mm] $= 166.9$ [kN·m]

式(2.17)より，$M_2 = \dfrac{2027 \times (1 - 0.4190/3)}{350 \times 575} \times 215 \times 350 \times 575^2$

$= 215.6 \times 10^6$[N·mm] $= 215.6$ [kN·m]

これより $M_1 < M_2$ である．したがって，許容曲げモーメントはコンクリートの許容応力度によって決まり，$M = 166.9$ [kN·m] となる．

2.2 複筋梁の断面設計

2.2.1 複筋梁の応力と許容曲げモーメント

一般の梁は，図 2.6 のように圧縮側にも主筋 a_c のある，いわゆる複筋梁である．このとき，引張側，圧縮側の鉄筋比は，それぞれ次式となる．

$$\text{引張鉄筋比}\quad p_t = \frac{a_t}{bd}, \qquad \text{圧縮鉄筋比}\quad p_c = \frac{a_c}{bd} \tag{2.20}$$

また，圧縮側と引張側の鉄筋量の割合を複筋比 γ といい，次式で表す．

$$\gamma = \frac{a_c}{a_t} \tag{2.21}$$

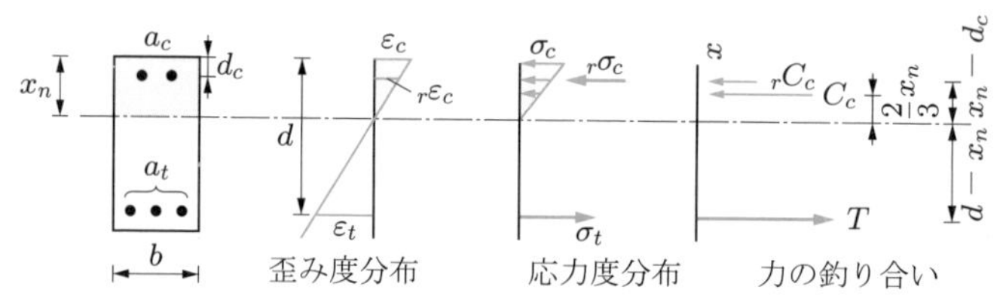

図 2.6 断面の応力度，歪み度

断面の圧縮側では，コンクリートの合力 C_c と鉄筋の合力 ${}_rC_c$ の二つで圧縮応力を負担する．図 2.6 においてこれらの歪み度は，単筋梁の場合と同様に，平面保持の仮定から次式で表せる．

$$\text{圧縮鉄筋の歪み度}\quad {}_r\varepsilon_c = \frac{\varepsilon_c(x_n - d_c)}{x_n} \tag{2.22}$$

$$\text{引張鉄筋の歪み度}\quad \varepsilon_t = \frac{\varepsilon_c(d - x_n)}{x_n} \tag{2.23}$$

また，これらの式と，フックの法則（$\sigma = E\varepsilon$），およびヤング係数比 n などから，鉄筋の応力度は圧縮縁のコンクリート応力度 σ_c（$= E_c\varepsilon_c$）を用いて次式で表せる．

$$\text{圧縮鉄筋の応力度}\quad {}_r\sigma_c = \frac{n\sigma_c(x_n - d_c)}{x_n} \tag{2.24}$$

$$\text{引張鉄筋の応力度}\quad \sigma_t = \frac{n\sigma_c(d - x_n)}{x_n} \tag{2.25}$$

また，断面内のコンクリートの圧縮応力度の合計 C_c，圧縮鉄筋の応力度の合計 ${}_rC_c$，引張鉄筋の応力度の合計 T は次式である．

$$C_c = \frac{\sigma_c x_n b}{2} \tag{2.26}$$

$${}_rC_c = {}_r\sigma_c\, a_c \tag{2.27}$$

$$T = \sigma_t a_t \tag{2.28}$$

したがって，断面の軸方向の力の釣り合いを考えると，次式となる．

$$C_c + {}_rC_c - T = 0 \tag{2.29}$$

これより，中立軸 x_n に関する次式が得られる．なお，中立軸比（$x_{n1} = x_n/d$），圧縮鉄筋の圧縮端からの梁せいの比（$d_{c1} = d_c/d$），複筋比（$\gamma = a_c/a_t$）を用いて表す．

$$x_{n1}{}^2 + 2np_t(1+\gamma)x_{n1} - 2np_t(1+\gamma d_{c1}) = 0 \tag{2.30}$$

これより，中立軸比を求めると次式となる．

$$x_{n1} = -np_t(1+\gamma) + \sqrt{(np_t)^2(1+\gamma)^2 + 2np_t(1+\gamma d_{c1})} \tag{2.31}$$

さらに，外力である曲げモーメント M との中立軸位置での釣り合い式は次式である．

$$M = C_c \times \frac{2}{3}x_n + {}_rC_c(x_n - d_c) + T(d - x_n) \tag{2.32}$$

これに，式(2.26)～(2.28)を代入し，また $d_{c1} = d_c/d$ として σ_c を用いた次式が得られる．

$$M = \frac{p_t\sigma_c}{3x_{n1}}\left\{\frac{x_{n1}{}^3}{p_t} + 3\gamma(n-1)(x_{n1} - d_{c1})^2 + 3n(1 - x_{n1})^2\right\}bd^2 \tag{2.33}$$

さらに，式(2.30)より求めた

$$x_{n1}{}^2 = -2np_t(1+\gamma)x_{n1} + 2np_t(1+\gamma d_{c1}) \tag{2.34}$$

を式(2.33)の{ }内の第1項に代入して整理すると次式が得られる．

$$\begin{aligned} M &= \frac{n\sigma_c p_t}{3x_{n1}}\{(1-x_{n1})(3-x_{n1}) + \gamma(x_{n1}-d_{c1})(x_{n1}-3d_{c1})\}bd^2 \\ &= \frac{n\sigma_c}{x_{n1}}Rbd^2 \qquad (2.35) \\ &= Cbd^2 \qquad (2.36) \end{aligned}$$

ここに，

$$C = \frac{M}{bd^2} = \frac{n\sigma_c}{x_{n1}}R$$

である．ただし，R は次式である．

$$R = \frac{p_t}{3}\{(1-x_{n1})(3-x_{n1}) + \gamma(x_{n1}-d_{c1})(x_{n1}-3d_{c1})\} \tag{2.37}$$

式(2.35)，(2.36)において，コンクリートの応力度 σ_c がその許容応力度 f_c になるときを考えると，許容曲げモーメント M を求める次式となる．

$$(\sigma_c = f_c) \quad C = C_1 = \frac{M}{bd^2} = \frac{nf_c}{x_{n1}}R \tag{2.38}$$

また，式(2.24)，(2.25)より式(2.33)のσ_cを，σ_tあるいは${}_r\sigma_c$を用いて表し，それらの応力度がそれぞれ許容応力度になる場合を考えると，次式となる．

$$(\sigma_t = f_t) \quad C = C_2 = \frac{M}{bd^2} = \frac{f_t}{1 - x_{n1}} R \tag{2.39}$$

$$({}_r\sigma_c = f_t) \quad C = C_3 = \frac{M}{bd^2} = \frac{f_t}{x_{n1} - d_{c1}} R \tag{2.40}$$

なお，これらの式を比較してみると，C_1とC_2の大小は，nf_c/x_{n1}と$f_t/(1 - x_{n1})$の大小によるので，耐力がコンクリートで決まるか引張鉄筋で決まるかはこれらの値の小さいほうによることがわかる．

$$\min\left(\frac{nf_c}{x_{n1}}, \frac{f_t}{1 - x_{n1}}\right) \tag{2.41}$$

Cとp_tとの関係を図2.7に示す．これより，Cと引張鉄筋比p_tの関係は，単筋梁と同様に描くことができるが，複筋比γが大きいほど曲げ耐力が増すことがわかる．なお，$C_3 < C_1, C_2$の場合，すなわち圧縮鉄筋の応力度${}_r\sigma_c$が許容応力度になるのは，高強度コンクリートと低強度鉄筋を組み合わせた場合であるが，このような設計はまれである．

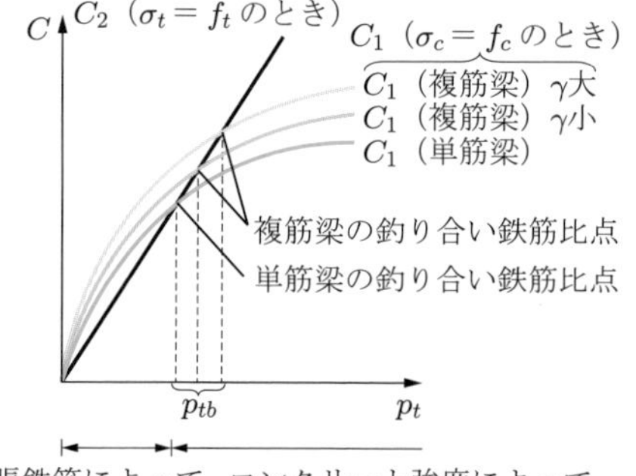

図2.7 C–p_t

さて，単筋梁の場合と同様に，$C_1 = C_2$のときの引張鉄筋比(釣り合い鉄筋比p_{tb})の値は，図2.7からわかるように，複筋比γが大きいほど大きくなる．したがって，複筋比が大きいほど引張鉄筋で許容曲げモーメントが決まる範囲が大きくなり，一般の梁断面で$\gamma > 0.5$のような場合では，$p_t < p_{tb}$の場合が多い．

また，$p_t < p_{tb}$の場合の許容曲げモーメントはp_tとほぼ直線的な関係があるので，スラブ断面のように，経験から$p_t < p_{tb}$であることが明らかな場合には，次式によって略算される．

$$M = a_t f_t j \tag{2.42}$$

ただし，jは応力中心間距離で，$j = (0.85 \sim 0.9)d \fallingdotseq 7/8d$としてよい．

2.2.2 断面算定のための引張鉄筋比 p_t の求め方

■(1) 断面算定図（C–p_t図）の利用により手計算で行う方法

断面算定において，必要な引張鉄筋比を求めるための式(2.38)～(2.40)は複雑なので，手計算では，各種許容応力度別の C–p_t 図を前もって作成し，利用する（文献 13）．その例を付録 3，4 に示す．

C–p_t 図の具体的な作成方法は，設計応力 M との比較以外は断面算定の場合の付表 7.1 と同様であり，これを参考にして次の手順で行うことができる．

① f_c，f_t，n，d_{c1} を決める．
② p_t を仮定する．
③ γ を仮定する．
④ x_{n1} を求める．
⑤ C を求めて C–p_t 図を描く．
⑥ p_t を 0.0005 変化させて，③〜⑤を繰り返す．
⑦ γ を変えて繰り返す．

■(2) パソコンでプログラムを作成して求める方法

パソコンで応力 M に応じた引張鉄筋比 p_t を決めるには，プログラムを作成して行う．一般の断面算定プログラムでは，次の（3）と基本的に同じ考え方をプログラム化して求めている．

■(3) 表計算ソフトにより求める方法

パソコンで応力 M に応じた引張鉄筋比 p_t を決めるには，付録 7 の手順で表計算ソフトでも行える．例題 2.5 にその具体例を示す．

2.2.3 梁の断面算定における構造制限

主筋量の決定にあたっては，以下のことに留意しなければならない．

■(1) 最小主筋量

曲げひび割れが生じると，梁の剛性が低下するが，特に長期荷重時では，これが大きくならないような引張主筋量が必要である．そこで，$p_t \geqq 0.4$ [%] 以上を配筋する．しかし，一般に基礎梁や，ウォールガーダー（壁と一体化するような大きなせいの梁）のように，応力以外の目的で断面が大きくなるような場合は，応力に必要な量の 4/3 倍でもよい．

■(2) 圧縮鉄筋の配置

圧縮鉄筋は，長期荷重時でのクリープ変形を小さくすること，また圧縮コンクリートが破壊する場合にその脆さを補うことなどの効果がある．そこで，軽量コンクリートを用いる場合，複筋比 $\gamma \geqq 0.4$ の圧縮鉄筋で補強する．また，主筋はあばら筋の配置のために四隅に配置する．

■(3) 配筋の精度の確保

鉄筋が細いとたわんだり，施工中に曲がるなどの恐れがあるので，D13 以上を用いる．

(4) 主筋のあきの確保

主筋のあきは，鉄筋の付着力の確保，また打設時のコンクリート通過スペースやあばら筋端部の加工のスペース確保などのために十分な大きさが必要である．そのためには，25 mm 以上，かつ異形鉄筋の呼び名の 1.5 倍以上のあきとする．

(5) 多段配筋

梁幅が小さい場合は，引張鉄筋を 2 段に配置することもある．その場合は，梁の有効せい d は引張鉄筋の重心位置による．しかし，2 段を超える場合は，上段鉄筋と最下段鉄筋とでは鉄筋の応力度に差が出るため，本書の図表などによらず，そのための設計式を用いなければならない．

(6) 最小幅

梁幅は，これまで述べたかぶり厚さ，主筋のあき，あばら筋配置，加工スペースなどに加え，加工精度（±10 mm）などを満たす大きさが必要である．

例題 2.3 図 2.8 に示す複筋梁の長期許容曲げモーメントを求め, 例題 2.2 と比較せよ．ただし, F_c24: $f_c = 8\ [\mathrm{N/mm^2}]$, $n = 15$, $d_t = 75\ [\mathrm{mm}]$ とする．また, 鉄筋は SD345, $f_t = 215\ [\mathrm{N/mm^2}]$, D25（付録 2 より，$a_0 = 506.7\ [\mathrm{mm^2}]$）とする．

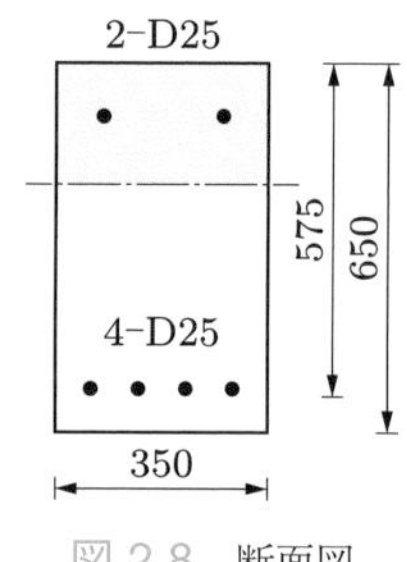

図 2.8 断面図

解答

式(2.18)より，$p_t = \dfrac{4 \times 506.7}{350 \times 575} = 0.01007$

式(2.21)より，$\gamma = \dfrac{2 \times 506.7}{4 \times 506.7} = 0.5$

$$d_{c1} = \frac{d_c}{d} = \frac{75}{575} = 0.1304$$

式(2.31)より，

$$\begin{aligned} x_{n1} &= -15 \times 0.01007 \times (1 + 0.5) \\ &\quad + \sqrt{(15 \times 0.01007)^2 \times (1 + 0.5)^2 + 2 \times 15 \times 0.01007 \times (1 + 0.5 \times 0.1304)} \\ &= 0.3843 \qquad \therefore x_n = 0.3843 \times 575 = 221.0\ [\mathrm{mm}] \end{aligned}$$

式(2.37)より，$R = \dfrac{0.01007}{3} \times$

$$\{(1 - 0.3843)(3 - 0.3843) + 0.5 \times (0.3843 - 0.1304)(0.3843 - 3 \times 0.1304)\}$$
$$= 0.005403$$

式(2.38)より，$C_1 = \dfrac{15 \times 8}{0.3843} \times 0.005403 = 1.687$

式(2.39)より，$C_2 = \dfrac{215}{1 - 0.3843} \times 0.005403 = 1.887$

$$C_1 < C_2 \qquad \therefore C = C_1 = 1.687$$

式(2.36)より，$M = 1.687 \times 350 \times 575^2 = 195.2 \times 10^6\,[\mathrm{N{\cdot}mm}] = 195.2\,[\mathrm{kN{\cdot}m}]$

例題 2.2 の単筋梁に対し，この例題では圧縮側鉄筋の効果があり，許容曲げモーメントが 20%程度増加している．

■ 例題 2.4 ■ $M = 130\,[\mathrm{kN{\cdot}m}]$（長期）が作用する図 2.9 の梁に必要な主筋を求めよ．ただし，$bD = 350 \times 650$，$d = 575$，D22（付録 2 より，$a_0 = 387.1\,[\mathrm{mm^2}]$）を使用し，$F_c24$：$f_c = 8\,[\mathrm{N/mm^2}]$，SD345：$f_t = 215\,[\mathrm{N/mm^2}]$ とする．

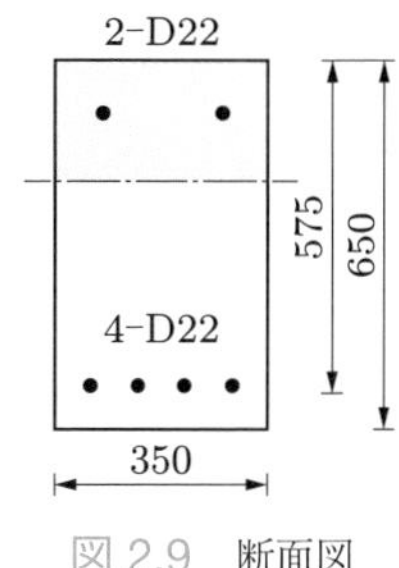

図 2.9 断面図

解答

式(2.36)より，$C = \dfrac{130 \times 10^6}{350 \times 575^2} = 1.123$

付図 3.1 より，$p_t = 0.59\,[\%]$

式(2.20)より，$a_t = \dfrac{0.59}{100} \times 350 \times 575 = 1187\,[\mathrm{mm^2}]$

D22 を使用する．

引張側主筋：$n = \dfrac{1187}{387.1} = 3.07$ [本]　　$\therefore$ 4-D22 とする

圧縮側主筋：複筋梁とするため最低 2 本必要である．　　$\therefore$ 2-D22 とする

■ 例題 2.5 ■ 例題 2.4 の梁断面の p_t を，付録 7 に示す表計算で求めよ．

解答　$C = M/(bd^2) = 130 \times 10^6/(350 \times 575^2) = 1.123$ を求めておく．表計算ソフトを用いて，表 2.1 の計算表の 4 行目に計算式を入力する．4 行目の A～E 欄に各値を入力し，この行を計算式ごと下の行に多数行にわたってコピーしておく．F 欄に予測される鉄筋比 p_t（$= 0.002$）を入力し，L 欄に出力された値（$= 0.399$）を，求めておいた $C = 1.123$ と比較すると小さい．そこで次の下行に少し大きい p_t（$= 0.004$）を F 欄に入力する．L 欄に出力された値（$= 0.780$）は，$C = 1.123$ よりまだ小さい．さらに少し大きい p_t（$= 0.005$）を F 欄に入力する．少しづつ p_t を増やしてはこれを繰り返し，F 欄に $p_t = 0.00590$ を入力すると C 値が 1.123 を超えたので，少し小さい $p_t = 0.00585$ としたときに，$C = 1.123$ に近く少し超えた値（$= 1.126$）が得られる．この $p_t = 0.00585$ を採用する．

表 2.1 p_t の計算

	A	B	C	D	E	F	G	H	I	J	K	L
1								C * A/G	B/(1 − G)			J * K
2						入力鉄筋比	式(2.31) *1	式(2.38)/R *2	式(2.39)/R *3	式(2.41) *4	式(2.37) *5	式(2.38)or 式(2.39) *6
3	f_c	f_t	n	d_{c1}	γ	p_t	x_{n1}	nf_c/x_{n1}	$f_t/(1-x_{n1})$	min(H,I)	R	C
4	8	215	15	0.1	0.5	0.00200	0.2100	571.4	272.2	272.2	0.001466	0.399
5	8	215	15	0.1	0.5	0.00400	0.2762	434.5	297.0	297.0	0.002626	0.780
6	8	215	15	0.1	0.5	0.00500	0.3000	400.0	307.1	307.1	0.003150	0.968
7	8	215	15	0.1	0.5	0.00550	0.3105	386.5	311.8	311.8	0.003402	1.061
8	8	215	15	0.1	0.5	0.00570	0.3145	381.6	313.6	313.6	0.003501	1.098
9	8	215	15	0.1	0.5	0.00580	0.3164	379.3	314.5	314.5	0.003550	1.117
10	8	215	15	0.1	0.5	0.00590	0.3183	377.0	315.4	315.4	0.003599	1.135
11	8	215	15	0.1	0.5	0.00585	0.3174	378.1	315.0	315.0	0.003575	1.126

注) *1 式(2.31) G4 = C4*F4*(SQRT((1+E4)^2+2*(1+E4*D4)/C4/F4)−(1+E4))
*2 式(2.38)より *3 式(2.39)より *4 式(2.41)
*5 式(2.37) K4 = F4 * ((1 − G4) * (3 − G4) + E4 * (G4 − D4) * (G4 − 3 * D4))/3
*6 式(2.38)または(2.39) L4 = J4 * K4

2.2.4 断面算定の手順

一般の設計では，コンクリート断面は，ラーメンの応力計算を行う際に経験的に決められているので，断面算定では，この断面に対して設計応力に応じた主筋量を C–p_t 図（たとえば付図 3.1，3.2）から決める．このとき，一般の梁では，引張鉄筋比で耐力が決まる場合（釣り合い鉄筋比以下）が多いので，複筋比 γ は問題にしないケースが多い．断面算定の手順は次のとおりである．

① C $(= M/(bd^2))$ を求める．

② 2.2.2 項で述べた（1），（2），（3）などの方法で $p_t[\%]$ を求める．

③ $a_t = (p_t/100)bd$ を求め，必要な主筋径と本数を決める．

④ 2.2.3 項の構造制限を満たしているか確認する．

2.3 T 形梁の断面設計

2.3.1 T 形梁

実際の梁は床スラブと一体化しており，床スラブも梁の一部として働く．このことは，ラーメンの応力を求める場合も考慮される．

図 2.10 のような場合に，ラーメン応力に対するスラブの効果は，図 2.11 のような応力がほぼ等価とみなした T 形の梁モデルとして考えることができる．これを T 形梁という．もちろん本当に T 形の梁も存在するが，考え方は同様である．このとき，b_a を協力幅，また $B = b + b_a(+b_a)$ を有効幅という．協力幅の大きさは，応力や変形の弾性解析や実験の成果から，一般的なケースでは表 2.2 の値が用いられている．

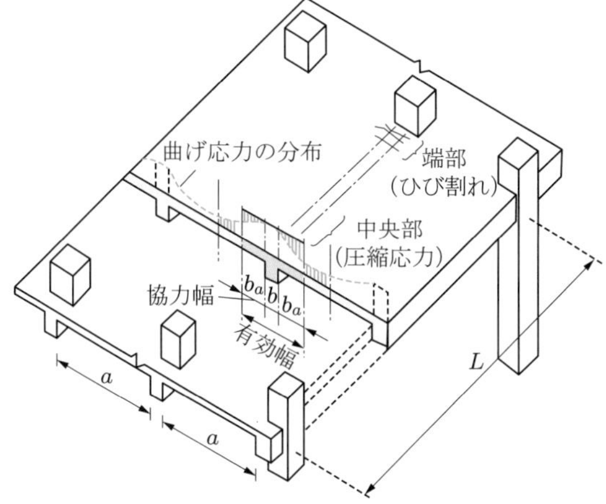

図 2.10 有効幅と協力幅

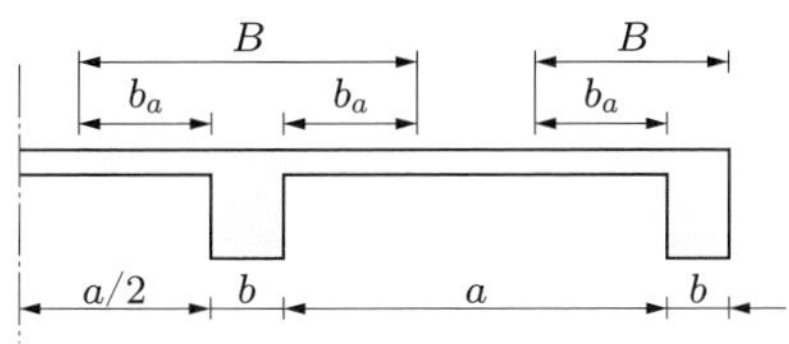

図 2.11 協力幅

表 2.2 協力幅(文献 1)

ラーメン材および連続梁の場合		単純梁の場合	
$a < 0.5L$	$b_a = (0.5 - 0.6a/L)\,a$	$a < L$	$b_a = (0.5 - 0.3a/L)\,a$
$a \geqq 0.5L$	$b_a = 0.1L$	$a \geqq L$	$b_a = 0.2L$

注)L:スパン長さ　a:並列 T 形梁では梁側面から隣の梁の側面までの距離．単独 T 形梁ではその片側フランジ幅の 2 倍．水平荷重時では，小梁を無視して直交スパンの内法を採用する．

2.3.2 断面算定

断面算定においては，スラブ側が圧縮応力度を受ける場合と，引張応力度を受けて曲げひび割れが生じる場合を考える必要がある．

図 2.12 のように，スラブ側が圧縮応力度を受ける場合はスラブ協力幅の効果により，中立軸は大きくスラブ側に寄り，スラブ内になることが多い．

たとえば，式(2.12)において，$b = B$，$x_n = t$，$a_t = p_t Bd$ とおくと，$p_t = t^2/\{2nd(d-t)\}$ が得られ，この式において，$n = 15$，$B = 4b$ 程度，$t = (1/4)d$ 程度の一般的な梁断面の例を考えると，中立軸がスラブ下端となるときの引張鉄筋比は，$p_t = t^2/\{2nB(d-t)\} = t^2/(2 \times 15 \times 4t(4t-t)) = 1/360 \fallingdotseq 0.3\,[\%]$ である．一方，

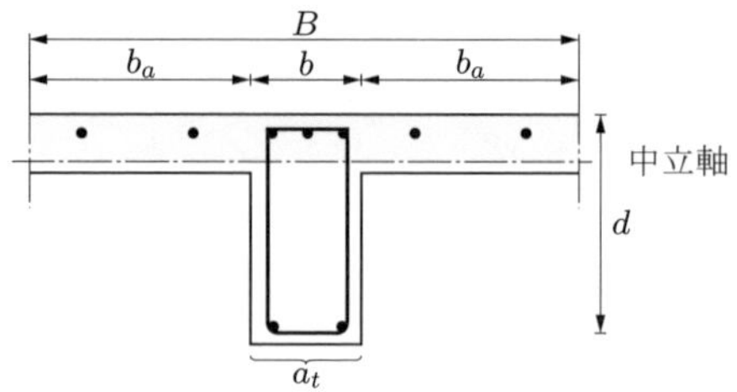

図 2.12　スラブ側圧縮の T 形梁断面

一般の梁の引張鉄筋比 p_t は 1%程度であるが，有効幅を考慮すると $p_t = a_t/(Bd) \fallingdotseq a_t/(4bd) = 0.25$ [%] < 0.3 [%] となり，中立軸はスラブ内にあることになる．しかも引張鉄筋比が小さいため，釣り合い鉄筋比以下となる．なお，引張鉄筋比の大きいものや梁せいの大きいものでは，中立軸は，スラブ下面よりさらに下部になることもあるが，その場合も通常では，釣り合い鉄筋比以下となる．このことから，断面算定では略算式(2.42)を用いることができる．

一方，図 2.13 のようにスラブ側が引張応力度を受ける場合は，スラブに引張ひび割れが生じるが，スラブ筋による効果がある．しかし，許容応力度設計では，スラブ筋の効果は安全側とみなして無視し，梁の上端筋が引張鉄筋として働く，梁幅 $= b$ の長方形梁と考える．

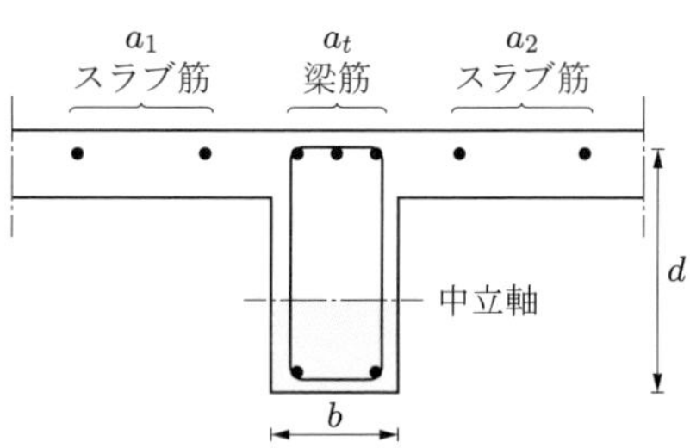

図 2.13　スラブ側引張の T 形梁断面

■ 例題 2.6 ■ $M = 120$ [kN·m]（長期）が作用する図 2.14 の梁においてスラブ側が圧縮応力度の場合に必要な鉄筋量を決定せよ．ただし，$bD = 350 \times 650$，$d = 575$，F_c24：$f_c = 8$ [N/mm^2]，SD345：$f_t = 215$ [N/mm^2]，D22（付録 2 より，$a_0 = 387.1$ [mm^2]）を使用する．

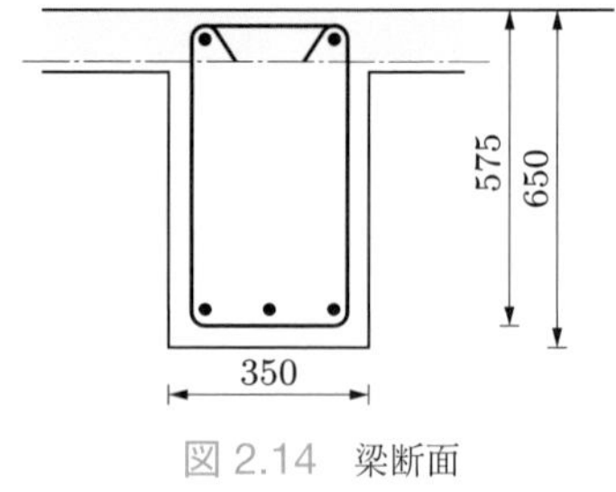

図 2.14　梁断面

解答　応力中心間距離 $j = (7/8)d$ として，

$$j = \frac{7}{8} \times 575 = 503.1 \text{ [mm]}$$

式(2.42)を変形して

$$a_t = \frac{M}{f_t j} = \frac{120 \times 10^6}{215 \times 503.1} = 1.109 \times 10^3 \text{[mm}^2\text{]}$$

となり，D22（$a_0 = 387.1$ [mm^2]）を用いると，次のように求められる．

$$n = \frac{1.109 \times 10^3}{387.1} = 2.86\ [\text{本}] \qquad \therefore \text{3-D22 とする}$$

圧縮側鉄筋は複筋梁とするため，2-D22 とする．

2.4 ラーメンの梁の曲げモーメントと変形

2.4.1 梁の変形

前節までと異なり，現実の構造物を構成するラーメンが地震力を受けたときには，ラーメン部材の曲げモーメント分布は一様ではなく，せん断力の影響で傾斜が生じる．そのため，曲げひび割れ発生後は，前節の曲げ理論だけでは変形や剛性を計算できない．このような計算には，次項で述べるように，各種の部材に関する実験結果から統計的に求めた実験式が用いられる．また，曲げひび割れ強度や終局耐力の計算においても，部材実験の結果から求められた実験式や実際的な概算式が用いられる．そこで，この節では，梁部材の性状を求める実際的な方法について説明する．

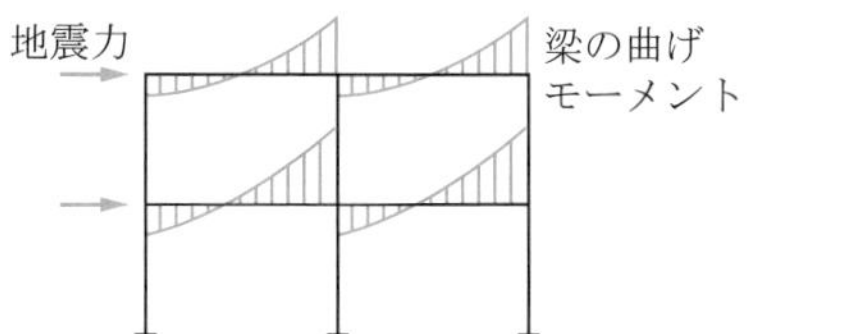

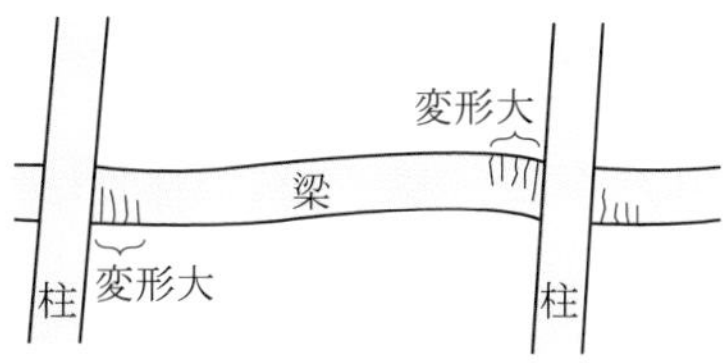

図 2.15 きわめて大きな地震時の梁端の局部変形

地震時において，一般のラーメンの梁は，図 2.15 に示すように，梁中間部に反曲点をもつ曲げモーメント分布になる．そして，大きな歪みや変形は，梁端から梁せいの 1～2 倍の大きさの範囲に集中的に生じる．一般の梁材の解析では，梁端付近の大変形域と部材中央部付近の弾性変形部分の変形を合わせて考え，塑性剛性として扱う．

2.4.2 曲げひび割れ発生前の変形

基本的な性質を把握するため，ここでは梁の半分を切り出したものに相当する図 2.16 のような片持ち梁について述べる．荷重が小さい段階では，ひび割れもなく応力も小さい弾性状態である．このときの梁のたわみは，次式で表される．

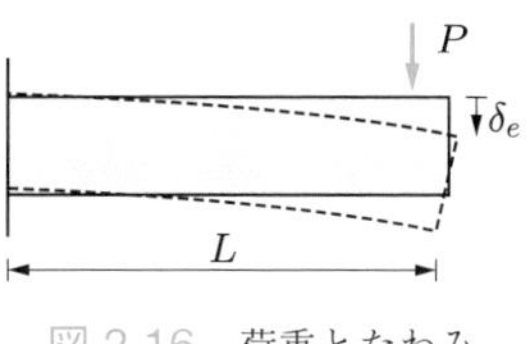

図 2.16 荷重とたわみ

$$\delta_e = \frac{PL^3}{3EI} = \frac{ML^2}{3EI} \tag{2.43}$$

あるいは,

$$\phi_e = \frac{M}{EI} \tag{2.44}$$

を用いて次式で表すこともできる.

$$\delta_e = \frac{\phi_e L^2}{3} \tag{2.45}$$

2.4.3 曲げひび割れ発生

梁の引張縁の応力度 σ_t がひび割れ強度 σ_{cr} になると,曲げひび割れが発生する.その大きさは,多くの実験結果より,最大強度 σ_B に対して次式が目安となる.

$$\sigma_{cr} = 0.56\sqrt{\sigma_B}\ [\mathrm{N/mm^2}] \tag{2.46}$$

ひび割れ直前のひび割れ曲げモーメントは,次式である.

$$M_c = \sigma_{cr} Z_e = 0.56\sqrt{\sigma_B} Z_e \tag{2.47}$$

ただし, $Z_e = \dfrac{I_e}{D/2}$ (2.48)

I_e:鉄筋を考慮した断面 2 次モーメント

また,このときの応力度と歪み度は,中立軸は断面中央($x_n = D/2$)であり,部材断面の曲率 $1/\rho$ は次式となる.

$$\frac{1}{\rho} = \frac{\varepsilon_c}{D/2} \tag{2.49}$$

なお,I_e などの具体的な計算例を例題 2.7 に示した.

2.4.4 曲げひび割れの発生と変形

曲げ部材のひび割れの進展の段階では,曲げモーメント M と節点の回転角 θ の関係である剛性が小さくなる.この剛性の低下は,部材の形状や鉄筋量などにより異なるが,文献 11 によると,多くの部材実験の結果から,図 2.17 および式(2.50)により推定できる.

曲げひび割れ時の曲げモーメント M_c,曲げ降伏時の曲げモーメント M_y,またそのときのそれぞれの剛性を,ひび割れ時は S,曲げ降伏時は $\alpha_y S$ とすると,その間の曲げモーメント M のときの剛性 S' は,次式で表される(文献 11).

$$S' = \alpha S \tag{2.50}$$

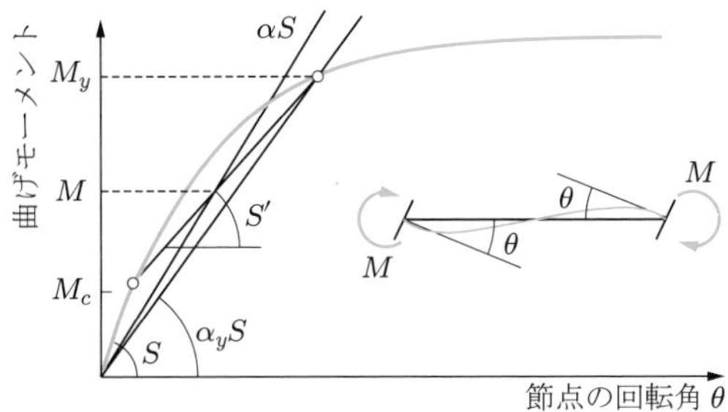

図 2.17　曲げひび割れ後の剛性低下

ただし，$$\frac{1}{\alpha} = 1 + \left(\frac{1}{\alpha_y} - 1\right) \times \frac{1 - M_c/M}{1 - M_c/M_y} \tag{2.51}$$

α_y：曲げ降伏時の剛性低下率

$$\alpha_y = \left(0.043 + 1.64np_t + \frac{0.043M}{QD} + \frac{0.33N}{bD\sigma_B}\right)\left(\frac{d}{D}\right)^2 \tag{2.52}$$

M_c：ひび割れ曲げモーメント（式(2.47)）

M_y：降伏曲げモーメントで後述する式(2.64)の M_u を用いる（$= 0.9a_t\sigma_y d$）

2.4.5　主筋降伏時

引張主筋降伏時点では，図 2.18 に示すように中立軸 x_n は圧縮側に寄り，断面の引張主筋は，降伏応力度 σ_y に至り，降伏歪み度 ε_y を示す．また，圧縮コンクリートの応力度分布はすでに中立軸距離に比例した直線分布ではない．したがって，断面内の応力度や歪み度を求めるには，コンクリートの σ–ε 関係を複数の直線や数学的な曲線式に仮定する必要がある．

このときの梁端の部材曲率 $1/\rho$ は，次式となる．

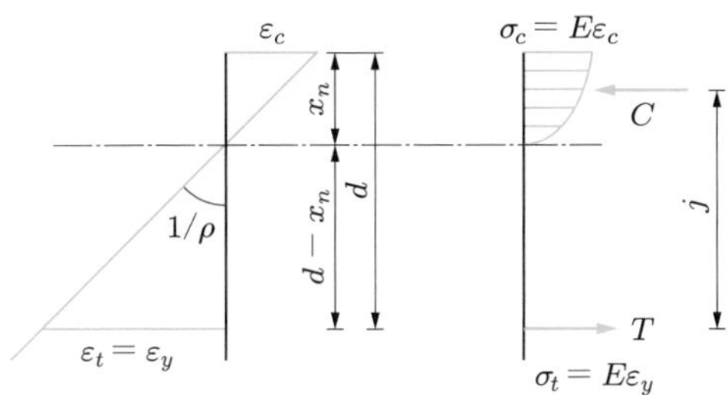

図 2.18　引張鉄筋降伏時の歪み度と応力度

$$\frac{1}{\rho} = \frac{\varepsilon_y}{d - x_n} \tag{2.53}$$

引張主筋が降伏すると，鉄筋の歪みは大きくなり，断面に大きな曲率を生じ始める．このときを曲げ降伏といい，その曲げモーメントを降伏曲げモーメント M_y という．また，梁材の端部（L_p 区間）では，ひび割れが集中的に生じて大きな曲率を生じ，大きく回転する，この領域を塑性ヒンジという（図 2.19）．このときの梁全体のたわみ δ_y は，ひび割れ前のたわみ δ_e（式(2.45)）に対して $1/\alpha_y = 3〜5$ 倍増大し，次式により推定できる．

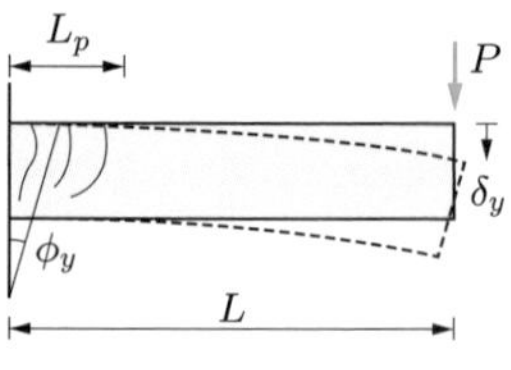

図 2.19　降伏時の梁の変形

$$\delta_y = \frac{\phi_e L^2}{3\alpha_y} = \frac{\phi_y L^2}{3} \tag{2.54}$$

$$\text{ただし，}\ \phi_y = \frac{1}{\alpha_y}\phi_e = \frac{M_y}{\alpha_y E_c I_e} \tag{2.55}$$

2.4.6　曲げ終局強度時

曲げ降伏以後，圧縮コンクリートが破壊し始め，耐力は上昇しなくなり，配筋状態によっては低下し始めることもある．このときを終局状態といい，その曲げモーメントを終局曲げモーメント M_u という．

このとき，図 2.20(a)のように鉄筋は，降伏歪み度 ε_y を大きく超える歪み度 ε_t を受けるが歪み硬化域までは至っていない．また，コンクリートは，最大強度時の歪み度 ε_m を超え，破壊歪み度（$\varepsilon_u = 0.003$ 程度）に至っている．

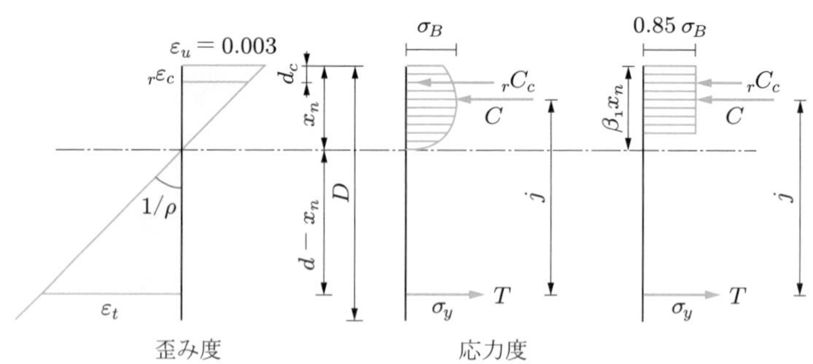

図 2.20　曲げ終局状態の歪み度，応力度，等価長方形応力ブロックの仮定

さて，コンクリートの応力度と歪み度の関係は曲線であるが，計算を単純化するため，図 2.20(c)のような等価な長方形ブロックに仮定する．このブロックの形状は，コンクリートの応力度を最大強度 σ_B の 0.85 倍，その分布幅を圧縮縁から中立軸距離 x_n

表 2.3 β_1 の値（文献 10）

σ_B[N/mm]	β_1
$\sigma_B \leqq 28$	0.85
$28 < \sigma_B \leqq 56$	$0.85 - 0.05(\sigma_B - 28)/7$
$56 < \sigma_B$	0.65

の β_1 倍とするもので，実験結果と一致するように決められたものである．β_1 について，文献 10 では，σ_B に応じて表 2.3 の値を推奨している．

終局状態の断面において平面保持の仮定から，圧縮鉄筋の歪み度および応力度は次式となる．

$$ {}_r\varepsilon_c = \frac{x_n - d_c}{x_n}\varepsilon_u \tag{2.56} $$

$$ {}_r\sigma_c = E_s\,{}_r\varepsilon_c = E_s\frac{x_n - d_c}{x_n}\varepsilon_u \tag{2.57} $$

コンクリートの圧縮合力 C_c，引張鉄筋の引張合力 T，圧縮鉄筋の圧縮合力 ${}_rC_c$ は次式で表される．

$$ C_c = 0.85\sigma_B\beta_1 x_n b \tag{2.58} $$

$$ {}_rC_c = {}_r\sigma_c a_c \tag{2.59} $$

$$ T = \sigma_y a_t \tag{2.60} $$

これらの力の釣り合いから次式となる．

$$ C_c + {}_rC_c - T = 0 \tag{2.61} $$

これに，式(2.57)～(2.60)を代入して，中立軸 x_n を求める次式が得られる．

$$ 0.85\sigma_B\beta_1 b{x_n}^2 - (\sigma_y a_t - E_s\varepsilon_u a_c)x_n - E_s d_c\varepsilon_u a_c = 0 \tag{2.62} $$

また，曲げモーメントの釣り合いから，このときの終局曲げモーメント M_u を求める次式が得られる．

$$ M_u = C_c\left(1 - \frac{\beta_1}{2}\right)x_n + {}_rC_c(x_n - d_c) + T(d - x_n) \tag{2.63} $$

なお，一般の梁の場合，T と $C_c + {}_rC_c$ との応力中心間距離 j は，$j \fallingdotseq 0.9d$ 程度なので，略算式として次式もよく用いられる．

$$ M_u = Tj = a_t\sigma_y(0.9d) = 0.9a_t\sigma_y d \tag{2.64} $$

一般の梁では，終局時の曲げモーメント M_u の大きさは，降伏曲げモーメント M_y に対して多少大きくなるが，鉄筋が歪み硬化域に達しないような場合はその差は小さく，設計においては $M_u = M_y$ として扱われている．

ところで，引張鉄筋が降伏する前に圧縮コンクリートが破壊することも考えられるが，一般の梁では引張鉄筋比が 2%以下であり，SD390 以下の強度の鉄筋を用いた場合には，このようなことは生じないことがわかっている．また，終局強度時の曲率は，

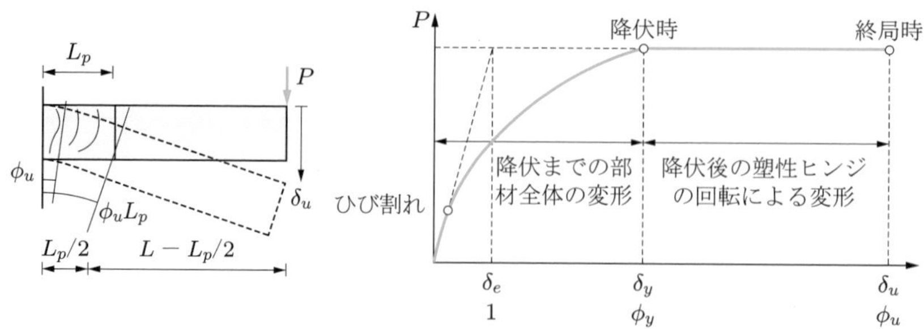

図 2.21　塑性ヒンジによる梁の変形

コンクリートの圧縮歪み度を $\varepsilon_c = 0.003$ とすれば次式で表される.

$$\frac{1}{\rho} = \frac{\varepsilon_c}{x_n} = \frac{0.003}{x_n} \tag{2.65}$$

さて，曲げ終局強度時において図 2.21 の梁端部の塑性域区間内でも平面保持の仮定が成立するものと仮定してその回転角を求めることができる.

塑性ヒンジ領域 L_p の終局時の回転角を ϕ_u とすると，このときの梁のたわみ δ_u は，降伏時点でのたわみ δ_y（式(2.54)）と降伏後の L_p 域での回転（$\phi L_p = (\phi_u - \phi_y)L_p$）によるたわみから次式となる.

$$\delta_u = \delta_y + (\phi_u - \phi_y)L_p(L - 0.5L_p) = \frac{\phi_y L^2}{3} + (\phi_u - \phi_y)L_p(L - 0.5L_p) \tag{2.66}$$

部材角 R_u で表すと次式となる.

$$R_u = \frac{\delta_u}{L} = \frac{\phi_y L}{3} + (\phi_u - \phi_y)L_p\left(1 - \frac{0.5L_p}{L}\right) \tag{2.67}$$

なお，一般のラーメンでは，大きな歪み度は，図 2.22 のように梁端部に生じ，塑性ヒンジを形成する．そのヒンジ領域は柱表面位置から梁せいの 1.5 倍程度である.

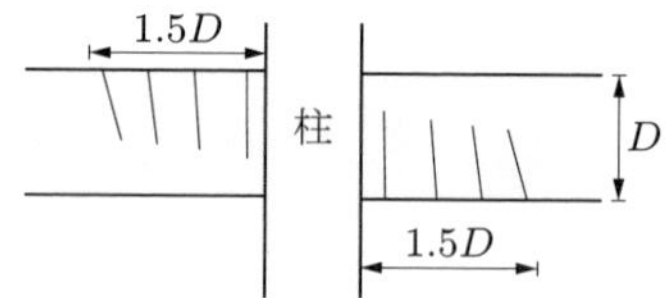

図 2.22　塑性ヒンジ域

2.5　終局強度時の靱性変形に対する設計

2.5.1　曲げ上限強度

鉄筋強度は，実際には第 1 章に示した設計用の基準強度より大きく，また大変形時には歪み硬化域に至り応力度が大きくなる．したがって，基準強度（σ_y：表 1.9）の値を用いた終局曲げ強度より大きくなり，σ_y の値を用いて設計せん断力を求めると設計せん断力を小さく見積もることになり，危険側の結果となる．そこでこのような場合には，式(2.64)において実質に近い強度として表 2.4 の鉄筋の上限用強度 σ_{yu} を用いて曲げ上限強度とする．

表 2.4 鉄筋の上限用強度 σ_{yu}

鉄筋の種類	強度
SD295	$1.30\sigma_y$
SD345，SD390	$1.25\sigma_y$

2.5.2 T 形梁のスラブ筋の考慮

1）一般の曲げ強度の計算では，協力幅内のスラブ筋を考慮する（図 2.23）．

2）曲げ上限強度の計算では，協力幅 b_a の 2 倍の幅のスラブ筋を考慮する．

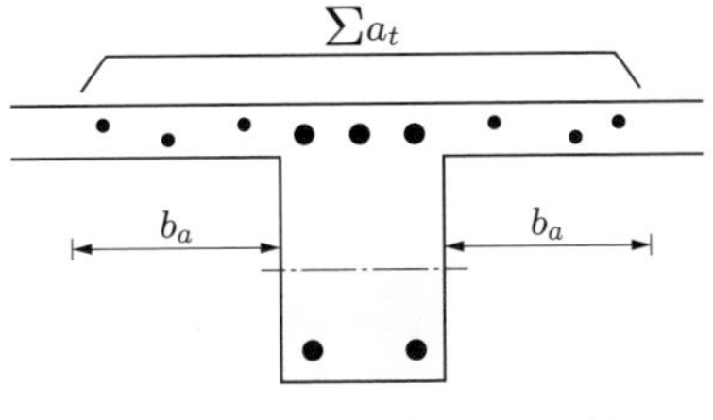

図 2.23 協力幅内のスラブ筋

2.5.3 構造規定

終局状態で大きな変形に耐えるには，2.2.3 項の構造制限に加え，さらに以下のことに留意する必要がある．

1）梁幅は，$b \geqq 250$，かつ $D/4$ とする．

2）鉄筋径は，D19 以上とする．

3）複筋比は，$\gamma \geqq 0.5$ とする．

■ 例題 2.7 ■ 図 2.24 の断面において，$\sigma_B = 21$ [N/mm^2]，$E_c = 1.37 \times 10^4$[N/mm^2]，$E_s = 2.05 \times 10^5$[N/mm^2] のとき，(1) 曲げひび割れ時の曲げモーメント M，(2) 曲率 $1/\rho$ を求めよ．ただし，$d_c = d_t = 50$ [mm] とする．

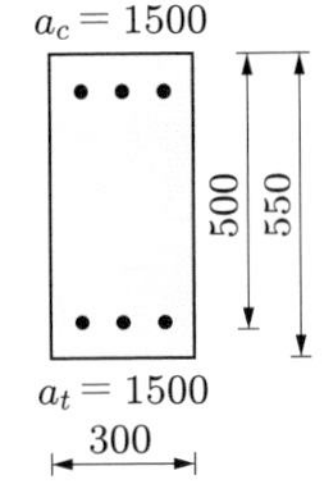

図 2.24 断面図

解答 (1) ひび割れ曲げモーメント

式(2.46)より，$\sigma_{cr} = 0.56\sqrt{21} = 2.566$ [N/mm^2]

$$n = \frac{2.05 \times 10^5}{1.37 \times 10^4} = 14.96$$

式(2.48)より，

$$Z_e = \frac{bD^3/12 + (n-1)a_t(D/2 - d_t)^2 \times 2}{D/2}$$

$$= \frac{300 \times 550^3/12 + (14.96 - 1) \times 1500 \times (550/2 - 50)^2 \times 2}{550/2}$$

$$= \frac{6.280 \times 10^9}{550/2} = 2.283 \times 10^7 [\mathrm{mm}^3]$$

式(2.47)より，$M_c = 2.566 \times 2.283 \times 10^7 = 58.58 \times 10^6$[N·mm] $= 58.58$ [kN·m]

(2) 曲率

フックの法則より，$\varepsilon_c = \dfrac{2.566}{1.37 \times 10^4} = 1.873 \times 10^{-4}$

式(2.49)より，$\dfrac{1}{\rho} = \dfrac{1.873 \times 10^{-4}}{550/2} = 0.6811 \times 10^{-6}$[1/mm]

□ 演習問題 □

2.1 ひび割れのない梁断面（鉄筋は無視する）について，次の問いに答えよ．

(1) 断面係数 Z を求めよ．

(2) ひび割れ強度時（ひび割れ直前）の曲げモーメント M_{cr} と曲率 $1/\rho$ を求めよ．ただし，$bD = 350 \times 600$，コンクリート $E_c = 2.1 \times 10^4$[N/mm^2]，$\sigma_B = 24$ [N/mm^2] とする．

2.2 単筋梁について，次の問いに答えよ．

(1) 中立軸距離 x_n を求めよ．

(2) 鉄筋応力が，$\sigma_t = f_t = 195$ [N/mm^2] になるときの許容曲げモーメント M_2 を求めよ．

(3) 圧縮縁コンクリート応力が，$\sigma_c = f_c = 7$ [N/mm^2] になるときの許容曲げモーメント M_1 を求めよ．ただし，$bD = 400 \times 600$, $a_t = 1935$ [mm^2], $n = 15$, $d_t = 75$ [mm] とする．

2.3 第11章の梁（y 方向，2階，G_{2AB}，G_{3AB}）に必要な主筋を求めよ．ただし，F_c21，SD295，$bD = 350 \times 700$，$d_t = 75$ [mm]，$\gamma = 0.5$ とし，長期の曲げモーメントは図11.11より $M_L = 132.8$ [kN·m]，地震力による曲げモーメントは図11.21より $M_E = \pm 219$ [kN·m] である．

3 曲げと軸力を受ける部材

柱は，図 3.1 に示すように常時の鉛直荷重と，地震力によって，軸力 N，曲げモーメント M，およびせん断力 Q の 3 種類の応力を受ける．梁と異なるのは軸力 N が作用する点である．

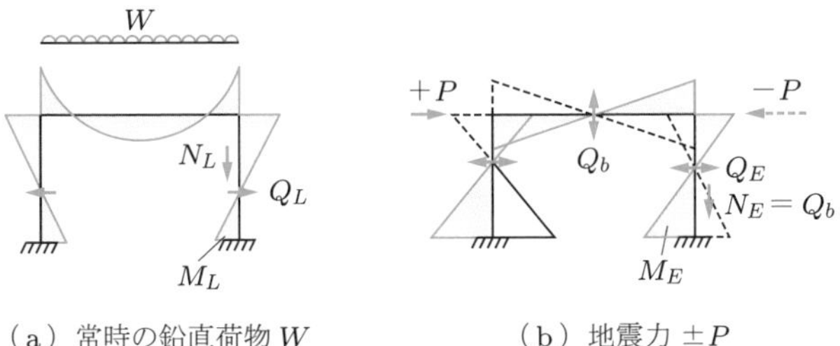

（a）常時の鉛直荷物 W　　（b）地震力 $\pm P$

図 3.1　柱の応力

柱の場合，一般に，地震力による応力は常時荷重に比べてかなり大きいので，その断面は，地震力（短期荷重）によって決まることが多い．しかも，地震力は左右方向からの水平繰り返し力である．

本章では，曲げと軸力を受ける柱について述べる．

3.1 柱断面の基本的な応力度（無筋柱）

梁の場合と同様に，柱断面の基本的な応力度についての知識を得るために，まず無筋の柱について説明する．

3.1.1 曲げモーメントが小さい場合（M/N が小さい場合）の応力度

図 3.2(a)のように，圧縮力 N と曲げモーメント M を受ける柱断面の応力度は，図(b)のように N による応力度 σ_N と M による応力度 $\pm\sigma_M$ が加わるため，曲げ圧縮側断面に大きな応力度を生じ，一方で反対側の圧縮力は小さい．

一方，図 3.2(c)は，断面中心から e [mm]だけ偏心して軸力 N が作用している場合である．このとき，$M = eN$ であるので，

$$e = \frac{M}{N} \tag{3.1}$$

の大きさにとれば，図(b)と同じ応力状態となる．そこで，今後は M の代わりに e を

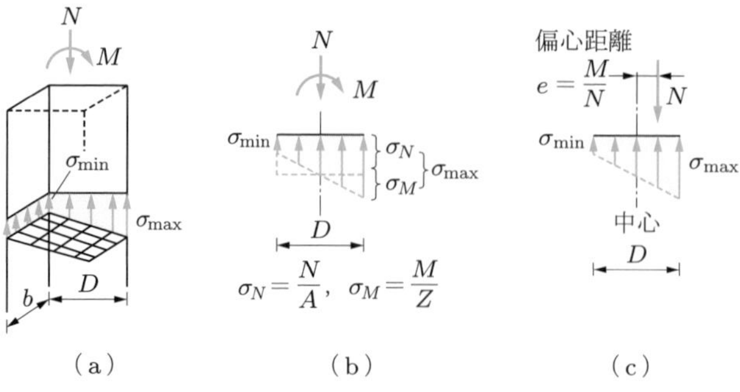

図 3.2 柱の応力度

用いて断面応力度を考えることとする.

図 3.3 に柱断面の歪み度と応力度の状態を示す. この場合, 歪み度(応力度)が 0 になる点は, 断面外になり, この点が中立軸位置である. この点から断面の圧縮縁までの距離を中立軸距離 x_n とする. この図において平面保持の仮定, およびフックの法則により, 次式の関係がある.

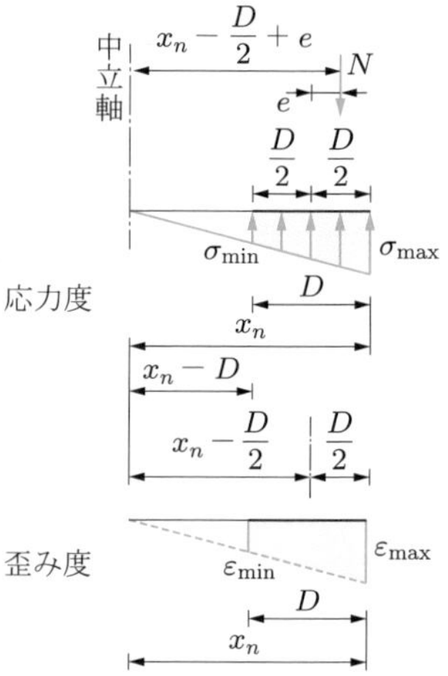

$$\frac{\sigma_{\max}}{\sigma_{\min}} = \frac{x_n}{x_n - D} \tag{3.2}$$

また, 軸方向 (y 方向) の力の釣り合いから次式となる.

$$N = \frac{\sigma_{\max} x_n b}{2} - \frac{\sigma_{\min}(x_n - D)b}{2} \tag{3.3}$$

図 3.3 柱断面の応力度と歪み度

さらに, 中立軸位置での曲げモーメントの釣り合いから次式となる.

$$N\left(x_n - \frac{D}{2} + e\right) - \frac{\sigma_{\max} x_n b}{2} \times \frac{2x_n}{3} + \frac{\sigma_{\min}(x_n - D)b}{2} \times \frac{2(x_n - D)}{3} = 0 \tag{3.4}$$

式(3.2)〜(3.4)より, 次のように中立軸 x_n, 最大圧縮力応力度 $\sigma_{\max}$, 最小圧縮力応力度 $\sigma_{\min}$ が得られる.

$$x_n = \frac{D}{2e}\left(\frac{D}{6} + e\right) \tag{3.5}$$

$$\sigma_{\max} = \frac{N}{bD}\left(1 + \frac{6e}{D}\right) \tag{3.6}$$

$$\sigma_{\min} = \frac{N}{bD}\left(1 - \frac{6e}{D}\right) \tag{3.7}$$

3.1.2 曲げモーメントが大きい場合（M/N が大きい場合）の応力度

式(3.7)において，

$$\frac{6e}{D} = 1, \quad すなわち，\ e = \frac{D}{6} \tag{3.8}$$

を超えると，$\sigma_{\min} < 0$ となる．これは M が大きくなり偏心 e が大きくなれば断面に引張応力度が生じ，コンクリートの引張強度がないものとすれば，ひび割れが生じることになる．その場合の応力度を図 3.4 に示す．この断面において，力の釣り合いを考えると，次式となる．

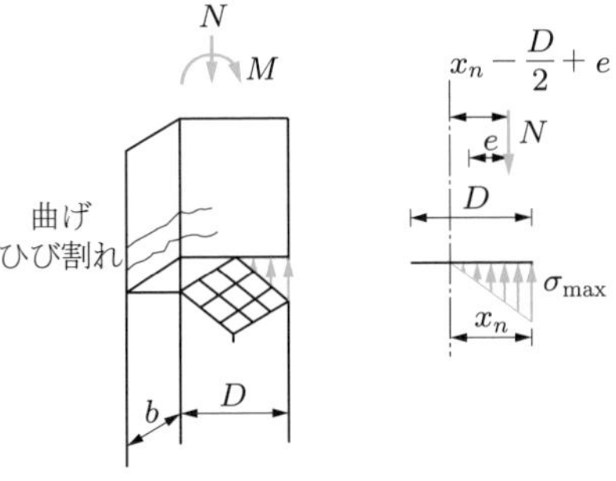

図 3.4 $M/N > 1/6$ の場合

$$N = \frac{\sigma_{\max} x_n b}{2} \tag{3.9}$$

また，中立軸位置での曲げモーメントの釣り合いより次式となる．

$$N\left(x_n - \frac{D}{2} + e\right) = \frac{\sigma_{\max} x_n b}{2} \times \frac{2x_n}{3} \tag{3.10}$$

式(3.9)，(3.10)より，次のように中立軸 x_n，最大圧縮力応力度 $\sigma_{\max}$ が得られる．

$$x_n = 3\left(\frac{D}{2} - e\right) \tag{3.11}$$

$$\sigma_{\max} = \frac{2N/(bD)}{3(1/2 - e/D)} \tag{3.12}$$

3.1.3 無筋柱の許容圧縮力

上記のように，コンクリートの応力度は $e = M/N$ と N によって決まる．そこで，コンクリートの圧縮応力度が許容応力度 f_c に達するときの M，N を考えてみる．

まず，断面にひび割れが生じない場合は，式(3.6)において，$\sigma_{\max} = f_c$ より，

$$\sigma_{\max} = f_c = \frac{N}{bD}\left(1 + \frac{6e}{D}\right) \tag{3.13}$$

となり，$e = M/N$ を用いて整理すると次式となる．

$$\frac{N}{bD} + \frac{6M}{bD^2} = f_c \tag{3.14}$$

この式が成立するには，式(3.7)の $\sigma_{\min} \geqq 0$ のときである．式(3.14)に式(3.1)，(3.13)を代入して次式が得られる．

$$\frac{N}{bD} \geqq 0.5 f_c \tag{3.15}$$

$M = 0$ のとき，$N/(bD) = f_c$ の最大値となる．

また，$N/(bD) < 0.5f_c$ のときは断面にひび割れが生じており，式(3.12)において，$\sigma_{\max} = f_c$ より，

$$\sigma_{\max} = f_c = \frac{2N/(bD)}{3(1/2 - e/D)} \qquad (3.16)$$

となり，これを整理すると次式となる．

$$\frac{2}{3f_c}\left(\frac{N}{bD} - \frac{3}{8}f_c\right)^2 + \frac{M}{bD^2} = \frac{3}{32}f_c \qquad (3.17)$$

式(3.14)，(3.17)を図3.5に示す．なお，この図において，$e = D/6$ との交点が，2式の境界であり，ひび割れ発生の限界点である．また，この図中の青色部分が，$\sigma_{\max} \leqq f_c$ となる安全な範囲である．

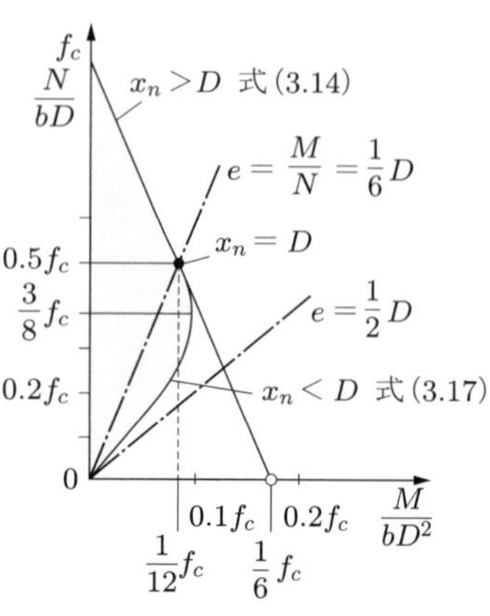

図3.5　$N/(bD)$–$M/(bD^2)$ の関係

■ 例題 3.1 ■ $bD = 300 \times 500$，$f_c = 7$ [N/mm^2] の柱において，(1) $M = 0$，(2) $M = 25$ [kN·m] の場合の圧縮耐力を求めよ．

解答　(1) $N = bDf_c = 300 \times 500 \times 7 = 1050 \times 10^3 = 1050$ [kN]

(2) まず，ひび割れのない場合の式(3.14)より求めてみると，

$$\frac{N}{bD} = 7 - \frac{6 \times 25 \times 10^6}{300 \times 500^2} = 5.00\ [\mathrm{N/mm^2}]$$

$$\therefore N = 5.00 \times 300 \times 500 = 750 \times 10^3 [\mathrm{N}] = 750\ [\mathrm{kN}]$$

となり，このとき，次のようになる．

$$\frac{e}{D} = \frac{M}{ND} = \frac{25 \times 10^3}{750 \times 500} = \frac{1}{15} < \frac{1}{6}$$

したがって，断面にひび割れは生じない．

■ 例題 3.2 ■ $bD = 300 \times 500$，$f_c = 14$ [N/mm^2] の柱において，$N = 750$ [kN] の場合の曲げ耐力 M を求めよ．

解答　式(3.15)において，

$$\frac{N}{bD} = \frac{750 \times 10^3}{300 \times 500} = 5.00\ [\mathrm{N/mm^2}] < 0.5f_c = 0.5 \times 14 = 7\ [\mathrm{N/mm^2}]$$

したがって，ひび割れが生じている式(3.17)より次のように求められる．

$$\frac{M}{bD^2} = \frac{3}{32} \times 14 - \frac{2}{3 \times 14} \times \left(5.00 - \frac{3}{8} \times 14\right)^2 = 1.31$$

$$M = 1.31 \times 300 \times 500^2 = 98.3 \times 10^6 = 98.3 \qquad \therefore M = 98.3\ [\mathrm{kN \cdot m}]$$

3.2 柱の断面算定

3.2.1 柱の応力と配置について

鉄筋コンクリート柱では，図 3.6(a)のように，長期応力時には 2 方向から同時に応力が加わるので，断面の 4 辺全体に鉄筋が配置される．この場合，断面設計では，図 3.7 のように，隅の鉄筋にはいずれか 1 方向の応力のみ負担させる．

一方，地震力の場合，図 3.6(b)は 2 方向を別々に検討するので，図 3.7 のように，隅の鉄筋は 2 方向を兼ねてよい．

また，断面は，地震時にほぼ同じ大きさの正負の曲げモーメントを受けるので，主筋も左右対称に配置され（圧縮力鉄筋 a_c = 引張側鉄筋 a_t），鉄筋位置も対称配置である．

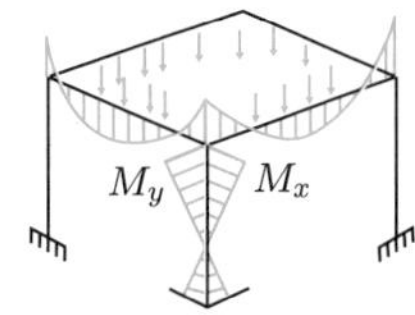

（a）長期荷重時

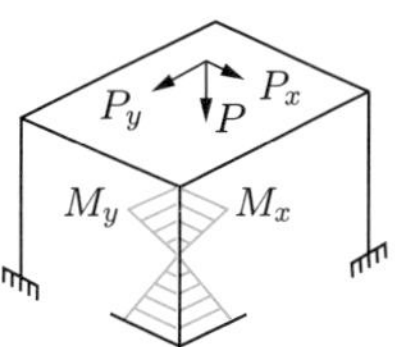

（b）任意方向の地震力

図 3.6　2 方向からの応力を受ける柱

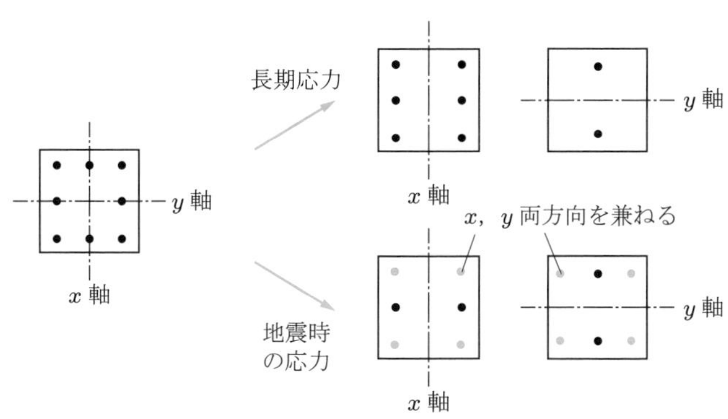

図 3.7　隅の鉄筋の扱い

3.2.2 曲げモーメントが小さく断面に引張応力度が生じない場合（$x_n \geqq D$）の応力状態

図3.8のように，中立軸位置は断面外にあり，$x_n > D$ である．

コンクリート応力度 σ_c および中立軸距離 x_n に対して2つの鉄筋の応力度は，平面保持，フックの法則から次式となる（図3.8）．

$$ {}_r\sigma_c = \frac{n\sigma_c(x_n - d_c)}{x_n} \tag{3.18} $$

$$ \sigma_t = \frac{n\sigma_c(x_n - d)}{x_n} \tag{3.19} $$

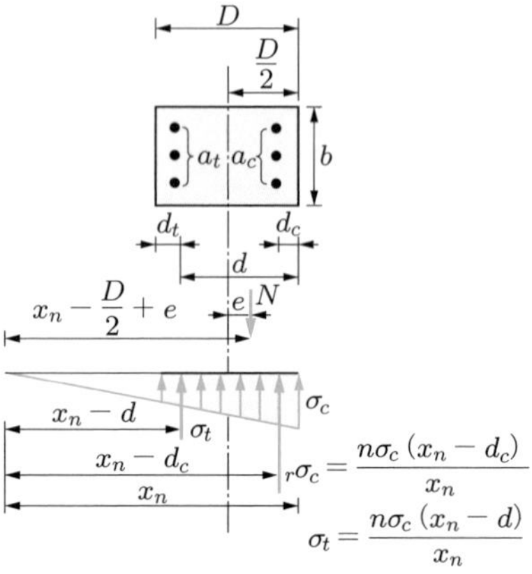

図3.8 柱の断面応力度

これらの応力度による断面内の力は次式となる．

コンクリートの圧縮合力

$$ C_c = \sigma_c \left\{ \frac{bx_n}{2} - \frac{b(x_n - D)^2}{2x_n} \right\} \tag{3.20} $$

圧縮鉄筋の合力 $\displaystyle {}_rC_c = \frac{\sigma_c n a_c(x_n - d_c)}{x_n}$ (3.21)

引張鉄筋の合力 $\displaystyle {}_rC_t = \frac{\sigma_c n a_t(x_n - d)}{x_n}$ (3.22)

これらの力と外力 N の釣り合いは次式である．

$$ N = C_c + {}_rC_c + {}_rC_t \tag{3.23} $$

この式に式(3.20)～(3.22)を代入して次式が得られる．

$$ N = \sigma_c \left\{ \frac{bx_n}{2} - \frac{b(x_n - D)^2}{2x_n} + \frac{na_c(x_n - d_c)}{x_n} + \frac{na_t(x_n - d)}{x_n} \right\} \tag{3.24} $$

梁の場合と同じように，断面のコンクリートが圧縮許容応力度に至るとき（$\sigma_c = f_c$）の耐力を考えてみよう．

ここで，式の表現を簡単にするため，対称断面に仮定して次式を用いる．

$$ \left. \begin{aligned} & p_c = p_t = \frac{a_t}{bD}, \qquad x_{n1} = \frac{x_n}{D} \ \text{（中立軸比）} \\ & d_{c1} = d_{t1} = \frac{d_t}{D}, \qquad d_1 = \frac{d}{D} \end{aligned} \right\} \tag{3.25} $$

なお，鉄筋比 $p_t = a_t/(bD)$ は，梁の場合と異なり，断面の全せい D を用いている．

式(3.24)，(3.25)から，次式が得られる．

$$\frac{N}{bD} = f_c\left\{\frac{x_{n1}}{2} - \frac{(x_{n1}-1)^2}{2x_{n1}} + np_t\frac{2x_{n1}-1}{x_{n1}}\right\} \tag{3.26}$$

この式から中立軸比は次式となる.

$$x_{n1} = \frac{0.5 + np_t}{1 + 2np_t - N/(bDf_c)} \tag{3.27}$$

次に，外力 N，M と断面の中立軸まわりの曲げモーメントの釣り合いから，次式が得られる.

$$\begin{aligned} N\left(x_n - \frac{D}{2} + e\right) &= M + N\left(x_n - \frac{D}{2}\right) \\ &= C_c\left(\frac{2x_n}{3}\right) + {}_rC_c(x_n - d_c) + {}_rC_t(x_n - d) \end{aligned} \tag{3.28}$$

式(3.20)～(3.22)および式(3.28)から

$$\begin{aligned} &M + N\left(x_n - \frac{D}{2}\right) \\ &= \frac{\sigma_c x_n b}{2} \times \frac{2x_n}{3} - \frac{\sigma_c b(x_n - D)^2}{2x_n} \times \frac{2(x_n - D)}{3} \\ &\quad + {}_r\sigma_c\, a_c(x_n - d_c) + \sigma_t a_t(x_n - d) \end{aligned} \tag{3.29}$$

となり，この式に式(3.18)，(3.19)，(3.25)を代入して整理すると，曲げモーメントを求める次式が得られる.

$$\begin{aligned} \frac{M}{bD^2} &= \frac{f_c}{x_{n1}}\left\{{x_{n1}}^2 - x_{n1} + \frac{1}{3} + np_t(2{x_{n1}}^2 - 2x_{n1} + {d_{c1}}^2 + {d_1}^2)\right\} \\ &\quad + (0.5 - x_{n1})\frac{N}{bD} \end{aligned} \tag{3.30}$$

3.2.3 断面にひび割れが生じるが ($x_n < D$)，圧縮コンクリートで許容耐力が決まる場合の応力状態

図 3.9 のように，断面に曲げひび割れが生じた場合を考えると，これまでと同様な考えから，断面の応力度はコンクリート応力度 σ_c および中立軸からの距離に応じて以下の式となる.

圧縮鉄筋応力度 ${}_r\sigma_c$ は,

$${}_r\sigma_c = \frac{n\sigma_c(x_n - d_c)}{x_n} \tag{3.31a}$$

あるいは,

$${}_r\sigma_c = \frac{\sigma_t(x_n - d_c)}{d - x_n} \tag{3.31b}$$

となり，引張鉄筋応力度 σ_t は次式となる．

$$\sigma_t = \frac{n\sigma_c(d - x_n)}{x_n} \tag{3.32}$$

したがって，コンクリートの合力は次式となる．

$$C_c = \frac{\sigma_c b x_n}{2} \tag{3.33}$$

また，圧縮鉄筋の合力，および引張鉄筋の合力は次式である

$$_rC_c = a_c\,{}_r\sigma_c, \qquad T = a_t\sigma_t \tag{3.34}$$

これらの力の釣り合いは次式である．

$$N = C_c + {}_rC_c - T \tag{3.35}$$

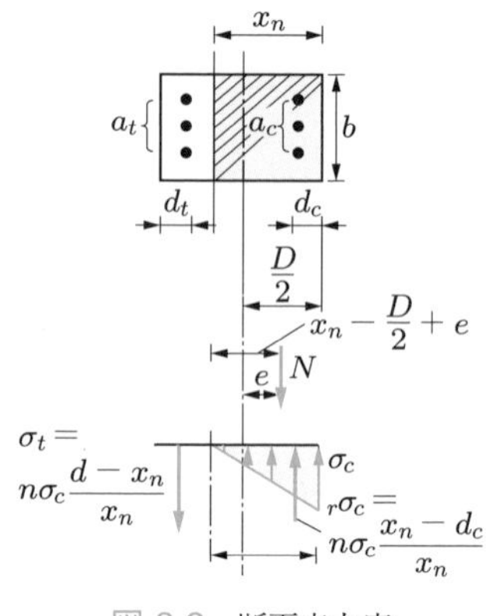

図 3.9 断面応力度

この式に式(3.33)，(3.34)を代入して次式が得られる．

$$N = \frac{\sigma_c b x_n}{2} + a_c\,{}_r\sigma_c - a_t\sigma_t \tag{3.36}$$

さらに，式(3.31)，(3.32)を代入して次式となる．

$$N = \sigma_c\left\{\frac{bx_n}{2} + \frac{na_c(x_n - d_c)}{x_n} - \frac{na_t(d - x_n)}{x_n}\right\} \tag{3.37}$$

次に，中立軸まわりの曲げモーメントの釣り合いから，次式が得られる．

$$M + N\left(x_n - \frac{D}{2}\right) = C_c\left(\frac{2}{3}x_n\right) + {}_rC_c(x_n - d_c) + T(d - x_n) \tag{3.38}$$

この式に式(3.31)～(3.34)を代入して次式が得られる．

$$M + N\left(x_n - \frac{D}{2}\right) = \frac{\sigma_c b x_n}{2} \times \frac{2}{3}x_n + \frac{\sigma_c n a_c (x_n - d_c)^2}{x_n} + \frac{\sigma_c n a_t (x_n - d)^2}{x_n} \tag{3.39}$$

ここで，断面のコンクリートが圧縮許容応力度に至るとき（$\sigma_c = f_c$）の耐力を考えてみよう．

式(3.25)，(3.37)より，次の中立軸比の式が得られる．

$$x_{n1} = \frac{N}{bDf_c} - 2np_t + \sqrt{\left(2np_t - \frac{N}{bDf_c}\right)^2 + 2np_t} \tag{3.40}$$

さらに，式(3.25)，(3.39)より，許容曲げモーメントの次式が得られる．

$$\frac{M}{bD^2} = \frac{f_c}{x_{n1}}\left\{\frac{{x_{n1}}^3}{3} + np_t(2{x_{n1}}^2 - 2x_{n1} + {d_1}^2 + {d_{c1}}^2)\right\} + \frac{N}{bD}(0.5 - x_{n1}) \tag{3.41}$$

なお，式(3.32)において，$\sigma_c = f_c$，かつ $\sigma_t = f_t$ の場合を考えてみると，式(3.25)を用いれば次式が得られる．

$$x_{n1b} = x_{n1} = \frac{d_1 n f_c}{f_t + n f_c} \tag{3.42}$$

これは，釣り合い鉄筋比の場合の中立軸位置 x_{n1b} で，次の 3.2.4 項で述べる応力状態との境界である．

なお，コンクリート強度が $F_c \leqq 40$ [N/mm^2] の一般的な断面では，圧縮鉄筋で耐力が決まらないこと（${}_r\sigma_c > f_t$）がわかっている．

3.2.4 断面にひび割れが生じ（$x_n < D$），鉄筋が引張許容応力度 f_t になる場合の応力状態

式(3.32)，(3.37)より，σ_c を消去して整理すると，次式となる．

$$N = \frac{\sigma_t}{n(d - x_n)/x_n}\left\{\frac{b x_n}{2} + \frac{n a_c (x_n - d_c)}{x_n} - \frac{n a_t (d - x_n)}{x_n}\right\} \tag{3.43}$$

ここで，断面の鉄筋が引張許容応力度に至る場合（$\sigma_t = f_t$）の耐力を考えてみると，式(3.43)より中立軸比は，式(3.25)を用いて次式で表される．

$$x_{n1} = -\frac{nN}{bDf_t} - 2np_t + \sqrt{\left(2np_t + \frac{nN}{bDf_t}\right)^2 + 2\left(np_t + \frac{d_1 nN}{bDf_t}\right)} \tag{3.44}$$

式(3.31)，(3.32)を用いて，式(3.39)を σ_t に関する式にまとめると，次式が得られる．

$$M + N\left(x_n - \frac{D}{2}\right) = \frac{\sigma_t x_n}{n(d - x_n)}\left\{\frac{b{x_n}^2}{3} + \frac{n a_c (x_n - d_c)^2}{x_n} + \frac{n a_t (x - d)^2}{x_n}\right\} \tag{3.45}$$

ここで，$\sigma_t = f_t$ とし，式(3.25)を用いて整理すると，許容曲げモーメントの次式が得られる．

$$\begin{aligned}\frac{M}{bD^2} = {} & \frac{f_t}{n(d_1 - x_{n1})}\left\{\frac{{x_{n1}}^3}{3} + np_t(2{x_{n1}}^2 - 2x_{n1} + {d_1}^2 + {d_{c1}}^2)\right\} \\ & + \frac{(0.5 - x_{n1})N}{bD}\end{aligned} \tag{3.46}$$

3.2.5 全断面内が引張応力度になる場合（$x_n < 0$）の応力状態

高層ラーメンでは大地震時に下層部の柱は，大きな引き抜き力により，全断面に引張応力度が生じることがある．この場合は，図 3.10 のような応力度分布となる．

力の釣り合いより，次式となる．

$$N + a_c\, {}_r\sigma_c + a_t \sigma_t = 0 \tag{3.47}$$

$$ {}_r\sigma_c = \frac{d_c - x_n}{D - d_c - x_n}\sigma_t \tag{3.48} $$

$$ N + \left(\frac{d_c - x_n}{D - d_c - x_n}a_c + a_t\right)\sigma_t = 0 \tag{3.49} $$

応力の小さいほうの鉄筋位置での曲げモーメントの釣り合いを考えると，

$$ M - \frac{N(d - d_c)}{2} - (d - d_c)a_t\sigma_t = 0 \tag{3.50} $$

となる．ここで，断面の鉄筋が許容応力度に至るとき（$\sigma_t = f_t$）は，式(3.49)より式(3.25)を用いて整理すると，次の中立軸比が得られる．

$$ x_{n1} = \frac{N(1 - d_{c1})/f_t bD + p_t}{N/f_t bD + 2p_t} \tag{3.51} $$

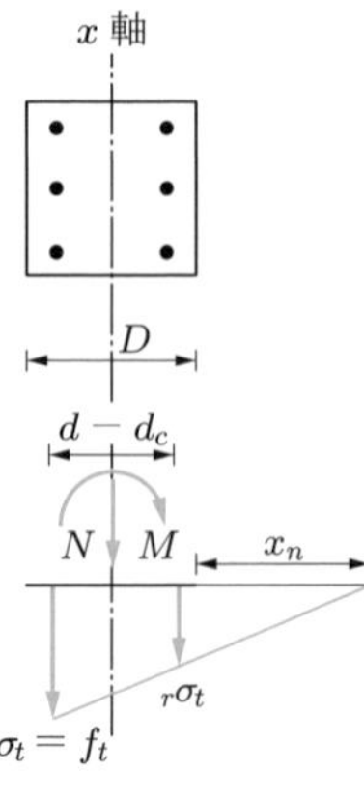

図 3.10　全断面が引張応力

また，式(3.50)より，曲げモーメントのについての次式が得られる．

$$ \frac{M}{bD^2} = (d_1 - d_{c1})\left(p_t f_t + \frac{N}{2bD}\right) \tag{3.52} $$

3.2.6　断面算定の手順

柱の断面算定は，断面 bD に対して，設計応力 M，N が加わる場合の鉄筋の決定を行うことである．その手順は次のようになる．

① 材料強度 f_c，f_t，ヤング係数比 n，主筋配置 d_c，d_t を決める．

② 前述した付録 5，付録 6，あるいは文献 13 のような，$N/(bD)$–$M/(bD^2)$ 断面算定図（付録 8.1 に示すように，各許容応力度ごとあるいはヤング係数に応じた断面算定図も作成できる）を利用する方法，あるいは，付録 8.2 に示す表計算ソフトによる方法で必要な p_t を求める．

a）断面算定図から，設計応力 N，M に必要な引張鉄筋比 p_t を求める手順は次のとおりである．

1）設計応力，$N/(bD)$，$M/(bD^2)$ を計算しておく．

2）各種許容応力度に対応した断面算定図（付録 5 など）において，目盛りに対応する点から，その x 軸，y 軸の交点に対応する p_t を読む．

b）表計算により引張鉄筋比 p_t を求める方法の手順は付録 8.2 に示す．

③ 引張鉄筋断面積 $a_t = p_t bD$ を求め，主筋径を設定し，必要な鉄筋本数を決める．

④ x，y 各方向について②以降を行う．

⑤ 最小鉄筋比などの構造制限を満たしているか，また断面幅内に配筋が可能か確認する．

具体的には，断面算定図を利用する方法を例題 3.3 に，表計算ソフトで求める方法を例題 3.4 に示す．

3.3 構造制限など

3.3.1 長　柱

最小径に対して柱長さが，10 倍以上大きい柱は，座屈の恐れもあるので，表 3.1 のように支点間距離に応じて，軸方向力と曲げモーメントを割り増して断面算定を行う．

表 3.1 軸方向力と曲げモーメント割り増し係数（文献 1）

最小径／支点間距離	軸方向力と曲げモーメント割り増し係数	
	普通鉄筋コンクリート	軽量鉄筋コンクリート
1/10	1.0	1.0
1/15	1.0	1.2
1/20	1.25	1.5
1/25	1.75	–

3.3.2 軸方向力の限界

柱軸力が大きい場合は，終局破壊時において脆い性状を示すので安全上好ましくない．そこで，$N < (1/3)F_c bD$ となるような柱断面とする．

3.3.3 付録の図表を用いる場合の補正

付録 5 などを利用する場合，d_t や d_c が作成図の値（$= 0.1D$）より大きいときは危険側となるので，補正する必要がある．

3.3.4 配筋上の注意点

1）主筋の全断面積はコンクリート断面積の 0.8%以上とする．これはひび割れを抑制したり，破壊時の靱性を確保するために必要である．

2）主筋は，配筋の精度を確保するために異形鉄筋で D13 以上の径を用いる．

3）主筋は断面の四隅に必ず配置し，帯筋により相互に連結する．

4）主筋のあきは，梁の場合と同様の理由から，異形鉄筋では，25 mm 以上かつ呼び名の 1.5 倍以上を確保する．

■ 例題 3.3 ■ 付録 5 の図を用いて柱の断面算定を行え．ただし，$bD = 600 \times 600$，$F_c24 : f_c = 16$ [N/mm^2]，SD345 : $f_t = 345$ [N/mm^2] とし，設計応力は図 3.11 のよ

うに 2 方向から加わるとする．なお，$d_{c1} = d_{ct} = 0.1$ とする．

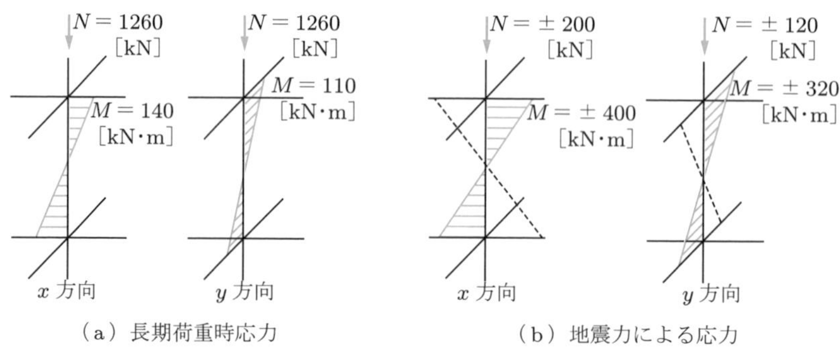

図 3.11 設計応力

解答 長期応力

x 方向 $N = 1260$ [kN], $M = 140$ [kN·m]

y 方向 $N = 1260$ [kN], $M = 110$ [kN·m]

地震による応力

x 方向 $N = \pm 200$ [kN], $M = \pm 400$ [kN·m]

y 方向 $N = \pm 120$ [kN], $M = \pm 320$ [kN·m]

長期応力に対して

1）x 方向 $N = 1260$ [kN], $M = 140$ [kN·m]

$$\frac{N}{bD} = \frac{1260 \times 10^3}{600 \times 600} = 3.5, \qquad \frac{M}{bD^2} = \frac{140 \times 10^6}{600 \times 600^2} = 0.648$$

付図 5.1 より，$p_t = 0$ [%]．

2）y 方向 $N = 1260$ [kN], $M = 110$ [kN·m]

$$\frac{N}{bD} = \frac{1260 \times 10^3}{600 \times 600} = 3.5, \qquad \frac{M}{bD^2} = \frac{110 \times 10^6}{600 \times 600^2} = 0.509$$

付図 5.1 より，$p_t = 0$ [%]．

短期応力に対して

x 方向 $N = 1260 \pm 200 = 1460, 1060$ [kN]

$M = 140 \pm 400 = 540, -260$ [kN·m]

y 方向 $N = 1260 \pm 120 = 1380, 1140$ [kN]

$M = 110 \pm 320 = 430, -210$ [kN·m]

1）x 方向 $N = 1460$ [kN], $M = 540$ [kN·m]

$$\frac{N}{bD} = \frac{1460 \times 10^3}{600 \times 600} = 4.06, \qquad \frac{M}{bD^2} = \frac{540 \times 10^6}{600 \times 600^2} = 2.5$$

付図 5.2 より，$p_t = 0.75$ [%]．

$$N = 1060\ [\text{kN}], \qquad M = 260\ [\text{kN·m}]$$

$$\frac{N}{bD} = \frac{1060 \times 10^3}{600 \times 600} = 2.94, \qquad \frac{M}{bD^2} = \frac{260 \times 10^6}{600 \times 600^2} = 1.204$$

付図 5.2 より，$p_t = 0.03\ [\%]$.

2）y 方向 $N = 1380\ [\text{kN}], \qquad M = 430\ [\text{kN·m}]$

$$\frac{N}{bD} = \frac{1380 \times 10^3}{600 \times 600} = 3.83, \qquad \frac{M}{bD^2} = \frac{430 \times 10^6}{600 \times 600^2} = 1.99$$

付図 5.2 より，$p_t = 0.40\ [\%]$.

$$N = 1140\ [\text{kN}], \qquad M = 210\ [\text{kN·m}]$$

$$\frac{N}{bD} = \frac{1140 \times 10^3}{600 \times 600} = 3.17, \qquad \frac{M}{bD^2} = \frac{210 \times 10^6}{600 \times 600^2} = 0.972$$

付図 5.2 より，$p_t = 0\ [\%]$.

主筋の決定

x 方向（$p_t = 0.75\ [\%]$ を採用する）

$$a_t = \frac{0.75}{100} \times 600 \times 600 = 2700\ [\text{mm}^2]$$

D22($a_0 = 387.1$) を用いると，$n = \dfrac{2700}{387.1} = 6.97$ $\therefore$ 7 本とする

y 方向（$p_t = 0.40\ [\%]$ を採用する）

$$a_t = \frac{0.40}{100} \times 600 \times 600 = 1440\ [\text{mm}^2]$$

D22($a_0 = 387.1$) を用いると，$n = \dfrac{1440}{387.1} = 3.72$

$\therefore$ 4 本とする

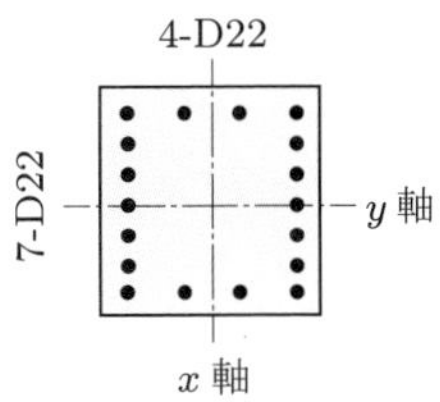

図 3.12 配筋図

配筋を図 3.12 に示す.

構造制限 3.3.4 項 1) より，全主筋断面積の柱断面積に対する鉄筋比 p_g については次のようになる.

$$p_g = \frac{387.1 \times (7 \times 2 + 4)}{600 \times 600} = 0.0194 > 0.8\ [\%] \qquad \therefore \text{OK}$$

■ 例題 3.4 ■ 例題 3.3 の場合の短期応力（x 方向）の鉄筋比を付録 8 の表計算ソフトによる方法で決定せよ.

解答 $N = 1460\ [\text{kN}], \qquad M = 540\ [\text{kN·m}]$

$$\frac{N}{bD} = \frac{1460 \times 10^3}{600 \times 600} = 4.06, \qquad \frac{M}{bD^2} = \frac{540 \times 10^6}{600 \times 600^2} = 2.50$$

表 3.2 より $1 > x_{n1} > x_{n1b}$(G 列) $= 0.3692$

$\therefore$ 応力状態は，(2) であり，P 欄を見て $M/(bD^2) = 2.50$ に最も近い 12 行目の

$p_t = 0.0076$ に決定する.

3.4 柱の終局曲げ強度

3.4.1 柱の曲げモーメントと変形

柱の場合も梁と同様に断面内の応力度や歪み度が大きくなると，その値は弾性域を超え，塑性域に入り部材の変形も大きくなる．しかし，この場合も断面内では，弾性時の場合と同様に，①平面保持，②軸方向の力の釣り合い，③曲げモーメントの釣り合いによって，その応力度や歪み度を求めることができる．

3.4.2 終局曲げ強度

柱の終局曲げモーメントを求めるときの応力度分布は，第 2 章の梁の場合と同様に長方形分布に仮定するのが計算に便利なため，実用上よく用いられている．

(1) 軸力が大きくない場合

さて，柱断面の終局時のコンクリートの応力度分布を図 3.13 のように長方形分布に仮定すると，コンクリートの圧縮力 C_c，引張鉄筋の引張力 T，圧縮鉄筋の圧縮力 ${}_rC_c$ は梁の場合と同様に次式で表される．なお，β_1 は表 2.3 に示す．

$$C_c = 0.85\sigma_B\beta_1 x_n b \tag{3.53}$$

$${}_rC_c = {}_r\sigma_c a_c \tag{3.54}$$

$$T = \sigma_y a_t \tag{3.55}$$

これらの力と外力 N との釣り合いから次式となる．

$$C_c + {}_rC_c - T = N \tag{3.56}$$

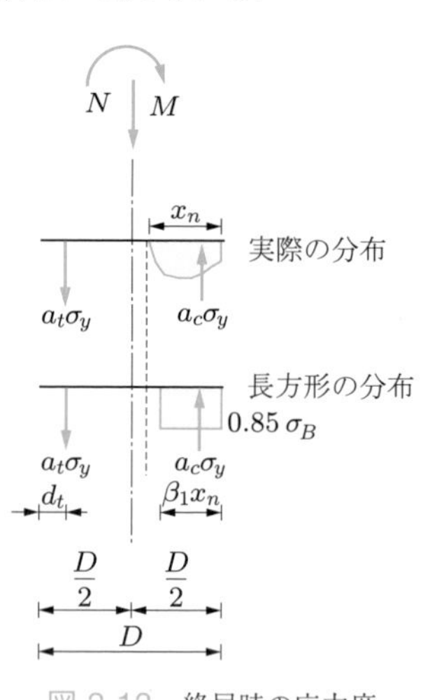

図 3.13 終局時の応力度

さて，このような終局状態においては，一般に圧縮鉄筋も降伏している状態（${}_r\sigma_c = \sigma_y$）にあるので，${}_rC_c = \sigma_y a_c$ である．また，柱の鉄筋の配置も $a_t = a_c$ である．したがって，${}_rC_c = T$ となり，$C_c = N$ であり，式 (3.53) より，中立軸は次式となる．

$$x_n = \frac{N}{0.85\sigma_B\beta_1 b} \tag{3.57}$$

また，中立軸における曲げモーメントの釣り合いから，このときの終局曲げモーメント M_u は次式となる

表 3.2 断面算定

1	A	B	C	D	E	F	G	H	I	J	K	L	M	N	O	P	Q
2																	
3	f_c	f_t	n	b	D	d_{c1}	x_{n1b}	N [kN]	$N/(bDf_c)$	$nN/(bDf_t)$	p_t	(1) x_{n1}	(2) x_{n1}	(3) x_{n1}	(1) $M/(bD^2)$	(2) $M/(bD^2)$	(3) $M/(bD^2)$
4	16	345	15	600	600	0.1	0.369	1460	0.2535	0.1763	0.0001	0.669	0.507	0.414	2.0042	1.3575	1.4947
5	16	345	15	600	600	0.1	0.369	1460	0.2535	0.1763	0.0020	0.657	0.506	0.422	2.2627	1.6445	2.0003
6	16	345	15	600	600	0.1	0.369	1460	0.2535	0.1763	0.0040	0.646	0.505	0.428	2.5385	1.9482	2.5347
7	16	345	15	600	600	0.1	0.369	1460	0.2535	0.1763	0.0060	0.637	0.504	0.434	2.8175	2.2529	3.0711
8	16	345	15	600	600	0.1	0.369	1460	0.2535	0.1763	0.0070	0.632	0.504	0.436	2.9580	2.4055	3.3399
9	16	345	15	600	600	0.1	0.369	1460	0.2535	0.1763	0.0072	0.632	0.504	0.437	2.9862	2.4360	3.3937
10	16	345	15	600	600	0.1	0.369	1460	0.2535	0.1763	0.0074	0.631	0.504	0.437	3.0144	2.4665	3.4475
11	16	345	15	600	600	0.1	0.369	1460	0.2535	0.1763	0.0075	0.630	0.504	0.437	3.0285	2.4818	3.4744
12	16	345	15	600	600	0.1	0.369	1460	0.2535	0.1763	0.0076	0.630	0.504	0.438	3.0426	2.4971	3.5013

列記号と計算式

G：式(3.42)　釣り合い鉄筋比のときの中立軸比（x_{n1b}）：(1 − F4) * C4 * A4/(B4 + C4 * A4)

I：　$N/(bDf_c)$：H4 * 10^3/(D4 * E4 * A4)

J：　$nN/(bDf_t)$：C4 * H4 * 10^3/(D4 * E4 * B4)

L：式(3.27)　中立軸断面外：(0.5 + C4 * K4)/(1 + 2 * C4 * K4 − I4)

M：式(3.40)　中立軸断面内（f_c で決まる）：I4 − 2 * C4 * K4 + SQRT((2 * C4 * K4 − I4)^2 + 2 * C4 * K4)

N：式(3.44)　中立軸断面内（f_t で決まる）：−J4 − 2 * C4 * K4 + SQRT((2 * C4 * K4 + J4)^2 + 2 * (C4 * K4 + (1 − F4) * J4))

O：式(3.30)　中立軸断面外：(A4/L4) * (L4^2 − L4 + 1/3 + (2 * L4^2 − 2 * L4 + F4^2 + (1 − F4)^2) * C4 * K4) + (0.5 − L4) * H4 *10^3/D4/E4

P：式(3.41)　中立軸断面内（f_c で決まる）：(A4/M4) * (M4^3/3 + C4 * K4 * (2 * M4^2 − 2 * M4 + F4^2 + (1 − F4)^2)) + (0.5− M4) * H4 * 10^3/D4/E4

Q：式(3.46)　中立軸断面内（f_t で決まる）：(B4/C4/(1 − F4 − N4)) * (N4^3/3 + C4 * K4 * (2 * N4^2 − 2 * N4 + F4^2 + (1 − F4)^2)) +(0.5 − N4) * H4 * 10^3/D4/E4

$$M_u = C_c\left(1-\frac{\beta_1}{2}\right)x_n + {}_rC_c(x_n-d_c) + T(d-x_n) + N\left(\frac{D}{2}-x_n\right) \quad (3.58)$$

さらに，式(3.58)において，式(3.53)～(3.55)，および ${}_rC_c = T = \sigma_y a_t$ より

$$M_u = N\left(1-\frac{\beta_1}{2}\right)x_n + \sigma_y a_t(d-d_c) + N\left(\frac{D}{2}-x_n\right) \quad (3.59)$$

となり，式(3.57)を代入すると次式となる．

$$M_u = \sigma_y a_t(d-d_c) + 0.5ND\left(1-\frac{N}{0.85bD\sigma_B}\right) \quad (3.60)$$

この式において一般の柱では，$d-d_c \fallingdotseq 0.8D$ であり，また，2 項で $0.85bD\sigma_B \fallingdotseq bD\sigma_B$ とおいても影響が少ないことがわかっている．したがって，これらより次の終局曲げモーメント式が得られる．

$$M_u = 0.8\sigma_y a_t D + 0.5ND\left(1-\frac{N}{bD\sigma_B}\right) \quad (3.61)$$

ところで，柱の軸力が大きい場合は，引張鉄筋が降伏しない場合もあるので，その限界の軸力を考えてみる．

図 3.14 において圧縮側コンクリートが破壊歪み度（$\varepsilon_u = 0.003$）のとき，引張鉄筋の歪み度が降伏歪み度（$\varepsilon_t = \sigma_y/E_s = (235\sim390)/205000 = 0.0012\sim0.0015$）になるケースでは，$\varepsilon_t/\varepsilon_u = (0.0012\sim0.0015)/0.003 = 0.4\sim0.5$ である．したがって，図において $\varepsilon_t/\varepsilon_u = \{(d-x_n)/x_n\} = 0.4\sim0.5$ より，$x_n = 0.67d\sim0.71d$ である．このとき，式(3.57)により，（$d = 0.9D$ とする）限界の軸力 N_1 が得られる．

$$N_1 = 0.85\sigma_B\beta_1 bx_n = 0.85\beta_1 b\sigma_B(0.67\sim0.71)(0.9D)$$
$$= (0.51\sim0.54)\beta_1 bD\sigma_B$$

ここで，$\sigma_B \leqq 36$ [N/mm²] のとき，表 2.3 より，$\beta_1 = 0.85\sim0.79$ であるので，

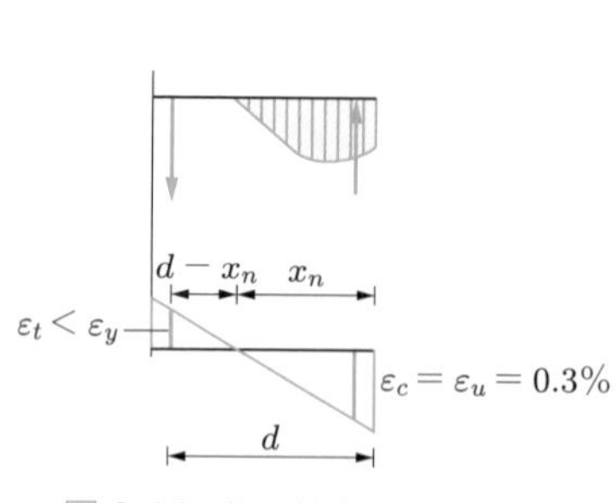

図 3.14 柱の軸力が大きい場合

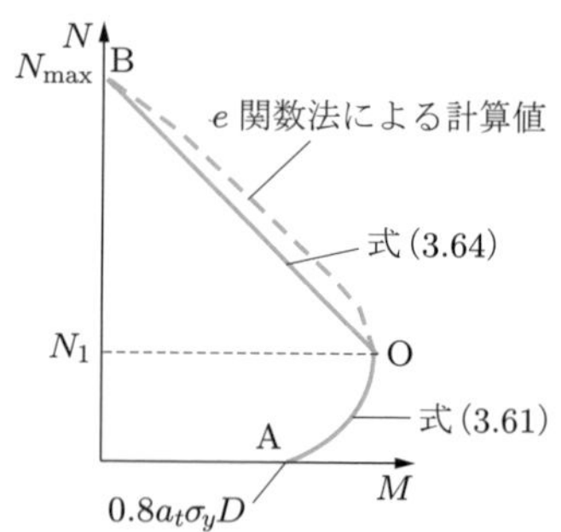

図 3.15 柱の終局時の N–M_u 関係

$$N_1 = (0.40\sim0.46)bD\sigma_B$$

である．したがって，$\sigma_B \leqq 36$ [N/mm^2] のとき，

$$N_1 \fallingdotseq 0.4bD\sigma_B \tag{3.62}$$

が式(3.61)を用いることのできる限界である．

■(2) 軸力が大きい場合（$N > N_1$ のとき）

まず，軸力のみ作用する場合の終局耐力は，次式の鉄筋とコンクリートの累加強度で表される．

$$N_{\max} = bD\sigma_B + (a_c + a_t)\sigma_y \tag{3.63}$$

図 3.15 において，この圧縮軸力のみの耐力（B 点：$N_{\max}$）と，N_1 のときの耐力点（O 点）を直線で結んだものが次式である．

$$M_u = \left\{0.8a_tD\sigma_y + 0.5N_1D\left(1 - \frac{N_1}{bD\sigma_B}\right)\right\}\frac{N_{\max} - N}{N_{\max} - N_1} \tag{3.64}$$

この式は，軸力が N_1 を超える場合について，コンクリートの応力度分布を e 関数で表して精算した場合の値（図 3.15 の破線）と大差なく，しかも安全側であることがわかる．したがって，略算式として用いることができる．

3.5　柱の曲げモーメントと変形

3.5.1　柱の変形

柱の場合も梁の場合と同様に考えることができる．

図 3.16 に，軸方向力 N を加えた状態で水平荷重 P を加えた実験による荷重–たわみ関係を示す．曲げひび割れ前①，曲げひび割れ時②の P–δ の関係は梁と同様である．

なお，柱の場合は梁の場合とは違い，軸力 N の作用によりひび割れ荷重が大きくな

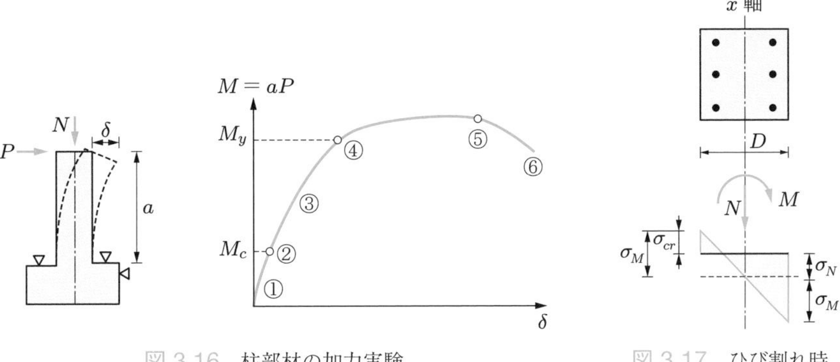

図 3.16　柱部材の加力実験

図 3.17　ひび割れ時

る．その曲げひび割れ時の応力度は，図3.17に示すように次式で表される．

$$\sigma_{cr} = \sigma_M - \sigma_N = \frac{M_c}{Z_e} - \frac{N}{A_e} \tag{3.65}$$

したがって，曲げひび割れ曲げモーメント M_c は次式となる．

$$M_c = \left(\sigma_{cr} + \frac{N}{A_e}\right) Z_e \tag{3.66}$$

ただし，式(2.46)より $\sigma_{cr} = 0.56\sqrt{\sigma_B}$

曲げひび割れ後③は，柱部材も，曲げひび割れが生じると剛性が低下する．これを推定する方法は梁の場合と同様に剛性低下率 α を用いる．ただし，降伏曲げモーメント M_y には，式(3.61)を用いる．

3.5.2 終局状態の変形と設計

■(1) ラーメン部材のヒンジ

一般のラーメンでは，大きな歪み度は図3.18のように柱上下端部に生じ，塑性ヒンジを形成する．そのヒンジ領域は，梁フェース面位置から柱せいの1.5倍程度である．したがって，曲率 $1/\rho = \varepsilon_u/x_n$ で表せば，ヒンジの回転角による柱の変形角 R_u は次式となる．

$$R_u = \frac{1}{\rho} \times 1.5D \tag{3.67}$$

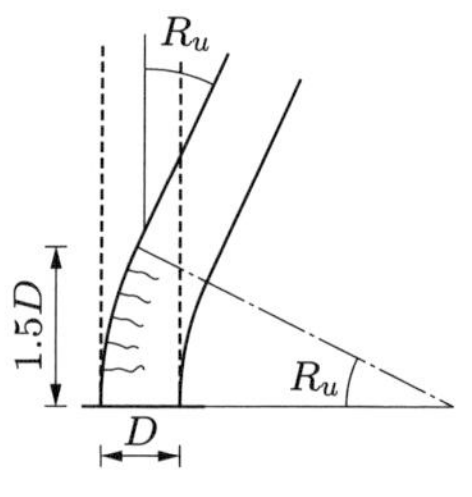

図3.18 ヒンジの回転角

■(2) 軸方向応力度の大きい柱の横補強

柱材において，帯筋は，次節で述べるせん断補強としての効果のほかに，大きな水平変形を受ける終局状態において，コンクリートを包み，その急激な破壊を抑えて建築物を支える耐力を保持する効果がある．これは，横補強効果とよばれ，以下の方法が用いられる．

① 帯筋を密に配置する．

② 対面する主筋をつなぐ中子筋（サブタイ）や対角線方向に配置するダイアゴナルフープを追加して主筋の座屈を防止し，かつコンクリートを拘束する．

③ スパイラルフープのようにら線状に連続してフックのないものを用いる．

□ 演習問題 □

3.1 短期応力として $M = 400$ [kN·m]，$N = 1500$ [kN] を受ける柱に必要な鉄筋を求めよ．ただし，$bD = 600 \times 600$，F_c24，SD345 とする．

4 せん断力を受ける部材

梁や柱は，曲げモーメントや軸力だけでなく，せん断力も受ける．特に，大地震時において，柱部材は，せん断力によって写真 4.1 のような被害を生じる．このような破壊はせん断破壊といわれ，脆性的で急激な耐力低下を伴い，構造物の致命的な崩壊につながるので注意が必要である．

本章では，梁と柱に働くせん断力に対してどのように設計するかを述べる．

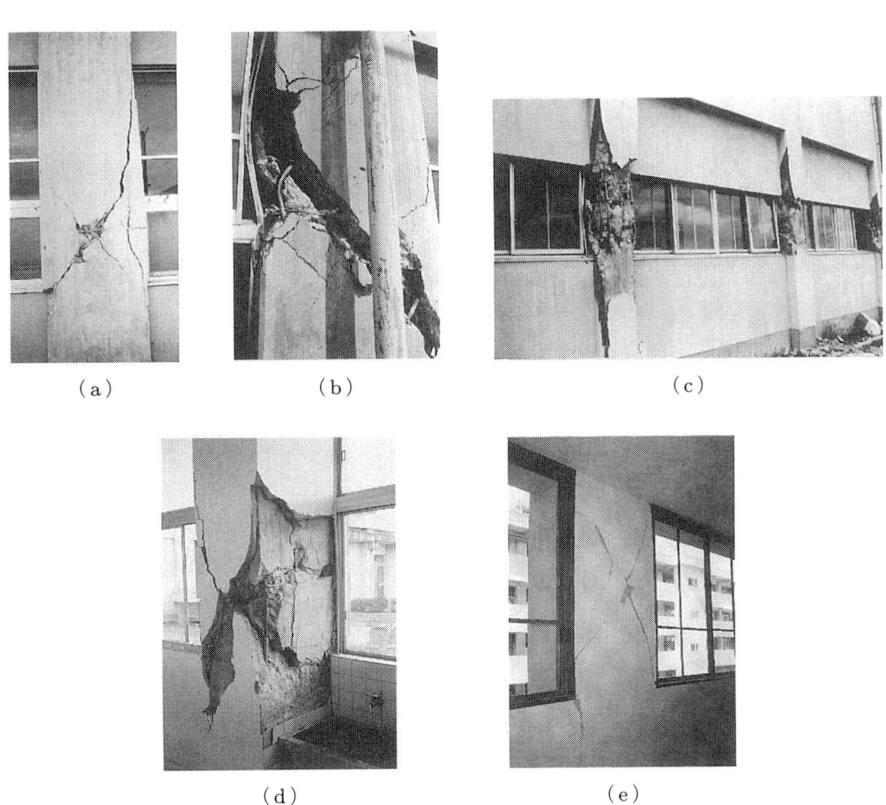

(a) (b) (c) (d) (e)

写真 4.1　地震による破壊の状況（(a)～(c) 十勝沖地震（1968），(d) 鳥取県西部地震（2000），(e) 芸予地震（2001））

4.1 ひび割れのない梁のせん断応力度

図 4.1 の単純梁は，曲げモーメント M とせん断力 Q を受けている．そして，梁断面では，曲げ応力度 σ とせん断応力度 τ を生じている．

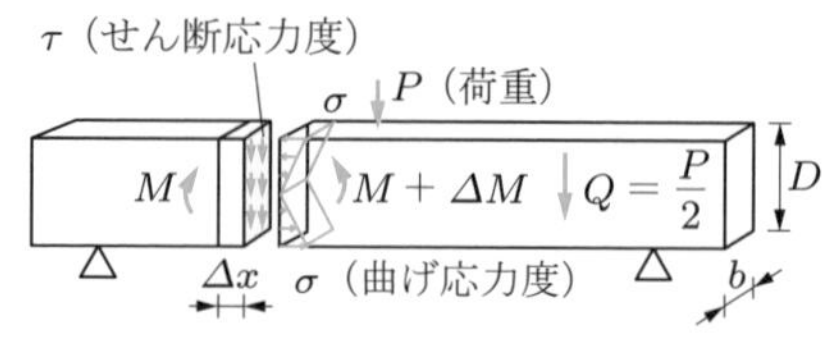

図 4.1　単純梁の応力

いまこの梁から，図 4.2 のように，切片 $\Delta x\,bD$ を取り出し，さらにこの切片の上部から任意の場所 y で切断したものを考える．この切片 $\Delta x\,by$ において，力は釣り合っていなければならない．この切片に働く曲げ圧縮応力度を切片の左右においてそれぞれ C，$C+\Delta C$ とする．ΔC は切片左右の曲げ応力度合計の差である．また，切片下面に働くせん断応力度を τ_x とすると，この合力は次式である．

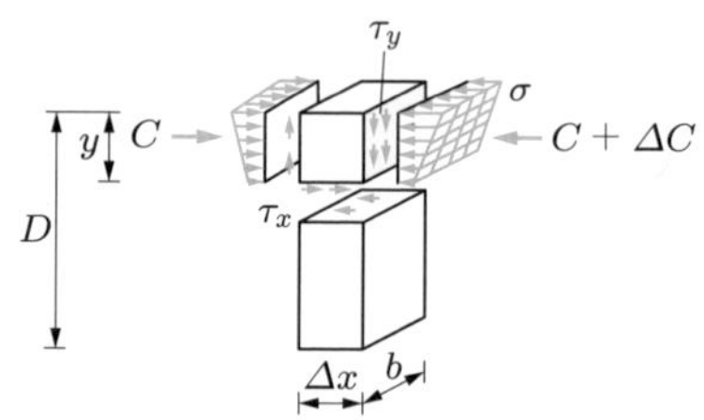

図 4.2　切片の応力度

$$\tau_x \Delta x\, b \tag{4.1}$$

したがって，x 方向での力の釣り合いから以下のようになる．

$$\Delta C = \tau_x \Delta x\, b \tag{4.2}$$

τ_x の大きさは，ΔC に応じて，切断面 y が断面中央に近づくほど大きくなり，その大きさは，図 4.3 のように放物線を描き，y が断面中央部（$y = D/2$）のときに最大となり，これを τ_m とおくと次式で表される．

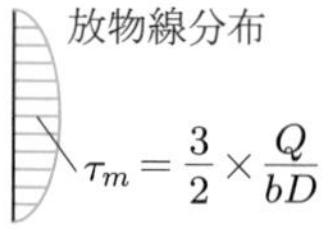

放物線分布

$\tau_m = \frac{3}{2} \times \frac{Q}{bD}$

図 4.3　せん断応力度の分布

$$\tau_m = \frac{\Delta C}{\Delta x\, b} \tag{4.3}$$

このとき，図 4.4 のように，断面応力の合力 C，$C+\Delta C$，T，$T+\Delta T$ は，それぞれの応力度の重心位置である材中心から $D/3$ の位置に作用するので，これらの応力中心間距離は $j = (2/3)D$ である．

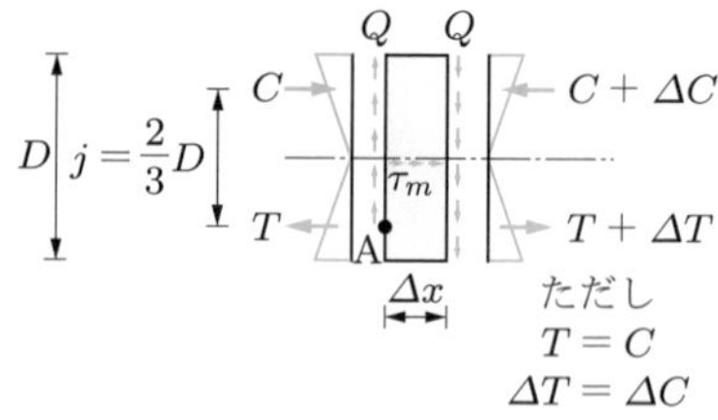

図 4.4　切片の応力度の釣り合い

さらに，切片の鉛直断面全体にはせん断力 Q（＝断面全体のせん断応力度 τ_y の合計）が作用しているので，いま T の作用点（図中の A 点）

での曲げモーメントの釣り合いを考えると次の関係がある.

$$Cj - (C + \Delta C)j + Q\,\Delta x = 0 \tag{4.4}$$

この式と，式(4.3)から次式が得られる.

$$\tau_m = \frac{Q}{bj} = \frac{3}{2} \times \frac{Q}{bD} \tag{4.5}$$

また，図 4.5 のように梁断面から微小切片 $b \times dx \times dy$ を取り出してみると，この切片には，せん断応力度 τ_x，τ_y および曲げ応力度 σ_x が作用しているが，AA′ 軸に関する曲げモーメントの釣り合いから

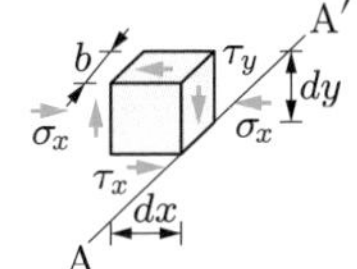

図 4.5 微小切片

$$\tau_x b\,dxdy - \tau_y b\,dydx = 0 \tag{4.6}$$

となり，これより次式となる.

$$\tau_x = \tau_y \tag{4.7}$$

すなわち，断面内での任意の点において，水平方向のせん断応力度と鉛直方向のせん断応力度の大きさは同じであることがわかる.

4.2 曲げひび割れ後のせん断力負担

前章で述べたように，コンクリートの引張強度は小さく，設計では無視されるので，曲げ引張側には曲げひび割れが発生し，引張鉄筋のみ応力度が存在している状態にある．したがって，図 4.6 のように，せん断応力度は圧縮コンクリート側では，放物線上に変化しながら作用しており，中立軸位置でのせん断応力度の大きさ τ_m は，前節と同様の考え方から応力中心間距離 j を用いると次式となる．これをせん断ひび割れという.

$$\tau_m = \frac{Q}{bj} \tag{4.8}$$

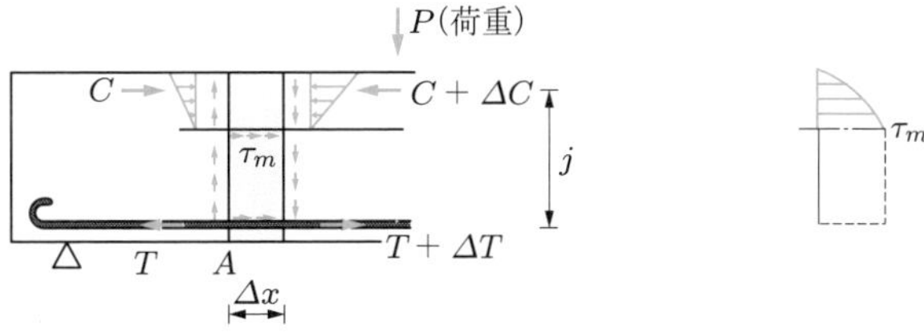

（a）切片に働く応力　（b）せん断応力度の分布

図 4.6 曲げひび割れ後のせん断応力度

しかし，中立軸より下部では曲げ応力度がないので変化しない．このため，このせん断応力度は，主筋位置で，鉄筋との付着力により鉄筋に吸収され，ΔT となる．

なお，曲げひび割れの生じたコンクリート部分でのせん断力の伝達は，ひび割れ幅が微小であれば，骨材間の噛み合い作用も考えられるが，その他にも 4.4 節でも述べるような多くの要因が挙げられる．

4.3 せん断ひび割れ（斜めひび割れ）強度

せん断応力度の大きい梁では，図 4.7 のように，曲げひび割れが発生後，そのひび割れは傾きながら進行して中立軸付近では材軸に対して 45° 程度になる場合と，断面中央付近にいきなり斜め方向に生じる場合がある．前者は，断面内の曲げ引張応力度とせん断応力度による引張主応力によって，その応力度が引張強度を超えたとき，その応力度の向きに生じるものである．また，後者は，曲げ引張応力度が小さく，せん断応力度の大きい場合に生じるものである．

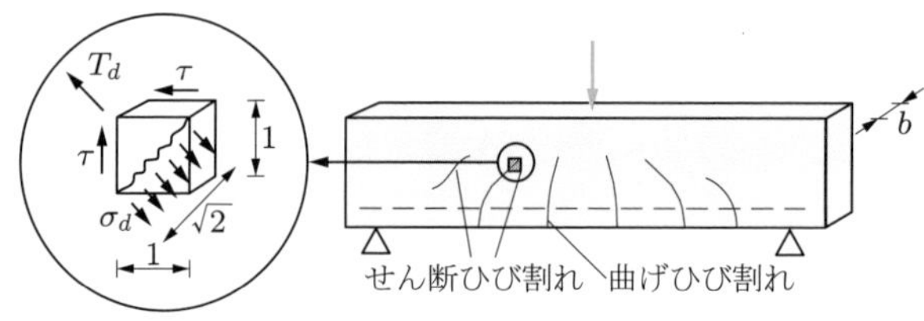

図 4.7 せん断ひび割れの様子

図 4.7 に示す梁の中立軸付近（曲げ応力度がほとんどない場所）での微小切片を考える．ここでは，せん断応力度 τ が 4 面に作用し，これが合成され，45° 方向に働く次式の引張力 T_d となる．

$$T_d = \frac{\tau b}{\sqrt{2}} \times 2 = \sqrt{2}\tau b \tag{4.9}$$

これを作用する面（$\sqrt{2}b$）についての応力度 σ_d で表すと，

$$\sigma_d = \frac{T_d}{\sqrt{2}b} \tag{4.10}$$

となり，この式に式(4.9)を代入して次式が得られる．

$$\sigma_d = \tau \tag{4.11}$$

この斜め方向の引張応力度 σ_d は斜張力とよばれ，せん断ひび割れの原因となるものである．なお，曲げひび割れから斜め方向になっていくものを，曲げせん断ひび割れとよぶ．これらのひび割れ発生強度については，これまでの実験研究（文献 17）から次のことがわかっている．

1）ひび割れ発生強度の大きさは，コンクリート強度 σ_B に比例する．

2）単純梁実験の荷重点と支点のスパン距離 a と梁せい d の比（a/d：図 4.8）に大きく影響され，a/d が小さくなるほどひび割れ発生強度が大きくなる．この a/d は，梁の実験の場合の曲げモーメント（$M = Pa$）とせん断力（$Q = P$）で表すと，$a = M/Q$ であり，次式となる．

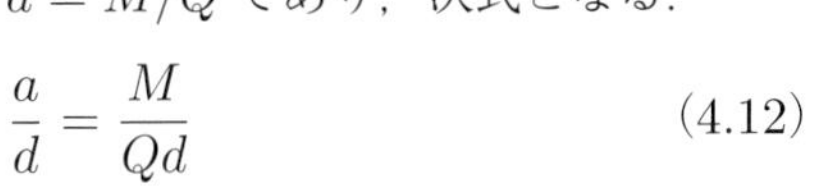

$$\frac{a}{d} = \frac{M}{Qd} \tag{4.12}$$

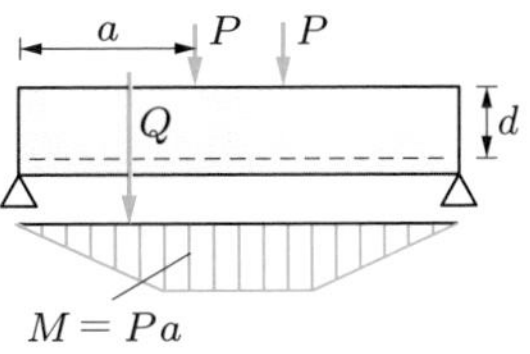

図 4.8　せん断スパン比

これをせん断スパン比とよぶ．

せん断ひび割れ強度について，この σ_B と $M/(Qd)$ を主要因とみなして，多くの梁の実験結果を整理したものが図 4.9 である．図より，せん断スパン比が 3 以下ではこれに反比例してひび割れ強度が大きくなること，また，一般に $M/(Qd) \geqq 3$ では，一定となることがわかる．$M/(Qd) < 3$ の場合についての不合格率 5%の下限値の回帰式は次式となる．

$$\tau_{c\,\min} = \frac{Q_{c\,\min}}{bj} = 0.77\tau_c = 6.5k_c \frac{0.5 + F_c/100}{M/(Qd) + 1.7} \tag{4.13}$$

なお上式では，単位は[kgf/cm^2]である．また，係数 k_c は試験体の断面寸法による係数で，一般の梁の大きさでは $k_c = 0.72$ としてよい．

ここで，次のような近似式を用いる．

$$\alpha = \frac{6.5 \times 0.72}{M/(Qd) + 1.7} \fallingdotseq \frac{4}{M/(Qd) + 1} \tag{4.14}$$

したがって，式(4.13)において $Q_{c\,\min} = Q_c$ とおき，式(4.14)を用いると次式が得られる．

$$Q_c = \alpha \left(0.5 + \frac{F_c}{100} \right) bj \tag{4.15}$$

さらに，この式中の $f_s = 0.5 + F_c/100$ [N/mm^2] は，表 1.7 に示した許容せん断応力度 f_s にあたるものであり，これより許容せん断ひび割れ強度は次式で表される．

$$Q_c = \alpha f_s bj \tag{4.16}$$

なお，α はせん断スパン比による割り増し係数で，$1 \leqq \alpha \leqq 2$ の範囲で用いる．

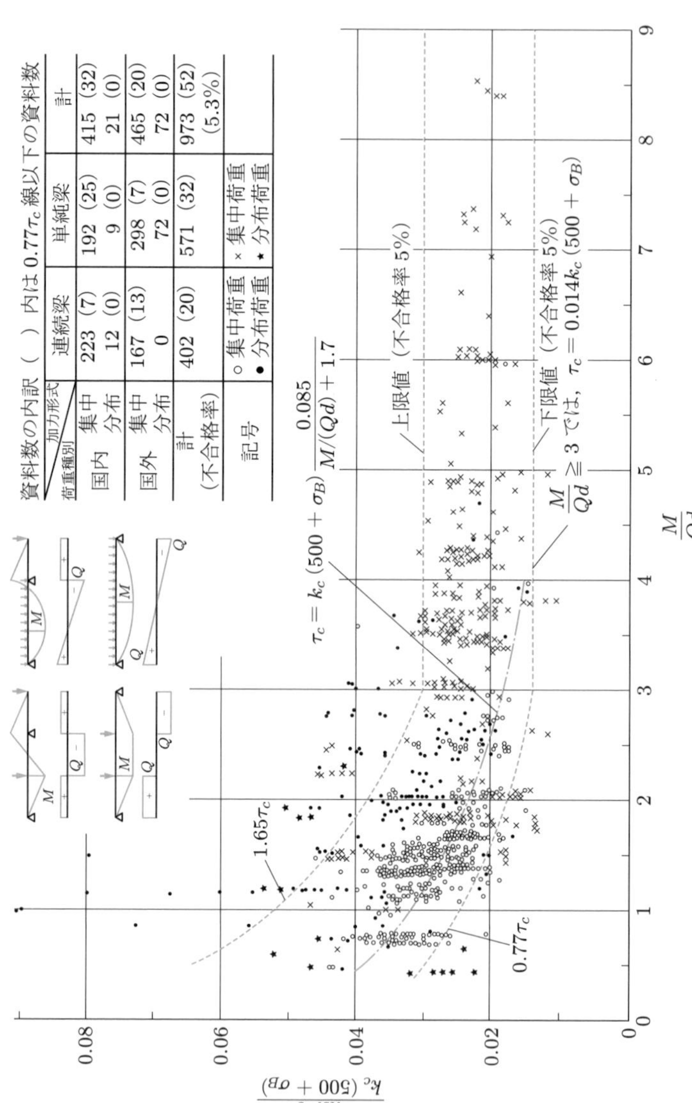

図 4.9 普通コンクリート梁のせん断ひび割れ発生時における実験値と計算値の比較（文献 17）（kgf, cm 単位）

4.4 ひび割れ後のせん断力負担

4.4.1 ひび割れ後のせん断力の伝達

鉄筋コンクリート部材では，多少の曲げひび割れや，せん断ひび割れの後もさらに大きなせん断力に耐える．そのメカニズムは，以下に示す複数の要因による．

(a) アーチ機構（図 4.10(a)）

これは，コンクリート部分によるアーチと引張鉄筋によるタイによって構成される作用による．この機構では，梁スパンが小さいほど，せん断耐力が大きくなる．

(b) トラス機構（図 4.10(b)）

これは，あばら筋の負担力を引張部材，ひび割れ方向に圧縮力を負担するコンクリートを圧縮斜材，引張鉄筋を引張弦材，圧縮側コンクリートを圧縮弦材としてそれぞれ考えたトラス作用による．この機構では，コンクリート斜材が破壊しないうちはあばら筋の引張耐力に比例して部材のせん断力負担も大きくなる．

(c) 鉄筋のダボ作用（図 4.10(c)）

主筋のせん断力負担による．この作用には，主筋径やかぶり厚さの大きいものほど効果が大きい．

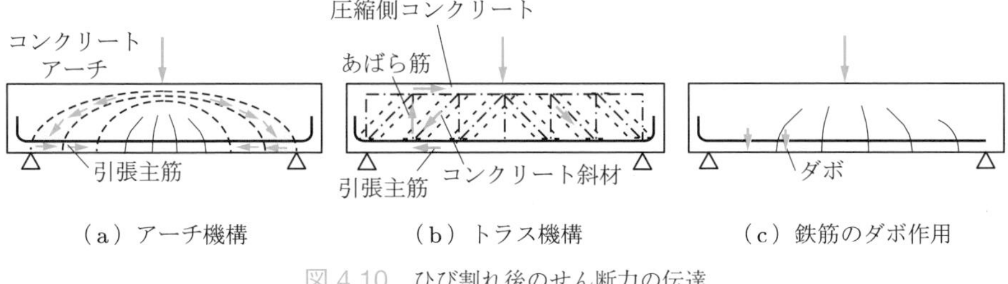

図 4.10 ひび割れ後のせん断力の伝達

4.4.2 せん断破壊の形式

せん断応力度の大きい部材は，終局時には以下のような破壊を示す．

(a) 斜張力破壊

あばら筋の量 a_w が少ないと斜めひび割れが拡大して破壊に至る（図 4.11(a)）．

(b) 圧縮せん断破壊

引張鉄筋が多い場合や圧縮軸方向力の大きくコンクリート強度が小さい柱などでは，圧縮応力度とせん断応力度によって圧縮側コンクリートがせん断破壊する（図 4.11(b)）．この破壊を圧縮せん断破壊という．

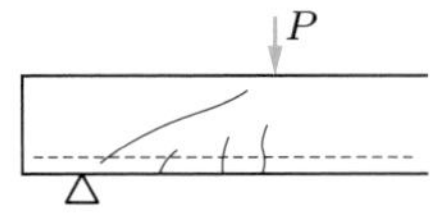

（a）斜張力破壊
（あばら筋量小のとき）

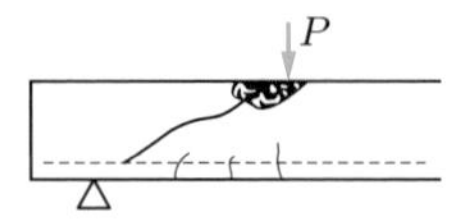

（b）圧縮せん断破壊
あばら筋量 大, p_t 十分, F_c 小 のとき

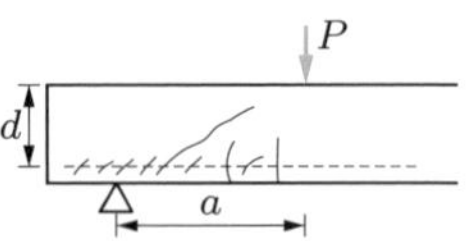

（c）付着割裂破壊，ダボ作用の破壊
（かぶり厚さやあきの不足のとき）

図 4.11　梁のせん断破壊形式

(c) 付着割裂破壊，ダボ作用の破壊

主筋のかぶり厚さやあきの不足により，引張鉄筋に近いコンクリート面に割裂ひび割れが生じる（図 4.11(c)）.

これらの破壊が生じると急に耐力が低下して脆性的な破壊を示す．このうち(b)，(c)は，断面設計において，断面の大きさ bd や，かぶり厚さ，および引張鉄筋比 p_t を適切に行えば防ぐことができる.

これらの耐力は，以下の5つの要因によることがわかっている.

1）断面の大きさ b, d

2）せん断スパン比 $M/(Qd)$

3）コンクリート強度 σ_B

4）あばら筋または帯筋の量と強度 a_w, ${}_w\sigma_y$

5）引張鉄筋比 p_t

なお，ここで，あばら筋または帯筋の量を表すためにあばら筋比または帯筋比 p_w を定義する.

$$p_w = \frac{a_w}{bx} \tag{4.17}$$

ただし，a_w：1組の断面のあばら筋または帯筋の断面積

x：あばら筋間隔または帯筋間隔（図 4.12）

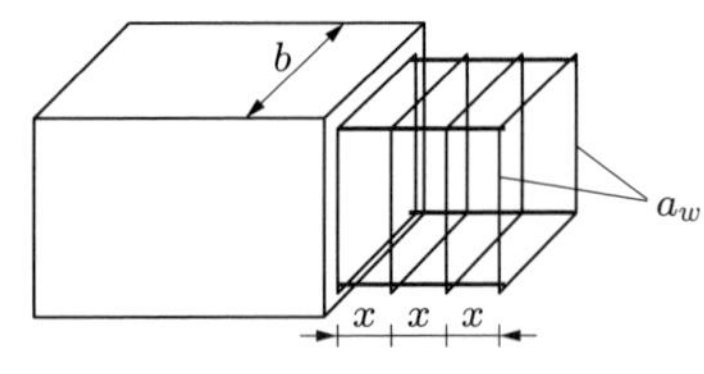

図 4.12　あばら筋比

4.4.3　最大せん断強度

ひび割れ強度の場合と同様に，多くの実験結果（図 4.13）から得られた $M/(Qd) \leqq 3$ の場合の最大せん断強度の統計上の下限式（図中の式）に対し，その第1項を 0.77 倍したものは，不合格率 5%の下限となる．それが次式である.

$$\tau_{u\,\min} = k_u \cdot k_p (180 + \sigma_B) \frac{0.092}{M/Qd + 0.12} + 2.7\sqrt{p_{w\,w}\sigma_y} \tag{4.18}$$

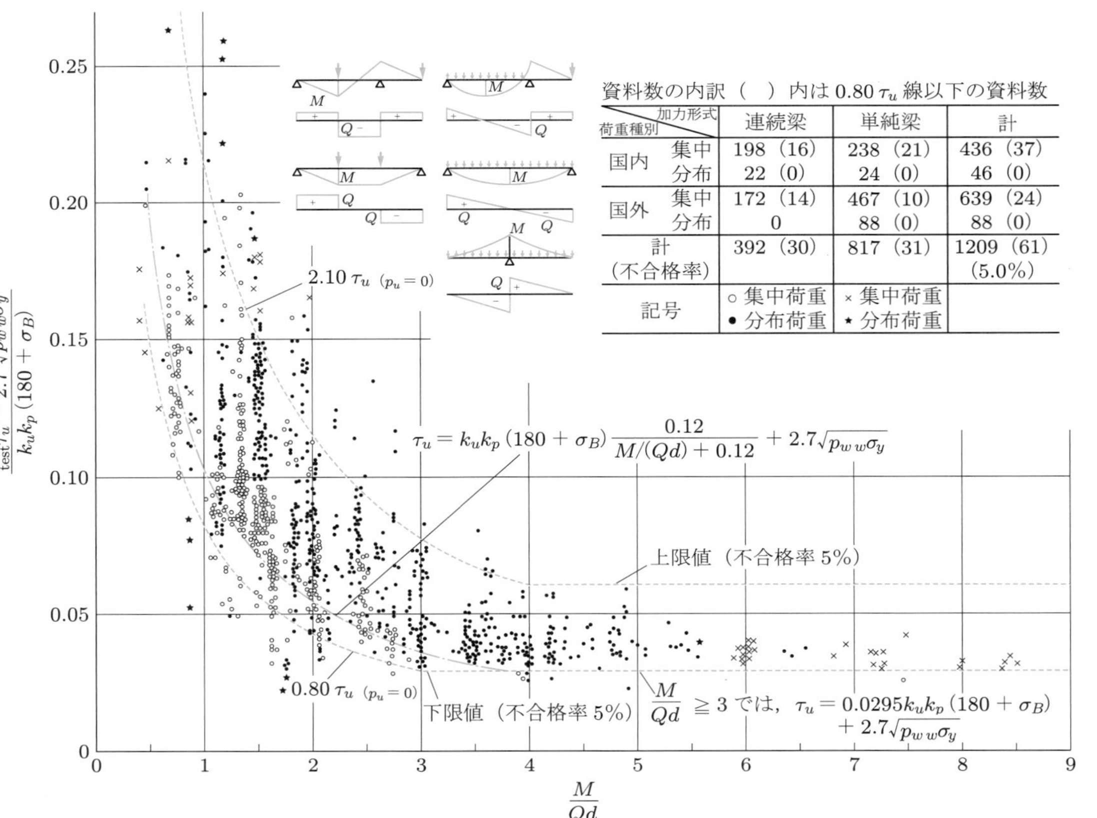

荷重種別＼加力形式		連続梁	単純梁	計
国内	集中	198（16）	238（21）	436（37）
	分布	22（0）	24（0）	46（0）
国外	集中	172（14）	467（10）	639（24）
	分布	0	88（0）	88（0）
計（不合格率）		392（30）	817（31）	1209（61）（5.0%）
記号		○ 集中荷重 ● 分布荷重	× 集中荷重 ★ 分布荷重	

図 4.13 普通コンクリート梁のせん断破壊時における実験値と計算値の比較（文献 17）（単位：kgf, cm）

ただし，上式では，強度の単位は[kgf/cm^2]である．k_u は断面寸法による係数で $k_u = 0.72$（壁スラブ付き $= 0.58$）としてよい．また，k_p は p_t[%] による係数で $0.82{p_t}^{0.23}$ である．

なお，柱の実験結果から，軸力 N を受ける部材の最大せん断強度の略算式として次式が提案されている．

$$\tau_{uc} = \tau_{u\,\min} + \frac{0.1N}{bD} \tag{4.19}$$

せん断終局耐力の理論については，文献2などに示されている．

4.5　許容せん断力

4.5.1　梁の許容せん断力

式(4.18)において，第1項は，式(4.13)と同性状で，せん断ひび割れ強度を示唆している．また，第2項はあばら筋の効果を表すものである．そこで，あばら筋の強度 ${}_w\sigma_y$ をその許容応力度 ${}_wf_t$ におき，さらに，p_w の実用範囲域において式中の平方根の値を直線式に近似置換したものを基本的に用いた．これより，次の許容せん断力式が導かれる．

$$Q_A = \tau_a bj = \{\alpha f_s + 0.5\,{}_wf_t(p_w - 0.002)\}bj \tag{4.20}$$

ただし，α：式(4.14)

なお，許容せん断力 Q_A は，長期，短期（中地震動時の損傷時），大地震動時それぞれにその扱いが異なる．

4.5.2　長期許容せん断力 Q_{AL}

■(1) 梁，柱の長期の使用性を確保する場合

長期荷重時では斜めひび割れが生じると剛性低下が大きくなることや，耐久性の低下につながり，また，長期応力設計での弾性計算の仮定が崩れる．そこで，長期応力時にはせん断ひび割れを許さないように設計するため，次式とする．

$$Q_{AL} = \alpha f_s bj \tag{4.21}$$

ただし，α：式(4.14)　（梁）$1 \leqq \alpha \leqq 2$，（柱）$1 \leqq \alpha \leqq 1.5$

■(2) 梁に長期荷重によるひび割れを許容する場合

式(4.20)を用いてよい．ただし，$p_w \leqq 0.6$ [%]，超えるときは 0.6 [%]として計算する．

4.5.3 短期許容せん断力 Q_{AS}

短期荷重時においては，被災後の残留ひび割れ幅などの損傷を制御のための検討を行う．短期許容せん断力は，梁柱とも次式を用いる．なお，柱の場合は，軸力が大きいとひび割れ強度への効果はあるが，安全側なので考慮しない．

$$Q_{AS} = \left\{\frac{2}{3}\alpha f_s + 0.5 {}_w f_t(p_w - 0.002)\right\} bj \tag{4.22}$$

ただし，（梁）$1 \leqq \alpha \leqq 2$，（柱）$1 \leqq \alpha \leqq 1.5$ とする．また，$p_w = 1.2$ [%] を超えるときは 1.2 [%]として計算する．

4.5.4 短期設計せん断力

短期設計に用いるせん断力には，長期荷重時における部材のせん断力 Q_L と地震力による部材のせん断力 Q_E の和を採用する．

4.6 大地震動時におけるせん断力に対する安全検討

4.6.1 大地震動に対する安全性の確保のための許容せん断力

特に，柱の場合は，せん断スパン比（$M/(Qd)$）が小さいものほど脆性破壊するので割り増し係数 $\alpha = 1$ とする．

梁の場合　$$Q_{AS} = \{\alpha f_s + 0.5 {}_w f_t(p_w - 0.002)\} bj \tag{4.23}$$

柱の場合　$$Q_{AS} = \{f_s + 0.5 {}_w f_t(p_w - 0.002)\} bj \tag{4.24}$$

ただし，（梁）$1 \leqq \alpha \leqq 2$，（柱）$1 \leqq \alpha \leqq 1.5$，かつ $p_w = 1.2$ [%] を超えるときは 1.2 [%]として計算する．

4.6.2 大地震時の設計せん断力

梁や柱のせん断破壊は建築物全体の脆く致命的な破壊につながるので，曲げ降伏破壊が先行して，せん断破壊に至らないようにすることが望ましい．つまり，部材の両端が曲げ降伏すれば，その部材のせん断力はこれ以上大きくならないので，設計用のせん断力として，このときのせん断力を採用すればよい．

■(1) 梁の場合（図 4.14(a)）

梁の両端が曲げ降伏した場合の設計せん断力 Q_D は次式である．

$$Q_D = Q_L + \frac{M_{y1} + M_{y2}}{L'} \tag{4.25}$$

ただし，Q_L：長期荷重時せん断力

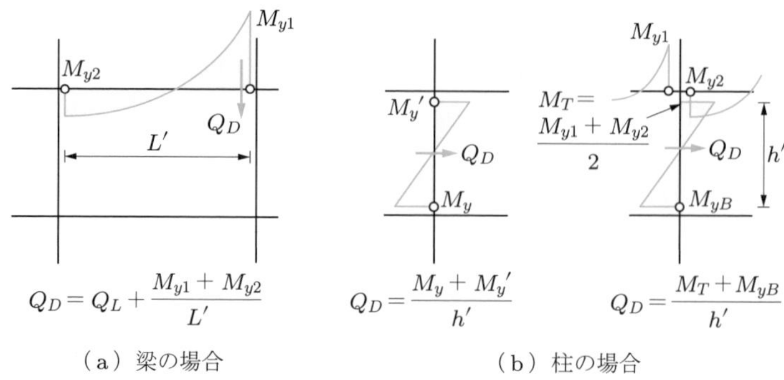

図 4.14　短期設計用のせん断力

M_y：梁の両端の降伏曲げモーメントで，式(2.64)による（ただし，鉄筋にはスラブ筋も考慮し，降伏応力度は表 2.3 の上限強度を用いる）

L'：梁スパンの内法長さ

■(2) 柱の場合（図 4.14(b)）

柱頭での曲げモーメント M_T は，柱頭の M_y とその両梁端の降伏曲げモーメントに伴う柱頭の曲げモーメント（上下に柱があるときは，その合計の半分：$M_T = (M_{y1}+M_{y2})/2$）のうち小さいほうを採用し，柱脚の降伏曲げモーメントを M_{yB} とし，次式で求める．

$$Q_D = \frac{M_T + M_{yB}}{h'} \tag{4.26}$$

ただし，M_y：式(3.61)による（降伏応力度は表 2.3 の上限強度を用いる）

h'：柱の内法高さ

このほかにも，従来から慣用的に用いられているもので，地震せん断力を割り増して加える方法がある．割り増し係数 k はこれまでの地震被害の経験から低層建築物ほど大きくとる．この場合は梁，柱とも以下のようにする．

$$Q_D = Q_L + kQ_E \tag{4.27}$$

ただし，k：割り増し係数（低層建築物（$= 2$），中高層建築物（$= 1.5$））

Q_E：地震力によるせん断力

4.7 構造制限など

4.7.1 せん断補強筋の配置

あばら筋（stirrup）あるいは帯筋（hoop）は，単にせん断補強筋としての強度確保のためだけでなく，脆性破壊を防止するためにコンクリートを拘束するよう密に，かつ主筋を包むように配置するよう心掛ける．幅の広い梁や主筋が一段に多数並ぶ梁では中子筋（副あばら筋）を使用する．特に柱の上下端部の塑性ヒンジ部では，コンクリートが圧縮破壊して脱落すれば建築物を支えられなくなるので一層密に補強して拘束することが重要である．スパイラル筋（図 4.15）の使用や中子筋，対角線補強筋（ダイアゴナルフープ）などの配置は，その拘束効果に優れている．また，補強筋の最小間隔，最小補強筋比などの構造制限に従うことも必要である．さらに，補強筋のフックは，6.2 節で述べるように，135° 以上折り曲げるか溶接する．ただし梁の場合，床スラブのある側ではU字型の重ね継手も使用できる（図 4.16）．

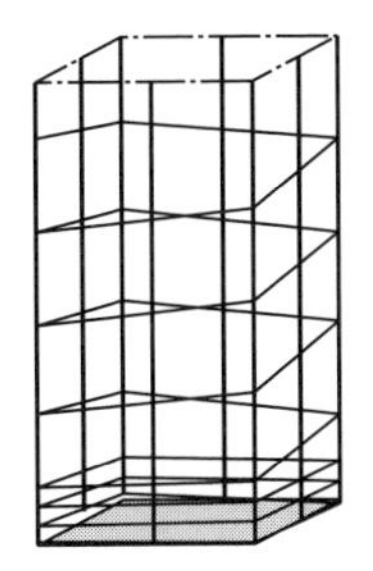

図 4.15　スパイラル筋

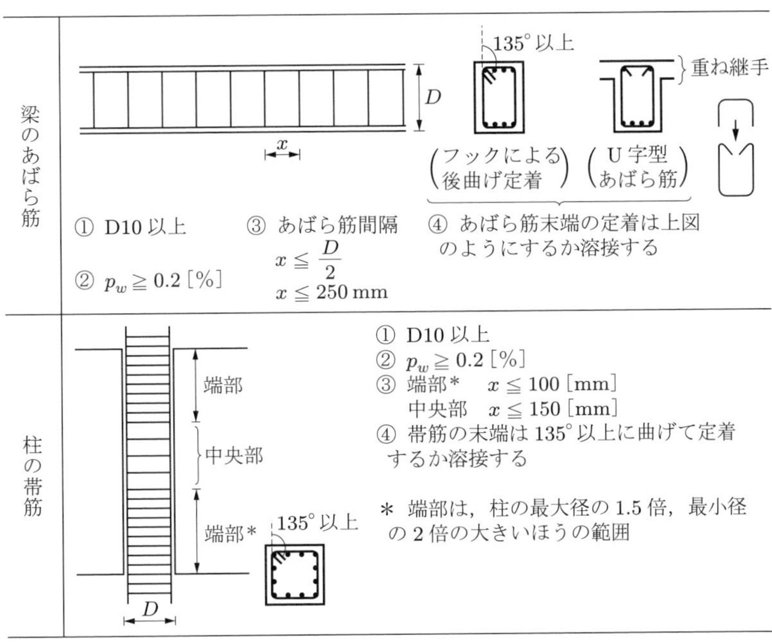

図 4.16　せん断補強の構造制限（文献 1）

4.7.2　有孔梁

梁には，設備配管などのために貫通孔が設けられることがある．貫通孔の大きさによっては特にせん断強度の低下への影響が大きいので，孔の位置を柱付近としたり，孔の大きさが梁せいの 1/3 を超えるようなものは避けたりしなければならない．

また，貫通孔を設けた場合はその周辺には，文献 16 の 22 条に示される方法などにより実験などで確認された金物や補強筋を用いて十分な補強を行う（図 4.17）．

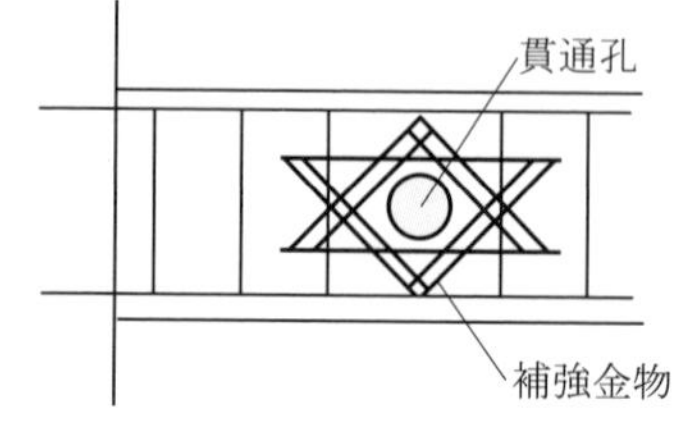

図 4.17　有孔梁の補強

4.7.3　ねじれを受ける部材

図 4.18 に示すような大梁には，スラブや小梁端部からの曲げモーメントによるねじれモーメントが加わるが，一般的な場合は，特に考慮しなくても問題になるようなことはない．しかしその度合いが大きい場合は，文献 16 の 22 条に示される方法などにより，ねじれによるひび割れに対しての検討が必要である．

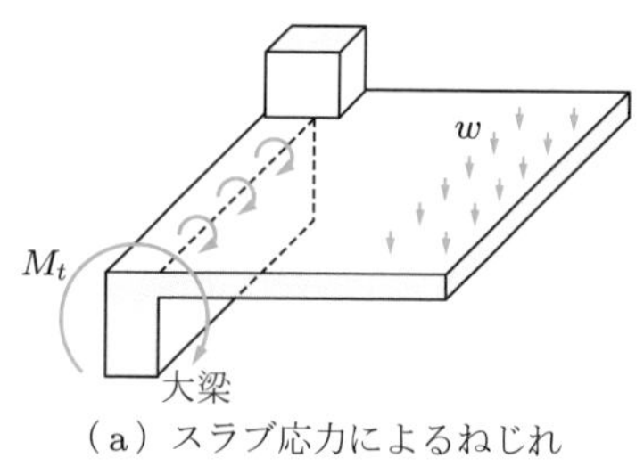

（a）スラブ応力によるねじれ

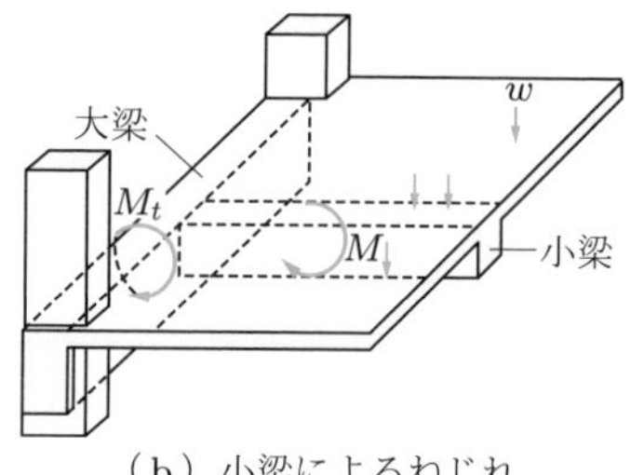

（b）小梁によるねじれ

図 4.18　大梁のねじれ

4.8　せん断力に対する断面算定（梁，柱のせん断補強）

せん断力に対する断面算定は次の手順で行う．

① 短期設計せん断力 Q_D を求める．

② 許容せん断力 Q_A（式(4.21)〜(4.24)）を満足するように（$Q_D \leqq Q_A$），補強筋比 p_w を求める．

③ 使用する 1 組の補強筋断面積（帯筋＋副帯筋：a_w）を仮定し，式(4.17)を変形した次式から補強筋間隔 x を求める．

$$x = \frac{a_w}{p_w b} \tag{4.28}$$

④ 補強筋間隔 x，および構造制限（図 4.16）を満足する間隔を決める．

■ **例題 4.1** ■ 低層の建築物の梁（図 4.19）の地震時（短期）における損傷制御のためのせん断補強を検討せよ．長期せん断力 $Q_L = 120$ [kN]，地震力によるせん断力 $Q_E = 60$ [kN]，曲げモーメント $M_L = 60$ [kN·m]，$M_E = 140$ [kN·m] である．また，$bD = 350 \times 600$，F_c24，SD295：$f_t = 295$ [N/mm^2]（短期）である．

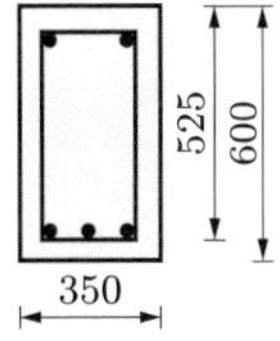

図 4.19　断面図

解答　表 1.7 より，$f_s = 0.49 + \dfrac{24}{100} = 0.73 < \dfrac{24}{30} = 0.8$ [N/mm^2]

$$\therefore \text{（長期）} f_s = 0.73 \qquad \text{（短期）} f_s = 0.73 \times 1.5 = 1.10 \ [\text{N/mm}^2]$$

$$M = 60 + 140 = 200 \ [\text{kN·m}]$$

式(4.25)より，$Q_D = 120 + 60 = 180$ [kN]

式(4.14)より，$\alpha = \dfrac{4}{200/(180 \times 0.525) + 1} = 1.28 < 2$

式(4.22)より，

$$Q_{As} = \left\{ \frac{2}{3} \times 1.28 \times 1.10 + 0.5 \times 295 \times (p_w - 0.002) \right\} \times 350 \times \frac{7}{8} \times 525$$

$Q_D = Q_{AL}$ より，$1.120 - 0.949 = 147.5(p_w - 0.002)$

$p_w = 0.00122 + 0.002 = 0.00322 > 0.2$ [%]（構造制限）　　$\therefore p_w = 0.322$ [%]

2-D13（$a_w = 2 \times 126.7 = 253.4$ [mm^2]）を使用する．

式(4.28)より，$x = \dfrac{253.4}{0.00322 \times 350} = 224.8$ [mm]

構造制限より，$x \leqq 0.5D = 0.5 \times 600 = 300$ [mm]，かつ　$x \leqq 250$ [mm]

したがって，2–D13@200 とする．

■ **例題 4.2** ■ 図 4.20 のような降伏によって決まる柱の短期設計せん断力を求めよ．ただし，柱脚部および柱頭部の $M_y = 300$ [kN·m]，梁左端の $M_{y1} = 320$ [kN·m]，右端 $M_{y2} = 160$ [kN·m]，内法高さ $h' = 2.8$ [m] とする．

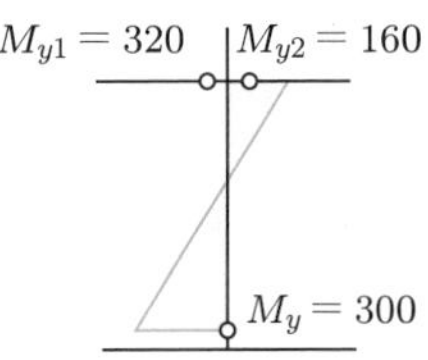

図 4.20　柱の M

解答　柱頂部の曲げモーメントは図 4.14(b)より，$\sum M_y/2 = (320 + 160)/2 = 240$ [kN·m] < 300 [kN·m]（柱頭）　$\therefore$ 梁が降伏時のせん断力を採用する

式(4.26)より，$Q_D = \dfrac{240 + 300}{2.8} = 192.9$ [kN]

■ 例題 4.3 ■ 図 4.21 の柱のせん断補強を行う．ただし，長期設計せん断力 $Q_L = 25$ [kN]，長期設計曲げモーメント $M_L = 50$ [kN·m]，短期設計せん断力 $Q_D = 190$ [kN]，短期設計曲げモーメント $M_S = 350$ [kN·m]，$bD = 550 \times 550$，$d = 475$ [mm]，$F_c 24$，SD295 とする．

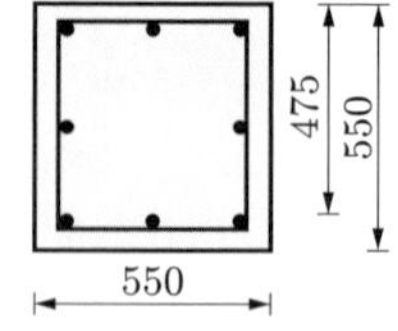

図 4.21 断面図

解答 表 1.7 より，$f_s = 0.49 + \dfrac{24}{100} = 0.73 < \dfrac{24}{30} = 0.8$ [N/mm²]

$\therefore$ (長期) $f_s = 0.73$ [N/mm²]

- 長期設計せん断力に対して

式(4.21)より，$\dfrac{M}{Qd} = \dfrac{50}{25 \times 0.475} = 4.21 > 3$　　$\therefore \alpha = 1$ を採用する

$Q_{AL} = 1 \times 0.73 \times 550 \times \dfrac{7}{8} \times 475 = 166.9$ [kN] $> Q_L = 25$ [kN]　　$\therefore$ OK

- 短期設計せん断力に対して

${}_w f_t = 295$ [N/mm²]（短期），$f_s = 0.73 \times 1.5 = 1.10$ [N/mm²]（短期）

$\dfrac{M}{Qd} = \dfrac{350}{190 \times 0.475} = 3.88,\qquad \alpha = \dfrac{4}{3.88 + 1} = 0.820 < 1$

$\therefore \alpha = 1.0$ を採用する

式(4.22)より，

$$Q_{AS} = \left\{\frac{2}{3} \times 1.0 \times 1.10 + 0.5 \times 295 \times (p_w - 0.002)\right\} \times 550 \times \frac{7}{8} \times 475$$

$Q_D = Q_{AS}$ より，$0.8312 = 0.73 + 147.5 \times (p_w - 0.002)$

$\therefore p_w = 0.00069 + 0.002 = 0.00269 > 0.002$

2-D10（$a_w = 2 \times 71.33 = 142.7$ [mm²] を使用する．

式(4.28)より，$x = \dfrac{142.7}{0.00269 \times 350} = 151.6$ [mm]

構造制限より，$x \leqq 100$ [mm]．したがって，2-D10@100 とする．

□ 演習問題 □

4.1 $Q = 150$ [kN] の長期せん断力を受ける梁がひび割れを許容するとき，あばら筋を決定せよ．ただし，$bD = 350 \times 650$，$d = 575$，$M/(Qd) = 2.5$，$F_c 24$，SD295 とする．

4.2 大地震時においてスパン内法 L' は 6.0 [m]，両端部とも配筋が上端筋 4-D25，スラブ筋 1-D10，1-D13，下端筋 2-D25 の梁の設計せん断力を梁端の曲げ終局強度から求め，それに必要なせん断補強筋を決定せよ．ただし，$bD = 350 \times 600$，$d = 525$，$Q_L = 100$ [kN]，$F_c 24$，SD295 とする．

4.3 大地震時において $N = 1500$ [kN] を受ける柱の設計せん断力を柱の上下端の曲げ終局強度から求め，帯筋を決定せよ．ただし，柱の内法高さ $h' = 3.5$ [m]，$bD = 600 \times 600$（$d = 525$），柱脚，柱頭とも $a_t = a_c = $ 7-D22，$F_c 24$，SD295 とする．

5 接合部

5.1 接合部の応力

1995 年の兵庫県南部地震では，新しい建築物が接合部およびその周辺に大きなひび割れ損傷を受け改修が困難な例があった．このように近年では，高強度材料を用いて部材断面を小さくする傾向があり，これに伴って接合部が小さくなり，接合部内でのせん断力伝達に十分な余裕がない場合もあると考えられる．

スパン，階高ともほぼ均等なラーメンを考えると，大きな地震力を受けたときの曲げモーメントは，図 5.1 に示すようになる．この図において，節点での左右の梁の曲げモーメントをそれぞれ M_{b1}，M_{b2} とし，長期荷重によるせん断力を Q_0 とすると，梁端部のせん断力 Q_{b1}，Q_{b2} は，次のように表すことができる．なお，L は接合部左右の梁スパンの平均とする．

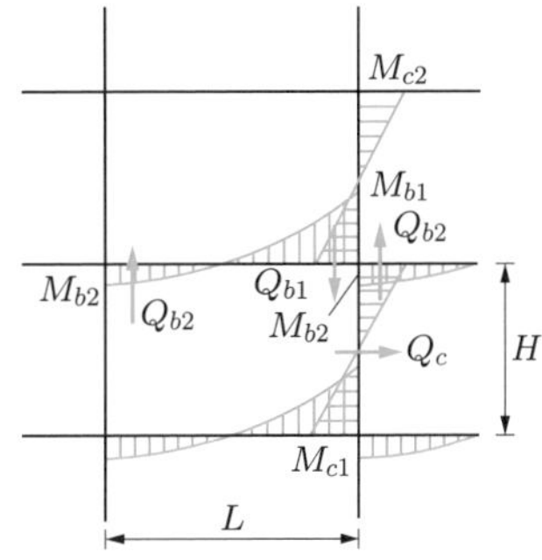

図 5.1　地震時の曲げモーメント

$$Q_{b1}, Q_{b2} = \frac{M_{b1} + M_{b2}}{L} \pm Q_0 = \frac{\sum M_b}{L} \pm Q_0 \tag{5.1}$$

また，節点での上下柱の抵抗モーメントは等しく，両端の梁のモーメントの半分ずつに抵抗するものとし，また柱の反曲点位置が中間位置 $H/2$ であるとすると，柱のせん断力 Q_c は次式となる．

$$Q_c = \frac{(M_{b1} + M_{b2})/2}{H/2} = \frac{M_{b1} + M_{b2}}{H} \tag{5.2}$$

一方，図 5.2 の接合部において，梁端部の曲げモーメント（柱のフェースでの曲げモーメント）M_1, M_2 は次式で表される．

$$\left.\begin{aligned} M_1 &\fallingdotseq M_{b1} - Q_{b1}\frac{D}{2} \\ M_2 &\fallingdotseq M_{b2} - Q_{b2}\frac{D}{2} \end{aligned}\right\} \tag{5.3}$$

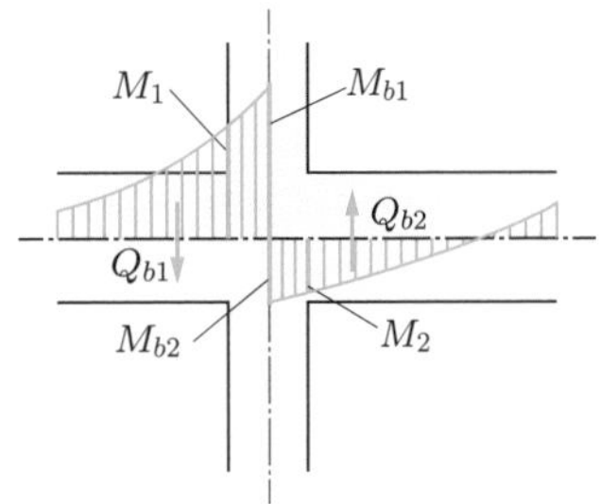

図 5.2　梁端部の曲げモーメント

また，図 5.3 の接合部において，

$$T_1 = C_1 = \frac{M_1}{j}, \qquad T_2 = C_2 = \frac{M_2}{j} \tag{5.4}$$

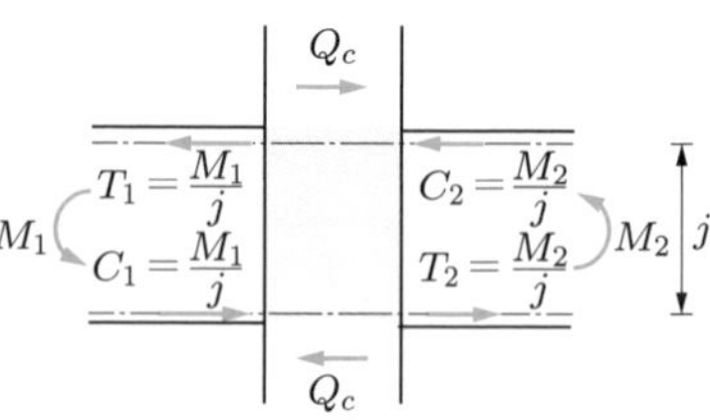

図 5.3 接合部のせん断力

である．これより，接合部に作用する水平方向せん断力 Q_j は次式である．

$$\begin{aligned} Q_j &= T_1 + C_2 - Q_c \\ &= \frac{M_1 + M_2}{j} - Q_c \end{aligned} \tag{5.5}$$

さらに，式(5.1)〜(5.3)を用いると，次式となる．

$$\begin{aligned} Q_j &= \frac{M_1 + M_2}{j} - \frac{M_{b1} + M_{b2}}{H} \\ &= \frac{\sum M}{j}\left\{1 - \frac{j}{H(1 - D/L)}\right\} = \frac{\sum M}{j}(1 - \xi) \end{aligned} \tag{5.6}$$

ただし，$\xi = \dfrac{j}{H(1 - D/L)}$ (5.7)

あるいは，Q_c を用いて表すと次式となる．

$$Q_j = \frac{Q_c(1 - \xi)}{\xi} \tag{5.8}$$

なお，これらの式は，十字形接合部について導いてきたが，T 形接合部の場合も同形の式となる．ただし，H は接合部の上下階の柱高の平均高さとし，最上階の場合はその柱高の 1/2 とする．

5.2 接合部の強度

せん断応力度が大きい接合部では，図 5.4 のように接合部に斜めひび割れが生じ，さらに地震時の繰り返し応力度によって剛性が低下するとともに十分な応力伝達ができなくなる．

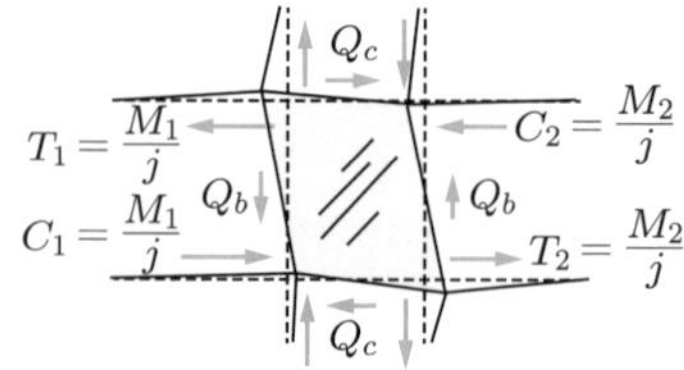

図 5.4 接合部の斜めひび割れ

接合部の耐力は，接合部の大きさや直交梁の有無，およびコンクリート強度に比例することが実験研究の結果から明らかになっている．「鉄筋コンクリート造建物の靱性保証型耐震設計指針・同解設，日本建築学会」（文献 2）では，接合部の終局せん断強度の安全側として実験の成果から得られた次式が示されている．

$$Q_{ju} = \kappa_u \phi F_j b_j D \tag{5.9}$$

ただし，

κ_u：接合部の形状による係数である（図 5.5）．

ϕ：直交梁の有無（$\phi=1$（両側直交梁付），$\phi=0.85$（上記以外））

F_j：接合部コンクリートの強度

$$F_j = 0.8{\sigma_{\mathrm{B}}}^{0.7}[\mathrm{N/mm^2}] \quad (5.10)$$

D：柱せい

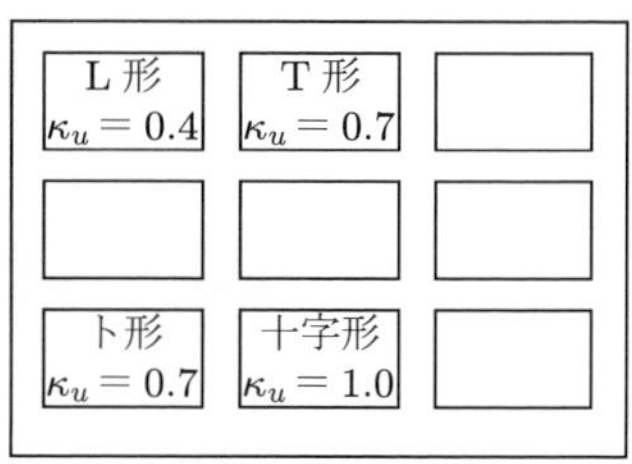

図 5.5　終局設計用の接合部の形状による係数 κ_u

また，パネル幅は，柱の全幅ではなく，接合部の有効幅 b_j として次式による（図 5.6）．

$$b_j = b_b + b_{a1} + b_{a2} \quad (5.11)$$

ただし，b_b：梁幅

b_{a1}, b_{a2}：柱側面と梁幅面との距離の 1/2

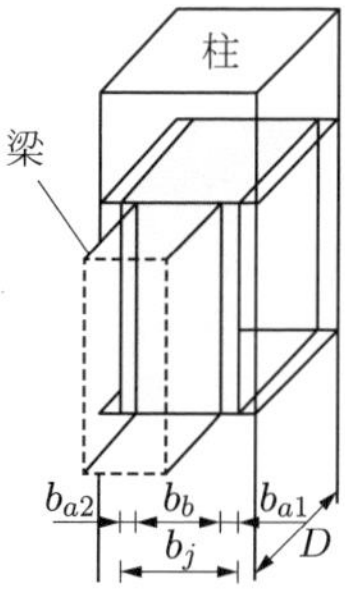

図 5.6　有効幅 b_j

さらに梁と柱の中心がずれるとその偏心により柱にねじれが生じ，これが大きいと耐力低下につながる．そこで，次式によりこれを考慮する（図 5.7）．

$$b_{a1}, b_{a2} \leqq \frac{D}{4} \quad (5.12)$$

ただし，D：柱せい

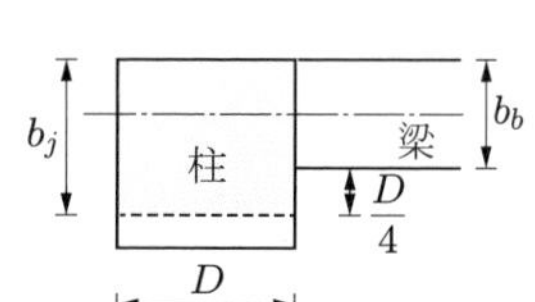

図 5.7　梁の偏心

なお，柱幅が梁幅 b_b より小さい場合は，柱幅の代わりに b_b を採用する．

5.3 断面設計

5.3.1 接合部の許容せん断力

文献 16 では，式(5.9)をもとに，安全性を確認するための許容せん断力 Q_{Aj} として，式(5.9)中の $\kappa_u F_j$ を f_s を用いて近似させて得られた次式を与えている．

$$Q_{Aj} = \kappa_A(f_s - 0.5)b_j D \quad (5.13)$$

ただし，κ_A：接合部の形状による係数（図 5.8）

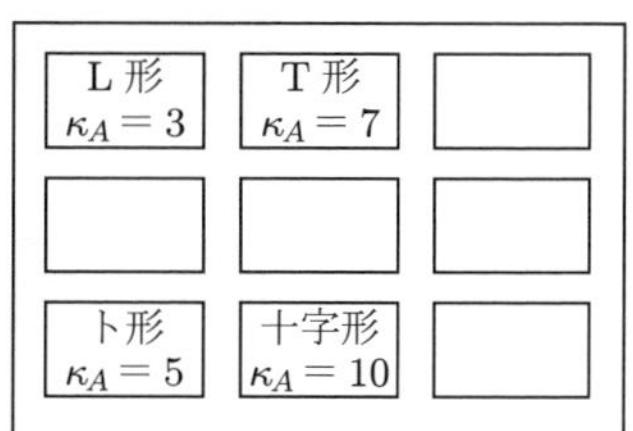

図 5.8　短期設計用の接合部の形状による係数 κ_A

b_j：式(5.11)を用いる

f_s：コンクリートの短期許容せん断応力度

D：柱せい

5.3.2 安全性確保のための設計せん断力およびその検討

一方，安全性確保のための設計せん断力 Q_j は，式(5.6)において，梁端の曲げモーメント M_1，M_2 の降伏時を考え，それぞれ，式(2.64)を $M_u = M_y$ として $M_y = 0.9 a_t \sigma_y d$ を用いて次式となる．

$$Q_j = \frac{\sum M_y}{j}(1-\xi) \tag{5.14}$$

あるいは，式(5.8)の Q_c に柱の断面算定用せん断力 Q_D を用いて，次式によることもできる．

$$Q_j = \frac{Q_D(1-\xi)}{\xi} \tag{5.15}$$

接合部の検討では，大地震時の安全性を確保するための設計せん断力 Q_j に対して，安全性を確認するための許容せん断力を超えないようにする．

$$Q_j \leqq Q_{Aj} \tag{5.16}$$

5.3.3 配筋方法

接合部では図5.9のように複雑な配筋となるが，接合部内の帯筋は，柱の場合と同様に，コンクリートを拘束する効果により靱性をもたせるのに有効であり，次のような規定が設けられている．

1）帯筋はD10以上を用い，帯筋比 $p_w \geqq 0.2$ [%] とする．

2）帯筋間隔は150 mm以下，かつ隣接する柱の帯筋間隔の1.5倍以下とする．

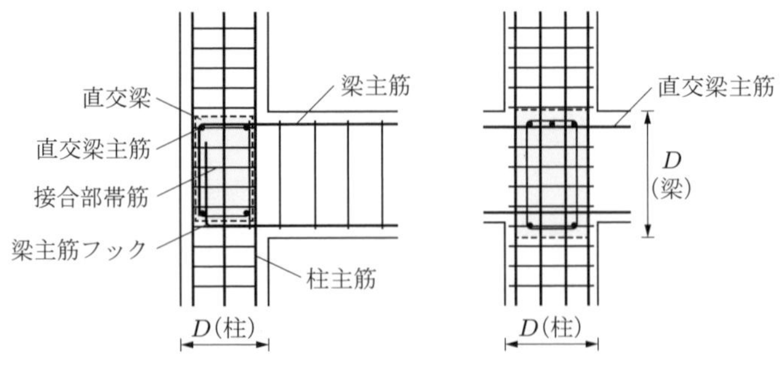

図5.9 接合部の配筋

■ **例題 5.1** ■ 設計例の A ラーメン②通り柱 2 階の接合部について検討せよ（図 5.10）.ただし，諸条件は下記のとおりとする.

梁：350 × 600，スパン 6 m

$$d = 540$$

$$j = \frac{7}{8} \times 540 = 472.5\ [\mathrm{mm}]$$

柱：500 × 500

上下平均階高 $H = \dfrac{3.5 + 4.0}{2} = 3.75\ [\mathrm{m}]$

SD295，$\sigma_y = 295\ [\mathrm{N/mm^2}]$，D25($506.7\,\mathrm{mm}^2$)，D13($126.7\,\mathrm{mm}^2$)，D10($71.33\,\mathrm{mm}^2$)

$F_c 21$，$\sigma_B = 21\ [\mathrm{N/mm^2}]$，$f_s = 0.73\ [\mathrm{N/mm^2}]$

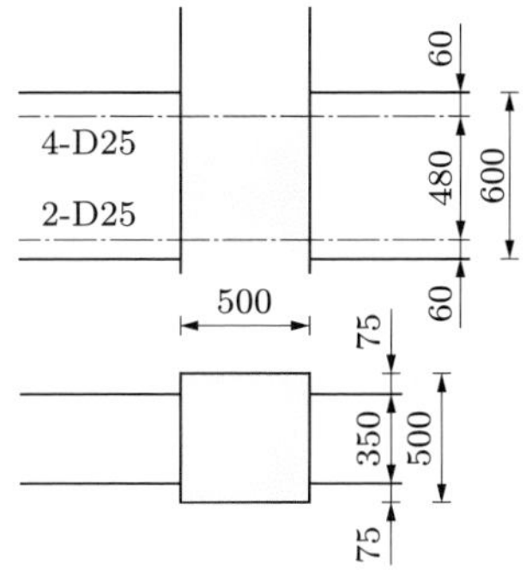

図 5.10 A ラーメン②通り柱 2 階

解答 ● 有効幅

$$b_{a1} = b_{a2} = \frac{75}{2} = 37.5 < \frac{D}{4} = \frac{500}{4} = 125\ [\mathrm{mm}]$$

式(5.11)より，$b_j = 350 + 37.5 + 37.5 = 425\ [\mathrm{mm}]$

● 接合部のせん断力

式(5.7)より，$\xi = \dfrac{472.5}{3750 \times (1 - 500/6000)} = 0.1375$

式(5.14)より，$\sum M_y = 0.9 \times (2+4) \times 506.7 \times 295 \times 540 = 435.9 \times 10^6\,[\mathrm{N{\cdot}mm}]$

$$Q_j = \frac{435.9 \times 10^6}{472.5} \times (1 - 0.1375) = 0.7957 \times 10^6 = 796\ [\mathrm{kN}]$$

● せん断力の検討

表 1.7 および式(5.13)より，$Q_{Aj} = 10 \times (0.73 \times 1.5 - 0.5) \times 425 \times 500$

$$= 1.264 \times 10^6 = 1264\ [\mathrm{kN}] > Q_j = 796\ [\mathrm{kN}]$$

$\therefore$ OK

● 帯筋（図 5.11） 2-D13@150 とする.

式(4.17)より，$p_w = \dfrac{2 \times 126.7}{500 \times 150} = 0.0034 > 0.002$

$\therefore$ OK

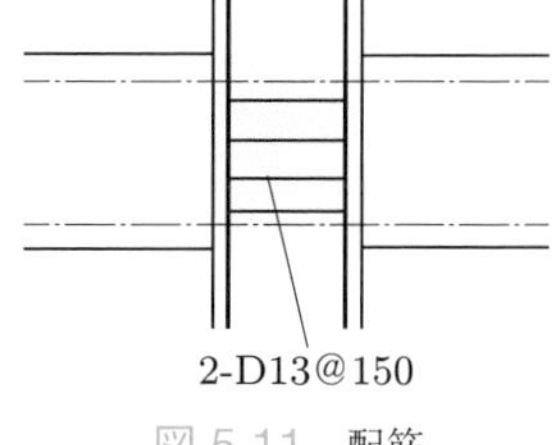

図 5.11 配筋

● 鉄筋径の制限（第 6 章の通し筋の径の制限）

式(6.17)より，$\dfrac{d_b}{D} = \dfrac{25}{600} = 0.0417$

$$\leqq 3.6 \times \frac{1.5 + 0.1 \times 21}{295} = 0.0439$$

$\therefore$ OK

5.4 柱梁接合部の終局せん断強度，主筋の定着

5.4.1 設計せん断力

終局時には，接合部両側の梁が降伏しているものと考えるが，このときの降伏曲げモーメント M_y は安全のため上限用強度（$\sigma_{yu} = \phi\sigma_y$, ϕ：表 2.4）を用いる．これより降伏曲げモーメントは ϕM_y となり，式(5.6)において，

$$\frac{\sum M_y}{j} = \frac{\phi M_{y1}}{j} + \frac{\phi M_{y2}}{j} = \phi T_{y1} + \phi T_{y2} = \phi(a_1\sigma_y + a_2\sigma_y) = \phi\sum(a\sigma_y) \tag{5.17}$$

である．したがって，接合部のせん断力は次式で表される．

$$Q_j = \phi\sum(a\sigma_y) \times (1-\xi) \tag{5.18}$$

5.4.2 接合部のせん断力の検討

終局時の接合部のせん断強度 Q_{ju} は式(5.9)で与えられ，次式で安全を検討する．

$$Q_{ju} > Q_j \tag{5.19}$$

5.4.3 梁，柱の通し配筋

通し配筋に必要な設計用付着応力度 τ_j は，主筋径 d_b，周長 πd_b とすると，図 5.12 において，上限用強度（σ_{yu}：表 2.4）による鉄筋応力と付着力の釣り合いから，

$$\tau_j \pi d_b D = T_u + C_u = \sigma_{yu} a_t + \sigma_{yu} a_c \tag{5.20}$$

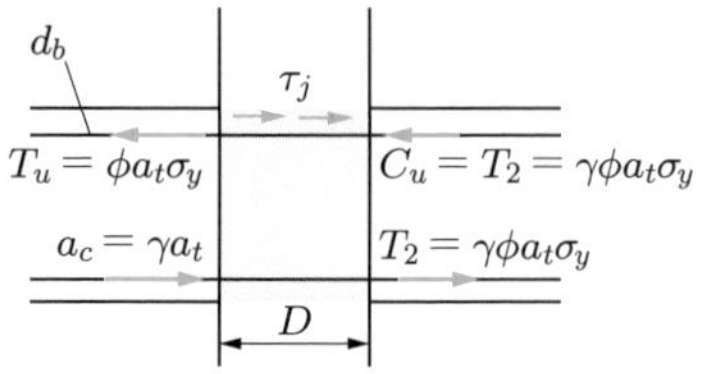

図 5.12 設計用付着応力度

となる．ただし，D は梁の通し筋の場合には梁せいをとる．

また，$a_t = \pi {d_b}^2/4$，$a_c = \gamma \times a_t = \gamma \times \pi {d_b}^2/4$ とおくと次式が得られる．

$$\tau_j = \frac{(1+\gamma)\sigma_{yu} d_b}{4D} \tag{5.21}$$

これに対し，付着強度 τ_u は実験研究の結果より次式で与えられている（文献 2）．

$$\tau_u = 0.7\left(1 + \frac{\sigma_0}{\sigma_B}\right){\sigma_B}^{2/3}\ [\mathrm{N/mm^2}] \tag{5.22}$$

ただし，σ_0：柱の圧縮軸応力度

したがって，次式で安全を検討する．

$$\tau_j \leqq \tau_u \tag{5.23}$$

5.4.4　接合部部内の横補強

接合部部内においては，横補強量は次式を満足させる．

$$p_{jw} = \frac{\sum A_{jw}}{b_c j} \geqq 0.003 \tag{5.24}$$

ただし，A_{jw}：j 内の横補強筋断面積の合計

b_c：柱の幅

j：梁の上下主筋重心間距離

■ 例題 5.2 ■ 例題 5.1 の接合部（設計例の A ラーメン②通り柱 2 階）について終局強度時の検討をせよ．ただし，諸条件は以下のとおりとする．

梁：350×600，スパン 6 m，柱：500×500

SD295，$\sigma_y = 295$ [N/mm^2]，D25（506.7 mm^2），D13（126.7 mm^2）

D10（71.33 mm^2）　F_c21，$\sigma_B = 21$ [N/mm^2]

接合部の鉛直軸力（上下階の平均）　$N = \dfrac{651 + 430}{2} = 541$ [kN]

上端筋には，スラブ筋（D13，D10）を考慮する．

解答　● 接合部のせん断力　式(5.18)において，上限強度の係数（表 2.4）$\phi = 1.3$ とする．

例題 5.1 より，$\xi = 0.1375$

$$Q_j = 1.3 \times \{(2+4) \times 506.7 + 126.7 + 71.33\} \times 295 \times (1 - 0.1375) = 1071 \times 10^3 = 1071 \text{ [kN]}$$

● せん断強度

式(5.9)において，$k_u = 1.0$，$\phi = 0.85$，$b_j = 350 + (500 - 350)/2 = 425$ [mm]

$$Q_{ju} = 1.0 \times 0.85 \times 0.8 \times 21^{0.7} \times 425 \times 500 = 1217 \times 10^3 = 1217 \text{ [kN]} > Q_j = 1071 \text{ [kN]}$$

● 主筋の付着の検討

式(2.21)において，スラブ筋を考慮する．

$$\gamma = \frac{2 \times 506.7}{4 \times 506.7 + 126.7 + 71.33} = 0.455$$

式(5.21)において，表 2.4 より上限強度 $\sigma_{yu} = 1.3\sigma_y$.

$$\tau_j = \frac{(1 + 0.455) \times 1.3 \times 295 \times 25}{4 \times 600} = 5.812 \text{ [N/mm}^2\text{]}$$

式(5.22)において，$N = 541$ [kN]

$$\tau_u = 0.7 \times \left(1 + \frac{541 \times 10^3}{500^2 \times 21}\right) \times 21^{2/3} = 5.87 > 5.812 \text{ [N/mm}^2\text{]} \qquad \therefore \text{OK}$$

● 補強筋　2-D13-4 個とする．

式(5.24)より，$p_{jw} = \dfrac{2 \times 126.7 \times 4}{500 \times (600 - 60 - 60)} = 0.0042 > 0.003 \qquad \therefore \text{OK}$

6 付着，定着，および継手

曲げ材の最大曲げモーメント部分（端部，中央部）では，引張鉄筋に対して十分な付着力を確保しなければならない．また，第4章で述べたように，せん断力が作用する部材では，曲げひび割れ後，曲げ応力の変化に伴う引張主筋の応力度増分は，主筋とコンクリートの付着応力度によって伝達されるので，その付着応力度の限界に対して検討が必要である．

すなわち，長期荷重時には，ひび割れの発生やその幅の拡大，また部材の過大たわみなどを抑制して使用性を確保するには，付着応力度の検討が求められる．また，短期荷重時においては，特に地震によるひび割れ損傷が補修の可能な範囲に収まることも要求される．

さらに，大地震による終局時には，部材は大きなせん断力や大変形により，コンクリート表面には鉄筋に沿って付着割裂ひび割れが生じ，さらに進行すると，かぶりコンクリートが剥落して建築物を支えられなくなる．これを付着割裂破壊とよび，人命が危険に至るので，その安全性の確保が必要である．

カットオフ筋は，部材の端部からもう一方の端部まで通っている鉄筋が通し筋であるのに対し，端部からもう一方の端部まで通さず，途中でカットオフされて途切れている鉄筋のことをいう．一般的に，鉄筋コンクリート造の梁は，端部では上端筋，中央部では下端筋に大きな引張力が作用するため，上端筋中央部には端部と同量の引張鉄筋は必要ない．そのために途中で鉄筋をカットオフすることがある．そうすることで材料費や建築物総重量を軽減できる．ただし，カットオフ筋においても付着の検討が必要である．

また，主筋の定着・継手は，確実な力の伝達が行われるように，曲げひび割れの生じにくい図6.1に示す継手の好ましい場所で力の伝達が行われることが重要である．

本章では，主筋の付着，鉄筋の定着・継手の設計方法について述べる．

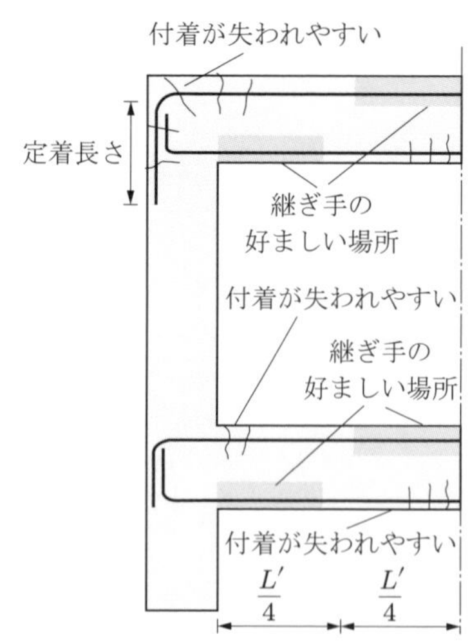

図6.1　主筋の付着，定着場所

6.1 主筋の付着応力度と安全の検討

6.1.1 曲げ材の主筋定着部およびせん断力を受ける部材の付着応力度

第1章でも述べたように，引張力 T に抵抗する付着応力度 τ_a は式(1.5)で表され，主筋の応力度 σ_t，主筋断面積 a_t，主筋周長 ψ，付着長さ L_d を用いると，主筋の引張力 T は $\sigma_t a_t$ であり，さらに，主筋径 d_b，主筋断面積 a_t $(=\pi {d_b}^2/4)$，主筋周長 ψ $(=\pi d_b)$ を代入すると，次式となる．

$$\tau_a = \frac{\sigma_t a_t}{\psi L_d} = \frac{\sigma_t \pi {d_b}^2/4}{\pi d_b L_d} = \sigma_t \frac{d_b}{4L_d} \tag{6.1}$$

ラーメンの部材端で，カットオフ筋の場合は，図6.2のように，部材端近くのほぼ d（梁の有効せい）の大きさの範囲にせん断ひび割れが生じるので，その範囲を超えた部分 $L_d - d$ を有効付着長さと考える．ただし，せん断ひび割れが生じないことが確かめられた場合は，L_d を有効な付着長さと考えてよい．この有効な付着長さを用いると，式(6.1)は次式となる．

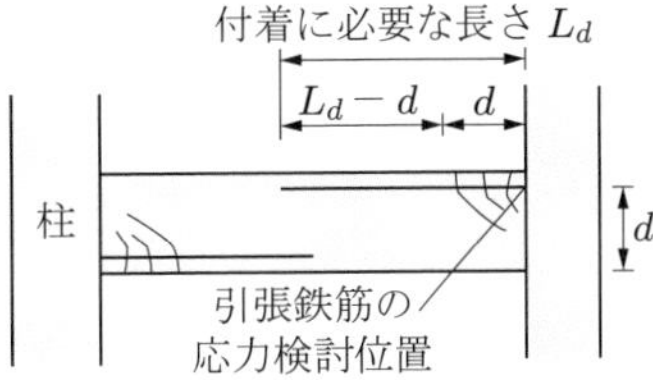

図 6.2 曲げ材の主筋の付着長さ

$$\tau_a = \sigma_t \frac{d_b}{4(L_d - d)} \tag{6.2}$$

なお，主筋の径，断面積，周長などの数値は，異形鉄筋も含めて公称の数値を用いる．

6.1.2 曲げ材にせん断力が加わる場合の付着応力度

図6.3において，曲げモーメント M，せん断力 Q の加わる断面のコンクリート圧縮合力 C，鉄筋の引張力 T，そして Δx 離れた点でのそれぞれの増分を ΔM，ΔC，ΔT，また，C，T の応力中心間距離を j とすると，コンクリート圧縮合力 C の作用点において力の回転の釣り合いから，

$$Q\Delta x + Tj - (T + \Delta T)j = Q\Delta x + \Delta Tj = 0 \tag{6.3}$$

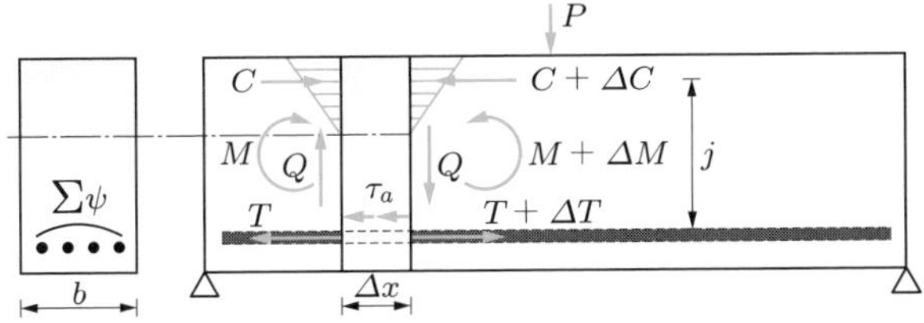

図 6.3 曲げとせん断による鉄筋の付着応力度

となり，これより，

$$\Delta T = \frac{Q\Delta x}{j} \tag{6.4}$$

が得られる．一方，主筋の応力の増分 ΔT は，引張主筋の周長の和を $\sum\psi$ とおいて，主筋に作用する付着応力度 τ_a が，その全主筋の付着面 $\sum\psi\Delta x$ に生じたものと考えると，

$$\Delta T = \tau_a(\textstyle\sum\psi\Delta x) \tag{6.5}$$

となる．式(6.4)，(6.5)ともに引張力の変化を表しているので，式(6.4)＝式(6.5)の関係が成立するため，主筋に作用する付着応力度 τ_a は次の関係となる．

$$\tau_a = \frac{Q}{\sum\psi j} \tag{6.6}$$

6.1.3 付着応力度の検討式

式(6.2)，(6.6)に基づいて，以下のように，長期荷重時の検討，短期荷重時の検討，および大地震動に対する安全確保のための検討を行うこととしている．

■(1) 長期荷重時の検討

曲げ材に長期せん断力 Q_L が存在する場合，式(6.6)より，次式で検討する．

$$\tau_{a1} = \frac{Q_L}{\sum\psi j} \leqq {}_Lf_a \tag{6.7}$$

また，引張鉄筋の定着のための付着応力度は式(6.2)であるが，付着有効長さ $L_d - d$ で平均すると危険となるので，付着許容応力度 ${}_Lf_a$ を 0.8 倍した次式を用いる．

$$\tau_{a2} = \frac{{}_L\sigma_t\, d_b}{4(L_d - d)} \leqq 0.8{}_Lf_a \tag{6.8}$$

ただし，${}_L\sigma_t$：長期荷重時の引張鉄筋の応力度

${}_Lf_a$：長期許容付着応力度（表 1.8）

■(2) 短期荷重時（地震時）の検討

地震力によるせん断力 Q_E が作用する場合は次式で検討する．

$$\tau_{a1} = \frac{Q_L + Q_E}{\sum\psi j} \leqq {}_Sf_a \tag{6.9}$$

また定着のための付着応力度の検討には，長期の式(6.8)と同様に付着許容応力度 ${}_Sf_a$ を 0.8 倍した次式を用いる．

$$\tau_{a2} = \frac{{}_S\sigma_t\, d_b}{4(L_d - d)} \leqq 0.8{}_Sf_a \tag{6.10}$$

ただし，${}_S\sigma_t$：短期荷重時の引張鉄筋の応力度

$_S f_a$：短期許容付着応力度（表 1.8）

なお，標準フックを用いる場合は，$_S\sigma_t$ は 2/3 倍してよい．

■(3) 大地震動に対する安全確保のための検討

大地震動に対しても付着割裂破壊を生じないことが明らかな曲げ材，ならびに上記 (2) によって短期設計を行い，かつ付着割裂強度に基づいて付着割裂破壊に対する安全の検討を行う場合はこれを省略できる．

割裂強度は，主筋のあきやかぶり厚さなどの配筋状態，横補強筋の量に左右され，これまでの研究成果から割裂応力度 τ_D に対して次式を用いる．

・通し筋の場合

$$\tau_D = \frac{\alpha_1 \sigma_D d_b}{4({}_tL_d - d)} \leqq K f_b \tag{6.11}$$

・カットオフ筋の場合

$$\tau_D = \frac{\alpha_2 \sigma_D d_b}{4(L_d - d)} \leqq K f_b \tag{6.12}$$

ただし，$_tL_d$：通し筋の付着長さ

全鉄筋が通し筋の場合は，$_tL_d = L'$

カットオフ筋が混在する場合は，$_tL_d = L' - l'$

L'：内法長さ

l'：付着検定断面からカットオフ筋計算上不要になる断面までの距離

両端曲げ降伏部材のとき，$l' = (A_{\mathrm{cut}}/A_{\mathrm{total}})(L'/2)$

1 端曲げ降伏，他端弾性の場合 $l' = (A_{\mathrm{cut}}/A_{\mathrm{total}})L'$ である．

ただし，A_{cut} = カットオフ筋の断面積，A_{total} = 引張鉄筋の総断面積

α_1：通し筋の応力状態を表す係数（表 6.2）

α_2：カットオフ筋の応力状態を表す係数（表 6.3）

σ_D：安全性検討時の主筋応力度（$1.1\sigma_y$ としてよい）

表 6.1 付着割裂の基準となる強度 f_b[N/mm^2]

	上端筋	その他の鉄筋
普通コンクリート	$0.8 \times (F_c/40 + 0.9)$	$F_c/40 + 0.9$
軽量コンクリート	上記の 0.8 倍	

注）多段配筋で 1 段目以外は，上記の値に 0.6 を掛ける．

表 6.2 通し筋の応力状態を表す係数 α_1

両端が曲げ降伏する部材の通し筋	1 段目の鉄筋	2
	多段配筋の 2 段目以後の鉄筋	1.5
一端曲げ降伏で他端弾性の部材の通し筋		1

表 6.3 カットオフ筋の応力状態を表す係数 α_2

付着長さが $L/2$ 以下のカットオフ筋	1 段目の鉄筋	1
	多段配筋の 2 段目以後の鉄筋	0.75
付着長さが $L/2$ を超えるカットオフ筋		1

K ：修正係数

$$K = \frac{0.3(C+W)}{d_b} + 0.4 \leqq 2.5 \tag{6.13}$$

C ：鉄筋のあき，または最小かぶり厚さ $C_{\min}$ の 3 倍のうち小さいほうの値，かつ $5d_b$ 以下，または次式による．

$$C = \frac{b - Nd_b}{N} \leqq \min(3C_{\min}, 5d_b) \tag{6.14}$$

W ：付着割裂面を横切る横補強筋効果を表す換算長さ

$$W = \frac{80A_{st}}{xN} \leqq 2.5d_b \tag{6.15}$$

A_{st} ：当該鉄筋列の想定される付着割裂面を横切る 1 組の横補強筋全断面積（図 6.4）

x ：1 組の横補強筋の間隔

N ：付着割裂面における鉄筋本数

f_b ：付着割裂の基準となる強度（表 6.1）

L_d ：引張鉄筋の付着長さ

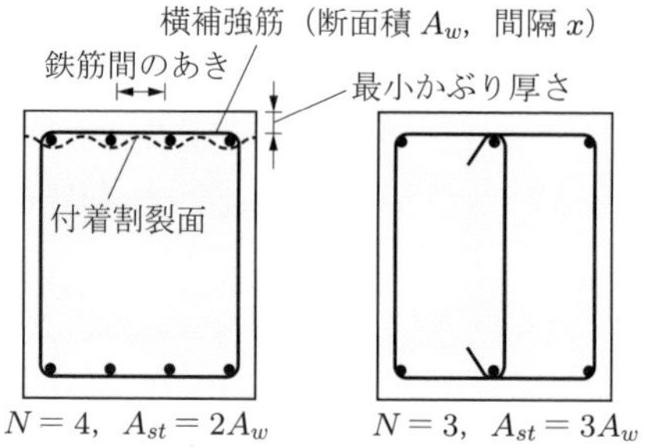

図 6.4 鉄筋位置，横補強筋の評価

せん断ひび割れの生じない場合は，式中の $L_d - d$ は L_d としてよい．

ここで，σ_D は，通常の曲げ降伏する部材では $\sigma_D = \sigma_y$（主筋の降伏応力度）のときであるが，大地震時の大変形時の現実的な応力度を想定して，1.1 倍する（$\sigma_y = 1.1\sigma_y$）．

6.1.4 付着に関する構造制限

付着の安全のために以下のことに留意する．

1）スパン内で設計応力に応じて鉄筋を減じる場合，その付着長さは，図 6.5 に示すように，計算上鉄筋が不要になる断面（カットオフされる鉄筋を除いた断面に基づく許容曲げモーメント M_B の位置）を超えて部材有効せい d 以上延長する．また，カットオフ位置は圧縮応力領域とすることが望ましい．

2）引張を受ける上端筋は 1/3 以上の鉄筋は全長に連続して，あるいは継手を設

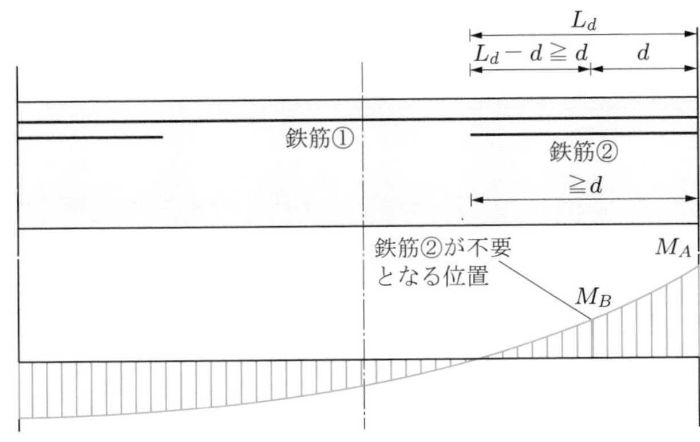

図 6.5 設計応力に応じて，鉄筋を減じる場合の付着長さ（上端筋の例）

けて配筋する．

3）端部降伏のような場合は，通し筋を多くするほうがより圧縮側鉄筋を増やすことになり，靭性への効果を発揮できる．そのために 1/2 以上を通し筋にする．

4）引張鉄筋では，$L_d \geqq 300$ [mm] とする．

5）柱，梁（基礎梁を除く）の出隅部分および煙突の鉄筋には原則として標準フックを設ける．

■ 例題 6.1 ■ 第 11 章の設計例の A ラーメン 2 階梁（${}_2G_{A23}$）右端部の主筋の付着の短期応力時および大地震動に対する安全性確保のための検討を行う．梁断面は 350 × 600 mm，有効せいは 540 mm とする．短期応力時において，右端部で $M_L + M_E = 197$ [kN·m]，$Q_L + Q_E = 91$ [kN]，また中央部で $M = 25$ [kN·m] である．なお，主筋は，端部で D25 が 4 本，端部から 2.0 m の点で D25 が 2 本にカットオフされる．この配筋を図 6.6 に示す（図中のカットオフ鉄筋は 2 段目の配筋ではないが，カットオフ位置がわかるように示してある）．コンクリートの設計基準強度 F_c21 とする．鉄筋は，SD295，D25（付録 2 より $\psi = 80$ [mm]，$a = 506.7$ [mm^2]）とする．主筋のかぶり厚さは 50 mm とする．

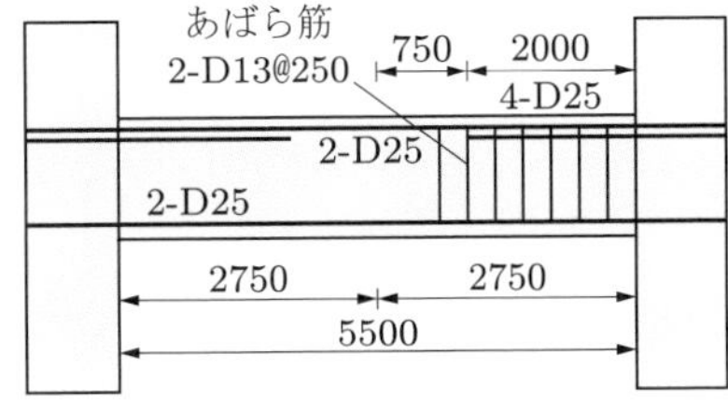

図 6.6 配筋および断面

解答 ● 端部応力に対する付着長さ

$$\sum a_t = 4 \times 506.7 = 2027 \text{ [mm}^2\text{]}, \qquad d = 540 \text{ [mm]}$$

$$j = \frac{7}{8} \times 540 = 472.5 \text{ [mm]}$$

● 短期の検討　最大曲げを受ける右材端において検討する．カットオフ筋は，材端より

$L_d = 2000$ [mm] とする．

表1.8より $F_c 21$ なので，上端筋の短期付着許容応力度 ${}_S f_a = \dfrac{21}{15} \times 1.5 = 2.1$ [N/mm^2]

かぶり厚さ 50 [mm] $> 1.5d = 1.5 \times 25 = 37.5$ [mm]

$$\sum \psi = 4 \times 80 = 320 \text{ [mm]}$$

式(6.9)より，$\tau_{a1} = \dfrac{91 \times 10^3}{320 \times 472.5} = 0.602 < 2.1 = {}_S f_a$ [N/mm^2]　　$\therefore$ OK

式(2.5)，(2.8)より，$\sigma_t = \dfrac{M}{j a_t} = \dfrac{197 \times 10^6}{472.5 \times 2027} = 205.7$ [N/mm^2]

$$\tau_{a2} = \frac{205.7 \times 25}{4(2000 - 540)} = 0.88 < 0.8 \times 2.1 = 1.68 \text{ [N/mm}^2\text{]} \qquad \therefore \text{OK}$$

- 大地震動に対する安全性確保のための検討

表6.1より，大地震動に対する安全性確保のための付着許容応力度

$$f_b = 0.8 \times \left(\frac{21}{40} + 0.9 \right) = 1.14 \text{ [N/mm}^2\text{]}$$

（主筋）4-D25　$\sigma_y = 1.1 \times 295 = 324.5$ [N/mm^2]

主筋のかぶり厚さ = 50 [mm]，あき $= \dfrac{350 - 50 \times 2 - 25 \times 4}{3} = 50$ [mm]

$\therefore C_{\min} = 50$

$C_{\min} \times 3 = 50 \times 3 = 150$ [mm]，$d_b \times 5 = 25 \times 5 = 125$ [mm]

$\therefore \min(3C_{\min}, 5d_b) = \min(150, 125) = 125$

式(6.14)より，$C = \dfrac{350 - 4 \times 25}{4} = 62.5 \leqq 125$　　$\therefore C = 62.5$

（あばら筋）2-D13@250

式(6.15)より，$W = \dfrac{80 \times 126.7 \times 2}{250 \times 4} = 20.27 < 2.5 \times 25 = 62.5$ [mm]　$\therefore W = 20.27$

式(6.13)より，$K = \dfrac{0.3 \times (62.5 + 20.27)}{25} + 0.4 = 1.39 < 2.5$　　$\therefore K = 1.39$

- 通し筋の場合

式(6.11)より，ここで，$\alpha_1 = 2$（1段目の鉄筋）

$$\begin{aligned} {}_t L_d &= L' - \frac{\text{カットオフ筋の断面積}}{\text{通し筋の断面積}} \times \frac{L'}{2} \\ &= 5500 - \frac{2\text{本}}{4\text{本}} \times \frac{5500}{2} = 4125 \text{ [mm]} \end{aligned}$$

$$\tau_D = \frac{2 \times 324.5 \times 25}{4 \times (4125 - 540)} = 1.13 \leqq 1.39 \times 1.14 = 1.58 \text{ [N/mm}^2\text{]} \qquad \therefore \text{OK}$$

- カットオフ筋の場合

式(6.12)より，ここで，$\alpha_2 = 1$（1段目の鉄筋）

$$\tau_D = \frac{1 \times 324.5 \times 25}{4 \times (2000 - 540)} = 1.39 < 1.39 \times 1.14 = 1.58 \text{ [N/mm}^2\text{]} \qquad \therefore \text{OK}$$

- カットオフ筋（2-D25）が不要になる位置（構造制限1）　カットオフ筋を除いた2-D25（$a = 1013$ [mm^2]）による許容曲げモーメントは，式(2.5)，(2.8)より，$M = 1013 \times$

$295 \times 472.5 = 141.2 \times 10^6\,[\mathrm{N/mm^2}] < M = 197\ [\mathrm{kN{\cdot}m}]$.

図 6.7 において，曲げモーメントの勾配を直線に仮定すると，曲げモーメントが 0 の位置は，その距離の比例関係から，右端から次の距離の位置となる．

$$\frac{2750 \times 197}{197 \times 10^6 + 25 \times 10^6} = 2440\ [\mathrm{mm}]$$

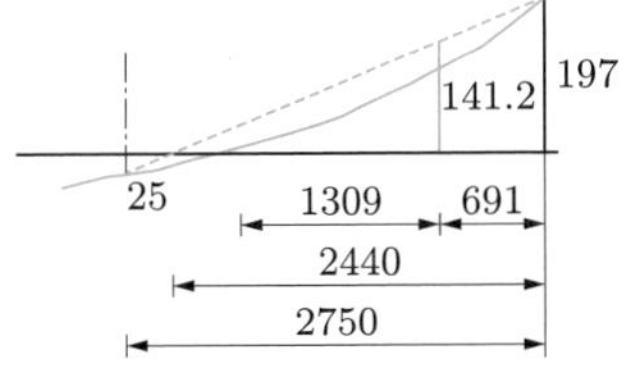

図 6.7　曲げモーメント図

したがって，カットオフ筋の不要となる位置は，曲げモーメント $M = 141.2 \times 10^6\,[\mathrm{N/mm^2}]$ とその距離の比例関係から，右端から次の距離の位置となる．

$$2440 - \frac{2440 \times 141.2 \times 10^6}{197 \times 10^6} = 691\ [\mathrm{mm}]$$

したがって，カットオフ筋が不要となる位置を超える長さは，次のようになる．

$$2000 - 691 = 1309 > d = 540\ [\mathrm{mm}] \qquad \therefore \mathrm{OK}$$

下端筋について，大地震動に対する安全性確保のための検討を行う．

通し筋なので，図 6.6 より，定着長さは，

$$L_d = \frac{L' + d}{2} = \frac{5500 + 540}{2} = 3020\ [\mathrm{mm}]$$

主筋のかぶり厚さ $= 40 + 10 = 50\ [\mathrm{mm}]$，　あき $= 350 - 50 \times 2 - 25 \times 2 = 200\ [\mathrm{mm}]$　$\therefore C_{\min} = 50$

$C_{\min} \times 3 = 50 \times 3 = 150\ [\mathrm{mm}]$

(鉄筋径) $\times 5 = 25 \times 5 = 125\ [\mathrm{mm}]$

$C = \dfrac{350 - 2 \times 25}{2} = 150 \geqq \min(200, 150, 125) = 125 \qquad \therefore C = 125$

（あばら筋）2-D13@250，（主筋）2 本

式(6.15) より，$W = \dfrac{80 \times 126.7 \times 2}{250 \times 2} = 40.5 < 2.5 \times 25 = 62.5\ [\mathrm{mm}]$

$\therefore W = 40.5$

式(6.13) より，$K = \dfrac{0.3 \times (125 + 20.3)}{25} + 0.4 = 2.14 < 2.5$

$$\sigma_y = 324.5\ [\mathrm{N/mm^2}],\ L_d = 3020\ [\mathrm{mm}]$$

式(6.11) より，$\tau_D = \dfrac{2 \times 324.5 \times 25}{4 \times (3020 - 540)} = 1.63 < 2.14 \times 1.14 = 2.44\ [\mathrm{N/mm^2}]$

$\therefore \mathrm{OK}$

6.2 定　着

主筋端部は一般に仕口内に定着されるが，仕口内で図 6.8 のような割裂破壊や剥離を生じて定着能力を失う（定着破壊）危険があり，定着部のコンクリートかぶり厚さ

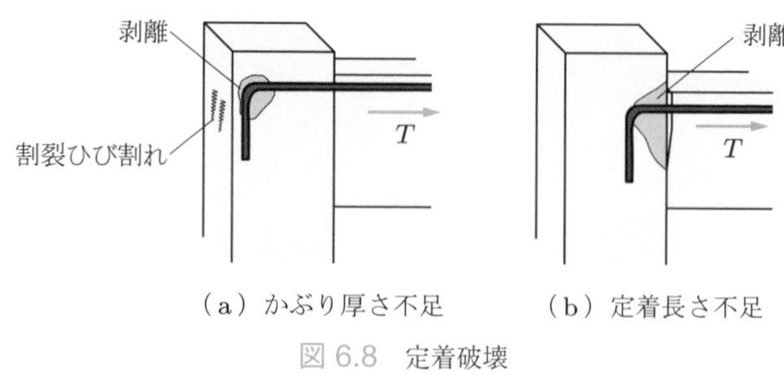

図 6.8 定着破壊

や定着長さなどの配慮が必要である．

6.2.1 定着フック

一般に部材端では，十分な定着長さが確保できないためフックが設けられる．標準フックには図 6.9 のような 90° フック，135° フック，180° フック，および機械式定着が用いられる．図中に定着長さ，折り曲げた先の長さ（余長）を示す．標準フックの曲げ内法直径は，支圧破壊実験から安全な値として求められたもので，その大きさを表 6.4 に示す．機械式定着は，鉄筋端に定着のための金物や突起物を設けてコンクリートの支圧により応力伝達するものである．

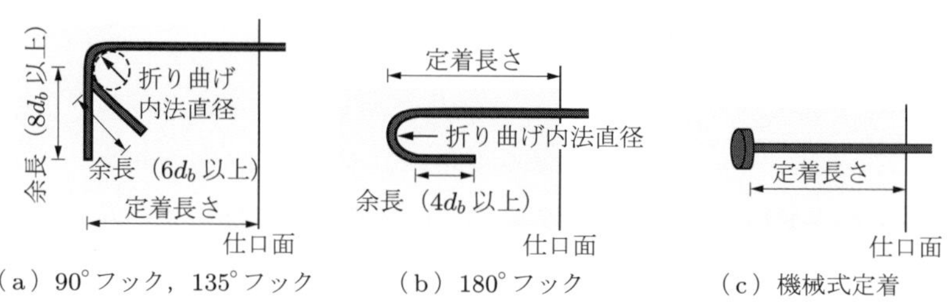

図 6.9 定着フックの種類と定着長さ，余長

表 6.4 標準フックの曲げ内法直径（d_b：鉄筋径）

折り曲げ角度	鉄筋種類	鉄筋径	フックの内法直径
90° 135° 180°	SD295A SD295B SD345	D16 以下	3d_b 以上
		D19～D41	4d_b 以上
	SD390	D41 以下	5d_b 以上
90°	SD490	D25 以下	
		D19～D41	6d_b 以上

6.2.2 定着長さおよび最小側面かぶり厚さ

定着長さを図 6.9 に示す．これに対して必要な定着長さ L_{ab} は次式の値以上とする．

$$L_{ab} = \frac{\alpha S \sigma_t d_b}{10 f_b} \tag{6.16}$$

ただし，α：横補強筋で拘束されたコア内に定着する場合は 1.0，それ以外の場合は 1.25 とする

S：必要定着長さの修正係数（表 6.5）

σ_t：主筋応力度であるが，短期許容応力度を用いることを原則とする

d_b：鉄筋径

f_b：表 6.1 に示す値で「その他の鉄筋」欄の数値

また，標準フックの鉄筋側面からコンクリート表面までの最小側面かぶり厚さを表 6.6 に示す．

表 6.5　必要定着長さの修正係数 S

<table>
<tr><td rowspan="4">直線定着</td><td colspan="2">耐震部材（柱，大梁，耐震壁，基礎など）</td><td rowspan="2">1.25</td></tr>
<tr><td rowspan="2">非耐震部材（小梁，スラブ，非構造壁など）</td><td>片持形式</td></tr>
<tr><td>上記以外</td><td rowspan="2">1.0</td></tr>
<tr><td colspan="2">その他の部材</td></tr>
<tr><td rowspan="4">標準フックまたは信頼できる機械式定着具</td><td colspan="2">耐震部材（柱，大梁，耐震壁，基礎など）</td><td rowspan="2">0.7</td></tr>
<tr><td rowspan="2">非耐震部材（小梁，スラブ，非構造壁など）</td><td>片持形式</td></tr>
<tr><td>上記以外</td><td rowspan="2">0.5</td></tr>
<tr><td colspan="2">その他の部材</td></tr>
</table>

表 6.6　標準フックの最小側面かぶり厚さ

S を 0.5 とする場合	$2d_b$ 以上，かつ 65 mm 以上
S を 0.7 とする場合	$1.5d_b$ 以上，かつ 50 mm 以上

6.2.3　定着に関する注意事項および構造制限

1）2 段配筋の場合は，内側鉄筋の投影長さのほうが短くなるので注意する．

2）下端筋は上方向に折り曲げるほうが性能はよいので，これを原則とする．

3）折り曲げ定着の投影定着長さは，$8d_b$ かつ 150 mm 以上とする．ただし，設計で長期応力のみ負担すると考えた部材において，補強配筋などをした場合にはこの限りでない．

4）引張応力を受ける鉄筋の直線定着の場合は，300 mm 以上とする．

5）機械式定着具は，横補強筋で拘束されたコア内で用いる．

6）圧縮応力のみ受ける鉄筋の仕口への定着は原則として投影長さを $8d_b$ 以上とする．

6.2.4 各場所での定着

■(1) 柱梁接合部内にフック定着する場合

柱梁接合部内では，図 6.10 のように，90° フックによる抱え込み定着や U 字形定着が行われる．この場合，柱断面の曲げ応力による引張応力度域を避けるためには，投影定着長さは，柱せい D に対し $0.75D$ 以上を基本とし，直線部分は柱中心線を超えるようにとしなければならない．また，折り曲げは接合部パネルゾーン側に折り曲げることを原則とする．

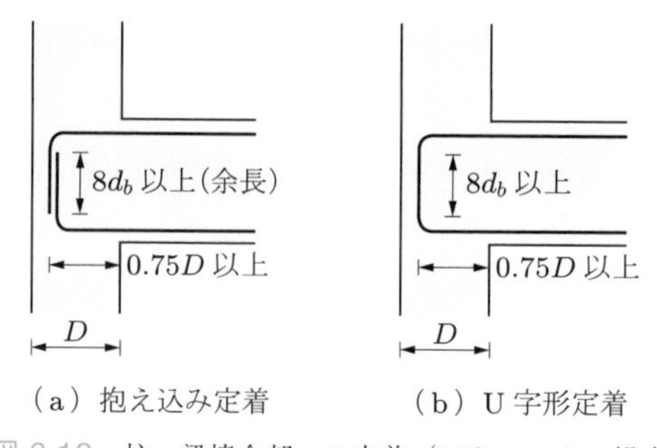

図 6.10 柱，梁接合部への定着（90° フックの場合）

さらに，2 段配筋の場合は，内側鉄筋の投影長さのほうが短くなるので注意する．

■(2) 出隅部の梁主筋の場合

出隅部では，図 6.11 のように，接合部内に曲げひび割れやせん断ひび割れが発生しやすく，水平部分の定着性能を期待できないことがある．そこで，投影定着長さでなく折り曲げ終点からの直線長さとする．

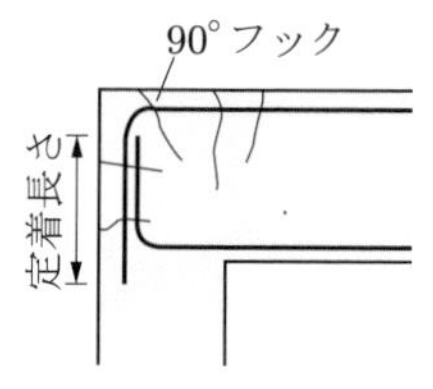

図 6.11 出隅部の梁筋の定着

■(3) 柱梁接合部内を連続して配置される場合の主筋径制限

第 5 章で述べたように，この接合部内の付着力の確保は重要である．そこで，定着長さとなる柱せいに対する鉄筋径を次のように制限する．

$$\frac{d_b}{D} \leqq \frac{3.6 \times (1.5 + 0.1F_c)}{f_t} \tag{6.17}$$

■(4) 部材固定端の溶接金網の定着

最外端の横筋までの距離を，(横筋間隔) + 50 mm，かつ 150 mm 以上とする（図 6.12).

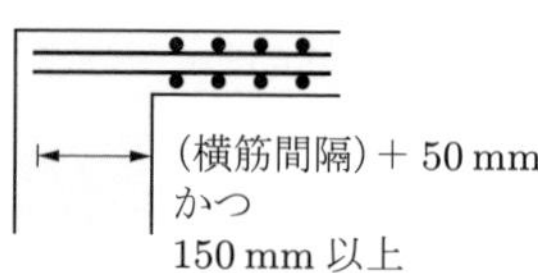

図 6.12 溶接金網の定着

(5) 部材内に定着する場合

部材内に定着する場合は次節で説明する式(6.18)～(6.20)において，記号 l を定着長さと置き換えて検討する．なお，鉄筋端に標準フックを設ける場合は，その値を 2/3 倍することができる．

6.3 継手

6.3.1 継手の種類

継手には，図 6.13 のような方法がある．

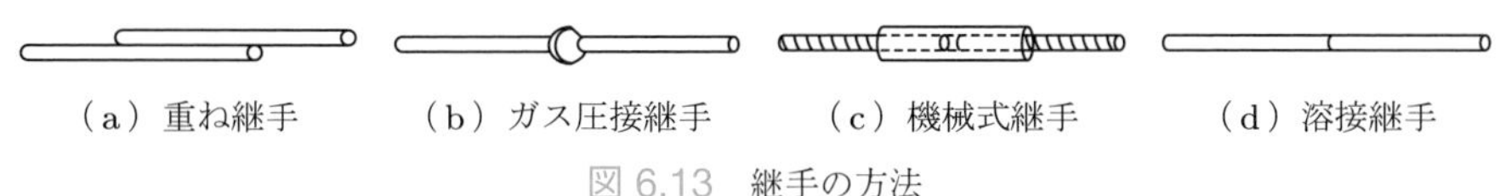

（a）重ね継手　（b）ガス圧接継手　（c）機械式継手　（d）溶接継手

図 6.13　継手の方法

(1) 重ね継手

鉄筋径が小さく（D35 未満），鉄筋強度が小さい場合で配筋が密でない場合に用いられる．

(2) ガス圧接継手

鉄筋端をガスで熱して溶融させ，お互いを押しつけて団子状に接合する．接合面に錆があったり，熱し方や押しつけが不十分であると不完全な接合となることがある．しかし，接合面のカッティング技術や自動機械化，溶接探査技術などが進み信頼性も向上している．また，団子状部を軸方向に熱いうちに押し抜きカットする方法（熱間押し抜き工法）は圧接側面が周囲から観察できるので信頼性が高い．

(3) 機械式継手

これには，次のものがある．

1）鉄筋の節がねじ状になったねじ節鉄筋を用いてこれを筒状のナットでつなぐもの．

2）円筒形スリーブをかぶせてその隙間にくさびを打ち込んだり，グラウト注入したりするもの，スリーブを油圧工具などで押しつぶすものなど．

(4) 溶接継手

溶接による継手で現場においては一方向から鉄筋全断面を溶接できるように工夫したものや，筒状のスリーブ内に鉄粉と火薬を入れ，その燃焼熱で一体化させるものがある．

6.3.2　継手の位置

継手位置は，圧縮応力度域内，あるいは，応力の小さい箇所に設けるのが基本である．重ね継手は，曲げひび割れが継手筋に沿って生じる場所に設けてはならない．同じ位置で，引張鉄筋の全数を継手にしないようにする．

6.3.3　曲げ補強鉄筋の重ね継手の長さ l の検討

以下，重ね継手長さ l，鉄筋径 d_b，および許容付着応力度 f_a は，上端筋に対する値を用いるものとし，$l \geqq 200$ [mm]，かつ $l \geqq 20d_b$ とする．

1）長期荷重，短期荷重時の使用性確保，および損傷制御のための検討

引張鉄筋の継ぎ手部分の存在応力度 σ_t に対して

$$\sigma_t \frac{d_b}{4} l \leqq f_a \tag{6.18}$$

圧縮鉄筋の位置の存在応力度 σ_c に対して

$$\sigma_c \frac{d_b}{4} l \leqq 1.5 f_a \tag{6.19}$$

2）大地震時の安全性確保のための検討

$$\sigma_y \frac{d_b}{4} l \leqq K f_b \tag{6.20}$$

ただし，σ_y：引張鉄筋の降伏応力度，フックを設ける場合は，その値の 1/3 倍とすることができる

K, C：式(6.13)，(6.14)

$$C = (b - \sum d_b)/N \leqq \min(3C_{\min}, 5d_b)$$

$\sum d_b$：継手の鉄筋も含めた付着割裂面での鉄筋径の総和

N：付着割裂面における全鉄筋本数から継手組数を減じた値

f_b：表 6.1

6.3.4　溶接金網の重ね長さ

溶接金網の重ね長さは，(横筋間隔) + 50 mm，かつ 150 mm 以上とする（図 6.14）．

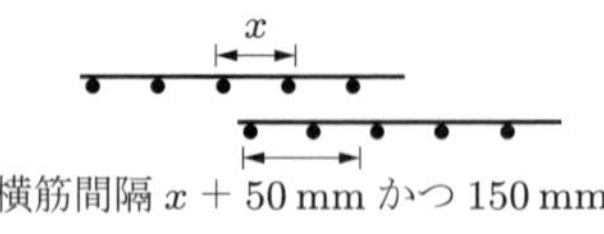

図 6.14　溶接金網の重ね長さ

□ 演習問題 □

6.1 第 11 章の設計例の y 方向 2 ラーメン 2 階梁主筋の定着部を，図 6.15 に示す．90° フックを用いて定着する場合について，(1) 下端筋の定着長さ，(2) 側面かぶり厚さ，(3) 余長，(4) 必要な定着長さの検討を行え．ただし，主筋応力 σ_t は，許容応力度 f_t の場合（$\sigma_t = f_t$）とし，接合部は横補強筋で補強されているとする．また，使用材料は F_c21，SD295 とする．

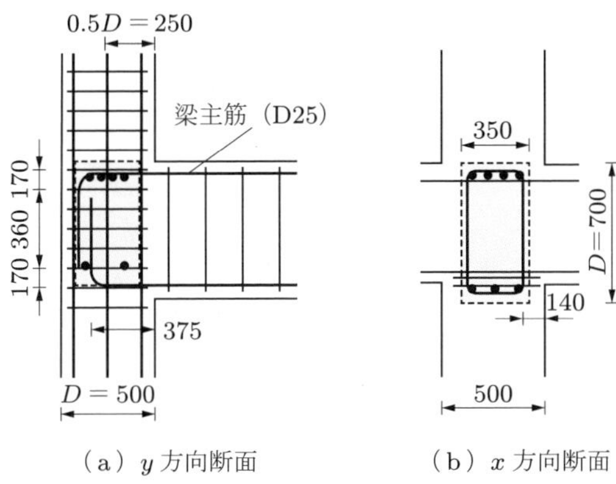

図 6.15 梁主筋の定着

7 スラブ

スラブは，平面状で，これに垂直な荷重を受けるもので，床スラブ，ひさし，基礎スラブ，地下壁などがある．

床スラブは図 7.1 に示すように，大梁と小梁で囲まれ，4 つの周辺を固定されたものであるが，中には 3 辺固定のものや 2 辺固定のものもある．

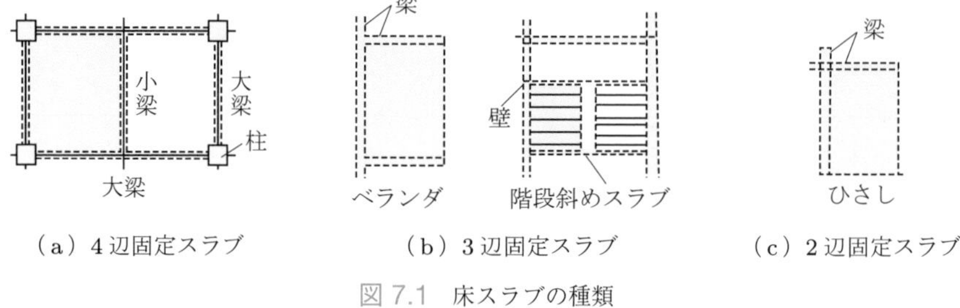

図 7.1　床スラブの種類

スラブの受ける荷重は，図 7.2 のようなものがある．

床スラブには，一般の床スラブのほかに図 7.3 に示すような形式がある．これらはいずれも大スパンのスラブを構成するためのものである．図(a)，(d)は板厚を大きくして剛性と耐力を高め，断面内に中空を設けて同時に軽量化の点で工夫されたもので

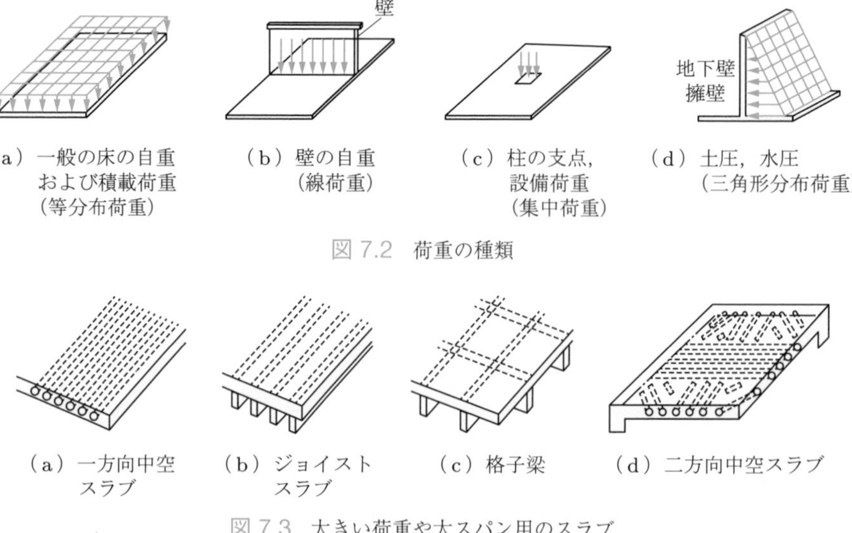

図 7.2　荷重の種類

図 7.3　大きい荷重や大スパン用のスラブ

ある．図(b)，(c)は，梁状の凸を設けて剛性と強度を高めたものである．

7.1 スラブの設計

スラブの応力やたわみは，図 7.4 に示す平板弾性力学による微分方程式を用いて数値解析が可能である．

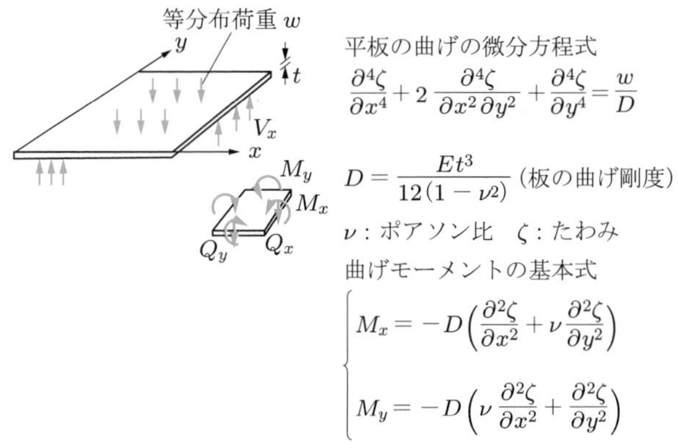

等分布荷重 w
y
t
V_x
x
M_y
M_x
Q_y
Q_x
平板の曲げの微分方程式
$\frac{\partial^4\zeta}{\partial x^4}+2\frac{\partial^4\zeta}{\partial x^2\partial y^2}+\frac{\partial^4\zeta}{\partial y^4}=\frac{w}{D}$
$D=\frac{Et^3}{12(1-\nu^2)}$（板の曲げ剛度）
ν：ポアソン比　ζ：たわみ
曲げモーメントの基本式
$M_x=-D\left(\frac{\partial^2\zeta}{\partial x^2}+\nu\frac{\partial^2\zeta}{\partial y^2}\right)$
$M_y=-D\left(\nu\frac{\partial^2\zeta}{\partial x^2}+\frac{\partial^2\zeta}{\partial y^2}\right)$

図 7.4　平板弾性力学の弾性方程式と応力

しかし，コンクリート床スラブは，他の部材に比べて板厚方向の断面が小さいため，コンクリートの乾燥収縮ひび割れが生じやすく，これに伴う剛性低下さらにはクリープに起因する長期たわみへの影響が大きい．このようなコンクリートスラブのたわみや応力は，弾性理論で求めようとしても正確に求めることは難しい．そこで，実務設計では，弾性理論による解析値の性状は参考にしながら，次節に述べる略算法が用いられる．

また，床スラブの設計では次のことが重要である．

1）曲げ応力に対する配筋
2）ひび割れ防止のための配筋
3）たわみ障害防止のためのスラブ厚さの確保や小梁の配置

7.2 スラブの曲げ応力（交差梁理論）

スラブの応力やたわみを略算する考え方は交差梁理論とよばれる．それはスラブを x 方向の梁と，y 方向の梁が交差して中央部でつながれている交差梁とみなして，応力やたわみを求めるからである．この方法は 20 世紀初頭，ドイツのランキンの解法を，マルクスが実験結果から修正して実用化したものである．

まず，図 7.5(a)のように，両端が固定された単位幅（1 m）で，長さ L_x，L_y の交差した梁を考える．これら 2 つの梁の，コンクリートの弾性係数 E，スラブの単位幅の断面二次モーメント（$I = 1 \times t^3/12$）はいずれも同じである．

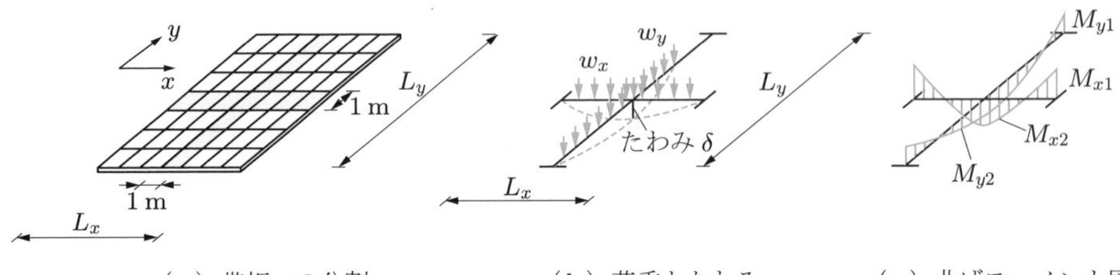

（a）帯板への分割　（b）荷重とたわみ　（c）曲げモーメント図

図 7.5　交差梁理論

そして，単位面積あたりの床荷重 w は，x 方向の梁と，y 方向の梁 それぞれに，w_x，w_y に分けて負担するものと考え，次式のように表す．

$$w = w_x + w_y \tag{7.1}$$

これらの等分布荷重を受けた両端固定の 2 つの梁の中央部のたわみは，それぞれ次式で表される（図 7.5(b)）．

$$\delta = \frac{1}{384EI} w_x {L_x}^4 \tag{7.2}$$

$$\delta = \frac{1}{384EI} w_y {L_y}^4 \tag{7.3}$$

これらのたわみは交差点で等しいので，次式の関係が得られる．

$$\frac{w_x}{w_y} = \frac{{L_y}^4}{{L_x}^4} = \lambda^4 \tag{7.4}$$

ただし，$\lambda = L_y/L_x$：辺長比

式(7.1)，(7.4)より，直交したそれぞれの梁の負担荷重は次式となる．

$$w_x = \frac{\lambda^4}{1+\lambda^4} w \tag{7.5}$$

$$w_y = \frac{1}{1+\lambda^4} w \tag{7.6}$$

このとき，等分布荷重を受けた両端固定の梁の端部，および中央部の曲げモーメント M_1，M_2 は次式である（図 7.5(c)）．

$$\text{短辺方向}\quad M_{x1} = -w_x \frac{{L_x}^2}{12} \tag{7.7}$$

$$M_{x2} = \alpha w_x \frac{{L_x}^2}{24} \tag{7.8}$$

$$\text{長辺方向}\quad M_{y1} = -w_y \frac{{L_y}^2}{12} \tag{7.9}$$

$$M_{y2} = \alpha w_y \frac{{L_y}^2}{24} \tag{7.10}$$

ここで，α は，マルクスが梁の伸縮や板のねじりモーメントを考慮した修正係数である．我が国では，7.3 節に述べるように，他の要因も考慮して修正した式が用いられている．

7.3 設計曲げモーメント，および断面算定

7.3.1 設計曲げモーメント

曲げモーメントに対する断面設計では，式(7.7)～(7.10)を基本にして，実験研究の成果から次の点を修正して用いられる．

1) 辺長比が大きい場合は長辺方向の応力はきわめて小さくなるが，一定の配筋を確保するために，荷重は $L_y = L_x$ の場合の $w_y = w/2$ を用いる．

2) 中央の曲げモーメントは，収縮ひび割れやクリープに起因するスラブ周辺での固定度の減少を考慮して，4/3 倍にする（図 7.6）．

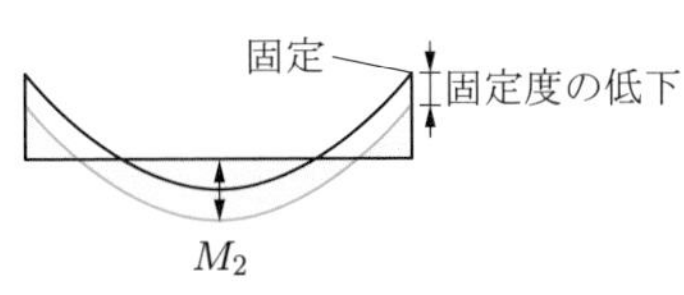

図 7.6 中央部 M の割り増し

3) 長辺方向中央部の曲げモーメント分布は，平板弾性理論解析の値（図 7.7）と一致させるよう反曲点位置を材端から $L_x/4$ の点とする．

4) 中央部の曲げモーメントは，材端から $L_x/4$ を除いて一様分布とする．

5) 以上の応力は，図 7.8 におけるスラブ中央部付近（A 区分）の応力であるが，周辺部（B 区分）では，辺に沿った応力が小さいのでその 1/2 の応力とする．

以上の修正によるものが，図 7.8 に示す設計用曲げモーメントである．

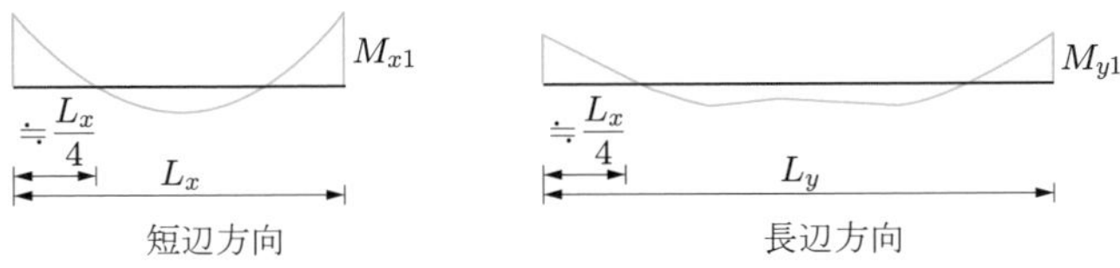

図 7.7 平板弾性理論の応力分布

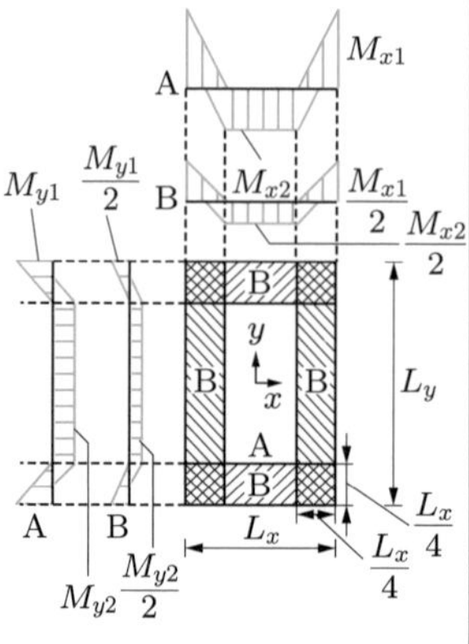

曲げモーメントの分布	曲げモーメントの大きさ		
	x 方向	端	$M_{x1} = -\frac{1}{12} w_x L_x{}^2$
		中央	$M_{x2} = \frac{1}{18} w_x L_x{}^2$
	y 方向	端	$M_{y1} = -\frac{1}{24} w L_x{}^2$
		中央	$M_{y2} = \frac{1}{36} w L_x{}^2$

図 7.8 設計用曲げモーメント（文献 1）

7.3.2 断面算定

第 2 章で述べたように，床スラブのような扁平な断面の鉄筋比は釣り合い鉄筋比以下になるので，単位幅（10^3 mm）の許容曲げモーメントには次式を用いることができる．

$$M \times 10^3 = a_t f_t \frac{7}{8} d \tag{7.11}$$

ここで，これらの単位は，M [kN·m]，a_t[mm^2]，f_t[kN/mm^2]，d [mm] である．

したがって，単位幅（10^3 mm）に必要な鉄筋断面積 a_t は次式である．

$$a_t = \frac{M \times 10^3}{f_t(7/8)d} \tag{7.12}$$

この式を配筋間隔（x [mm]），鉄筋 1 本の断面積（a_0[mm^2]）を用いて表すと，$x : 1000 = a_0 : a_t$ より次式となる．

$$x = \frac{1000 a_0}{a_t} = 1000 a_0 f_t \frac{(7/8)d}{M \times 10^3} \tag{7.13}$$

7.3.3 配　筋

配筋は，x，y 方向の 2 方向に交差することになるが，短辺方向の応力が大きく重要であり，短辺方向の鉄筋を主筋とよび，長辺方向の鉄筋を配力筋とよぶ．したがって，短辺方向の鉄筋は長辺方向鉄筋の外側に配置し，有効せい d を大きくとるようにする．

なお，床スラブの配筋では，ひび割れやクリープによる影響を小さくするため，また施工精度の確保などのために表 7.1 の制限がある．

表 7.1 配筋の制限（文献 16）

(1) 引張鉄筋は，D10 以上の異形鉄筋，あるいは 6 mm 以上の鉄線の溶接金網を用いる.
(2) 図 7.8 の A 区分では，以下の値以下，かつスラブ厚さの 3 倍以下とする.
短辺方向 200 mm 以下，径 9 mm 未満の溶接金網では，150 mm 以下
長辺方向 300 mm 以下（軽量コンクリートでは，250 mm 以下），
径 9 mm 未満の溶接金網では，200 mm 以下
(3) スラブ各方向の全幅について，(鉄筋断面積)/(スラブ全断面積) ≧ 0.2% とする.
(4) スラブ筋の定着長さは，図 7.9 による.

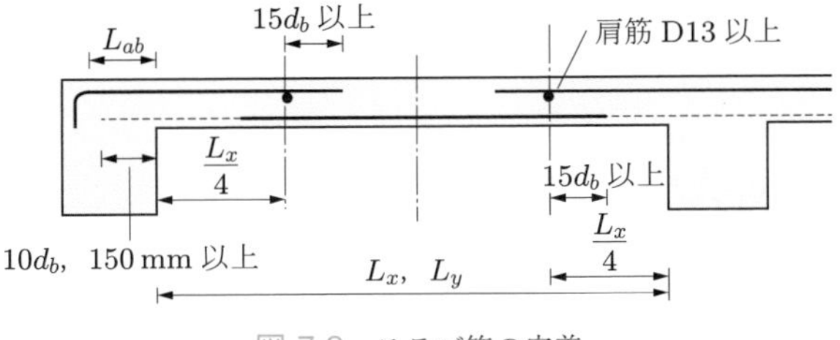

図 7.9 スラブ筋の定着

また，屋根などでは，防水のためのひび割れ幅制御，あるいは，日射による上部面の膨張に対するため，上端筋を全面に配置する必要がある.

■ 例題 7.1 ■ M [kN·m]/(1 m 幅あたり)，スラブ有効せい d [mm]，のスラブ筋間隔 x [mm] を求める式を導け．使用する鉄筋は，SD295，D10，D13 とする（図 7.10）.

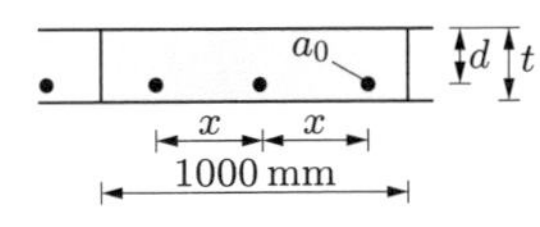

図 7.10 スラブ断面

解答 D10($a_0 = 71.33$ [mm^2]) のみの場合 ($f_t = 0.195$ [kN/mm^2])

式(7.13)より，$x = 1000 \times 71.33 \times 0.195 \times \dfrac{(7/8)d}{M \times 10^3} = 12.17 \times \dfrac{d}{M}$ [mm]

D13($a_0 = 126.7$ [mm^2]) のみの場合 ($f_t = 0.195$ [kN/mm^2])

式(7.13)より，$x = 1000 \times 126.7 \times 0.195 \times \dfrac{(7/8)d}{M \times 10^3} = 21.62 \times \dfrac{d}{M}$ [mm]

D10，D13 交互の場合 ($a_0 = (71.33 + 126.7)/2 = 99.02$ [mm^2])

式(7.13)より，$x = 1000 \times 99.02 \times 0.195 \times \dfrac{(7/8)d}{M \times 10^3} = 16.90 \times \dfrac{d}{M}$ [mm]

7.4　たわみに対する検討

7.4.1　必要なスラブ厚さ

長期のたわみは，これまでの経験からコンクリートの収縮ひび割れやクリープなどが原因で，弾性理論たわみの10〜16倍にもなることがわかっている．このたわみがスパン長の1/250を超えると不快感や使用上の障害が生じるので，これに対する検討が必要である．

スラブのたわみ δ は，短辺スパン L_x [m]の場合，式(7.2)，(7.5)より次式で表される．

$$\delta = \frac{1}{384EI} \times \frac{\lambda^4}{1+\lambda^4} w{L_x}^4 \tag{7.14}$$

ここに，1 m 幅について，$I = 1 \times t^3/12$ を用いると次式となる

$$\delta = \frac{1}{32Et^3} \times \frac{\lambda^4}{1+\lambda^4} w{L_x}^4 \tag{7.15}$$

この式からわかるように，たわみはスラブ厚さ t に大きく依存する．

実際のたわみをスパンの1/250以下に抑えるには，長期たわみがひび割れのない断面の弾性たわみに対して16倍程度になるものと考えると，スパンに対する弾性たわみを $(1/250) \times (1/16) = 1/4000$ 以下になるようなスラブ厚さにすればよい．したがって，式(7.15)より次の関係式が得られる．

$$\frac{1}{32Et^3} \times \frac{\lambda^4}{1+\lambda^4} w{L_x}^3 \leqq \frac{1}{4000} \tag{7.16}$$

「鉄筋コンクリート構造計算規準・同解説：日本建築学会」（文献16）では，この式において，床荷重 w を自重（$0.24 \times t$ [kN/m^2]）（t：cm 単位）と積載荷重と仕上げ荷重の和 w_p[kN/m^2] に分け，$E = 2.1 \times 10^4$[N/mm^2] として必要なスラブ厚さ t を求め，簡略化した次式が示されている（L_x[mm]）．

$$t \geqq 0.02 \times \frac{\lambda - 0.7}{\lambda - 0.6}\left(1 + \frac{w_p}{10} + \frac{L_x}{10000}\right) L_x \tag{7.17}$$

これらの式および断面算定を満足するスラブ厚さは $t = (1/40〜1/30)L_x$ 程度となる．

7.4.2　設計上の制限など

設計では，次のスラブ厚さ制限がある．

1）スラブ厚さは，式(7.17)，かつ80 mm以上にする．ただし，軽量コンクリートでは，式(7.17)の1.1倍かつ $t = 100$ [mm] 以上とする．

2）片持ち梁の支持端では，$t \geqq 0.1L$（L：梁の持ち出し長さ）とする．

さらに，過大たわみを防止するには以下のことを考慮することが重要である．

1）応力度は，できるだけ曲げひび割れ強度以下になるように設計する．

2）引張鉄筋を多く入れてクリープや収縮ひび割れを抑えるようにする．

3）剛性の大きい小梁を設けるとたわみ防止効果が大きい．この場合，小梁の弾性たわみの計算値が，梁長さに対して外スパンで 1/3000，内スパンで 1/3600 以下となるようにする必要があることが文献 16 に示されている．

7.5 せん断力に対する検討

等分布荷重を受ける一般のスラブ断面において，せん断応力度は小さく安全であるので，特に検討の必要はない．しかし，集中荷重を受ける場合などでは，図 7.11 のようなせん断破壊やパンチングシェアー破壊の検討が必要である．

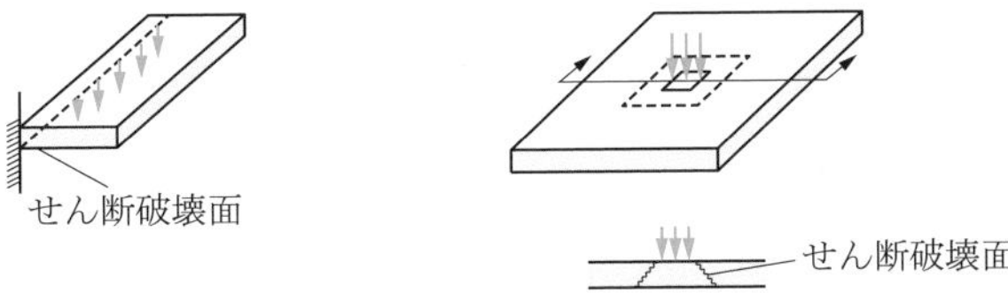

（a）片持梁のせん断破壊　（b）集中荷重によるパンチングシェアー破壊

図 7.11 スラブのせん断破壊

■ 例題 7.2 ■ 第 11 章の設計例の一般階スラブの検討を行え（図 7.12）．ただし，F_c21，SD295，積載荷重（$2.9\,\mathrm{kN/m^2}$）と仕上げ荷重（$0.75\,\mathrm{kN/m^2}$）の和：$w_p = 3.65\ [\mathrm{kN/m^2}]$ とする．

解答　● スラブ厚さの検討

$$L_x = 3600\ [\mathrm{mm}], \qquad L_y = 5600\ [\mathrm{mm}] \qquad \therefore \lambda = \frac{L_y}{L_x} = \frac{5600}{3600} = 1.56$$

式(7.17)より，

$$t = 0.02 \times \frac{1.56 - 0.7}{1.56 - 0.6} \times \left(1 + \frac{3.65}{10} + \frac{3600}{10000}\right) \times 3600$$

$$= 111 < t = 130\ [\mathrm{mm}] \qquad \therefore \mathrm{OK}$$

● 設計曲げモーメント

自重　$$130 \times \frac{24}{1000} = 3.1\ [\mathrm{kN/m^2}]$$

$$w = 3.65 + 3.1 = 6.75\ [\mathrm{kN/m^2}]$$

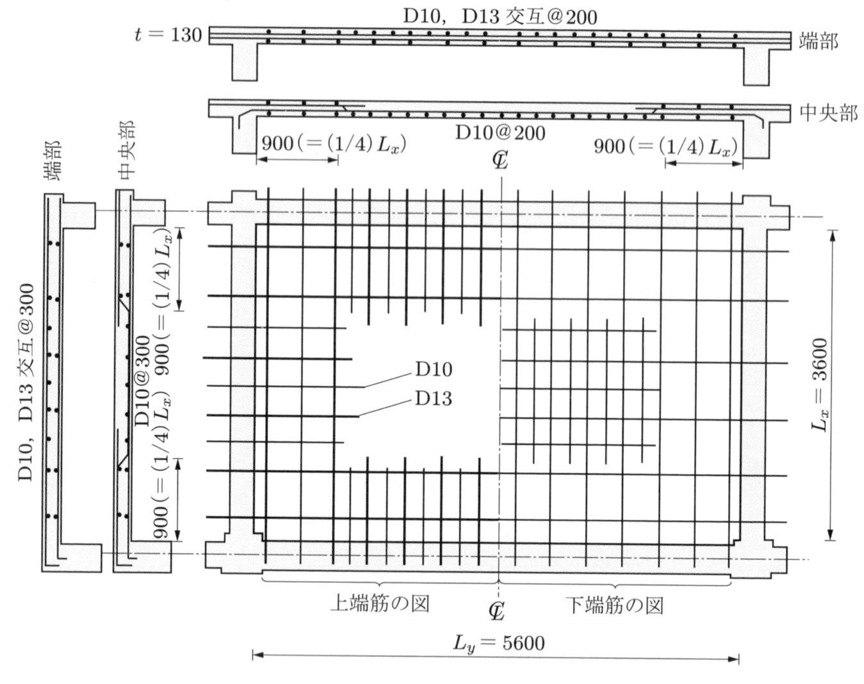

図 7.12　スラブ配筋図

式(7.5)より，$w_x = \dfrac{1.56^4}{1+1.56^4} \times 6.75 = 0.856 \times 6.75 = 5.78$ [kN/m²]

図 7.8 より，

$$M_{x1} = -\frac{1}{12} \times 5.78 \times 3.6^2 = -6.24 \text{ [kN·m]}$$

$$M_{x2} = \frac{1}{18} \times 5.78 \times 3.6^2 = 4.16 \text{ [kN·m]}$$

$$M_{y1} = -\frac{1}{24} \times 6.75 \times 3.6^2 = -3.65 \text{ [kN·m]}$$

$$M_{y2} = \frac{1}{36} \times 6.75 \times 3.6^2 = 2.43 \text{ [kN·m]}$$

● 鉄筋間隔

$t = 130$ [mm]，かぶり厚さ 30 [mm]，主筋を外側に配置する．

短辺方向有効せい $d = 130 - 30 - \dfrac{13}{2} = 93.5$　　$\therefore d = 90$ とする

長辺方向有効せい $d = 130 - 30 - \dfrac{13}{2} - 13 = 80.5$　　$\therefore d = 80$ とする

A 区分の配筋

短辺方向端部（上端筋）D10，D13 交互配筋とする．

例題 7.1 より，$x = 16.90 \times \dfrac{90}{6.24} = 244$ [mm] > 200　　$\therefore$ @200 とする

短辺方向中央部（下端筋）D10 配筋とする．

例題 7.1 より，$x = 12.17 \times \dfrac{90}{4.16} = 263\ [\mathrm{mm}] > 200 \qquad \therefore$ @200 とする

長辺方向端部（上端筋）D10，D13 交互配筋とする．

例題 7.1 より，$x = 16.90 \times \dfrac{80}{3.65} = 370\ [\mathrm{mm}] > 300 \qquad \therefore$ @300 とする

長辺方向中央部（下端筋）D10 配筋とする．

例題 7.1 より，$x = 12.17 \times \dfrac{80}{2.43} = 401\ [\mathrm{mm}] > 300 \qquad \therefore$ @300 とする

以上の配筋を A 区分の範囲に配置する．ただし，上端筋の D10 は，ほぼ 1/4 スパン（$L_x/4$）の場所で折り曲げて下端筋となる．また，下端筋（D10）の 1/2 が通し筋となる．

B 区分の配筋

曲げモーメントは A 区分の 1/2 なので，配筋間隔を 2 倍とする．

- 全体の配筋

短辺スパン L_x の 1/4 付近に上端筋を支持する D13 を配置する．

折り曲げずカットオフする鉄筋は，図 7.9 に従い，定着長さを確保する．

配筋図を図 7.12 に示す．

- 断面内の鉄筋量の検討（表 7.1(3) より）

鉄筋の配筋量が最も少ないのは長辺方向中央部であり，全鉄筋は，4-D13，9-D10 である．したがって，次のように検討する．

$$\frac{4 \times 126.7 + 9 \times 71.33}{130 \times 3600} = 0.245\% > 0.2\% \qquad \therefore \mathrm{OK}$$

7.6　擁壁，地下室外壁の設計

擁壁や地下壁は，土圧や水圧を受ける．これらの荷重は一般に深さに比例した三角形分布であり，その大きさは，「建築基礎構造設計指針：日本建築学会」（文献 18）などを参考にする．

擁壁には図 7.13 のような控え壁式のものと逆 T 形のものがある．控え壁式のものは，スラブが控え壁と基礎スラブで囲まれた 3 辺固定スラブとして設計できる．また，逆 T 形のものは，鉛直方向に単位幅（1 m）を取り出して片持ち梁として考えると，図 7.14 のような曲げモーメントになり，その曲げ引張応力側に主筋を配置する必要がある．

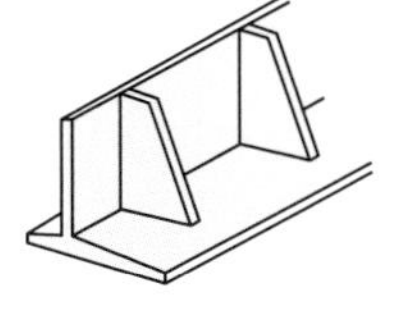

（a）控え壁式

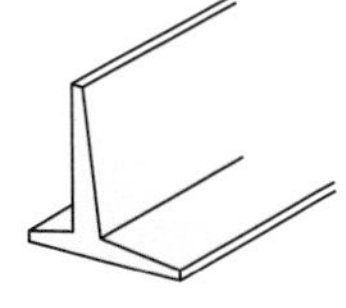

（b）逆 T 形

図 7.13　擁壁

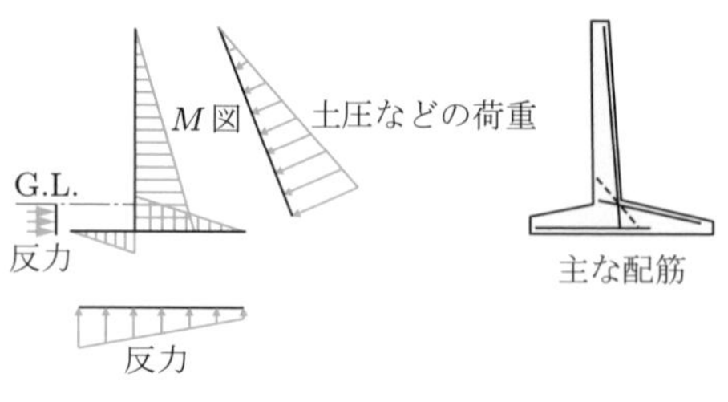

図 7.14 逆 T 形擁壁の応力と配筋

7.7 階段の設計

鉄筋コンクリート建築物の階段室は，図 7.15 に示すように，階段部と踊り場そして壁で構成されており，以下の形式のものがある．

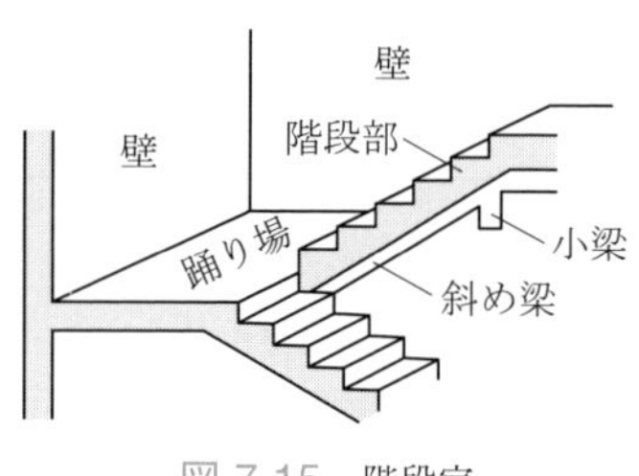

図 7.15 階段室

(1) 片持ち梁式（図 7.16(a)）

幅 2 m 以下の小規模な一般的な形式で，階段の各段個々が周囲壁に固定された片持ち梁と考えて段部と壁取り付け部の配筋を決定する．

(2) 斜めスラブ梁式（図 7.16(b)）

幅の大きい場合は，床端部と踊り場に小梁を設けて，これらと階段室壁に固定する 3 辺固定の斜めスラブとして設計する．階段スラブの手すりの下部にあたる部分にも梁を設けて 4 辺固定の斜めスラブにすることもある．

(3) 斜め梁式（図 7.16(c)）

屋外非常階段などによくみられる形式で，壁に取り付けられない階段部は，踊り場から踊り場へ斜めに掛け渡された両端固定の梁として扱う．踊り場は，壁面に固定された片持ち梁として斜め梁を支える．

図 7.16 階段の形式

■ 例題 7.3 ■ 図 7.17 の階段の検討を行え．ただし，F_c21，SD295（$f_t = 195$ [kN/mm^2]）を使用し，積載荷重 3.0 kN/m^2，固定荷重 7.3 kN/m^2 とする．

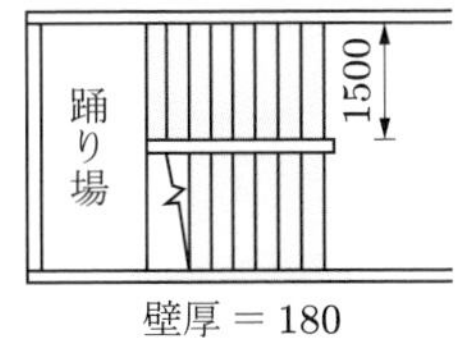

図 7.17 片持ち梁式階段

解答 ● 段部

1 段あたりについての断面は，図 7.18 より，

$$b = 250\ [\mathrm{mm}],\qquad D = 270\ [\mathrm{mm}],$$
$$d = 240\ [\mathrm{mm}]$$

荷重は，1 段あたり

$$w' = (7.3 + 3.0) \times 0.25$$
$$= 2.58\ [\mathrm{kN/m}]$$

段部付け根の曲げモーメントは（図 7.19），

$$M = \frac{w'L^2}{2} = \frac{2.58 \times 1.5^2}{2}$$
$$= 2.90\ [\mathrm{kN{\cdot}m}]$$

となる．必要な鉄筋断面積は，

$$j = \frac{7}{8} \times 240 = 210\ [\mathrm{mm}]$$

とすると，式(2.42)より次のように求められる．

$$a_t = \frac{2.90 \times 10^6}{195 \times 210} = 70.82\ [\mathrm{mm^2}]$$

∴ 1-D13（$a_0 = 126.7$ [mm^2]）（段ばな筋）とする（図 7.18）

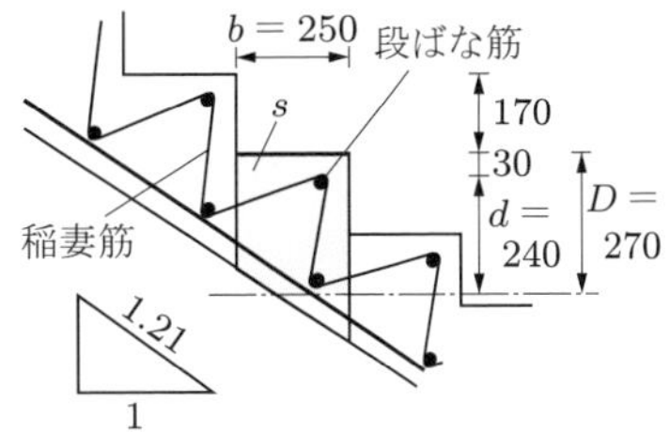

図 7.18 段部配筋

● 壁部

図 7.18 のように段部からの曲げモーメント M は段部幅（250 mm）の壁上下に分配するが，その分配モーメント M' は余裕を見て 1/2 の 1.5 倍（$= 0.75M$）とする．

$$M' = 0.75M = 0.75 \times 2.90$$
$$= 2.18\ [\mathrm{kN{\cdot}m}]$$

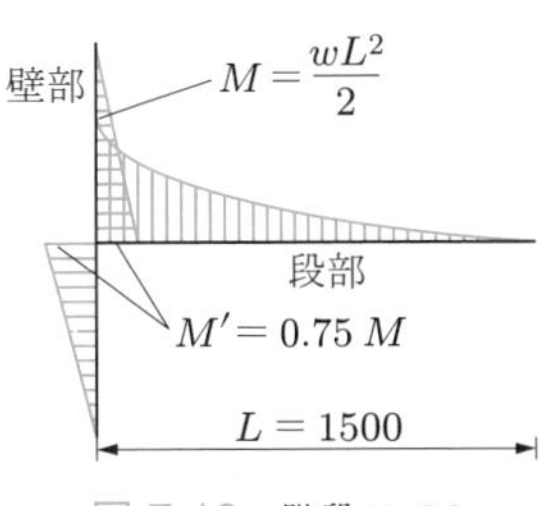

図 7.19 階段の M

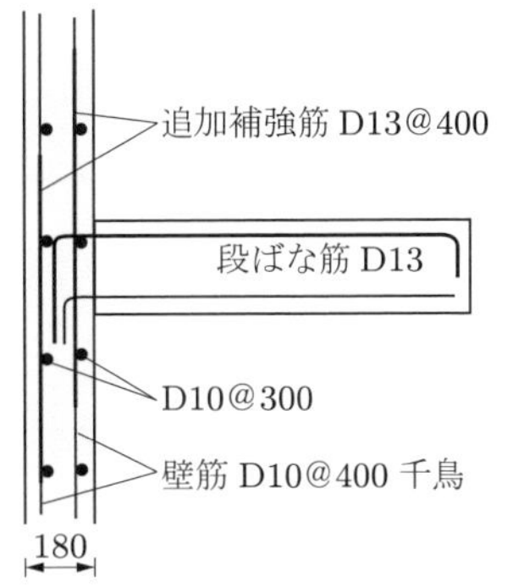

図 7.20 壁取り付け部の応力と配筋

壁の縦筋は，図 7.20 に示すように，段部の上部では建築物内部側の鉄筋が引張側となり，その有効せいは，

$$d = 180 - 40 - \left(13 + \frac{13}{2}\right) = 121 \text{ [mm]}$$

$$j = \frac{7}{8} \times 121 = 106 \text{ [mm]}$$

段部（$b = 250$）あたりに必要な鉄筋は，式(2.42)より

$$a_t = \frac{2.18 \times 10^6}{195 \times 106} = 105.5 \text{ [mm}^2\text{]}$$

となる．D10，D13 を交互に用いると，平均断面積は $(71.33 + 126.7)/2 = 99.0$ [mm^2] となる．したがって，壁筋間隔 x は $250 : x = 105.5 : 99.0$ より，次のようになる．

$$x = 235 \text{ [mm]}$$

段部下部の場合も同配筋とする．

∴ D10，D13，交互@200 を複配筋する

なお，本来壁に必要な配筋を兼ねることができるので，その差の分だけ追加配筋する．この例では，D13@400 を本来の壁筋の中間に追加配置する．追加筋の長さは段部から十分な定着長さを確保した長さとする．

□ 演習問題 □

7.1 図7.21 の交差梁の支持反力 R_A, R_B を求めよ．

7.2 スラブの配筋を決め，スラブ厚さを検討せよ．ただし，$L_x = 3.5$ [m]，$L_y = 6.0$ [m]，$t = 130$ [mm]，床荷重 $w = 7.1$ [kN/m^2]，$w_p = 4.0$ [kN/m^2]，SD295 とする．

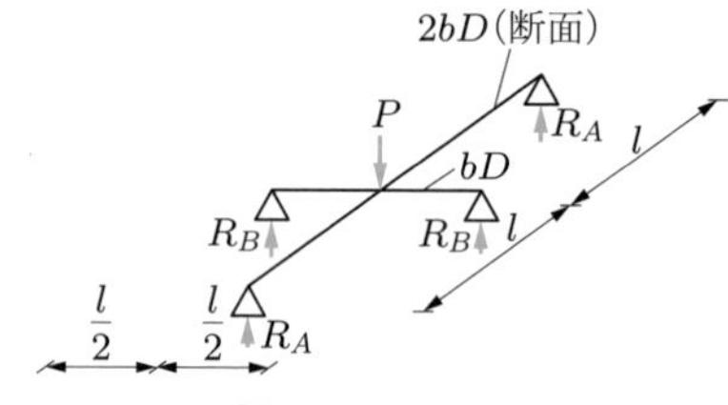

図 7.21 交差梁

8 基　礎

建築構造の基礎は，建築物の沈下を支えるもので，図 8.1 に示すように直接地盤からの反力（接地圧）や支持杭反力を受ける部分は，基礎スラブとよばれる．また基礎スラブが柱断面から外に広がった部分は，フーチングとよぶ．

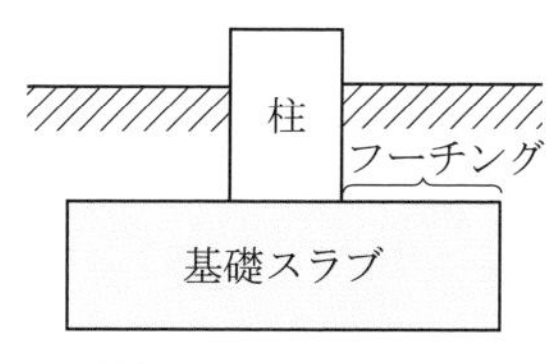

図 8.1　基礎の形状

基礎には，図 8.2 に示すような形式がある．

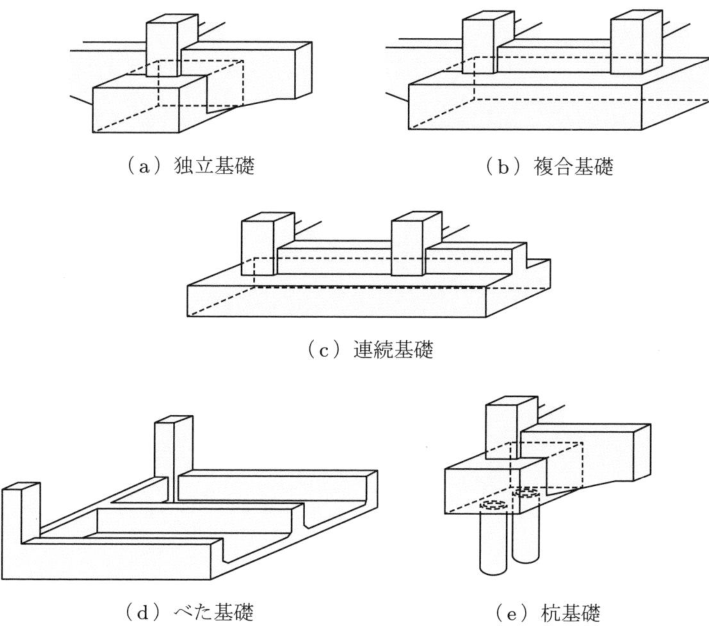

図 8.2　基礎の形式

1）独立基礎：柱 1 本を単独の基礎で支えるもの．

2）複合基礎：廊下スパンなどのような柱の間隔が小さい場合に 2 つの柱を支えるもの．

3）連続基礎（布基礎）：基礎梁下面全体に基礎スラブがあり，基礎梁と合体したもの．

4）べた基礎：地下階があるような場合に，建築物全体の底部を基礎スラブとしたもの．

5）杭基礎：軟弱地盤の場合に杭を用いて支持地盤に荷重を伝えるもので，1)〜4) に対応して各種ある．

一般の建築構造物の基礎は，図 8.3 に示すように，剛な基礎梁でつながれており，柱からの曲げモーメントは基礎梁で負担するので，基礎自体は柱の軸力のみ負担するものと考えてよい．また，基礎梁（つなぎ梁）は，不同沈下や地震時の複雑な地盤変動に対して有効であり，断面が大きく剛なものが不可欠である．なお，煙突や塔などでは単独の基礎であるが，転倒や沈下などの検討が重要となる．

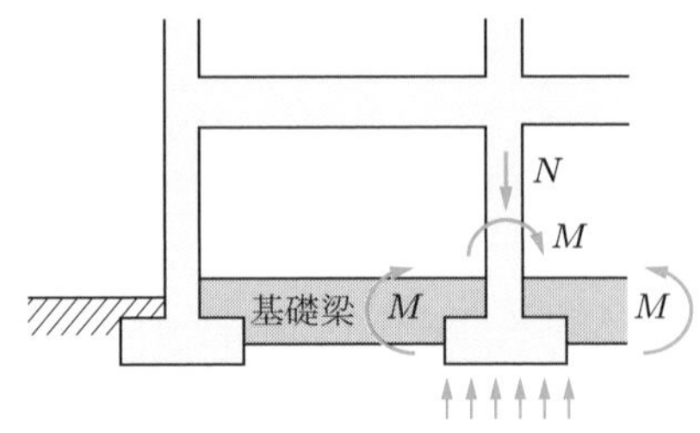

図 8.3　基礎梁の役割

本書では，建築物の基礎の断面算定の方法について述べる．

8.1　中心荷重を受ける独立基礎

8.1.1　接地圧

一般の建築物の基礎では，図 8.4 のように，以下の荷重が接地面に加わる．

$$N = \text{柱軸力 } N' + \text{基礎自重 } W_F + \text{埋め戻し土重量 } W_E \qquad (8.1)$$

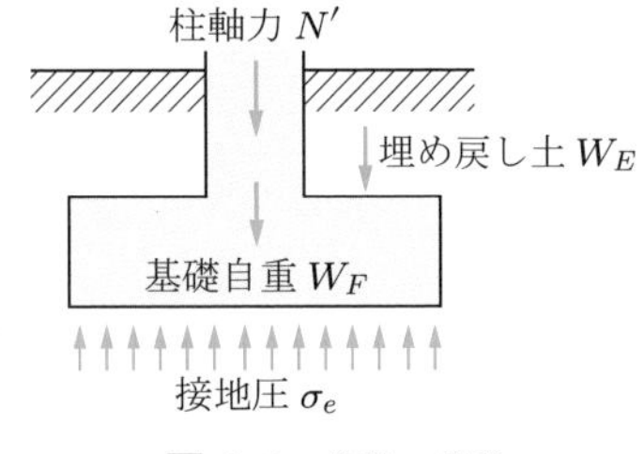

図 8.4　基礎の荷重

これに対する接地圧 σ_e は，基礎スラブの幅を L, L' とすると，次式である．

$$\sigma_e = \frac{N}{LL'} \qquad (8.2)$$

したがって，この接地圧が文献 18 による許容地耐力 f_e を超えないように，基礎スラブの大きさ LL' を設計する．

$$\sigma_e \leqq f_e \qquad (8.3)$$

8.1.2　基礎スラブの応力と断面算定

基礎スラブの応力は，基礎スラブを平板とした理論によっても求められる．ただし，一般の独立基礎では，図 8.5 のように柱付け根位置において，幅 L'，せい D の断面で長さ h の片持ち梁とみなした略算応力で安全を検討すれば十分であることが確かめられている．なお，埋め戻し土重量や基礎自重はスラブ応力に影響しないので，荷重としては柱からの軸力 N' のみ対象とする．

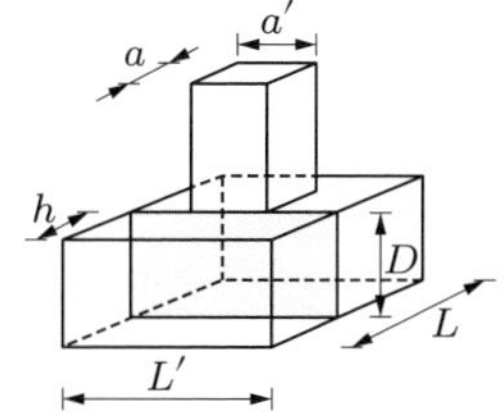

図 8.5 算定断面

図 8.6 において，柱軸力 N' による基礎底面の反力である接地圧 σ' は

$$\sigma' = \frac{N'}{LL'} \tag{8.4}$$

であり，このときの柱付け根部でのせん断力 Q_F，および曲げモーメント M_F は，フーチング長さを h とすると次式となる．

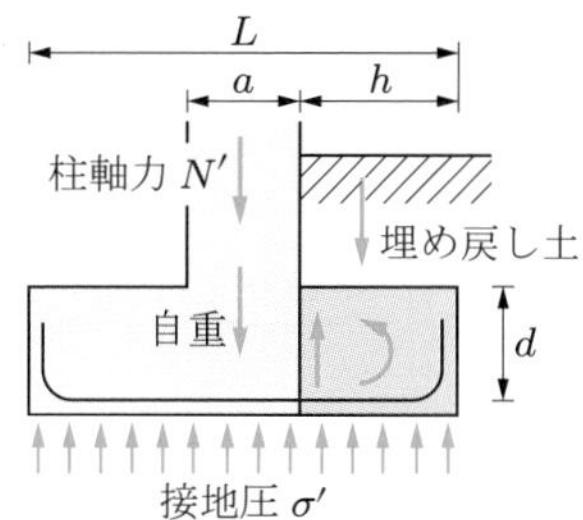

図 8.6 断面の応力

$$Q_F = \sigma' L' h \tag{8.5}$$

$$M_F = \sigma' L' \frac{h^2}{2} \tag{8.6}$$

これらの応力に対して，まずせん断力 Q_F については，ひび割れが生じないよう式(4.21)により次式について検討する．

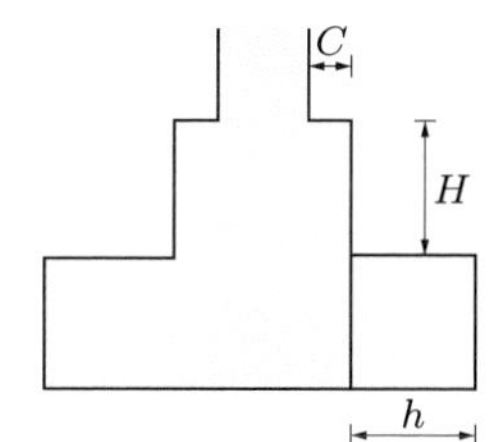

図 8.7 はかま付きスラブ

$$Q_A = \alpha f_s L' j \geqq Q_F \tag{8.7}$$

ただし，$\alpha = 4/\{M/(Qd) + 1\} \quad (1 \leqq \alpha \leqq 2)$

$j = (7/8)d$

また，曲げモーメントに必要な鉄筋断面積 a_t は，式(2.42)より次式となる．

$$a_t = \frac{M_F}{f_t j} \tag{8.8}$$

なお，図 8.7 のように，柱の裾を広げた形状のはかまを設ける場合で，H が大きく($H \geqq C$)，$C \leqq 0.3h$ のときは，はかま位置を算定断面としてよい．

また，第 6 章で述べたように，鉄筋の付着応力度の検討を行う．

8.1.3 パンチングシェアーの検討

基礎スラブが大きくかつその厚さが小さい場合は，柱が基礎スラブを貫通破壊させることがある．これをパンチングシェアー破壊という．この破壊では図 8.8 のように柱の付け根から 45° にラッパ状に広がる破壊面を生じる．このとき，柱表面から基礎スラブ有効せい d の 1/2 だけ下部の破壊面を連ねた線上を破壊長さ b_0 と考えれば，この破壊面に作用するせん断力 Q_p は，基礎スラブの接地圧のうち破壊断面より外の接

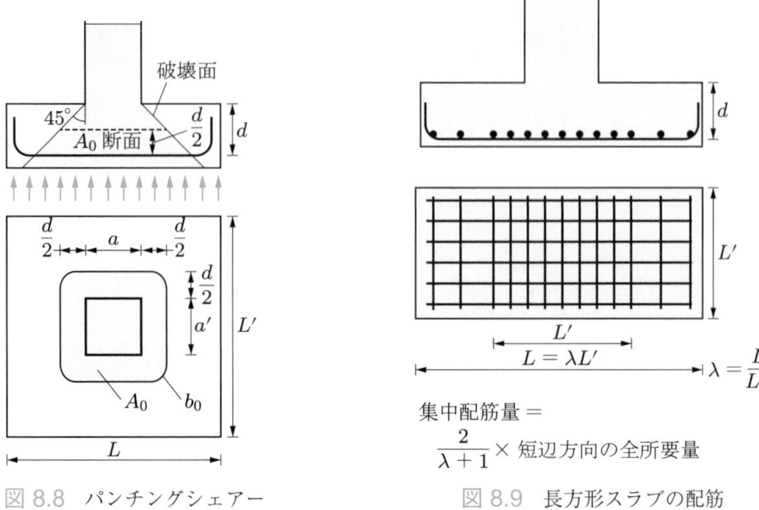

図 8.8 パンチングシェアー

図 8.9 長方形スラブの配筋

地圧の合計である．その大きさ Q_p はスラブ底面積全体に対する割合から次式である．

$$Q_p = \frac{LL' - A_0}{LL'} N' \tag{8.9}$$

ただし，$A_0 = (a+d)(a'+d) - d^2(1-\pi/4)$ （図 8.8） (8.10)

一方，パンチングシェアー強度は，破壊面 $b_0 j$ のせん断応力度がせん断許容応力度 f_s の 1.5 倍程度の大きさとすれば安全であることが確かめられている．したがって，パンチングシェアー耐力 Q_{PA} は次式となる．

$$Q_{PA} = 1.5 f_s b_0 j \tag{8.11}$$

ただし，$b_0 = 2(a+a') + \pi d$ （図 8.8） (8.12)

パンチングシェアー耐力は次式で検討する．

$$Q_p \leqq Q_{PA} \tag{8.13}$$

8.1.4 配 筋

鉄筋の配置にあたっては，長辺方向の応力度に対して等間隔でよいが，短辺方向では柱から遠いほど応力負担が小さくなるので，図 8.9 に示すように，その鉄筋は柱直下付近（短辺幅の大きさの範囲）に密に配置するのが合理的である．また，断面算定において計算上は必要ないが，配筋精度の確保や耐久性向上のために追加配筋する．この鉄筋を用心鉄筋という．

■ 例題 8.1 ■ 図 8.10 の独立基礎の断面の検討を行え．ただし，柱軸力（長期）$N' = 1000$ [kN]，地耐力 $f_e = 200$ [kN/m^2]，F_c24，SD295，D19（$a_0 = 286.5$ [mm^2]，$\psi = 60$ [mm]）とする．

解答 ● 地盤接地圧　埋め戻し土と基礎コンクリートの平均の体積重量を 20 kN/m^3 とする．

$$W_F = 2.5 \times 2.5 \times 1.6 \times 20 = 200\ [\text{kN}]$$

式(8.2)より，$\sigma_e = \dfrac{1000 + 200}{2.5 \times 2.5}$

$$= 192 < f_e = 200\ [\text{kN/m}^2]$$

$\therefore$ OK

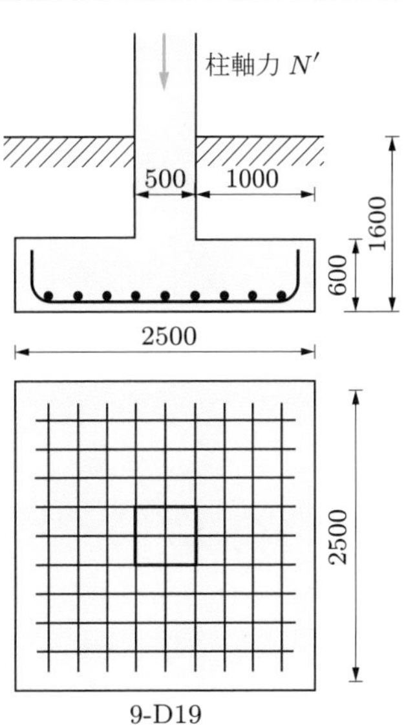

図 8.10　基礎の形状と配筋

● スラブ応力

式(8.4)より，$\sigma' = \dfrac{1000}{2.5 \times 2.5} = 160$ [kN/m^2]

式(8.5)より，$Q_F = 160 \times 2.5 \times 1.0 = 400$ [kN]

式(8.6)より，$M_F = 160 \times 2.5 \times \dfrac{1.0^2}{2} = 200$ [kN·m]

● せん断力の検討

表 1.7 より，$f_s = 0.49 + \dfrac{24}{100} = 0.73$ [N/mm^2]

かぶり厚さを 70，主筋 D19 とすると，上部配置鉄筋の有効せいは，次のようになる．

$$d = 600 - \left(70 + 19 + \frac{19}{2}\right) = 501.5\ [\text{mm}]$$

$\therefore d = 500$ [mm]とする

$$j = \frac{7}{8} \times 500 = 437.5\ [\text{mm}], \qquad \alpha = \frac{4}{200/(400 \times 0.5) + 1} = 2.0$$

$1 \leqq \alpha \leqq 2$ とする　　$\therefore \alpha = 2.0$

式(8.7)より，$Q_A = 2.0 \times 0.73 \times 2500 \times 437.5 = 1599 \times 10^3$

$$= 1599\ [\text{kN}] > Q_F = 400\ [\text{kN}] \qquad \therefore \text{OK}$$

● 必要な鉄筋

$$f_t = 195\ [\text{N/mm}^2]$$

式(8.8)より，$a_t = \dfrac{200 \times 10^6}{195 \times 437.5} = 2344$ [mm^2]，　D19($a_0 = 286.5$ [mm^2])

$$n = \frac{2344}{286.5} = 8.18 \qquad \therefore \text{9-D19 とする}$$

● パンチングシェアーの検討

式(8.10)より，$b_0 = 2(0.5 + 0.5) + \pi \times 0.5 = 3.57$ [m]

式(8.12)より，$A_0 = (0.5 + 0.5)^2 - 0.5^2 \times \left(1 - \dfrac{\pi}{4}\right) = 0.946$ [m^2]

式(8.9)より，$Q_p = \dfrac{2.5^2 - 0.946}{2.5^2} \times 1000 = 849$ [kN]

式(8.11)より，$Q_{PA} = 1.5 \times 0.73 \times 3.57 \times 10^3 \times 437.5 = 1710 \times 10^3$

$= 1710$ [kN] $> Q_p = 849$ [kN]　　∴ OK

- 付着応力度の検討

表 1.8 より，$_Lf_a = \min\left(0.1 \times 24, 1.35 + \dfrac{24}{25}\right) = 2.31$ [N/mm²]

9-D19 を使用すると，$\sum \psi = 9 \times 60$ [mm] $= 540$ [mm] となり，式(6.7)より，次のように求められる．

$$\frac{Q_F}{\sum \psi j} = \frac{400 \times 10^3}{540 \times 437.5} = 1.69\ [\mathrm{N/mm^2}] < 2.31\ [\mathrm{N/mm^2}] \qquad \therefore \mathrm{OK}$$

8.2　偏心荷重を受ける独立基礎

基礎が軸方向力だけでなく曲げモーメントも受ける場合の接地圧は，第 3 章の無筋柱断面の場合と同様の考え方ができる．すなわち，曲げモーメント M が小さい場合は，偏心軸力を考えると接地圧の分布は図 8.11 のようになる．そして，中立軸 x_n，最大接地圧 $\sigma_{\max}$，最小接地圧 $\sigma_{\min}$ は次式で表される．

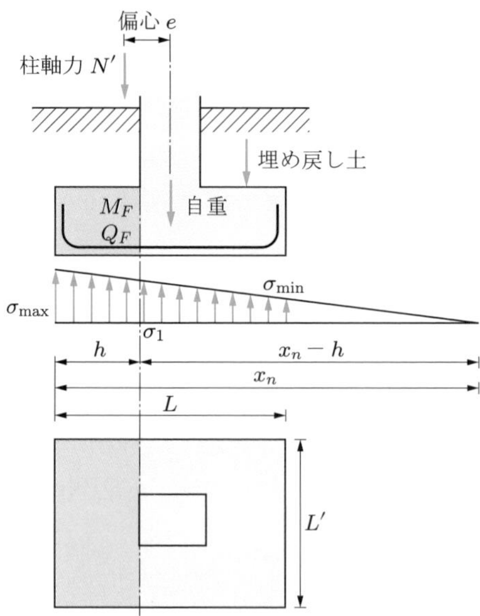

図 8.11　偏心荷重を受ける独立基礎

$$x_n = \left(1 + \frac{L}{6e}\right)\frac{L}{2} \tag{8.14}$$

$$\sigma_{\max} = \frac{N}{LL'}\left(1 + \frac{6e}{L}\right) \tag{8.15}$$

$$\sigma_{\min} = \frac{N}{LL'}\left(1 - \frac{6e}{L}\right) \tag{8.16}$$

したがって，接地圧の検討は次式で検討する．

$$\sigma_{\max} \leqq f_e \tag{8.17}$$

基礎スラブに働く応力は，中心圧縮を受ける場合と同様に考えると，N' による最大基礎反力 $\sigma'_{\max}$ は，式(8.15)における N を N' に置き換えた次式である．

$$\sigma'_{\max} = \frac{N'}{LL'}\left(1 + \frac{6e}{L}\right) \tag{8.18}$$

このとき，柱付け根の応力度を σ_1 とすると次式となる．

$$\sigma_1 = \sigma'_{\max}\frac{x_n - h}{x_n} \tag{8.19}$$

柱付け根のせん断力，および柱付け根の曲げモーメントは，式(8.19)を用いて次式で表される．

$$Q_F = (\sigma'_{\max} + \sigma_1)L'\frac{h}{2} = \sigma'_{\max}L'h\left(1 - \frac{h}{2x_n}\right) \tag{8.20}$$

$$M_F = \sigma'_{\max}L'h\frac{h}{2} - \left\{(\sigma'_{\max} - \sigma_1)L'\frac{h}{2}\right\}\frac{h}{3} = \sigma'_{\max}L'h^2\left(\frac{1}{2} - \frac{h}{6x_n}\right) \tag{8.21}$$

以上の応力に対して中心荷重を受ける場合と同様に断面算定を行う．

なお，曲げモーメントが大きくなると中立軸が断面内となり，基礎底面の一部に浮き上がりが生じるので設計としては好ましくない．その限界は，$\sigma_{\min} = 0$ のときで次式となる．

$$\frac{e}{L} = \frac{M}{NL} = \frac{1}{6} \tag{8.22}$$

■ 例題 8.2 ■ 例題 8.1 と同様の形状の独立基礎において，$N' = 500$ [kN]，$M = 150$ [kN·m] のときの接地圧，およびスラブ応力 Q_F，M_F を求めよ．

解答 ● 地盤接地圧　埋め戻し土と基礎コンクリートの平均の体積重量を 20 kN/m^3 とする．

$$W_F = 2.5 \times 2.5 \times 1.6 \times 20 = 200\ [\mathrm{kN}] \qquad \therefore N = 500 + 200 = 700\ [\mathrm{kN}]$$

$$\frac{e}{L} = \frac{M}{NL} = \frac{150}{700 \times 2.5} = 0.086 < \frac{1}{6}$$

∴浮き上がりは生じない

式(8.15)より，$\sigma_{\max} = \dfrac{700}{2.5 \times 2.5} \times (1 + 6 \times 0.086) = 170$ [kN/m^2]

● スラブ応力

$$N' = 500\ [\text{kN}], \qquad \frac{e}{L} = \frac{M}{N'L} = \frac{150}{500 \times 2.5} = 0.12 < \frac{1}{6}$$

∴浮き上がりは生じない

式(8.14)より，$x_n = \left(1 + \dfrac{1}{6 \times 0.12}\right) \times \dfrac{2.5}{2} = 2.99$ [m]

式(8.18)より，$\sigma'_{\max} = \dfrac{500}{2.5 \times 2.5} \times (1 + 6 \times 0.12) = 137.6$ [kN/m^2]

式(8.20)より，$h = 1.0$ [m] として，$Q_F = 137.6 \times 2.5 \times 1.0 \times \left(1 - \dfrac{1.0}{2 \times 2.99}\right) = 286$ [kN]

式(8.21)より，$M_F = 137.6 \times 2.5 \times 1.0^2 \times \left(\dfrac{1}{2} - \dfrac{1.0}{6 \times 2.99}\right) = 153$ [kN·m]

8.3　複合基礎の応力と基礎スラブの算定

8.3.1　基礎スラブの底面の形および接地圧

底面の形は，接地圧がスラブの底面に均等に分布するように決める．そのためには，2つの柱の軸力 N'_1，N'_2 の合力の重心とスラブ底面の重心が一致すればよい（図 8.12）．このとき，接地圧 σ_e は次式で表される．

$$\sigma_e = \frac{N'_1 + N'_2 + W_F}{L + L'} \quad (8.23)$$

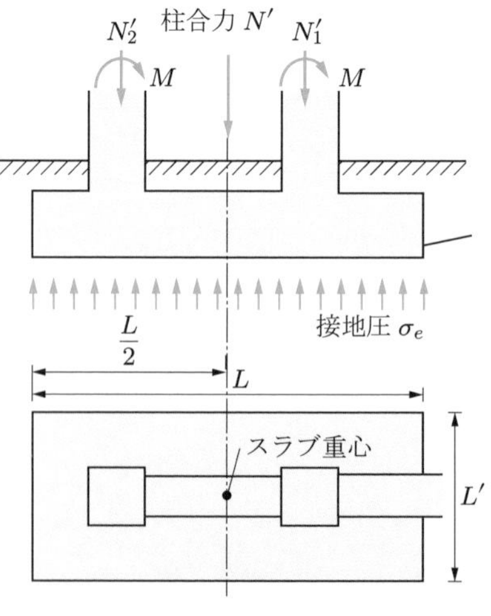

図 8.12　複合基礎の外力と形状

8.3.2　短辺方向の配筋

短辺方向の応力は，単位幅を考えて，独立柱と同様に行う．

8.3.3　長辺方向の配筋

長辺方向については，図 8.13 のようにスラブを柱脚部を支点と考えた梁とみなしてせん

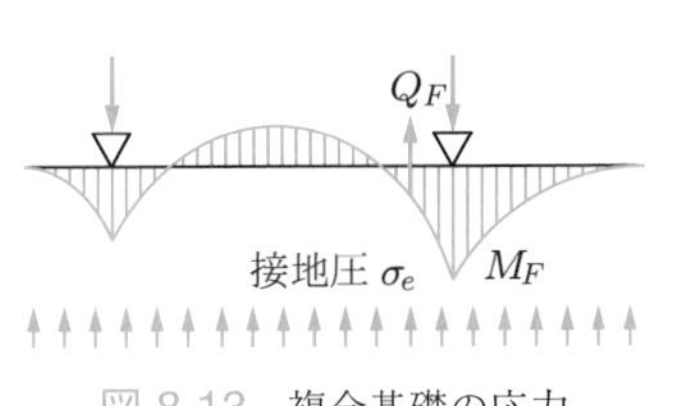

図 8.13 複合基礎の応力

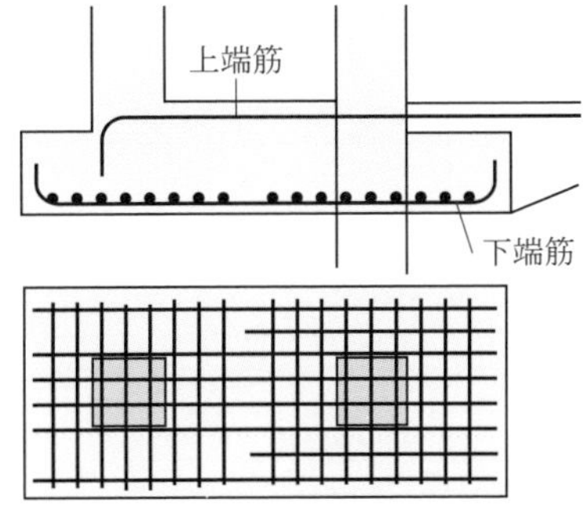

図 8.14 複合基礎の配筋

断力 Q_F，および曲げモーメント M_F を求めてその応力に対して断面算定を行う．また，配筋を図 8.14 のように行う．

8.4 連続基礎の応力と基礎スラブの算定

連続基礎の断面は，図 8.15 のように，逆 T 形をしており，フーチング部と基礎梁部に分けて考えられる．

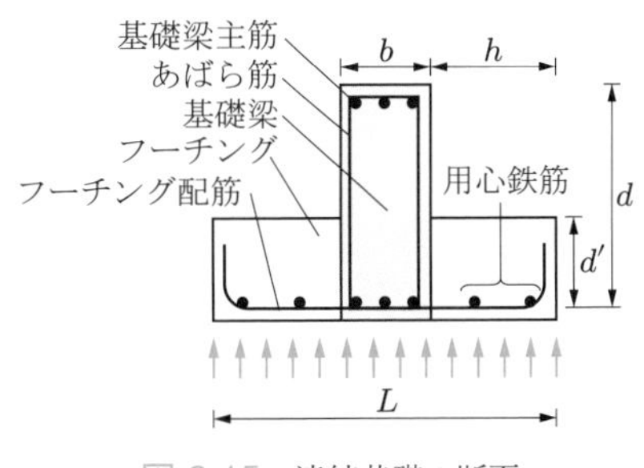

図 8.15 連続基礎の断面

8.4.1 接地圧

柱 1 本あたりの荷重を負担するフーチング部の範囲は，図 8.16 のように，柱スパンの中央で分けたものとする．接地圧を均等にするには，基礎スラブの幅を調整する．

8.4.2 基礎梁部分の応力と配筋

基礎梁部分には，図 8.17 のように，基礎スラブからの鉛直反力および地震力による応力が作用する．これらの応力度に対し，梁として断面算定を行い，主筋とあばら筋の配筋を決める．

8.4.3 フーチング部分

連続したフーチングの単位幅（1 m）を取り出して独立基礎の場合と同様に配筋を決定する．

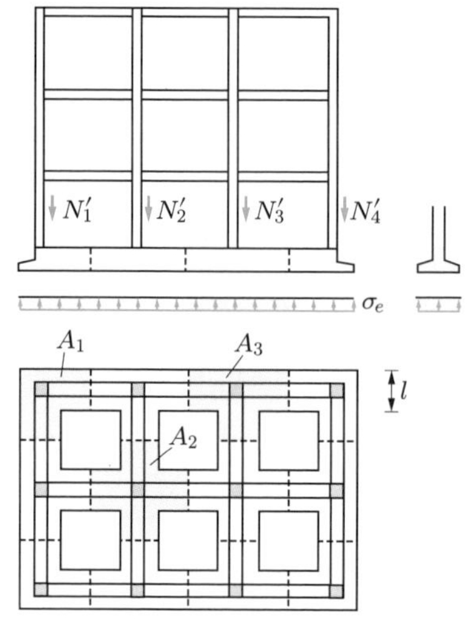

図 8.16　基礎スラブの分担面積

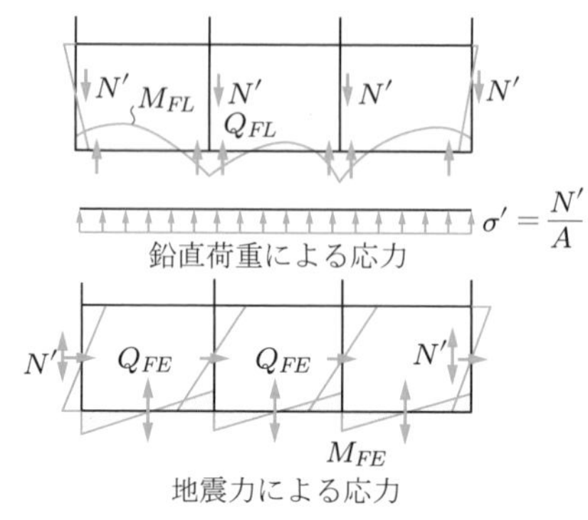

図 8.17　基礎梁の応力

■ 例題 8.3 ■ 図 8.18 の連続基礎の断面において，基礎梁部分はラーメン応力に対して別に決めることとし，フーチング部分の配筋を求めよ．ただし，長期の柱軸力 $N' = 2160$ [kN]，またこれを負担するスラブ面積 $= 18$ [m^2]，F_c24，SD295 とする．

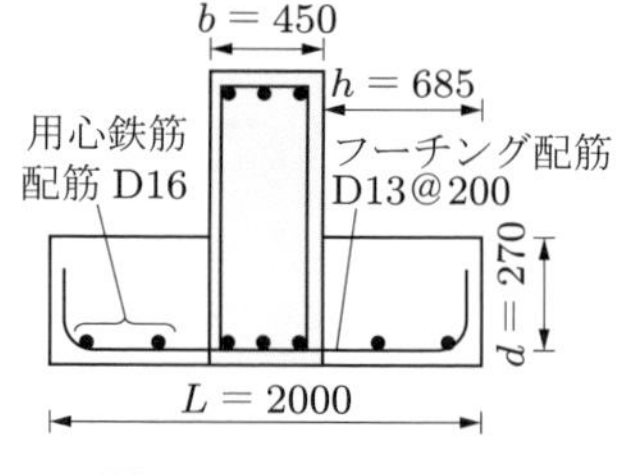

図 8.18　連続基礎断面

解答　● スラブ接地圧 σ'

式(8.4)より，$\sigma' = \dfrac{2160}{18} = 120$ [kN/m^2]

● 有効せい d および応力中心間距離 j　かぶり厚さを 70 mm とし，D16 を使用すると，それぞれ次のようになる．

$$d = 350 - 70 - \frac{16}{2} = 272 \qquad \therefore d = 270 \text{ とする}$$

$$j = \frac{7}{8} \times 270 = 236 \text{ [mm]}$$

● スラブ応力

$h = 0.685$ [m]，$L' = 1$ [m] の単位幅を考えると，次のようになる．

式(8.5)より，$Q_F = 120 \times 1.0 \times 0.685 = 82.2$ [kN]

式(8.6)より，$M_F = 120 \times 1.0 \times \dfrac{0.685^2}{2} = 28.15$ [kN·m]

• せん断力の検討

$$f_s = 0.73\ [\mathrm{N/mm^2}], \qquad L' = 1.0\ [\mathrm{m}], \qquad j = 236\ [\mathrm{mm}]$$

$$\alpha = \frac{4}{28.15/(82.2 \times 0.27) + 1} = 1.76 > 1.0 \qquad \therefore \alpha = 1.76$$

式(8.7)より，$Q_A = 1.76 \times 0.73 \times 1000 \times 236 = 303.2 \times 10^3\,[\mathrm{N}] = 303.2\ [\mathrm{kN}] > Q_F = 82.2\ [\mathrm{kN}] \quad \therefore \mathrm{OK}$

• 必要な配筋　$f_t = 195\ [\mathrm{N/mm^2}]$ であり，連続基礎 1 m 長さあたり必要な鉄筋は，式(8.8)より，次のようになる．

$$a_t = \frac{28.15 \times 10^6}{195 \times 236} = 612\ [\mathrm{mm^2}]$$

D13（$a_0 = 126.7\ [\mathrm{mm^2}]$）を用いると，$1000/612 = x/126.7$ より，次のようになる．

$$x = 207\ [\mathrm{mm}] \qquad \therefore \text{D13@200 とする}$$

なお，直交方向に用心鉄筋を配置する．

• 付着応力度の検討

表 1.8 より，${}_Lf_a = \min\left(0.1 \times 24, 1.35 + \frac{24}{25}\right) = 2.31\ [\mathrm{N/mm^2}]$

式(6.7)より，D13@200（1 m 幅では 5 本）を使用すると，$\sum\psi = 5 \times 40\,\mathrm{mm}$ となり，次のようになる．

$$\frac{Q_F}{\sum\psi j} = \frac{82.2 \times 10^3}{5 \times 40 \times 236} = 1.74 < 2.31 \qquad \therefore \mathrm{OK}$$

8.5　べた基礎の応力と基礎スラブの算定

べた基礎の接地圧は，図 8.19 のように，建築物の重心が基礎底面中心に対して偏心

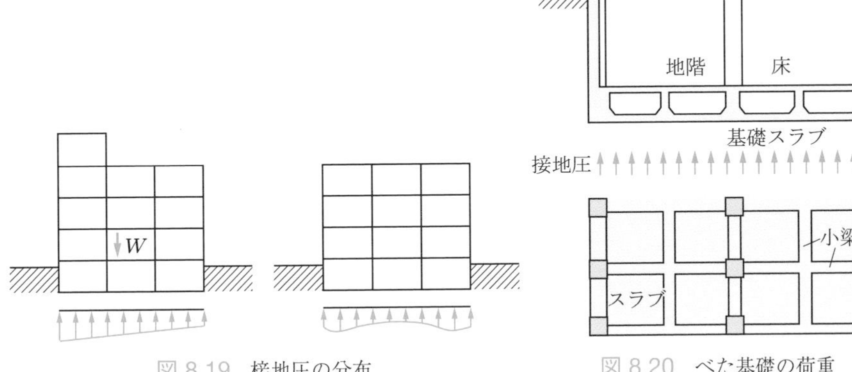

図 8.19　棲地圧の分布

図 8.20　べた基礎の荷重

している場合や，地盤が軟らかい場合は一様ではない．このような場合は，杭基礎を採用するのがよい．

一般にべた基礎は，一般の床スラブと荷重方向が天地逆であるので配筋も天地反対となる．また図 8.20 のように小梁を設けてたわみやひび割れに対して安全を確保することも重要である．

8.6 杭基礎の応力と基礎スラブの算定

杭基礎には，PC 杭，鋼杭あるいは現場打設杭がある．近年では，大地震時の水平力により杭が曲げモーメントやせん断力により大きな被害を受けた例から，大きな杭断面のものが用いられている．なお，杭の耐力や許容支持力については文献 18 に示されている．

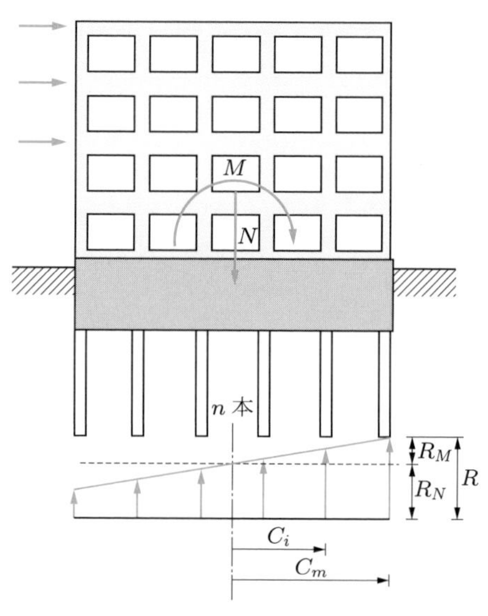

図 8.21 杭による応力

8.6.1 杭の反力

独立基礎が，中心荷重 N を受ける杭（n 本）の 1 本あたりの反力 R は，次式である．

$$R = \frac{N}{n} \tag{8.24}$$

なお，大規模な基礎や，べた基礎全面に杭が分布する場合は，図 8.21 のように上部構造の重量 N および上部構造の重心の偏心 e や地震力などによる曲げモーメント M を考慮する．

8.6.2 曲げモーメントを受ける場合の杭反力

最縁距離 C_m の位置の曲げモーメント M による杭反力を R_M とすると，上部構造からの M と杭の反力との釣り合いから

$$M = \sum_{i=1}^{n} \left(R_M \frac{C_i}{C_m} C_i \right) \tag{8.25}$$

となる．これより次式となる．

$$R_M = \frac{M}{\sum {C_i}^2} C_m \tag{8.26}$$

偏心や M のない場合，建築物重量による杭反力は次式である．

$$R_N = \frac{N}{n} \tag{8.27}$$

したがって，杭の最大反力は式(8.27)，(8.26)より次式となる．

$$R = R_N + R_M = \frac{N}{n} + \frac{M}{\sum C_i{}^2} C_m \tag{8.28}$$

8.6.3 パンチングシェアー

なお，基礎スラブ厚さが不足するとパンチングシェアー破壊の恐れがある．この場合の考え方は，独立基礎の項で述べた考え方と同一であり，円形断面の杭の場合の耐力を図 8.22 に示す．式(8.28)の反力を用いて，基礎スラブの配筋やパンチングシェアーなどの検討を行う．

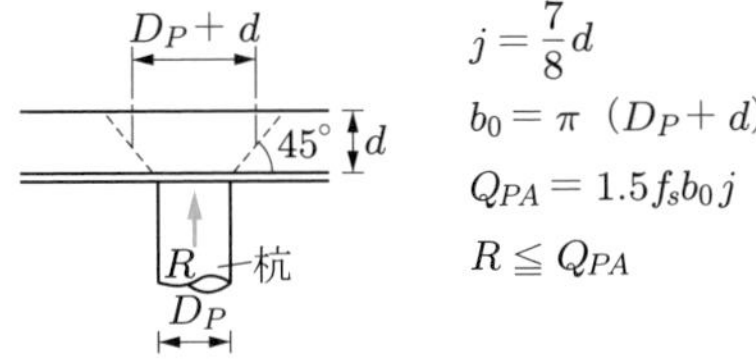

図 8.22 円形杭のパンチングシェアー

8.6.4 杭が基礎に固定される場合

図 8.23 のように，杭頭を基礎内に埋め込んで固定する場合には，基礎の浮き上がりに抵抗する引き抜き力により基礎スラブ上面にも引張応力が加わるので補強しておく必要がある．また，杭頭の負担曲げモーメントは基礎梁に付加される（図 8.24）．

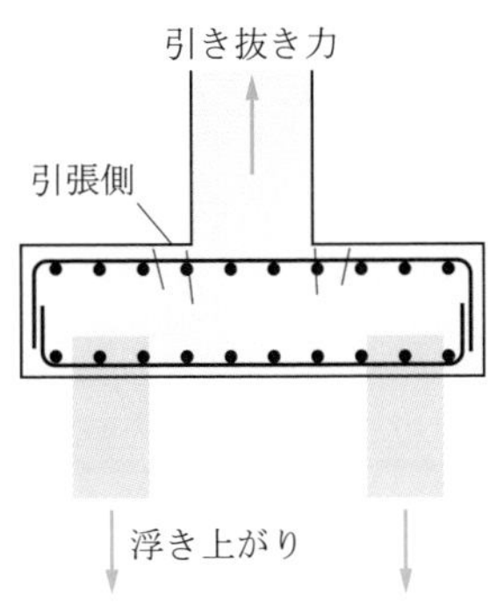

図 8.23 基礎スラブ上面の補強

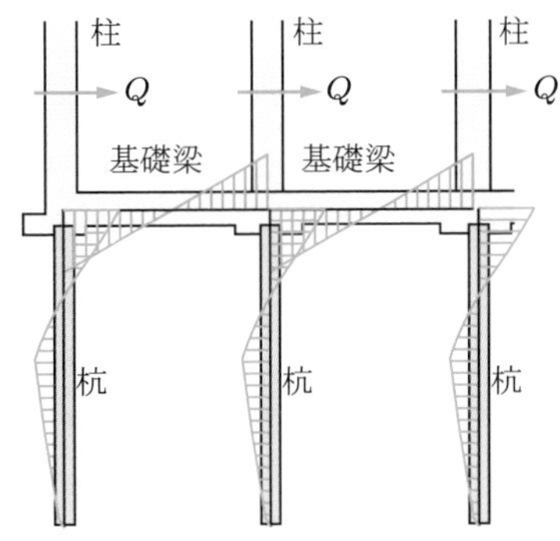

図 8.24 杭頭からの曲げモーメント

■ 例題 8.4 ■ 第 11 章の設計例の柱（C_{B1}）の基礎を検討せよ．図 8.25 に形状を示す．柱の曲げモーメントはすべて基礎梁で負担するものとし，基礎スラブの配筋を決める．

解答 ● 荷重，許容応力度

図 11.5 より，長期荷重時柱軸力 $N_L = 888$ [kN]

基礎自重，埋め戻し土（基礎と土との平均重量を $20\,\mathrm{kN/m^3}$ とする）

$$W_F = 2.2 \times 1.1 \times 2.0 \times 20 = 96.8\ [\mathrm{kN}]$$

地震時の変動軸力 = 耐震壁の付加軸力から，次のようになる．

図 11.21(b)において負の水平力の場合，$N_E = 605$ [kN]．表 10.1 より，この柱の負担する荷重について地震時積載荷重の低減を行う．

$$W = (1800 - 800) \times \left(6.0 \times \frac{7.0}{4}\right) \times 2 + (700 - 300) \times \left(6.0 \times \frac{7.0}{4}\right) = 25200 = 25.2\ [\mathrm{kN}]$$

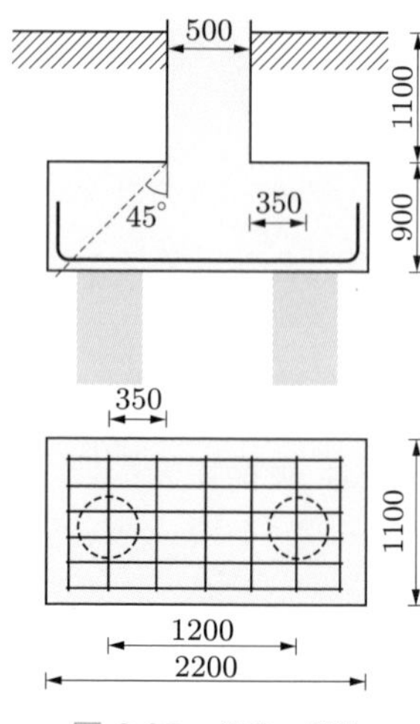

図 8.25 基礎の形状

地震時の柱軸力は，

$$N' = 888 - 25.2 + 605 = 1468\ [\mathrm{kN}]$$

となり，地震時の柱軸力は長期軸力より 1.5 倍（長期と短期許容応力度の安全率）以上大きいので，地震時の検討を行う．

$f_t = 295\ [\mathrm{N/mm^2}]$，　表 1.7 より，$f_s = \dfrac{21}{30} \times 1.5 = 1.05\ [\mathrm{N/mm^2}]$

- 杭の検討

式(8.1)より，$N = 1468 + 96.8 = 1565\ [\mathrm{kN}]$，杭反力 $R = \dfrac{N}{n} = \dfrac{1565}{2} = 783\ [\mathrm{kN}]$

PC 杭断面積 $= 83570\ [\mathrm{mm^2}]$ より，杭の軸応力度 $\sigma_c = \dfrac{783 \times 10^3}{83570} = 9.37\,[\mathrm{N/mm^2}]$

杭の設計については，上記の圧縮応力度だけでなく負の摩擦力，水平力による曲げモーメント，せん断力などについて検討を行うが，ここでは省略する．

- スラブ応力と配筋　柱付け根では，

$$Q_F = R_N = \frac{N'}{2} = \frac{1468}{2} = 734\ [\mathrm{kN}]$$，　杭中心と柱付け根の距離：350 mm

柱付け根に働く曲げモーメントは，$M_F = R_N \times$ (柱付け根と杭芯距離) より，

$$M_F = 734 \times 10^3 \times 350 = 256.9 \times 10^6\,[\mathrm{N{\cdot}mm}] = 256.9\ [\mathrm{kN{\cdot}m}]$$

$$j = \frac{7}{8} \times (900 - 100) = 700\ [\mathrm{mm}]$$

式(8.8)より，$a_t = \dfrac{256.9 \times 10^6}{295 \times 700} = 1244\ [\mathrm{mm^2}]$

$\therefore$ 6-D19($a = 6 \times 286.5 = 1719\ [\mathrm{mm^2}]$) を用いる

柱付け根のせん断力は，

$$Q_F = R_N = 734\ [\mathrm{kN}], \qquad \alpha = \frac{4}{256.9/(734 \times 0.8) + 1} = 2.78 > 2.0$$

$$\therefore \alpha = 2.0$$

式(8.7)より，$Q_A = 2.0 \times 1.05 \times 1100 \times 700 = 1617 \times 10^3\,[\mathrm{N}]$

$$= 1617\,[\mathrm{kN}] > Q_F = 734\,[\mathrm{kN}] \qquad \therefore \mathrm{OK}$$

● 付着応力度の検討　式(6.7)より，6-D19 を使用すると，$\sum\psi = 6 \times 60 = 360\,[\mathrm{mm}]$ となり，次のようになる．

$${}_Lf_a = 0.1 \times 21 = 2.1\,[\mathrm{N/mm^2}]$$

$${}_sf_a = 2.1 \times 1.5 = 3.15$$

$$\frac{Q_F}{\sum\psi j} = \frac{734 \times 10^3}{360 \times 700} = 2.91 < 3.15 \qquad \therefore \mathrm{OK}$$

● パンチングシェアー　図 8.25 のように 45° 内に杭芯があるので問題はない．

□ 演習問題 □

8.1　図 8.26 の独立基礎の配筋を決めよ．ただし，F_c21，SD295 とする．

8.2　$N = 1500\,[\mathrm{kN}]$，$M = 100\,[\mathrm{kN{\cdot}m}]$ が加わる基礎の最大接地圧を求めよ．ただし，$LL' = 2\,[\mathrm{m}] \times 2\,[\mathrm{m}]$ とする．

8.3　図 8.27 の基礎を検討せよ．ただし，埋め戻し土と自重は 600 kN，杭の許容耐力 450 kN/本，F_c21，SD295 とする．

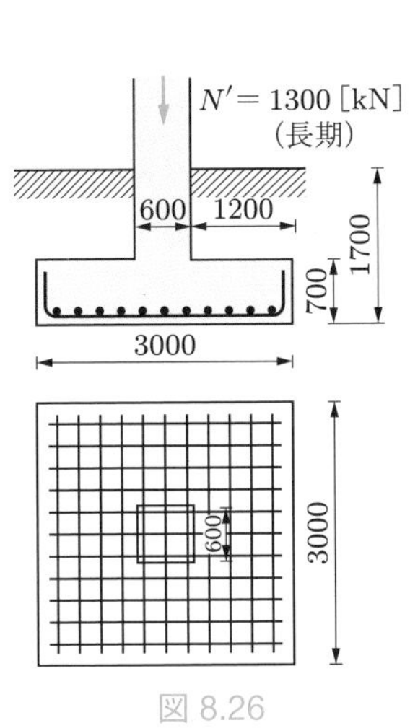

図 8.26

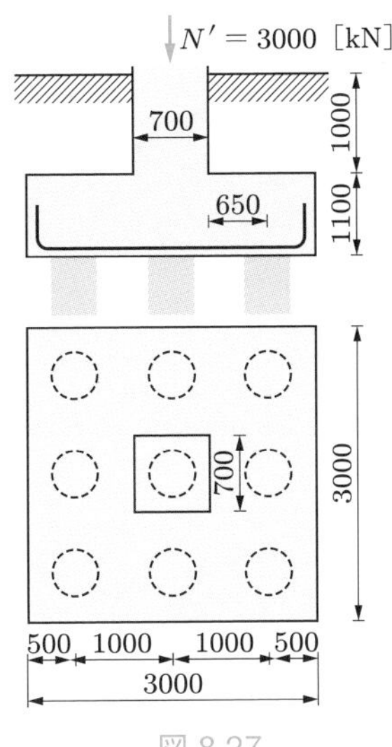

図 8.27

9 壁部材

耐震壁は，壁板部とその周辺部を囲む梁と柱（付帯ラーメン）が一体となって構成されたものである．しかし現実には，開口部があるものや周辺部に柱型のないものもあるので，本章では，これらを総じて壁部材とよぶことにする．ただし，壁板の両側に柱付きのものは，従来どおり耐震壁ともいう．

鉄筋コンクリートラーメン構造では，壁部材を配置すると大地震による水平力を抵抗させることができるので，柱断面は小さくできる．

一方，壁部材は大きな水平力を受けた場合には，基礎地盤の変形や支持杭の伸縮による基礎の浮き上がりや回転による変形も無視できない．この件については第 10 章で述べる．

さて，壁部材は，図 9.1 にも示すように，次の応力を受ける．

1）常時の鉛直荷重 N_0

2）地震時の水平せん断力 Q

3）特に連層壁の場合には下層部での大きな曲げモーメント M

4）これに取り付いている左右の梁からの曲げモーメントとせん断力 M_b，Q_b

なお，梁や柱では，曲げ変形や曲げ応力を主に考えてきたが，壁部材の場合は高さ h に対して，そのせい L_w が大きく，また断面は板状で板厚 t が薄いため，せん断変形やせん断応力度が大きくなることを念頭において考える必要がある．

ここで，柱せい D の大きさにかかわらず，壁部材のせん断力を合理的に評価するために，壁せいは図 9.2 に示すように，柱を含めた全せい L_w で算定する．

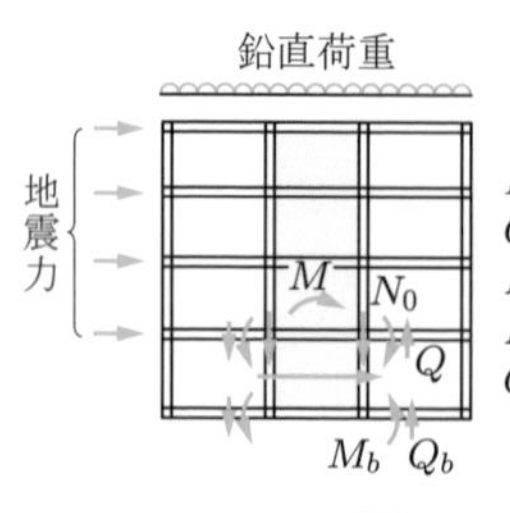

図 9.1　壁部材の応力

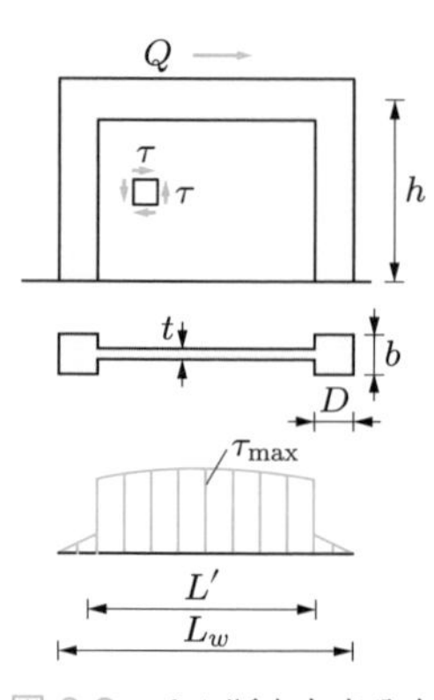

図 9.2　せん断応力度分布

9.1 応力と変形

I 形断面を有する壁部材の断面には，よく知られているように，図 9.2 のようなせん断応力度が分布する．このときの最大せん断応力度 $\tau_{\max}$ は，全断面積 A に対して次式で表される．

$$\tau_{\max} = \kappa \frac{Q}{A} \tag{9.1}$$

なお，一般的な壁部材の断面の形状係数 κ は，$\kappa = 1.1$〜1.3 である．

しかし，断面算定には，次式の平均せん断応力度 τ を用いることが多い．

$$\tau = \frac{Q}{tL_w} \tag{9.2}$$

さて，図 9.3 に脚部を固定した 1 層の耐震壁の実験において水平荷重による平均せん断応力度と層間変形角（$R = \delta/h$）の様子を示す．

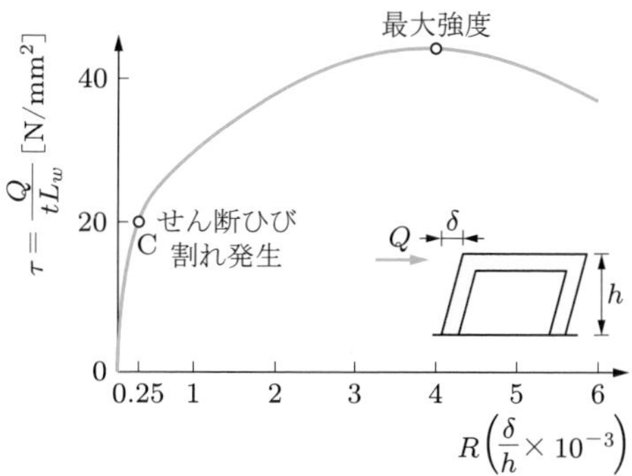

図 9.3　壁部材のせん断応力度と層間変形角

せん断変形 δ_s は，せん断弾性係数 G，せん断歪み γ（$= \tau/G$），式(9.2)などから次式で表される．

$$\delta_s = \gamma h = \frac{\tau}{G} h = \frac{Q/(tL_w)}{G} h \tag{9.3}$$

したがって，弾性時のせん断剛性 K_e は次式である．

$$K_e = \frac{Q}{\delta_s} = Gt\frac{L_w}{h} \tag{9.4}$$

図 9.3 の実験において，層間変形角 R（$= \delta/h$）が 1/4000 rad 程度（図中 C 点）で，壁板部に斜めひび割れが発生する（写真 9.1(a)）．このときは斜張力 σ_d が，コンクリートの引張強度 σ_{cr} に至ったときであり，その大きさはコンクリートの圧縮強度 σ_B の 10%程度である．また，第 4 章の梁材の場合に説明したように，$\sigma_d = \tau$ である．した

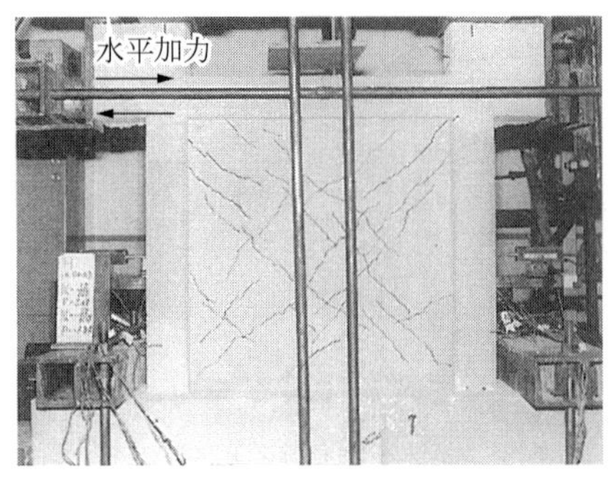

（a）ひび割れ発生時

（b）最大耐力時

写真 9.1 壁部材実験のひび割れ（ひび割れはその幅は，大半が 0.2 mm 以下と小さいため，インキでひび割れをたどって太く描いてある）

がって，次式となる．

$$\sigma_{cr} = \sigma_d = \tau \fallingdotseq 0.1\sigma_B \tag{9.5}$$

斜めひび割れが発生すると，付帯ラーメンが小さいものや，その配筋量が不十分なもの，あるいは壁板部が薄すぎたり配筋が少なかったりするものでは，急激に耐力を失う．しかし，付帯ラーメンや壁板が適正に設計されたものは，その後もひび割れが拡大しながら変形角とともに耐力が上昇し，層間変形角が $R = 1/250$ 程度で最大耐力を示し，その後は変形とともに耐力は低下する．ひび割れ発生後，最大耐力に至るまでの変形能力は，大地震時での建築物の崩壊に大きく寄与する．最大耐力時の状況を写真 9.1(b)に示す．

なお，ひび割れ後の剛性低下に対して，文献 1 では，実験による結果からせん断剛性 K と部材角 R との関係の推定式が紹介されている．

$$K = \beta K_e \tag{9.6}$$

ただし，β：せん断剛性低下率

$$\beta = 0.24(R \times 10^3)^{-0.75} \tag{9.7}$$

K_e：式(9.4)

9.2 壁部材の許容せん断力

9.2.1 ひび割れ時の許容せん断力

せん断ひび割れ強度 σ_{cr} は，式(9.5)で推定できるが，ひび割れ時の許容せん断力 Q_1

は式(9.2)とせん断ひび割れ強度の代わりに第1章で述べた短期許容せん断応力度 f_s（表1.7）を用いて，次式によって安全側に求めることができる．

$$Q_1 = tL_w f_s \tag{9.8}$$

9.2.2　ひび割れ後の許容せん断力

壁板部に斜めひび割れが生じた後は，壁筋がそのせん断力を負担することになる．

図9.4に示すように，ひび割れが45°方向に生じるものと考えると，ひび割れ発生直前に壁板部に生じている斜張力 σ_d の壁筋間隔 x における合計 $\sigma_d\sqrt{2}xt$ が，ひび割れ後の壁筋（断面積：a_s）の引張力 T（$= a_s\sigma_t$）と釣り合うものとみなす次式が得られる．

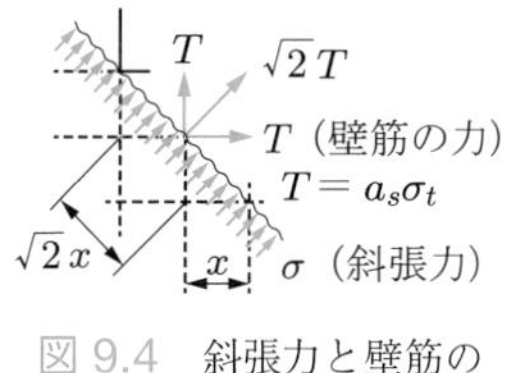

図9.4　斜張力と壁筋の釣り合い

$$\sigma_d\sqrt{2}xt = \sqrt{2}T = \sqrt{2}a_s\sigma_t \tag{9.9}$$

一方，壁板部の負担するせん断力を Q_w とすると，その平均せん断力 τ は次式である．

$$\tau = \frac{Q_w}{tL_e} \tag{9.10}$$

ここで，L_e は壁体の有効長さで，L' を図9.5に示す内法長さとすると，両側に柱がある場合 $L_e = L'$（図9.5(a)），片側に柱がある場合 $L_e = 0.9L'$（図(b)，(d)，(e)），柱がない場合 $L_e = 0.8L'$（図(c)）とする．

さらに，式(4.11)で示したように $\sigma_d = \tau$ である．したがって，式(9.9)，(9.10)，および式(4.11)より，次式が得られる．

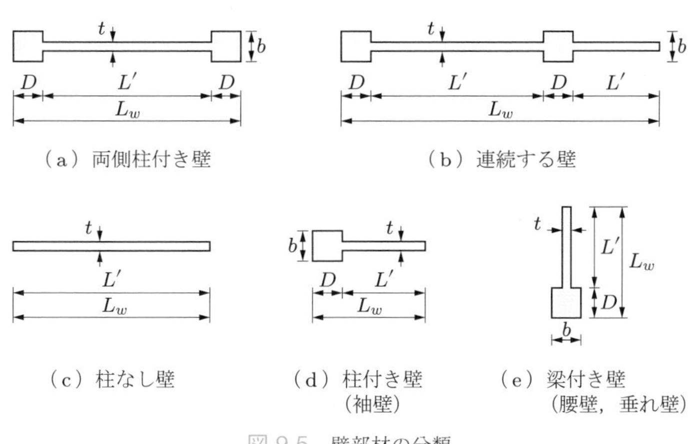

図9.5　壁部材の分類

$$Q_w = \frac{a_s}{xt} t L_e \sigma_t \tag{9.11}$$

また，壁筋比

$$p_s = \frac{a_s}{xt} \tag{9.12}$$

を定義し，壁筋の短期許容引張応力度 f_t を用いて $\sigma_t = f_t$ とすると，壁板部の負担する許容せん断力 Q_w は次式となる．

$$Q_w = p_s t L_e f_t \tag{9.13}$$

一方，ひび割れ後には，図 9.6 のように，壁板部の負担力 Q_w のほかに付帯ラーメンの負担力 Q_c もある．Q_c は多くの実験結果から，式(4.20)の梁の許容せん断力と同形の式を用いる．

$$Q_c = \{\alpha f_s + 0.5\,{}_w f_t (p_w - 0.002)\} bj \tag{9.14}$$

係数 α は付帯ラーメンによる拘束効果を表し，両側柱付き壁では $\alpha = 1.5$，袖壁付き柱では $\alpha = 1.0$ とする．

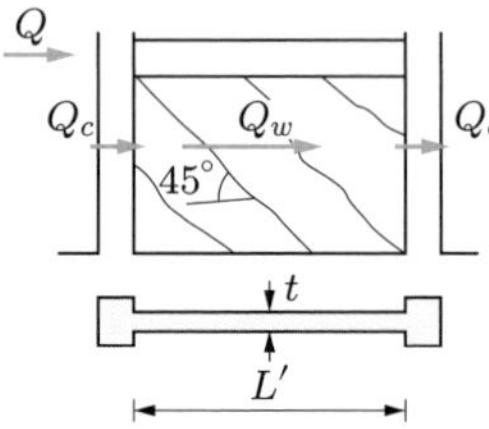

図 9.6 付帯ラーメンの負担

ひび割れ後の壁部材の許容せん断力 Q_2 は次式を用いる．

$$Q_2 = Q_w + \sum Q_c \tag{9.15}$$

ひび割れ後の許容せん断力 Q_A は，短期許容せん断応力度 f_s（表 1.7）を用いた Q_1（式(9.8)），Q_2（式(9.15)）のうち大きいほうの値としてよい．

$$Q_A = \max(Q_1, Q_2) \tag{9.16}$$

9.3 付帯ラーメンの曲げモーメントに対する検討

連層壁のような場合では，図 9.7 に示すように，鉛直荷重による柱軸力 N_0 と同時に，水平力による連層壁全体の曲げモーメント M により付帯ラーメン柱には次式の圧縮軸力 N が加わる．

$$N = N_0 \pm \frac{M}{L} \tag{9.17}$$

ただし，L：柱中心間距離

この圧縮軸力が許容圧縮耐力 N_c および許容引張耐力 N_t を上回らないことを確認すればよいので，次式により検討する．

$$N \leqq N_c = (bD + na_g) f_c \tag{9.18}$$

$$N \leqq N_t = f_t a_g \tag{9.19}$$

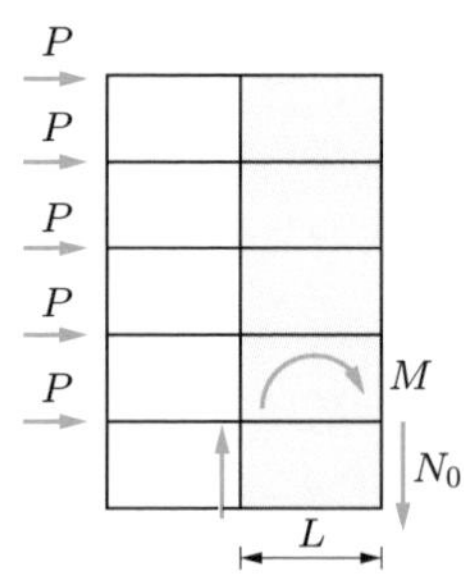

図 9.7 付帯柱の軸力

ただし，bD：柱の断面積

n：ヤング係数比

a_g：柱主筋の全断面積

f_c：コンクリートの許容圧縮応力度

f_t：鉄筋の許容圧縮応力度

9.4　袖壁付き柱，腰壁付き梁，垂れ壁付き梁，柱型のない壁の許容曲げモーメント M_A および終局強度 M_u，Q_u

図 9.8 に示すような袖壁付き柱，腰壁付き梁，垂れ壁付き梁の検討には，軸方向力 N と曲げモーメント M に対して，平面保持の釣り合いを考えて，コンクリート応力，および軸方向筋が許容応力度以下となるようにする．

図 9.8　袖壁付き柱の検討

一般に壁端側が引張の場合は，壁筋量に対して圧縮側コンクリート幅は柱あるいは梁幅 b は相対的に大きいので，壁端部鉄筋が許容応力度になる．

一方，壁端側が圧縮の場合は，壁板厚 t を圧縮幅，柱鉄筋を引張とし，柱軸力 N を考慮した平面保持の釣り合いを考え，壁端コンクリートの応力度の検討も行う．なお，壁側で曲げ圧縮力を安定して負担する必要のある場合は，壁端には柱型拘束域を設ける．すなわち，壁端部から階高の 1/15 以上の範囲 D' と幅 t からなる断面を柱 tD' とみなし，主筋（$p_g > 0.8$ [%]）を配置し，帯筋（$p_w > 0.2$ [%]）で拘束する．

壁付き部材の許容曲げモーメント M_A，および終局強度 M_u，Q_u の略算方法については，付録 10 に示す．

9.5　構造制限など

壁部材の断面算定式を満足させ，乾燥収縮によるひび割れの発生やその進展を抑えて，分散させ，かつ大地震において脆い破壊をしないために，表 9.1 のような構造制限が決められている．

表 9.1 構造制限（文献 16）

1	壁厚	壁板の座屈の恐れを考慮して壁板の内法高さ h' のとき $t \geqq 120$ [mm]かつ $\dfrac{t}{h'} \geqq \dfrac{1}{30}$
2	壁筋量	1) 乾燥収縮，ひび割れ後の急激な剛性低下，脆い破壊への対応として，$p_s \geqq 0.25$ [%]とする， 2) 壁筋比 p_s は，多すぎてもその量に比例した効果は発揮できないので， ① 両側に柱付き壁では，$p_s \geqq 1.2$ [%]のときは，$p_s = 1.2$ [%]とする． ② その他の壁では，$p_s \geqq 0.6$ [%]のときは，$p_s = 0.6$ [%]とする． 3) 壁筋と柱のせん断補強とのバランスをとるため，$p_s \geqq p_w b/t$ の場合は $p_s = p_w b/t$ とする． 4) 水平力の検討では，縦横の補強筋比が異なる場合は，横筋比を用いてよいが，縦筋比の 2 倍を上限とする．鉛直方向のせん断耐力の検討では，この縦横を読み換える．
3	壁筋の配筋	1) 施工上の精度確保のため，D10 以上の異形鉄筋を用いる． 2) 破損や鉄筋の風化への対応のため，開口補強筋，壁端補強筋は D13 以上を用いる． 3) 乾燥収縮ひび割れ幅の抑制や脆い破壊への対応のため，$t \geqq 200$ [mm]では複配筋とする．一般の場合，$x \leqq 300$ [mm]，千鳥に複配筋する場合，片面の $x \leqq 450$ [mm]とする． 4) 軸力を負担させる柱なし壁の場合は，必ず複配筋とする．
4	壁を囲む付帯ラーメンの断面	1) それぞれ第 2〜4 章に従う（$p_w > 0.012$ の場合は，$p_w = 0.012$ とする）． 2) 開口に近接する柱（開口端から柱端まで 300 [mm]未満）および袖壁付き柱では，$p_w \geqq 0.3$ [%]． 3) 連続する壁の場合は，全体を囲む柱梁の剛性と強度を確保する．

また，壁部材の柱や梁の断面については，軸力の負担，壁板の周辺部材として拘束効果，スラブ筋の定着などの役割もあるが，鉛直軸力負担の必要がない場合や連層壁の中間梁などではその役割は小さい．そこで，このような場合，最小径 b, D として以下の検討の大きさを目安とできる．

$$\left.\begin{aligned} &bD \geqq \frac{st'}{2} \\ &b, D > \sqrt{\frac{st'}{3}} \quad \text{かつ} \quad b, D > 2t' \end{aligned}\right\} \tag{9.20}$$

ただし，$s = \min(h', L')$

$$t' = \frac{Q_D Q_w/(Q_w + \sum Q_c)}{p'_s L_e f_t}$$

$$p'_s = 0.012$$

■ 例題 9.1 ■ 図 9.9 の耐震壁の許容せん断力を求めよ．ただし，F_c24，SD295：$f_t = 295$（短期）[N/mm^2]とする．

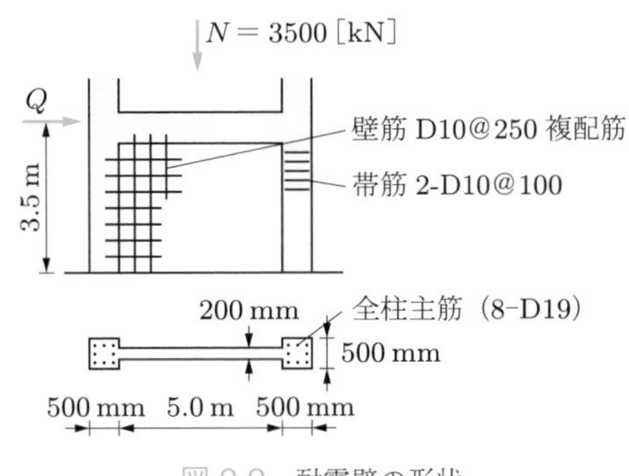

図 9.9　耐震壁の形状

解答　● コンクリートの許容せん断応力度

表 1.7 より，（長期）$f_s = 0.49 + \dfrac{24}{100} = 0.73 < \dfrac{24}{30} = 0.8$ [N/mm^2]

$\therefore f_s = 0.73$ [N/mm^2]

（短期）$f_s = 0.73 \times 1.5 = 1.10$ [N/mm^2]

● ひび割れ時の許容せん断力

式(9.8)より，$Q_1 = 200 \times 6000 \times 1.10 = 1320 \times 10^3$ [N] $= 1320$ [kN]

● ひび割れ後の許容せん断力

$$\text{D10}：a = 71.33\ [\text{mm}^2], \qquad a_s = 2 \times 71.33 = 142.7\ [\text{mm}^2]\ （複配筋）$$

式(9.12)より，$p_s = \dfrac{142.7}{250 \times 200} = 0.00285$

式(9.13)より，$Q_w = 0.00285 \times 200 \times 5000 \times 295 = 840.8 \times 10^3$ [N]

柱の耐力については，$p_w = 2 \times \dfrac{71.33}{500 \times 100} = 0.00285$

式(9.14)において両側柱付き壁なので $\alpha = 1.5$ とし，

$$Q_c = \{1.5 \times 1.10 + 0.5 \times 295 \times (0.00285 - 0.002)\} \times 500 \times \frac{7}{8} \times (500 - 50)$$
$$= 349.5 \times 10^3\ [\text{N}]$$

したがって，

式(9.15)より，$Q_2 = 840.8 \times 10^3 + 2 \times 349.5 \times 10^3 = 1540$ [kN] $> Q_1 = 1320$ [kN]

$\therefore$ 許容せん断力 Q_A は Q_2 で決まり，$Q_A = Q_2 = 1540$ [kN]

■ 例題 9.2 ■ 図 9.10 の耐震壁が，設計せん断力 $Q = 1300$ [kN] を受ける場合の配筋を決定せよ．ただし，F_c24，SD295：$f_t = 295$ [N/mm^2]（短期）とする．

解答　● コンクリートの許容せん断応力度

（短期）$f_s = 0.73 \times 1.5 = 1.10$ [N/mm^2]

● ひび割れ時の許容せん断力

式(9.8)より，$Q_1 = 150 \times 9000 \times 1.10 = 1485 \times 10^3$ [N] > 1300 [kN]

∴ ひび割れが生じる

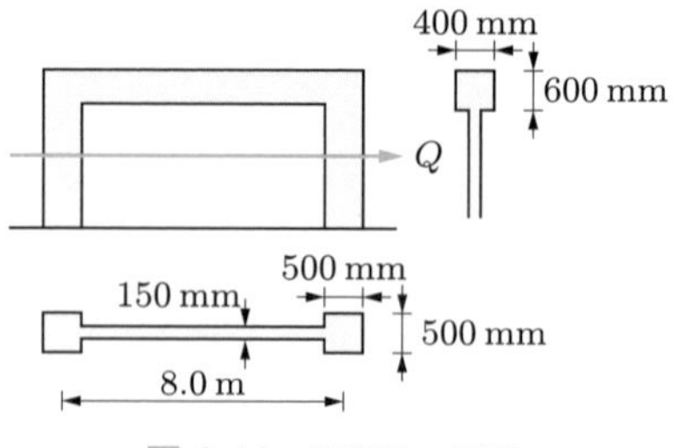

図 9.10 耐震壁の形状

● 柱の負担せん断力　柱の帯筋を 2-D10@100 ($a = 71.33\,[\mathrm{mm}^2]$) とすると，式(4.17)，(9.14) より次式となる．

$$p_w = \frac{2 \times 71.33}{500 \times 100} = 0.00285$$

$$Q_c = \{1.5 \times 1.10 + 0.5 \times 295 \times (0.00285 - 0.002)\} \times 500 \times \frac{7}{8} \times (500 - 50) = 349.5 \times 10^3\,[\mathrm{N}]$$

柱のせん断力負担は，$\sum Q_c = 2 \times 349.5 \times 10^3 = 699\,[\mathrm{kN}]$.

● 壁板部の負担せん断力と配筋

式(9.15)より，$Q_w = 1300 - 699 = 601\,[\mathrm{kN}]$

式(9.13)を用いて，$p_s = \dfrac{601 \times 10^3}{150 \times (8000 - 500 \times 2) \times 295} = 0.00194$

表 9.1 の構造制限より，壁筋量は 0.25%以上必要．　$\therefore p_s = 0.25\,[\%]$

D10 を用いると式(9.12)より，次のようになる．

$$x = \frac{71.33}{0.0025 \times 150} = 190.2\,[\mathrm{mm}] \qquad \therefore \text{D10@150 の配筋とする}$$

■ **例題 9.3** ■ 図 9.11 の連層壁に鉛直重量 $W = 4000\,[\mathrm{kN}]$，各階に水平力 $P = 300\,[\mathrm{kN}]$ が加わるときの 1 階圧縮柱の軸方向力を検討する．ただし，F_c24，SD295，$n = 15$ とする．

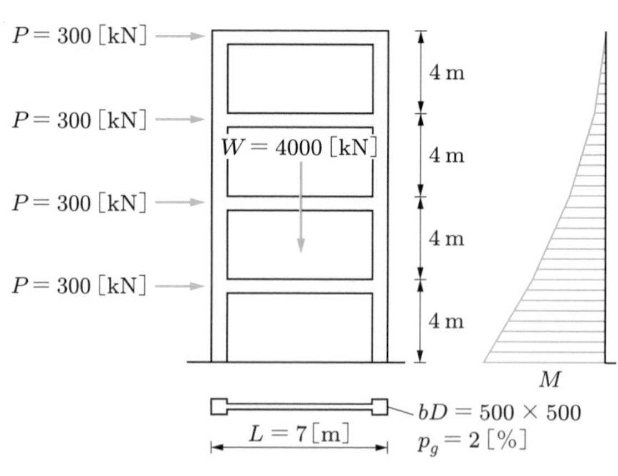

図 9.11 連層壁の応力

解答　柱全主筋　10-D22 ($a_g = 3870\,[\mathrm{mm}^2]$)

柱の鉛直軸力　$N_0 = \dfrac{4000}{2} = 2000\,[\mathrm{kN}]$

1階柱の曲げモーメント

$$M = 300 \times 4.0 \times 4 + 300 \times 4.0 \times 3 + 300 \times 4.0 \times 2 + 300 \times 4.0$$
$$= 12000 \text{ [kN·m]}$$

柱の軸力は，式(9.17)より，

$$N = 2000 \pm \frac{12000}{7.0} = 3714.3, 285.7 \text{ [kN]}$$

圧縮側柱のコンクリートの許容圧縮応力度は，$f_c = 24/3 \times 2 = 16.0$ [N/mm^2] であり，次式となる．

式(9.18)より，$N_c = (500 \times 500 + 15 \times 3870) \times 16.0 = 4929 \text{ [kN]} > N = 3714 \text{ [kN]}$
$\therefore$ OK

9.6 有開口壁部材の剛性と耐力

9.6.1 開口の形状

一般に，開口形状や位置はさまざまであるが，開口が複数ある場合，開口の長さ L_{0p}，高さ h_{0p} はそれぞれ投影長さ，投影高さであり，複数開口の場合は図 9.12 のように等価な中央開口に置換して考える．

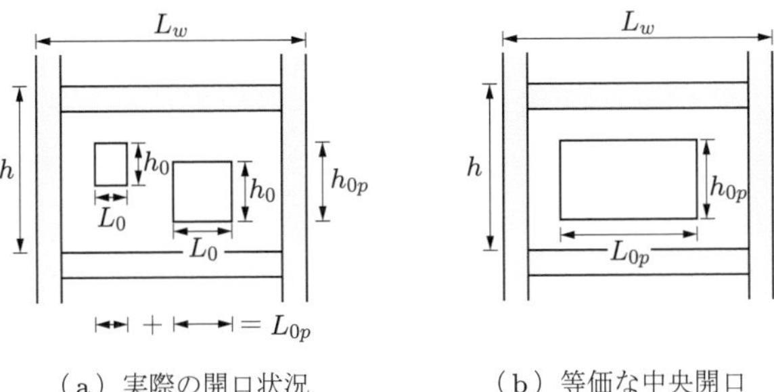

（a）実際の開口状況　（b）等価な中央開口

図 9.12 複数開口の等価な開口

9.6.2 開口壁部材の剛性

開口のある壁部材は無開口のものに比べて剛性が小さくなる．また，開口の大きいものほど耐力も低下する．これについては，開口の形状が壁全体と相似形の場合の剛性低下率 r を開口部の大きさを表す開口周比で示した次式が用いられる（文献 16）．

$$r = 1 - 1.25\sqrt{\frac{h_{0p}L_{0p}}{hL}} \tag{9.21}$$

ただし，L：周辺柱の中心間距離

$\sqrt{h_{0p}L_{0p}/(hL)}$：開口周比

9.6.3 開口壁部材の許容せん断力

開口がある壁部材の許容せん断力 Q'_A は，無開口壁部材の許容せん断力 Q_A（式(9.16)）に次項に示す低減率 r を掛けて次式で算定できる．

$$Q'_A = rQ_A \tag{9.22}$$

ただし，低減率 r は，耐震壁に対しては r_2 が 0.6 以上，袖壁付き柱，壁板，腰壁・垂れ壁付き梁では，各部材で算定される r_2 が 0.7 以上となる開口の場合に適用できる．開口周比が大きくこれらの値を超えた場合は，壁付き梁，壁付き柱として部材算定を行う．

9.6.4 開口低減率

開口部の形状などによるせん断力の低減率 r は，以下に示す 3 つのケースについて考え，それぞれ低減率 r_1，r_2，r_3 の最小値を用いる．

$$r = \min(r_1, r_2, r_3) \tag{9.23}$$

■(1) 開口の幅による低減率 r_1

開口による断面の欠損に応じて低下し，その低減率 r_1 は次式で表される．

$$r_1 = 1 - 1.1\frac{L_{0p}}{L_w} \tag{9.24}$$

■(2) 開口の大きさによる低減率 r_2

開口の形状にはあまり左右されず，開口周比に応じて低下する．低減率 r_2 は次式で表される．

$$r_2 = 1 - 1.1\sqrt{\frac{h_{0p}L_{0p}}{hL_w}} \tag{9.25}$$

■(3) 開口の高さ（縦長の開口）による低減率 r_3（図 9.13）

連層耐震壁に縦長の開口が全層に規則的に配置される場合を想定し，この構面全体の耐力低減率を表現する．

ピロティの直上階あるいは中間階の単層壁：$r_3 = 1 - \dfrac{\sum h_0}{\sum h}$ (9.26)

それ以外：$r_3 = 1 - \lambda\dfrac{\sum h_0}{\sum h}$ (9.27)

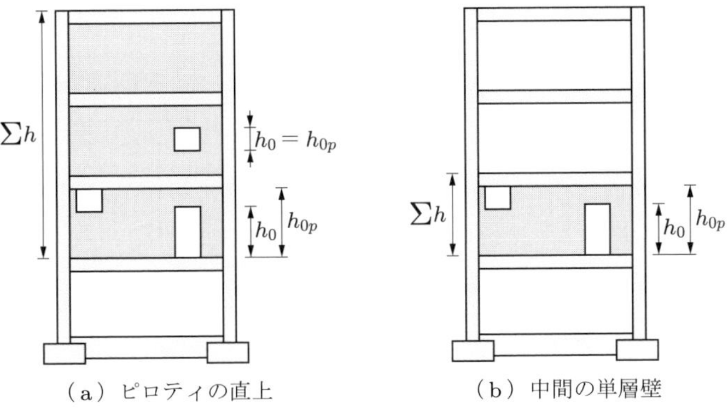

（a）ピロティの直上　（b）中間の単層壁

図 9.13　式(9.26)に関する記号

$$ただし，\lambda = \frac{1}{2}\left(1 + \frac{L_0}{L_w}\right) \tag{9.28}$$

開口上下の破壊が生じる可能性のない場合は，$r_3 = 1$ としてよい．λ は当該階から下の壁または基礎梁が変形しないと仮定することに伴う係数で，開口がほぼ縦一列のような場合に適用できる．r_3 の算出で該当する開口部の長さ L_0 は図 9.14 に示す．

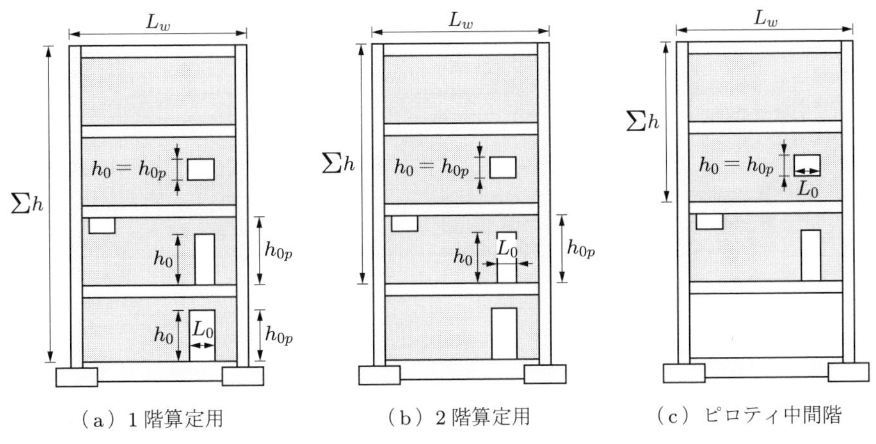

（a）1 階算定用　（b）2 階算定用　（c）ピロティ中間階

図 9.14　式(9.27)に関する記号

9.6.5　開口部周辺の補強

開口隅角部には，コンクリートの乾燥収縮や，図 9.15 のような不同沈下などによりひび割れが生じやすく，透水の要因ともなるので設計では用心鉄筋が配置される．

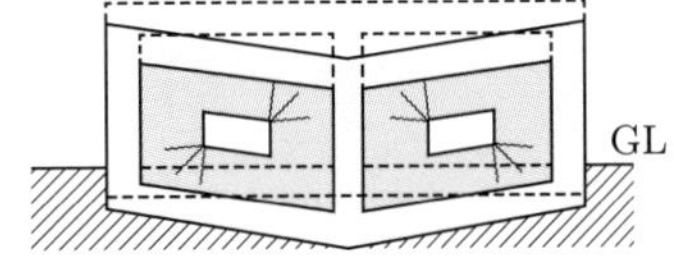

図 9.15　不同沈下によるひび割れ

9.6.6　地震力に対する補強

地震力によって，開口隅角部には斜め方向，水平方向，鉛直方向に引張応力が生じ，その応力により図9.16のようなひび割れが生じるので補強する必要がある．開口補強筋は開口から500 mm以内，かつ開口端と壁端もしくは隣接開口端との中間線を超えない範囲に有効に配置する．

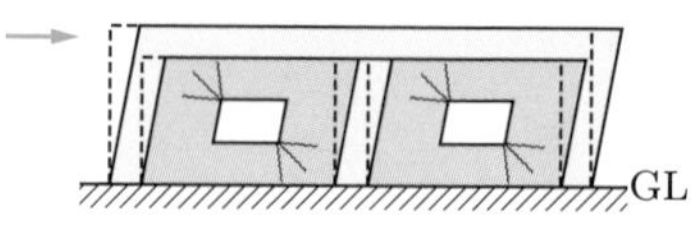

図9.16　地震力によるひび割れ

(1) 斜め方向に対する補強

図9.17(a)に示すように，開口隅角部に斜め方向に生じる引張力は，無開口の場合に開口を設けることによって失われる斜張力 σ_d の合計 T であると考えることができる．したがって，次式となる．

$$T = \sigma_d t s \tag{9.29}$$

$$\text{ただし，} s = \frac{h_{0p}}{\sqrt{2}} + \frac{L_{0p}}{\sqrt{2}} = \frac{h_{0p} + L_{0p}}{\sqrt{2}}$$

また，$\sigma_d = \tau = Q/(tL_w)$ より，開口隅角部には合力 T の 1/2 が作用すると考えられるので，次式となる．

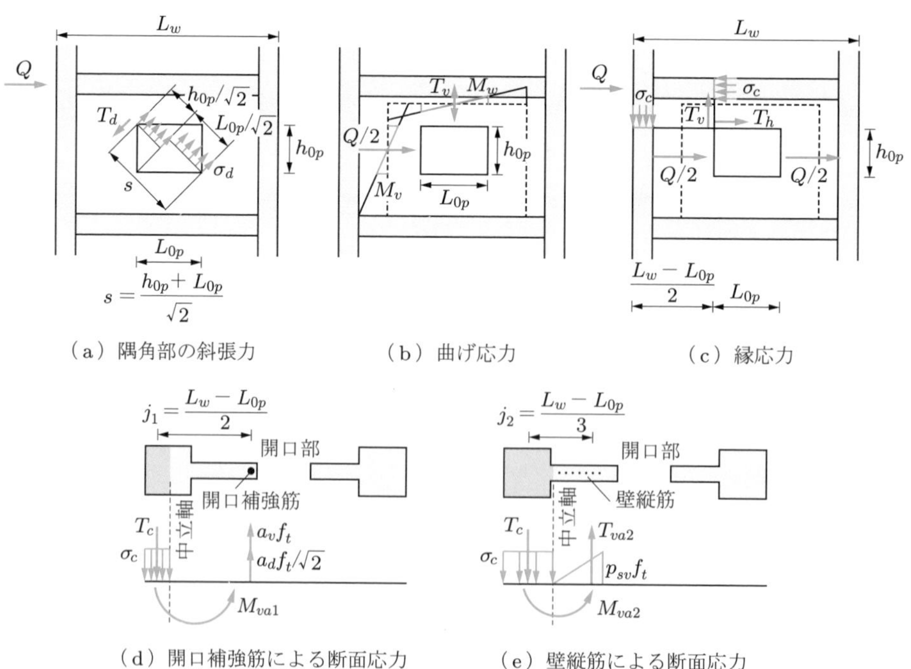

（a）隅角部の斜張力　（b）曲げ応力　（c）縁応力

（d）開口補強筋による断面応力　（e）壁縦筋による断面応力

図9.17　開口部周辺の応力

$$T_d = \frac{T}{2} = \frac{h_{0p} + L_{0p}}{2\sqrt{2}L_w}Q \tag{9.30}$$

一方，この斜張力に抵抗する補強筋の力 T_{da} は，斜め補強筋断面積 a_d，許容引張応力度 f_t，鉛直補強筋断面積 a_v，水平補強筋断面積 a_h に対して次式となる．

$$T_{da} = a_d f_t + a_v \frac{f_t}{\sqrt{2}} + a_h \frac{f_t}{\sqrt{2}} \tag{9.31}$$

斜張力に対する安全は，$T_{da} \geqq T_d$ より次式となる．

$$a_d f_t + \frac{a_v f_t + a_h f_t}{\sqrt{2}} \geqq \frac{h_{0p} + L_{0p}}{2\sqrt{2}L_w}Q \tag{9.32}$$

■(2) 水平および鉛直方向に対する補強

これらの方向の引張応力は，図 9.17(b)に示すように，開口壁をフレームとみなした場合の開口隅角部位置での曲げ応力によるものと考える．

図 9.17(c)のフレームにおいて柱のせん断力 $Q/2$ による開口隅角部位置での曲げモーメント M_v は，曲げモーメントの反曲点が開口部の中央であるとすると，次式となる．

$$M_v = \frac{Q}{2} \times \frac{h_{0p}}{2} = \frac{Qh_{0p}}{4} \tag{9.33}$$

鉛直方向および斜め方向の開口補強筋 a_d，a_v による鉛直方向の許容負担力 T_{va1} は，次式となる．

$$T_{va1} = \frac{a_d f_t}{\sqrt{2}} + a_v f_t \tag{9.34}$$

これによる許容曲げモーメント負担 M_{va1} は，図 9.17(d)のように，断面の応力中心間距離を $j_1 = (L_w - L_{0p})/2$ とすると，次式で表される．

$$M_{va1} = T_{va1} j_1 = \left(\frac{a_d f_t}{\sqrt{2}} + a_v f_t\right) \frac{L_w - L_{0p}}{2} \tag{9.35}$$

また，壁筋 p_s，f_t による鉛直方向の許容負担力 T_{va2} は，断面の中立軸位置を圧縮側から 1/4 と仮定し，引張側端部の壁筋が許容応力度に達しているとすると，次式となる．

$$T_{va2} = p_s t \frac{3}{4} \times \frac{(L_w - L_{0p})/2}{2} f_t = p_s t (L_w - L_{0p}) \frac{3}{16} f_t \tag{9.36}$$

壁筋による許容曲げモーメント負担 M_{va2} は，図 9.17(e)のように，断面の応力中心間距離を，$j_2 = (L_w - L_{0p})/3$ とすると，次式で表される．

$$M_{va2} = T_{va2} j_2 = p_s t (L_w - L_{0p}) \frac{3}{16} f_t \frac{L_w - L_{0p}}{3} = p_s t (L_w - L_{0p})^2 \frac{f_t}{16} \tag{9.37}$$

したがって，安全のためには $M_{va1}+M_{va2} \geqq M_v$ より検討を行う．

$$(L_w - L_{0p})\left(a_d \frac{f_t}{\sqrt{2}} + a_v f_t\right) + p_s t (L_w - L_{0p})^2 \frac{f_t}{8} \geqq \frac{Qh_{0p}}{4} \tag{9.38}$$

一方，梁側のせん断力は，$(Q/2) \times (h/L_w)$ であり，これによる開口部隅角部での曲げモーメント M_h は，曲げモーメントの反曲点が開口部の中央であるとすると，次式となる．

$$M_h = \frac{Q}{2} \times \frac{h}{L_w} \times \frac{L_{0p}}{2} = \frac{QhL_{0p}}{4L_w} \tag{9.39}$$

水平方向の隅角部での曲げ応力による安全の検討は，鉛直方向と同様の考え方から，式(9.38)において，断面の寸法を L から h に，水平補強筋を a_v から a_h に置き換えたものと式(9.39)から次式となる．

$$(h - h_{0p})\left(a_d \frac{f_t}{\sqrt{2}} + a_h f_t\right) + p_s t (h - h_{0p})^2 \frac{f_t}{8} \geqq \frac{QhL_{0p}}{4L_w} \tag{9.40}$$

9.6.7 ブレース骨組

壁部材には採光や換気などの制限や閉鎖性などの難点があるので，写真 9.2 のようなブレース骨組も用いられる．この骨組は，斜め材を等価断面圧縮材としてまた引張材は主筋のみの断面とし，トラス骨組として応力計算あるいは断面算定できる．

写真 9.2 ブレース骨組の実験状況

また，この骨組は無開口壁部材と同等の耐力があるだけでなく，変形能力やエネルギー吸収にすぐれている．ただし，接合部での配筋が複雑になることに留意する必要がある．

■ **例題 9.4** ■ 3 階建て（$\sum h = 11$ [m]）で各階に同じ形状の窓がある場合の 1 階（$h = 4$ [m]）の壁について，図 9.18 の設計せん断力 $Q = 1200$ [kN] の壁部材の配筋を決定せよ．ただし，F_c21，SD295：$f_t = 295$ [N/mm^2]（短期）とする．

解答 ● コンクリートの許容せん断応力度

表 1.7 より，（長期）$f_s = 0.49 + \dfrac{21}{100} = 0.70 = \dfrac{21}{30} = 0.70$ [N/mm^2]

$\therefore$（短期）$f_s = 0.7 \times 1.5 = 1.05$ [N/mm^2]

● 開口低減率

式(9.24)より，$r_1 = 1 - 1.1 \times \dfrac{2.0}{7.7} = 0.714$

式(9.25)より，

$$r_2 = 1 - 1.1 \times \sqrt{\frac{1.2 \times 2.0}{4.0 \times 7.7}} = 0.693$$

式(9.28)より，$\lambda = \dfrac{1 + 2.0/7.7}{2} = 0.630$

式(9.27)より，

$$r_3 = 1 - 0.630 \times \frac{3 \times 1.2}{11.0} = 0.794$$

$\therefore r = \min(r_1, r_2, r_3) = 0.693$ となる

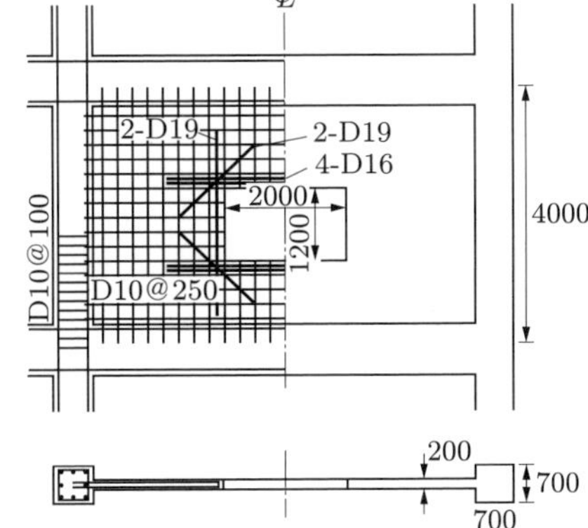

図 9.18　壁の配筋

- ひび割れ時の許容せん断力

式(9.8)，(9.22)より，$Q'_1 = 0.693 \times 200 \times 7700 \times 1.05 = 1121 \times 10^3$ [N] $= 1121$ [kN] < 1200 [kN]

∴ ひび割れが生じる

- 柱の負担せん断力　柱の配筋を 2-D10@100 ($a = 2 \times 71.33$ [mm^2]) とすると，次のようになる．

式(4.17)より，$p_w = \dfrac{2 \times 71.33}{700 \times 100} = 0.002038$

式(9.14)より，$Q_c = \{1.5 \times 1.05 + 0.5 \times 295 \times (0.002038 - 0.002)\} \times 700 \times \dfrac{7}{8} \times (700 - 50) = 629.3 \times 10^3$ [N] $= 629.3$ [kN]

柱の負担せん断力は，$\sum Q_c = 2 \times 629.3 \times 10^3 = 1259$ [kN]

- 壁筋の負担，および配筋　壁筋の負担が小さいので，構造制限より，2-D10@250 とする．

式(9.12)より，$p_s = \dfrac{2 \times 71.33}{250 \times 200} = 0.00285 > 0.25$ [%]　　∴ OK

式(9.13)より，$Q_w = 0.00285 \times 200 \times 6300 \times 295 = 1059 \times 10^3$ [N] $= 1059$ [kN]

- 壁部材の許容せん断力

式(9.22)，(9.15)より，$Q_A = 0.693 \times (1059 + 2 \times 629.3)$

$$= 1606 \text{ [kN]} > Q = 1200 \text{ [kN]} \qquad \therefore \text{OK}$$

- 開口部補強

斜め筋 2-D19（$a_d = 2 \times 286.5 = 573$ [mm^2]）

鉛直筋 2-D19（$a_v = 2 \times 286.5 = 573$ [mm^2]）

水平筋 4-D16（$a_h = 4 \times 198.6 = 794.4$ [mm^2]）

式(9.31)より，$T_{da} = 573 \times 295 + 573 \times \dfrac{295}{\sqrt{2}} + 794.4 \times \dfrac{295}{\sqrt{2}} = 454.3 \times 10^3$ [N] $= 454.3$ [kN]

$$T_{da} \geqq T_d = \frac{1200 + 2000}{2\sqrt{2} \times 7700} \times 1200 = 176.3 \times 10^3 \text{ [N]} = 176.3 \text{ [kN]} \qquad \therefore \text{OK}$$

式(9.38)より，$(7700 - 2000) \times \left(574 \times \dfrac{295}{\sqrt{2}} + 574 \times 295\right) + 0.00285 \times 200 \times (7700$

$-2000)^2 \times \dfrac{295}{8} = 2331 \times 10^6\,[\mathrm{N{\cdot}mm}] = 2331\,[\mathrm{kN{\cdot}m}] \geqq \dfrac{1200 \times 10^3 \times 1200}{4} = 360$
$\times 10^6\,[\mathrm{N{\cdot}mm}] = 360\,[\mathrm{kN{\cdot}m}] \qquad \therefore \mathrm{OK}$

式(9.40)より，$(4000-1200) \times \left(574 \times \dfrac{295}{\sqrt{2}} + 794.4 \times 295\right) + 0.00285 \times 200 \times (4000$
$-1200)^2 \times \dfrac{295}{8} = 1156 \times 10^6\,[\mathrm{N{\cdot}mm}] = 1156\,[\mathrm{kN{\cdot}m}] \geqq \dfrac{1200 \times 4000 \times 2000}{4 \times 6700}$
$= 358.2 \times 10^6\,[\mathrm{N{\cdot}mm}] = 358.2\,[\mathrm{kN{\cdot}m}] \qquad \therefore \mathrm{OK}$

配筋を図 9.18 中に示す．

9.7　壁部材の終局状態

耐震壁は，せん断力のほかに曲げモーメントを受け，図 9.19(a)～(e)のようなさまざまな破壊を生じる．

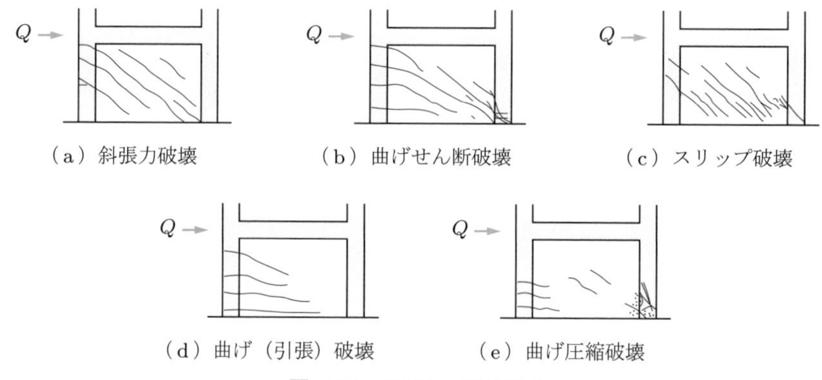

（a）斜張力破壊　（b）曲げせん断破壊　（c）スリップ破壊
（d）曲げ（引張）破壊　（e）曲げ圧縮破壊

図 9.19　壁部材の破壊形式

(a) 斜張力破壊

斜張力によって生じたひび割れが拡大し，壁筋の負担により耐えるような破壊である．最終的には，側柱のせん断破壊につながる．

(b) 曲げせん断破壊

引張側柱から生じた曲げひび割れが拡大し，最終的には圧縮側柱およびその付近の壁板部がせん断破壊する破壊である．

(c) スリップ破壊

壁厚が小さい場合や，コンクリート強度不足の場合に生じるもので，壁板部の中央付近でコンクリートが急激に斜め圧縮破壊し，破壊面が水平方向につながりスリップするような破壊である．特に靱性に乏しい破壊である．

(d) 曲げ（引張）破壊

連層壁の下部などで，大きな曲げ応力により引張側柱の主筋と壁の縦筋が引張降伏して生じる曲げ破壊である．圧縮側柱の横補強が十分であれば靱性の大きい破壊である．

(e) 曲げ圧縮破壊

上部からの曲げモーメントによる軸力の大きい場合に，圧縮側柱が脆くなり生じる圧縮破壊である．柱の横補強が不足する場合は，特に脆い破壊をする．

9.8 終局強度

9.8.1 曲げ終局強度

9.3 節で述べたように，連層耐震壁の下層部では大きな曲げ応力を受ける．I 形断面の連層耐震壁を考えると，終局時において，最下部では，図 9.20 のように引張側柱主筋と壁の縦筋は降伏し，圧縮側柱およびその近くの壁板は，圧縮強度時の歪み度（$\varepsilon_u = 0.003$）以上の大きな歪みを受け，カバーコンクリートが剥離している状態にある．しかし，柱が十分な帯筋や横補強筋で囲まれていれば，コア部分内のコンクリートが圧縮力を負担できる．

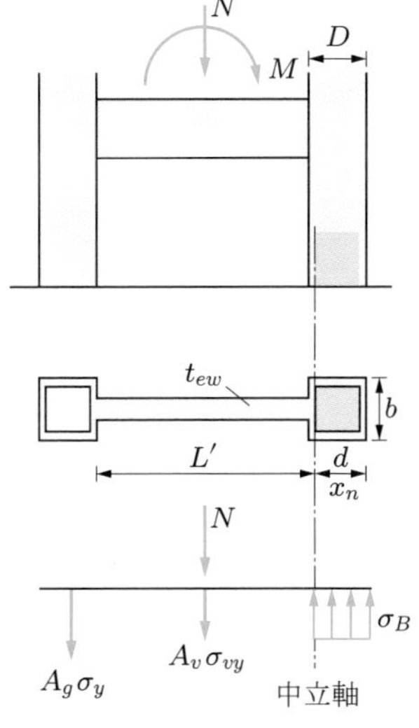

図 9.20 曲げ終局時の応力

このとき一般の場合には，中立軸 x_n がほぼ柱と壁板部の境界位置付近にあるものとみなせるので，圧縮コアの曲げモーメントに対する貢献を無視すると，終局曲げモーメント M_u は次式で略算できる．

$$M_u = A_g\sigma_y\left(L' + \frac{D}{2}\right) + A_v\sigma_{vy}\frac{L'}{2} + N\frac{L'}{2} \tag{9.41}$$

ただし，A_g：引張側柱の主筋全断面積

σ_y：柱の主筋降伏強度

A_v：壁の縦筋全断面積

σ_{vy}：壁の縦筋降伏強度

9.8.2 曲げ終局強度に対する留意事項

1) 圧縮柱側では，圧縮力に対する耐力を保持するため十分な横補強（帯筋など）が必要である．

2) L 形状に 2 方向に壁のある場合は，両方からの曲げ圧縮を受けるため，特に靭性設計が重要である．

3) 終局時のヒンジ領域は，多くの実験研究の結果，以下のいずれかによればよいことがわかっている．

(a) 全体高さの 1/6 か全せい L_w の大きいほう

(b) 高層連層壁の場合，3 階梁下面以下（2 層分）

4) 上記の設計式が成立するには，壁厚には次の値が必要である．

$$t \geqq 150 \text{ かつ } t \geqq \frac{h'}{20} \tag{9.42}$$

9.8.3 せん断終局強度

壁部材のせん断終局強度 Q_u は，その負担機構を梁の場合と同じように，実験的回帰式（文献 12）により，アーチ機構による強度（第 1 項），トラス機構による強度（第 2 項）と柱の軸方向力の効果（第 3 項）の累加強度で表すことができる．

$$Q_u = r\left\{\frac{0.068{p_{te}}^{0.23}(F_c+18)}{M/(QL_w)+0.12} + 0.85\sqrt{p_{se}\sigma_{wy}} + 0.1\sigma_0\right\} t_e j_e \tag{9.43}$$

ただし，

r：開口低減率（式(9.23)）

p_{te}：引張側柱の等価主筋比[%]（$=100a_t/(t_e d)$）

p_{se}：壁横筋の等価補強筋比（$=a_h/(t_e s)$；s は壁横筋の間隔）

t_e：等価壁厚さ（$=\{tL'+\sum(BD)\}/(L'+\sum D)$ ただし，$t_e \leqq 1.5t$）

j_e：応力中心間距離（$=7/8d$）

d：耐震壁の有効せい（$=L-D/2$，柱型のない場合は $0.95L_w$）

□ 演習問題 □

9.1 図 9.21 の壁部材のせん断補強を行え．ただし，$Q_D = 1200$ [kN]，F_c21，SD295，柱帯筋 2-D10 @100 とする．

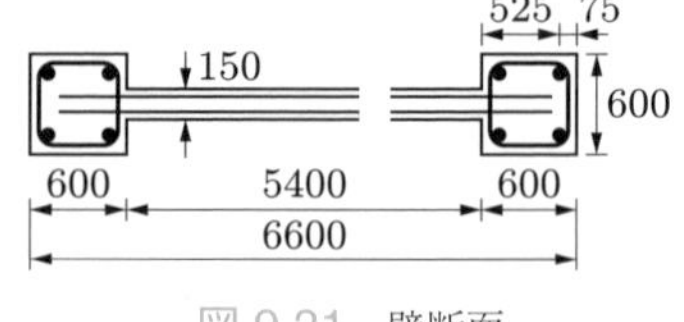

図 9.21 壁断面

9.2 例題 9.4，図 9.18 において柱スパン 6 m の場合，$Q_D = 900$ [kN] に対して配筋を決めよ．ただし，開口上下の破壊の可能性はないものとする．

9.3 例題 9.1，図 9.9 の壁部材の曲げ終局強度を求めよ．ただし，$N = 3500$ [kN]，柱主筋 (8-D19)，$\sigma_y = 1.1 \times 295 = 324.5$ [N/mm^2] とする．

10 構造設計

10.1 構造設計の手順および設計法

10.1.1 構造設計の手順

構造設計では，第1章で述べたように，一次設計，二次設計の2段階で行う．一次設計では「まれに起こる地震」に対して，許容応力度レベルで安全な断面を決定する．二次設計では「きわめてまれに起こる大きな地震動」に対して，材料強度レベルでの安全性を確認する．構造設計は一般的に次の手順で行う（図10.1）．

① 計画の前提条件，空間の構成

建物の用途や規模，工期，工費などの条件に応じて空間の構成を行う．

② 構造計画

第1章で述べた構造形態の選定，柱割り，階高，基礎構造の種類などを計画する．厚さ10 cm以下の間仕辺壁，腰壁，垂れ壁，パラペットなどの雑壁を建物の剛性や耐力負担にどのように反映するか決める．

③ 荷重計算

建物に作用する長期荷重，短期荷重を計算する．

④ 梁柱断面の仮定

これまでの設計の経験から，あるいは鉛直荷重や水平せん断力から略算的な手法を用いて，柱，梁，壁厚など部材断面の大きさを仮定する．

⑤ 弾性応力，変形の計算

常時（長期），地震時（短期），暴風時，積雪時それぞれの荷重状態について，フレーム（柱，梁）および

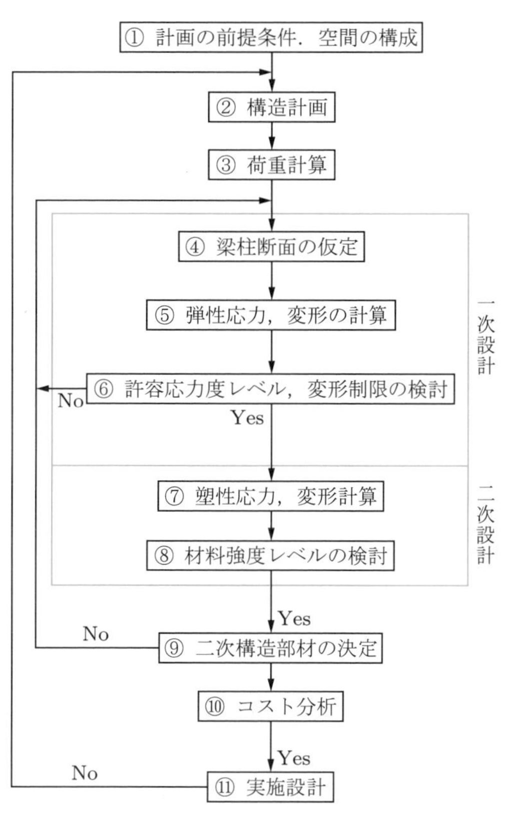

図10.1 構造設計の手順

耐震壁の応力（M, N, Q）を弾性応力と変形を計算する．なお，一般的な鉄筋コンクリート造建築物では，地震時に対して暴風時や積雪時の応力は小さく安全なのでその計算，検討は省略する．

⑥ 許容応力度レベル，変形制限の検討

長期，短期の応力に対して，許容応力度レベルで必要な配筋を決定し，地震時の水平変形，およびスラブのたわみが制限値を満たすことを確認する．

⑦ 塑性応力，変形計算

一次設計で決められた部材断面に対して 10.3.3 項で述べる弾塑性解析を行い，構造の崩壊まで追跡するか 10.4.2 項で述べる塑性解析により水平保有耐力を求める．

⑧ 材料強度レベルの検討

大地震時において致命的な被害とならないように，崩壊荷重および材料強度レベルでの水平変形能力に応じて必要な保有耐力について検討する．

⑨ 二次構造部材の決定

梁，柱や耐震壁以外の部材（二次構造部材：床，小梁，雑壁など）の安全を検討する．ここで，部材断面に不足があれば変更して新しい断面に対して一次設計からやり直す．

⑩ コスト分析

施工費用のコスト面を検討し，不十分であれば断面や構造計画を変更して計算を繰り返す．

⑪ 実施設計

詳細図を作成し，実施設計図を作成する．

10.1.2 安全性の確認方法

建築物構造の安全性の検証は，建築基準法に基づいて行われ，3 つの建築物の種類に応じて以下のような 3 つの方法がある．なお，最も一般的な方法は（1）の方法で，これについては本章に述べ，その設計例を第 11 章に示す．

■(1) 保有水平耐力計算等による方法

保有水平耐力計算等による方法では，一次設計として，長期あるいは短期の各種荷重の組み合わせごとに構造物の応力度を求め，これに第 1 章の許容応力度を満足するように必要な配筋を決める．さらに，二次設計として，きわめてまれに起こる地震動（大地震）に対して建築物の崩壊耐力を材料強度に応じた応力レベルで塑性力学によって求めた保有水平耐力と，安全に必要な必要保有水平耐力を比較して安全を確認する．

■(2) 限界耐力計算による方法

限界耐力計算による方法は，2000 年より導入施行されたもので，一次設計は，長期および短期許容応力度レベルで，また，二次設計は，材料強度レベルで検証を行う．地震力の計算に対しては，第12章で述べる応答スペクトル法の考え方に基づいて各階に作用する水平せん断力の分布や地盤との相互作用効果などを具体的に加味し，建築物の地震力応答値を求める．

■(3) 時刻歴応答解析等による高度な計算での検証法

時刻歴応答解析等による高度な計算での方法は，主として60mを超える超高層建築物や塔状の建築物，あるいは免震構造，制振構造などに用いられており，第12章で述べる過去の大地震動記録に基づいた時刻歴応答解析などにより安全を検討するものである．この解析法はどのような建築物にも適用できるが，この方法による場合は，日本建築センターの審査を経て，国土交通大臣の認定を受ける必要がある．

なお，通常構造計算をしないでも仕様規定に従うだけで設計できる建築物がある．「小規模な建築物」とよばれるもので，2階建て以下の木造建築物や1階建ての小規模な非木造建築物である（10.4節の図10.14の設計ルート1のもの）．

10.2　構造物に加わる荷重と外力

10.2.1　固定荷重および積載荷重

■(1) 固定荷重

固定荷重 G は，建築物の構造体や仕上げ材などの自重である．鉄筋コンクリートの単位体積重量は，表1.3より，また屋根ふき材や仕上げ材の荷重は建築基準法施行令第84条に示す標準的な値を用いてよい．

■(2) 積載荷重

積載荷重 P は，家具，人など使用時に加わる荷重で，建築物の用途に応じて建築基準法施行令第85条に示されており，これを表10.1に示す．表では，算定対象によって3種類が示されている．これは，断面算定を行う際の部位ごとの実際的な数値であ

表10.1　積載荷重[N/m²]

計算の対象 ／ 部屋の用途	床の断面算定用	大梁，柱の算定用	地震力の計算用
住宅などの居室および階段，廊下	1800	1300	600
事務室および連絡する廊下，階段	2900	1800	800
教室	2300	2100	1100
百貨店などの店舗の売り場	2900	2400	1300
固定席の劇場，公会堂，集会場など	2900	2600	1600
1) 固定席でない集会場，観覧場など 2) 教室，店舗の売り場，劇場などの廊下，階段，玄関	3500	3200	2100
自動車車庫とその通路	5400	3900	2000

り，それぞれスラブ単位，大梁で囲まれたスパン単位，あるいは階単位について安全側に想定した荷重である．

さらに，多層骨組の大梁や柱の算定における柱の軸方向力の計算には，その柱の支える上の階の平均的な値を想定し，劇場などを除き表 10.2 のように支える階数に応じて積載荷重を低減させることができる．

表 10.2 階数に応じて積載荷重を低減する際の乗数

支える床の数	2	3	4	5	6	7	8	≧ 9
低減時の乗数	0.95	0.9	0.85	0.8	0.75	0.7	0.65	0.6

10.2.2 積雪荷重

積雪荷重 S は，建築基準法施行令第 86 条に決められており，具体的な積雪量[cm]は，建設省告示 1455 号に基づき，特定行政庁（都道府県）が，50 年に 1 回というような大雪を想定して決めている．

積雪単位荷重は，一般の地域では，水平投影面積における積雪 1 cm あたり 20 N/m^2 以上とする．ただし，1 ヵ月以上も融けないで，根雪として残るような多雪地域では，30 N/m^2 とする．多雪地域は特定行政庁（都道府県）が決めている．

また，屋根勾配に応じて，次式のような屋根形状係数を掛けて低減できる．

$$\mu_b = \sqrt{\cos(1.5\beta)} \tag{10.1}$$

ただし，β：屋根勾配［°］

屋根勾配が 60° を超える場合は $\mu_b = 0$ とする．さらに，雪降ろし，融雪設備などにより低減を考慮できる．

10.2.3 風圧力

台風などの暴風による単位面積[m^2]あたりの風圧力 W は，建築物の形状による風力係数 c，風の速度圧 q [N/m^2] により，次式が建築基準法施行令第 87 条に決められている．

$$W = cq \ [\mathrm{N/m^2}] \tag{10.2}$$

建築物の形状による風力係数 c は風洞実験の結果から定められている．

また，速度圧 q の大きさは，その地方のこれまでの最大級の台風の記録に基づく速度圧 V_0 を基準にし，$V_0 = 30$〜46 [m/s]の範囲で地域ごとに決められている．

さらに，周辺の建築物や樹木など風速に影響を与えるものを考慮した係数 E が用いられ，次式で与えられる．

$$q = 0.6EV_0{}^2\,[\mathrm{N/m^2}] \tag{10.3}$$

これらの c, V_0, E の値は，建設省告示第 1454 号により決められている．なお，鉄筋コンクリート構造の建築物は重量が大きいので，地震による水平力が大きく風荷重はほとんど問題にならない．ただし，超高層建物の場合は，風荷重が地震力を上回ることもあるので検討が必要である．

10.2.4 地震力

地震力 K は，振動現象によって生じる慣性力であり，その大きさは地盤と構造物の振動の応答によって決まる．その基本については，第 12 章に述べることとし，ここでは，建築基準法施行令第 88 条に示されている地震力について説明する．

許容応力度設計法では，図 10.2 のように各階に地震による慣性力（= 地震の加速度 × 質量）に相当する静的な水平力を設計外力とし，ある階（層）に作用する水平方向のせん断力の大きさ（層せん断力 Q_i）を考える，

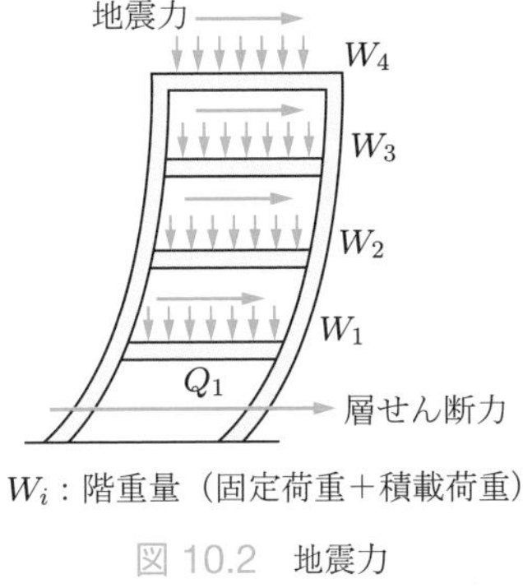

図 10.2 地震力

i 層に作用する層せん断力は，この層より上階の重量 $\sum_{j=i}^{n} W_j$ に比例し，次式で表される．

$$Q_i = C_i \sum_{j=i}^{n} W_j \tag{10.4}$$

ここに，C_i は地震層せん断力係数とよばれ，次のように表される．

$$C_i = ZR_tA_iC_0 \tag{10.5}$$

■(1) Z：地域係数

地域ごとに想定される地震の大きさにより，図 10.3 のように決められている．

■(2) R_t：地盤と建築物の振動特性係数

12.3 節で述べるように，軟弱地盤ほど大きく揺れることや，建物の固有周期 T が大きいほど小さい地震力応答となることなど，地震力の建築物への応答値や地盤の増幅作用を考慮して求められたもので，表 10.3 のとおりである．

なお，表において，固有周期 T は，中高層で整形な一般建築では次式で略算できる（12.4 節参照）．

$$T = H(0.02 + 0.01a)\ [\mathrm{s}] \tag{10.6}$$

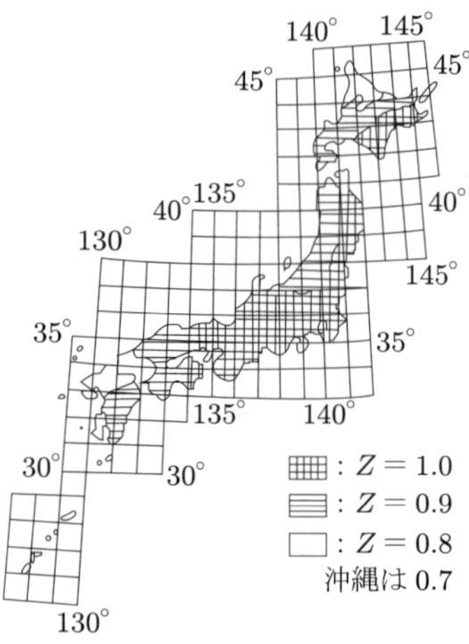

図 10.3　地域係数

表 10.3　地盤と建築物の振動特性係数

	R_t
$T < T_c$	1.0
$T_c \leqq T < 2T_c$	$1 - 0.2\{(T/T_c) - 1\}^2$
$2T_c \leqq T$	$1.6T_c/T$

注）T：固有周期[s]，　T_c：表 10.4

表 10.4　地盤の種類と固有周期 T_c [s]

第 1 種地盤	岩盤，硬質砂礫層，主として第 3 紀以前の地層など	0.4
第 2 種地盤	第 1，3 種地盤以外のもの	0.6
第 3 種地盤	軟弱な沖積層が 30 m 以上のもの，または，泥沼，泥海などを 3 m 以上埋め立てた後 30 年未満のものなど	0.8

ただし，H：建築物の高さ[m]

a：建築物の高さ H のうち，鉄骨構造である階の高さ h の割合 h/H

また，T_c [s]は，地盤の固有周期で，基礎底部，あるいは支持杭先端直下の地盤の種別に応じて，表 10.4 の値となる．

■(3)　A_i：建築物の高さ方向の層せん断力分布係数（例題 10.1 参照）

12.4 節で述べる 1 次モードの刺激関数を層せん断力係数に書き換えたものである．重量，剛性とも高さ方向にほぼ均一な多層ビルでは，次式で示され，図 10.4 のような性質を示す．

$$A_i = 1 + \left(\frac{1}{\sqrt{\alpha_i}} - \alpha_i\right)\frac{2T}{1+3T} \tag{10.7}$$

ただし，$\alpha_i = \dfrac{\sum W_i}{W}$

$\sum W_i$：最上部から i 層（当該階）までの重量の和

W：地上部より上の全重量

T：式(10.6)

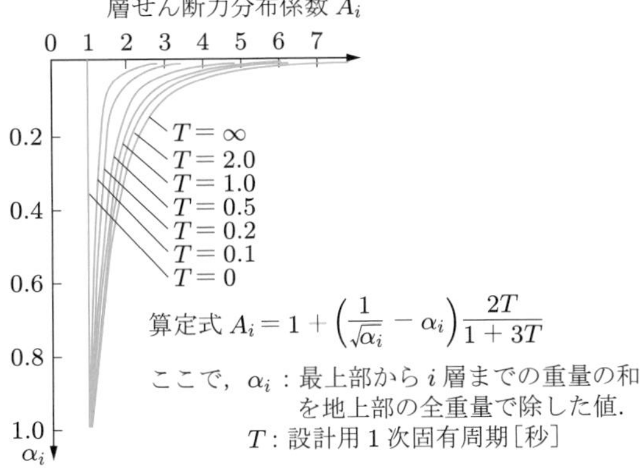

図 10.4 A_i 分布

■(4) C_0：標準層せん断力係数

10.1 節で述べた一次設計（中地震）および二次設計（大地震）に対応した地上階の基準とするせん断力係数で，それぞれ，0.2，1.0 の値で，地震時の加速度の重力加速度に対する割合を意味する.

なお，地階では地盤面からの深さ H_B に応じ，次式の値を地階の層せん断力とし，地上階のせん断力を加算する.

$$Q_{Bi} = kW_{Bi} \tag{10.8}$$

$$ただし，k = 0.1 \times \left(1 - \frac{H_B}{40}\right) Z \quad (Z：地域係数) \tag{10.9}$$

W_{Bi}：当該階から地上までの重量

また，$H_B > 20$ [m] では，$k = 0.05Z$ とする.

地震力の具体的な計算方法については，第 11 章の設計例に示す.

■(5) 大地震時における地震力

大地震時の標準層せん断力係数は $C_0 = 1.0$ であるが，実際の構造物ではその変形能力などの性状により低減される. 11.4 節に述べる保有水平耐力計算では，その大きさは 0.3〜0.55 相当となる.

10.2.5 その他の荷重

以上の荷重のほかにも，温度応力による歪みや，設備機器の振動なども考慮する.

10.2.6 各種荷重による応力の組み合わせ

部材の断面算定では，それぞれの荷重ごとに応力計算を行い，表 10.5 のような組み

表 10.5 各種荷重による応力の組み合わせ

		安全の検証方法			
		許容応力度計算		限界耐力計算	
		一般地域	多雪地域	一般地域	多雪地域
長期設計	常時	$G+P$	$G+P$	許容応力度計算に同じ	
	積雪時		$G+P+0.7S$		
短期設計	積雪時	$G+P+S$	$G+P+S$		
	暴風時	$G+P+W$	$G+P+W$ および $G+P+0.35S+W$		
	地震時	$G+P+K$	$G+P+0.35S+K$		
安全性の確認	積雪時	—	—	$G+P+1.4S$	$G+P+1.4S$
	暴風時	—	—	$G+P+1.6W$	$G+P+1.6W$ $G+P+0.35S+1.6W$
	地震時	短期設計の組み合わせに同じ			

注）G：固定荷重　P：積載荷重　S：積雪荷重　W：風圧力　K：地震力

合わせの場合を想定して安全の検討を行う．

例題 10.1 広島県内（地域係数 $Z=0.9$）の RC 造 10 階の建築物に作用する一次設計用（標準せん断力係数 $C_0=0.2$）の層せん断力 Q_i を求めよ．ただし，建築物の高さ $H=33.3$ [m]，全階とも同一重量（$W_i=2000$ [kN]），第 3 種地盤（地盤の固有周期 $T_c=0.8$ [s]）とする．

解答 (1) 地盤と建築物の振動特性係数 R_t

建築物の 1 次固有周期は，

$$T=33.3\times 0.02=0.666\ [\mathrm{s}]<T_c=0.8 \qquad \therefore \text{表 10.3 より，} R_t=1.0$$

(2) A_i 分布（1，3，6，10 階を例に示す．）

式(10.7)において，

$$\sum W_i=10\times 2000=20000\ [\mathrm{kN}]$$

10F 部分：$\sum W_i=1\times 2000$ [kN]，　$\alpha_{10}=\dfrac{1\times 2000}{20000}=0.1$

$$A_{10}=1+\left(\frac{1}{\sqrt{0.1}}-0.1\right)\times\frac{2\times 0.666}{1+3\times 0.666}=2.36$$

6F 部分：$\sum W_i=5\times 2000$ [kN]，　$\alpha_6=\dfrac{5\times 2000}{20000}=0.5$

$$A_6=1+\left(\frac{1}{\sqrt{0.5}}-0.5\right)\times\frac{2\times 0.666}{1+3\times 0.666}=1.41$$

3F 部分：$\sum W_i = 8 \times 2000$ [kN],　　$\alpha_3 = \dfrac{8 \times 2000}{20000} = 0.8$

$$A_3 = 1 + \left(\frac{1}{\sqrt{0.8}} - 0.8 \right) \times \frac{2 \times 0.666}{1 + 3 \times 0.666} = 1.14$$

1F 部分：$\alpha_1 = \dfrac{10 \times 2000}{20000} = 1.0$

$$A_1 = 1 + \left(\frac{1}{1} - 1 \right) \times \frac{2 \times 0.666}{1 + 3 \times 0.666} = 1$$

分布を図 10.5 に示す.

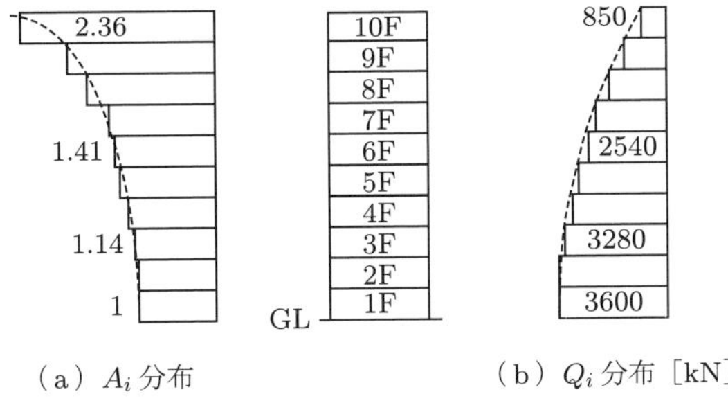

（a）A_i 分布　　（b）Q_i 分布 [kN]

図 10.5　A_i，層せん断力 Q_i

(3) 層せん断力（式(10.4)，(10.5)より，$Q_i = ZR_tA_iC_0 \sum W_i$．1，3，6，10 階を例に示す.）

$$\text{10F 層}：0.9 \times 1.0 \times 2.36 \times 0.2 \times 1 \times 2000 = 850 \text{ [kN]}$$

$$\text{6F 層}：0.9 \times 1.0 \times 1.41 \times 0.2 \times 5 \times 2000 = 2540 \text{ [kN]}$$

$$\text{3F 層}：0.9 \times 1.0 \times 1.14 \times 0.2 \times 8 \times 2000 = 3280 \text{ [kN]}$$

$$\text{1F 層}：0.9 \times 1.0 \times 1 \times 0.2 \times 10 \times 2000 = 3600 \text{ [kN]}$$

10.3　応力計算

10.3.1　計算方法

従来，実用解法として広く用いられた計算方法として，(a) 固定法，(b) せん断力分布係数法（D 値法）がある．一方，最近ではコンピューター解析の普及により，精密解法としての (c) マトリクス法による弾塑性数値解析が多用されるようになってきた．この方法の場合，市販のソフトを用いることになる．

■(1) 固定法

ラーメンの常時荷重時の応力計算に用いられる手計算による方法である．この方法は，第 11 章の設計例で用いている.

(2) せん断力分布係数法（D 値法）

地震力など水平荷重による弾性応力・変形を求める略算法で，柱や耐震壁などの耐震要素の水平剛性（単位水平変位に必要な力）に応じた D 値（せん断力の分布（distribution）係数）を用いる.

各層のせん断力 Q に対し，各柱や耐震壁のせん断力 Q_i は，D 値に応じて次式で表される.

$$Q_i = \frac{D_i}{\sum D} Q \tag{10.10}$$

一般的なラーメンの場合では，付録 12 の各種図表を用いて，D 値，および柱の反曲点高さ比（柱の曲げモーメントが 0 になる高さの階高 h に対する比：y）を求め，これを利用してラーメンの応力を決定する（具体的な方法については，第 11 章の設計例参照).

(3) マトリクス法

構造骨組みの各部材の応力と変形の関係をマトリクスで表し，そして構造物全体のマトリクスを構築して解を求める，コンピューターによる方法である．後述するように荷重増分弾塑性解析法を用いると，精密，かつ弾塑性にわたる構造物の挙動を終局時まで追跡できる点に特色がある．10.3.3 項でその概要を述べる.

10.3.2 D 値

(1) ラーメン柱の D 値

図 10.6 に示すような 1 層 1 スパンラーメンの場合を考えると，柱の水平変位 δ_c とせん断力 Q の関係は次式で表される.

$$\frac{Q_c}{\delta_c} = a\frac{12EKI}{h^3} = a\frac{12EK_c}{h^2} \tag{10.11}$$

ただし， h：階高

E：コンクリートの弾性係数

I：柱の断面二次モーメント

K_c：柱の剛度（= 柱の断面二次モーメント I/柱の高さ h）

a：柱とこれに取り付く梁の剛度により決まる定数

基準になる剛度を（標準剛度）K_0，任意の柱の剛比を $k_c = K/K_0$，$ak_c = D_c$ とすると，

$$\frac{Q_c}{\delta_c} = a\frac{K_c}{K_0} \times \frac{12EK_0}{h^2} = ak_c\frac{12EK_0}{h^2} = D_c\frac{12EK_0}{h^2} \tag{10.12}$$

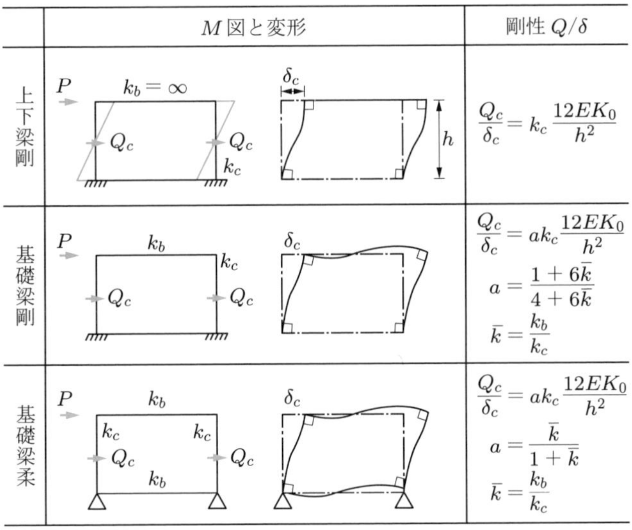

	M 図と変形	剛性 Q/δ
上下梁剛	P　$k_b = \infty$　Q_c　Q_c　k_c　δ_c　h	$\dfrac{Q_c}{\delta_c} = k_c \dfrac{12EK_0}{h^2}$
基礎梁剛	P　k_b　k_c　Q_c　Q_c　δ_c	$\dfrac{Q_c}{\delta_c} = ak_c \dfrac{12EK_0}{h^2}$ $a = \dfrac{1+6\bar{k}}{4+6\bar{k}}$ $\bar{k} = \dfrac{k_b}{k_c}$
基礎梁柔	P　k_b　k_c　k_c　Q_c　Q_c　k_b　δ_c	$\dfrac{Q_c}{\delta_c} = ak_c \dfrac{12EK_0}{h^2}$ $a = \dfrac{\bar{k}}{1+\bar{k}}$ $\bar{k} = \dfrac{k_b}{k_c}$

図 10.6　1 層 1 スパンラーメンの柱の剛性

となる．ここに，

$$D_c = ak_c \tag{10.13}$$

となる．これを柱の D 値（せん断の分布係数）という．

この式から，ある層において各柱の変位は同じであるので柱せん断力 Q_c と D_c は比例することがわかる．また，D_c 値は，柱頭を単位変位（1 mm）させるのに必要なせん断力であるともいえる．通常 $K_0 = 10^6[\mathrm{mm}^3]$ を用いる．

なお，多層 1 スパンラーメンの場合の柱とこれに取り付く梁（剛度 K_B）の剛比（$K_0 = K_b/K_0$）により決まる定数 a は，図 10.6 のとおりである．

また，多層多スパンラーメンの柱の D 値，および反曲点高さの実用的な求め方が，文献 6 に示されており，これを付録 12 に示す．

■(2)　1 層耐震壁の D 値

耐震壁は，曲げ剛性が大きいため，図 10.8 のように曲げ変形 δ_B だけでなく，せん断変形 δ_S，および基礎の回転による変位 δ_R が無視できない．なお，水平力による地盤の弾性変形や基礎杭が長い場合の伸縮変形などによって生じる基礎の回転には，脚部に回転ばね（ばね定数 K_F）を仮定して計算する．

これらのせん断力と変形の関係は，1 層単独の耐震壁の場合，次式で表される．

$$\frac{Q_w}{\delta_B} = 3E\frac{I}{h^3} \tag{10.14}$$

	変形と応力図	$\dfrac{Q_c}{\delta}$
中間層	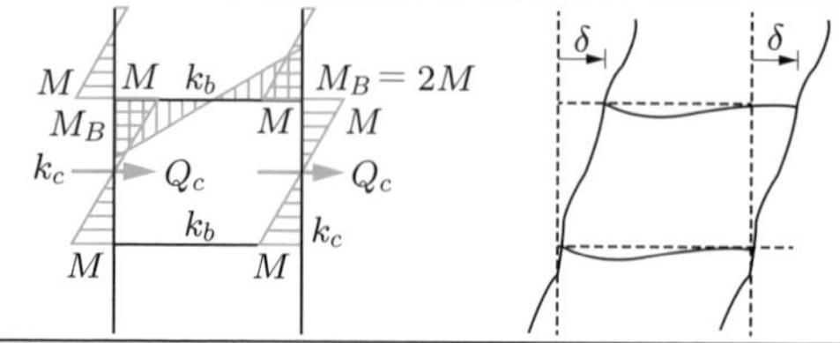 M, M, k_b, $M_B = 2M$, M_B, M, M, k_c, Q_c, Q_c, k_b, k_c, M, M, δ, δ	$\dfrac{Q_c}{\delta} = ak_c\dfrac{12EK_0}{h^2} = D_c\dfrac{12EK_0}{h^2}$ ただし，$a = \dfrac{\bar{k}}{\bar{k}+2}$，　$\bar{k} = \dfrac{k_b}{k_c}$ 柱の反曲点を階中央，梁を逆対称モーメントと仮定して導かれる
最下層固定時	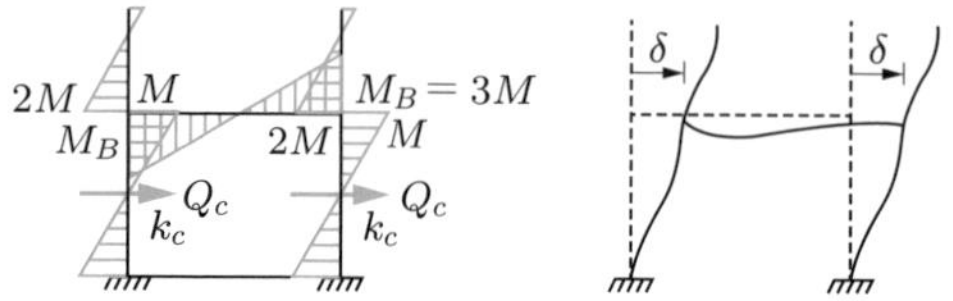 $2M$, M, $M_B = 3M$, M_B, $2M$, M, Q_c, k_c, Q_c, k_c, δ, δ	$\dfrac{Q_c}{\delta} = ak_c\dfrac{12EK_0}{h^2} = D_c\dfrac{12EK_0}{h^2}$ ただし，$a = \dfrac{0.5+\bar{k}}{\bar{k}+2}$，　$\bar{k} = \dfrac{k_{2b}}{k_c}$ 上階の柱 M を下階の 2 倍，梁を逆対称モーメントと仮定して導かれる
半固定時	基礎梁の剛性が大きくない場合（柱の剛性の 2 倍以下）は，半固定として扱い，固定の場合で計算した後で，M を修正する	

図 10.7　多層 1 スパンラーメンの場合の D 値

ただし，I：耐震壁断面の断面二次モーメント

$$\frac{Q_w}{\delta_S} = G\frac{tL}{\kappa h} \tag{10.15}$$

ただし，t：壁厚，L：スパン，κ：形状係数

基礎部の曲げモーメントを M，回転角度を θ，基礎の回転ばね係数を $K_F = M/\theta$ とすると，$M = Q_w h$，$\theta = M/K_F$，$\delta_R = \theta h$ であり，次式が得られる．

$$\frac{Q_w}{\delta_R} = \frac{K_F}{h^2} \tag{10.16}$$

したがって，Q と全変形（$\delta_w = \delta_B + \delta_S + \delta_R$）との関係は次式で表される．

$$\begin{aligned}\frac{Q_w}{\delta_w} &= 1\Bigg/\left\{\frac{1}{3EI/h^3} + \frac{1}{GtL/(\kappa h)} + \frac{1}{K_F/h^2}\right\}\\ &= D_w\frac{12EK_0}{h^2}\end{aligned} \tag{10.17}$$

ここに，D_w は耐震壁の D 値で次式で表される．

$$D_w = \frac{h^2}{12EK_0}\Bigg/\left\{\frac{1}{3EI/h^3} + \frac{1}{GtL/(\kappa h)} + \frac{1}{K_F/h^2}\right\} \tag{10.18}$$

あるいは，次式で表される．

$$\frac{1}{D_w} = \left\{\frac{1}{3EI/h^3} + \frac{1}{GtL/(\kappa h)} + \frac{1}{K_F/h^2}\right\}\frac{12EK_0}{h^2}$$

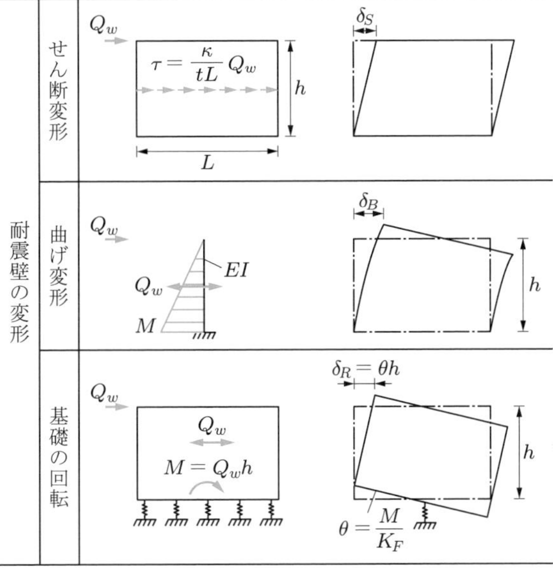

図 10.8 1 層単独の耐震壁の変形

$$= \frac{1}{D_B} + \frac{1}{D_S} + \frac{1}{D_R} \tag{10.19}$$

ここに,

$$D_B = \frac{3EI}{h^3} \times \frac{h^2}{12EK_0} \tag{10.20}$$

$$D_S = \frac{GtL}{\kappa h} \times \frac{h^2}{12EK_0} \tag{10.21}$$

$$D_R = \frac{K_F}{h^2} \times \frac{h^2}{12EK_0} \tag{10.22}$$

(3) 連層壁の D 値

連層壁では，曲げ変形について，当該階より下の階の曲げ変形の影響を，また，基礎の回転により高さに応じた変位を考慮する．その求め方は付録 13 に説明する．また，具体的な計算例を 11.3 節に示す．

(4) 耐震壁の D 値の略算法

耐震壁の D 値の精算は複雑であるので，中低層建築物の実務計算での断面仮定などでは，次式も用いられる．

$$D_w = n\frac{A_w}{A_c} D_c \tag{10.23}$$

ただし，n：3〜5とし，かつ上階ほど小さくする

A_w：壁部分の断面積

A_c：代表的な内柱の断面積

D_c：代表的な内柱の D 値

また，この式の利用には，基礎の浮き上がりによる負担の限界や，境界梁による拘束効果などの配慮が必要である．

10.3.3　マトリクス法

(1) 基本手順

マトリクス法は，構造骨組の各節点の移動変位量 u_i，v_i と回転量 θ_i を未知数とした解析法で，保有水平耐力の計算，限界耐力計算における弾塑性解析に用いられる．この方法は，以下の手順で行われる．

① まず図10.9に示す部材の応力と変形の関係を，式(10.24)に示すように部材軸方向を基準とした座標（ここでは部材座標とよぶ）に対して，応力マトリクス $[EF]$，剛性マトリクス $[EK]$，変位マトリクス $[EU]$ で表すことができる．この関係を例題10.2で導く．

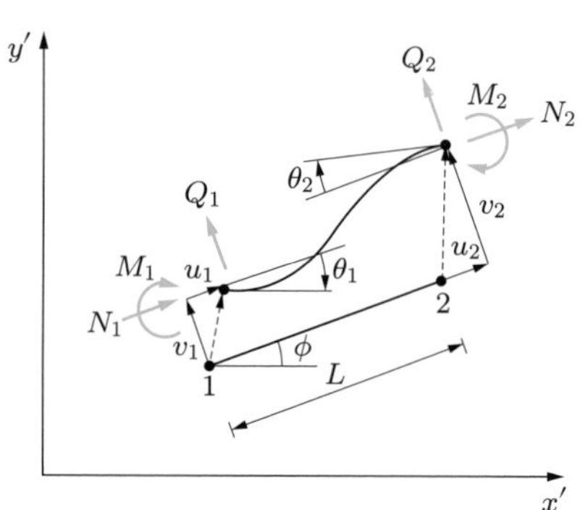

図10.9　部材の応力と変形

$$\underset{[EF]}{\begin{pmatrix} N_1 \\ Q_1 \\ M_1 \\ N_2 \\ Q_2 \\ M_2 \end{pmatrix}} = \underset{[EK]}{\begin{pmatrix} K_1 & 0 & 0 & -K_1 & 0 & 0 \\ 0 & K_4 & K_3 & 0 & -K_4 & K_3 \\ 0 & K_3 & 2K_2 & 0 & -K_3 & K_2 \\ -K_1 & 0 & 0 & K_1 & 0 & 0 \\ 0 & -K_4 & -K_3 & 0 & K_4 & -K_3 \\ 0 & K_3 & K_2 & 0 & -K_3 & 2K_2 \end{pmatrix}} \underset{[EU]}{\begin{pmatrix} u_1 \\ v_1 \\ \theta_1 \\ u_2 \\ v_2 \\ \theta_2 \end{pmatrix}} \tag{10.24}$$

ここで，$K_1 = EA/L$，$K_2 = 2EI/L$，$K_3 = 6EI/L^2$，$K_4 = 12EI/L^3$，E：部材弾性係数，A：部材断面積，I：部材の断面二次モーメントである．ただし，式(10.24)の K は，部材端部の支点条件により以下のようになる．

左右の材端のうち一方がピン支点の場合：

$$K_2 = \frac{1.5EI}{L}, \qquad K_3 = \frac{3EI}{L^2}, \qquad K_4 = \frac{3EI}{L^3}$$

左端ピン支点の場合：3 行，および 3 列はすべて 0

右端ピン支点の場合：6 行，および 6 列はすべて 0

両端ピン支点の場合：2,3,5,6 行，および 2,3,5,6 列はすべて 0

② 式(10.24)の $[EK]$ は，部材座標系で表されているが，構造物全体を考えると，各部材ごとに座標系を全体座標系に変換する必要がある．角度 ϕ を有する部材の変換は，座標変換マトリクス $[T]$，およびその転置マトリクス $[T]^T$ を用いて次式で行うことができる．

$$[EK]' = [T]^T \times [EK] \times [T] \tag{10.25}$$

③ 各節点に作用する鉛直荷重や地震水平力などの外力と全体座標系で表された各部材の応力マトリクス $[EF]'$（$= [EK]' \times [EU]'$）により求められる各節点ごとの応力との力の釣り合い式から次式の関係が得られる．

$$[TF] = [TK] \times [TU] \tag{10.26}$$

ここに，$[TF]$ は $3N_p$ 列の外力マトリクス，$[TK]$ は全体剛性マトリクスとよばれ，節点数 N_p に応じて $3N_p$ 行 $\times$ $3N_p$ 列である．また，$[TU]$ は $3N_p$ 列の全体変位マトリクスである．

④ 式(10.26)は，変位 $[TU]$ を未知数とした n 元連立 1 次方程式で，コンピューターに適する数学的解法（コレスキー法など）を用いて解くことができ，さらに求められた変位 $[TU]$ と式(10.24)および式(10.26)の関係から，各部材の応力 $[EF]$ が求められる．なお，柱脚部の固定端などでは，変位がない（変位 $= 0$）で，連立方程式の解を求める際には，この変位に対応するマトリクスの行と列を除いて解く．

⑤ なお，耐震壁は，曲げ剛性およびせん断剛性が等価なブレース付きラーメン

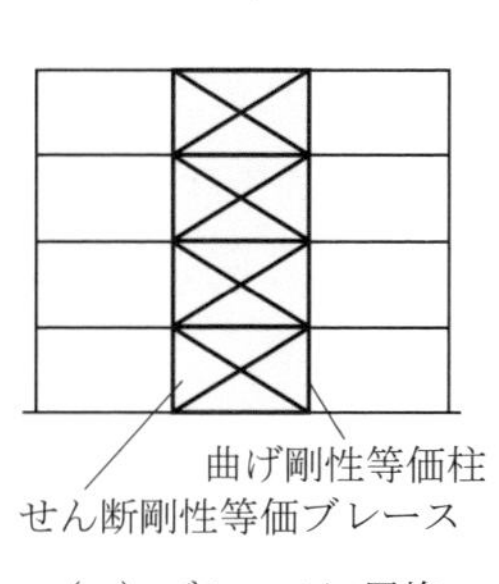

（a）ブレースに置換

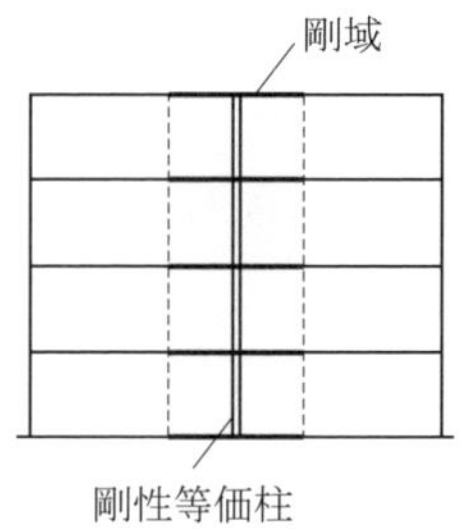

（b）エ形要素に置換

図 10.10 耐震壁の置換

(図 10.10(a))，あるいはその 1 スパン分を，剛域な梁と，変形の等価な柱で構成されたエ形の要素（図(b)）などに置換して計算を行う．

(2) 荷重増分弾塑性解析法

鉄筋コンクリート部材は，第 2 章で述べたように弾塑性挙動を示す．そのため，マトリクス法ではそのことを考慮に入れた解析を行う必要がある．通常，このような場合は，微小な外力（地震力）の増分 $\Delta\alpha P_i$ とそれに対する変形 $\Delta\delta_i$ との関係が図 10.11 に示すように線形であると考え，それらの各ステップにおける各部材の瞬間剛性を評価して解析を行っていく．

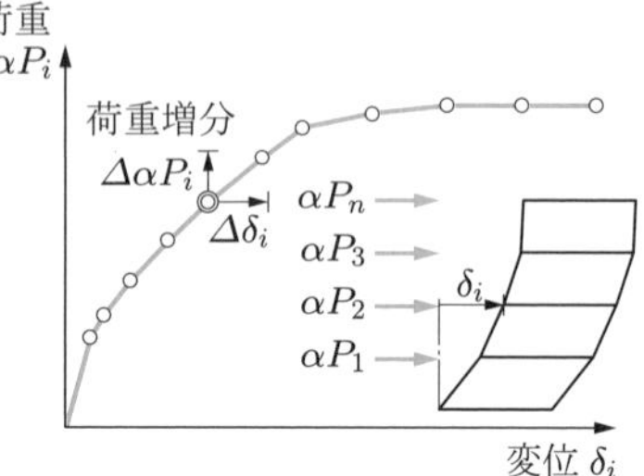

図 10.11 荷重増分弾塑性解析法

部材の剛性マトリクスには，軸力に関する部分と部材端モーメントに関する部分があるが，塑性域（部材のひび割れ後）の瞬間剛性マトリクスには，通常は軸方向力に対しては弾性と考え，増分部材端モーメント ΔM_1，ΔM_2 に対する $\Delta\theta_1$，$\Delta\theta_2$ のみを用いる．

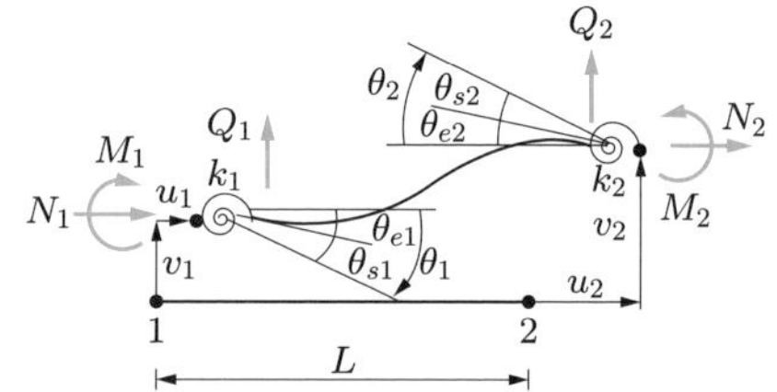

図 10.12 材端ばねモデル

塑性域での具体的な扱い方には，材端ばねモデル法がある．この方法は，図 10.12 に示すようなモデルで，増分曲げモーメントに対し端部以外は弾性変形のみが生じるとし，端部には図 10.13 に示すように弾性域では剛で，塑性域で剛性 k_s をもつ塑性ばねが存在すると設定するものである．

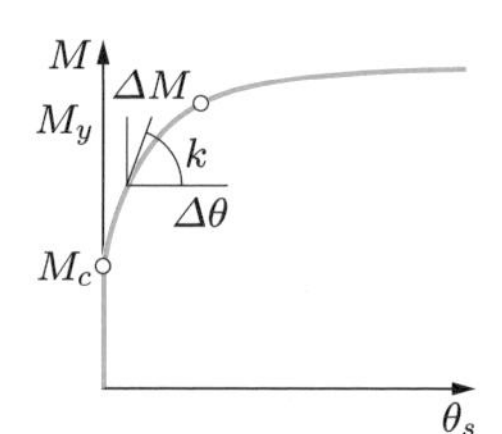

図 10.13 材端ばねの剛性

材端ばねモデルを理解するために例題 10.2 を示す．

以上のようにして各ステップごとに求めた変形や応力を合計することによって，その時点の荷重 P に対する変形や応力を求める．荷重段階ステップでの荷重増分の量 ΔP_i を設定する方法には，一定の量で小刻みに段階的に増やす方法や，ひび割れの発生，あるいは塑性ヒンジの発生などの原因により瞬間剛性が変化する時点までの荷重を予測して増分量を決める方法などがある．

■ 例題 10.2 ■ たわみ角法を用いて式(10.24)を導け．応力と変形の記号は図 10.9 に示す．

解答 軸方向力と軸方向変位の関係より，次式となる．

$$N_1 = -\frac{EA}{L}(u_2 - u_1) \tag{10.27}$$

$$N_2 = -N_1 \tag{10.28}$$

たわみ角法より次式となる．

$$\begin{aligned} M_1 &= \frac{2EI}{L}\left\{2\theta_1 + \theta_2 - \frac{3(v_2 - v_1)}{L}\right\} \\ &= \frac{6EI}{L^2}v_1 + \frac{4EI}{L}\theta_1 - \frac{6EI}{L^2}v_2 + \frac{2EI}{L}\theta_2 \end{aligned} \tag{10.29}$$

$$\begin{aligned} M_2 &= \frac{2EI}{L}\left\{2\theta_2 + \theta_1 - \frac{3(v_2 - v_1)}{L}\right\} \\ &= \frac{6EI}{L^2}v_1 + \frac{2EI}{L}\theta_1 - \frac{6EI}{L^2}v_2 + \frac{4EI}{L}\theta_2 \end{aligned} \tag{10.30}$$

$$Q_1 = \frac{M_1 + M_2}{L} = \frac{12EI}{L^3}v_1 + \frac{6EI}{L^2}\theta_1 - \frac{12EI}{L^3}v_2 + \frac{6EI}{L^2}\theta_2 \tag{10.31}$$

$$Q_2 = -Q_1 \tag{10.32}$$

以上の六つの式を節点ごとに整理して，$K_1 = EA/L$，$K_2 = 2EI/L$，$K_3 = 6EI/L^2$，$K_4 = 12EI/L^3$ とおいてマトリクスを用いて表すと，次式となる．

$$\begin{aligned} \begin{pmatrix} N_1 \\ Q_1 \\ M_1 \end{pmatrix} &= \begin{pmatrix} K_1 & 0 & 0 \\ 0 & K_4 & K_3 \\ 0 & K_3 & 2K_2 \end{pmatrix} \begin{pmatrix} u_1 \\ v_1 \\ \theta_1 \end{pmatrix} \\ &\quad + \begin{pmatrix} -K_1 & 0 & 0 \\ 0 & -K_4 & K_3 \\ 0 & -K_3 & K_2 \end{pmatrix} \begin{pmatrix} u_2 \\ v_2 \\ \theta_2 \end{pmatrix} \end{aligned} \tag{10.33}$$

$$\begin{aligned} \begin{pmatrix} N_2 \\ Q_2 \\ M_2 \end{pmatrix} &= \begin{pmatrix} -K_1 & 0 & 0 \\ 0 & -K_4 & -K_3 \\ 0 & K_3 & K_2 \end{pmatrix} \begin{pmatrix} u_1 \\ v_1 \\ \theta_1 \end{pmatrix} \\ &\quad + \begin{pmatrix} K_1 & 0 & 0 \\ 0 & K_4 & -K_3 \\ 0 & -K_3 & 2K_2 \end{pmatrix} \begin{pmatrix} u_2 \\ v_2 \\ \theta_2 \end{pmatrix} \end{aligned} \tag{10.34}$$

この 2 式を合わせて，式(10.24)が得られる．

10.4 保有水平耐力計算等による耐震設計

10.4.1 耐震性の検討

(1) 保有水平耐力計算等における耐震設計のルート

我が国では，特に地震時の安全性の検討，すなわち，耐震設計が重要である．保有水平耐力計算等による耐震設計は，建築基準法施行令（以下施行令）第 82 条，および国土交通省告示（以下告示）に定められており，図 10.14 に示す設計ルート 1～3 により進められる．

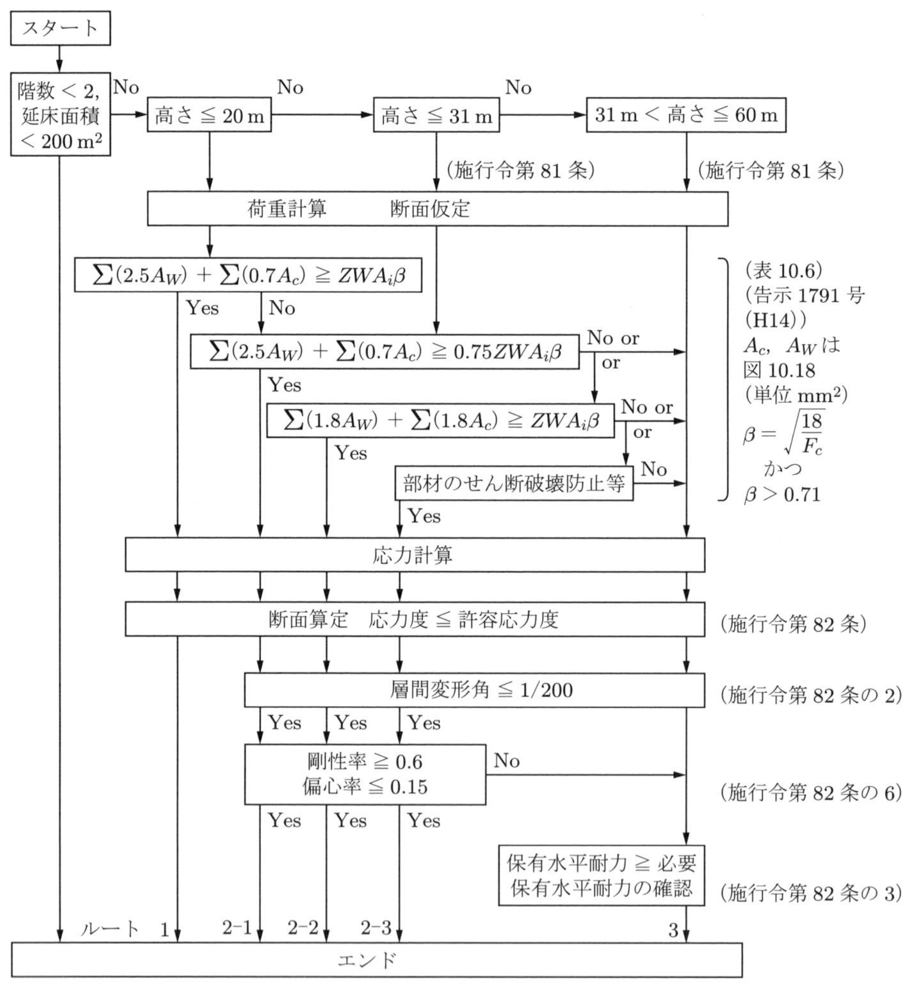

図 10.14 鉄筋コンクリート構造の耐震設計の手順（保有水平耐力計算等）

中規模建築物で，構造計画にバランスのとれたものは，ルート 2 で検討されるが，そうでないものや，31 m を超える高層のものは，ルート 3 で保有水平耐力を検討する．これらの設計ルートは，梁間方向，桁行方向それぞれ別のルートでもよい．

■(2) 耐震性の検討

(a) 壁量と靱性設計

鉄筋コンクリート造の建築物は，いままでの被災経験から壁を多く配置したものや，柱の靱性があるものは被害が小さいことがわかっている．

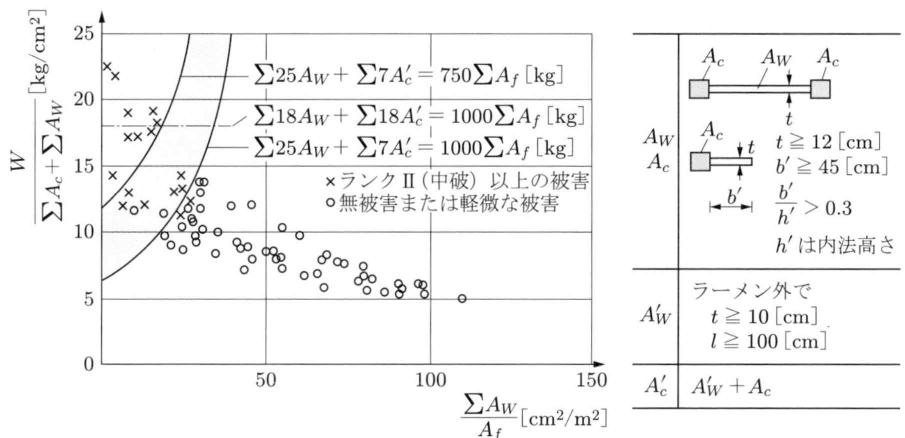

図 10.15 宮城県沖地震の際の被害（文献 9）

図 10.15 には宮城県沖地震 1978 の際の被害を，地震時の耐震要素のせん断応力度の度合い（当該階が支える部分の重量 W／（当該階の壁と柱の断面積の総和 $\sum A_W+\sum A_c$）で表す）と壁の密度（当該階の壁の断面積 $\sum A_W$／当該階の床面積 A_f）の関係を示す．これをみると，壁の密度が大きいものほど被害は小さいことがわかる．

また，柱が梁よりも先に曲げ破壊したり，柱や耐震壁がせん断破壊するものは靱性に乏しく被害が大きいのでこのような破壊が生じないように表 10.6 に示した事項を確認する．

(b) 層間変形角

地震時の水平変形が過大になると，仕上げ材や設備配管などが破壊したり，構造体の損傷も大きいので，図 10.16 に示す層間変形角 R_i を制限している．

$$R_i=\frac{\text{水平変形}\delta_i}{\text{階高 } h_i}\leqq 1/200 \tag{10.35}$$

δ_i は，式(10.13)より D 値を用いても求めることができる．

表 10.6 設計ルートと靭性のための補強

設計ルート	建築物の規模など	判定式	柱		壁	
			設計用 Q	p_w など	設計用 Q	p_s
1	高さ $\leqq 20\,\mathrm{m}$	$2.5\sum A_W + 0.7\sum A'_c \geqq Z \times W \times A_i \times \beta$	—	($p_w \geqq 0.2$ [%])	—	$p_s \geqq 0.25$ [%]
2-1	高さ $\leqq 31\,\mathrm{m}$ 壁が多い	$2.5\sum A_W + 0.7\sum A'_c \geqq 0.75Z \times WA_i \times \beta$	$Q_L + 2Q_E \leqq Q_A$	$p_w \geqq 0.3$ [%] 無視した袖壁付き柱		$p_s \geqq 0.4$ [%]
2-2	高さ $\leqq 31\,\mathrm{m}$ 袖壁などが多い	$1.8\sum A_W + 1.8\sum A_c \geqq Z \times WA_i \times \beta$	袖壁を考慮 $Q_L + 2Q_E \leqq Q_A$	$p_w \geqq 0.4$ [%]	$Q > 2Q_E$ $Q_A = Q_{wu}$	$p_s \geqq 0.4$ [%] 袖壁 ($t \geqq 15$ [cm] 複配筋 $p_s \geqq 0.4$ [%])
2-3	高さ $\leqq 31\,\mathrm{m}$ 一般的な建築物	—	大地震時を想定 $\alpha Q_M \geqq Q_A$ ただし $\alpha \geqq 1.1$ $Q_M = \frac{M_T + M_{yB}}{h'}$ (メカニズム時せん断力) i) 材料強度は基準強度の10%増 ii) 梁の耐力を求める際，有効幅 B のスラブ筋を入れる	$p_w \geqq 0.3$ [%] (柱頭，柱脚のみ) $p_t \leqq 0.8$ [%] $\frac{N}{bDF_c} \leqq 0.35$ $N = N_L + 2N_E$ または，$N = N_L + \sum Q_M$ の小さいほう， ただし $\sum Q_M$ は梁の上層から当該層までのせん断力の合計	$Q \geqq 2Q_E$	$p_s \geqq 0.4$ [%]
3	高さ 60 m 以下	保有水平耐力 $\geqq$ 必要保有水平耐力の検討	保有水平耐力の検討	$M/(QD) = 1.5 \sim 3$ $p_t \geqq 1$ [%] $\sigma_0/F_c \leqq 0.4$ 主筋の $x \leqq 8d$，$\tau \leqq 30$ [kg/cm^2]	保有水平耐力の検討	$\tau \leqq 0.2F_c$

注) この表において A_W，A'_W，A_c については図 10.15 参照（単位 mm^2）．$A'_c = A'_W + A_c$
Z，A_i は 10.2 節参照．$\beta = \sqrt{18/F_c} > 1/\sqrt{2}$．$W$ は当該階の支える重量．$\sum$ は当該階での総和．

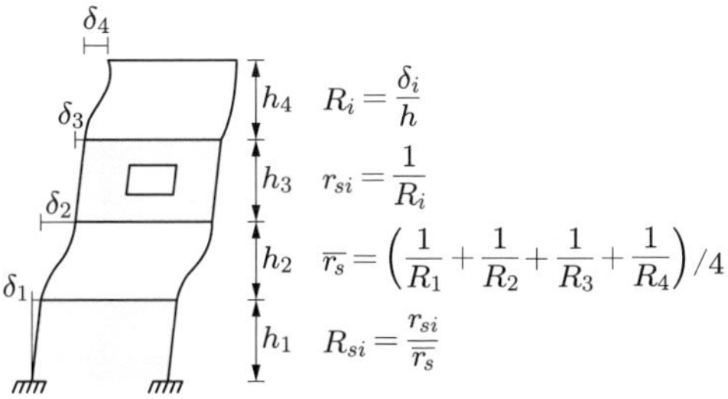

δ_4, δ_3, δ_2, δ_1, h_4, h_3, h_2, h_1

$$R_i = \frac{\delta_i}{h}$$

$$r_{si} = \frac{1}{R_i}$$

$$\overline{r_s} = \left(\frac{1}{R_1} + \frac{1}{R_2} + \frac{1}{R_3} + \frac{1}{R_4}\right)/4$$

$$R_{si} = \frac{r_{si}}{\overline{r_s}}$$

図 10.16　層間変形角，および剛性率

$$\frac{\delta_i}{h} = \frac{Q_i h_i}{12EK_0 \sum D_c} \tag{10.36}$$

(c) 剛性率

たとえば，図 10.17 のように，1 階がピロティ形式で，上階は壁が多いような場合は，地震時に，1 階に変形が集中して破壊する．このように高さ方向の剛性の分布がアンバランスな場合は被害が大きくなる．そこで，図 10.16 に示すように，当該階の層間変形角の逆数 r_{si} と全階数 n の r_{si} の平均 $\overline{r_s}$ の比を剛性率 R_{si} と定義し，次式のように表す．

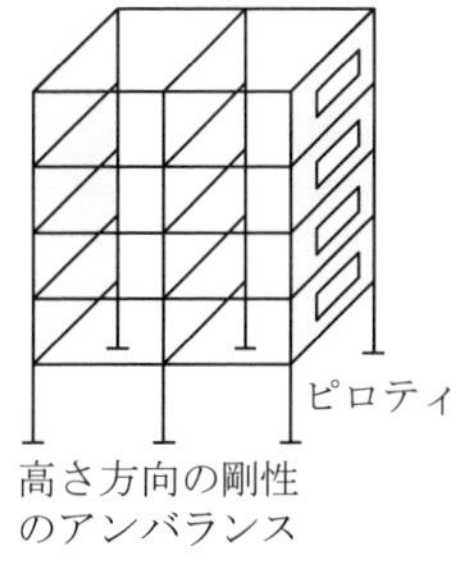

図 10.17　ピロティ

$$\overline{r_s} = \frac{\sum r_{si}}{n} \tag{10.37}$$

ただし，$r_{si} = 1/R_i = h_i/\delta_i$

$$R_{si} = \frac{r_{si}}{\overline{r_s}} \tag{10.38}$$

この値が，0.6 未満の場合は，10.4.2 項に述べるように保有水平耐力の検討を行う．

$$R_{si} \geqq 0.6 \tag{10.39}$$

(d) 建築物のねじれ変形による水平力の補正

壁の配置が偏ったり（図 10.18），建築物がセットバック形状のため重心が偏ると，建築物の重心と剛性の中心がずれるため，図 10.19 のように建築物はねじれ変形を生じて，剛性の小さい側に変形が集中して破壊しやすい．

建築物の重心 (x_g, y_g) と，剛心 (x_o, y_o)，さらにその偏心量 e_x，e_y を以下のように求めることができる．

$$\text{重心}：x_g = \frac{\sum(N_i x_i)}{\sum N_i}, \qquad y_g = \frac{\sum(N_i y_i)}{\sum N_i} \tag{10.40}$$

$$\text{剛心}：x_o = \frac{\sum(D_y x_i)}{\sum D_y}, \qquad y_o = \frac{\sum(D_x y_i)}{\sum D_x} \tag{10.41}$$

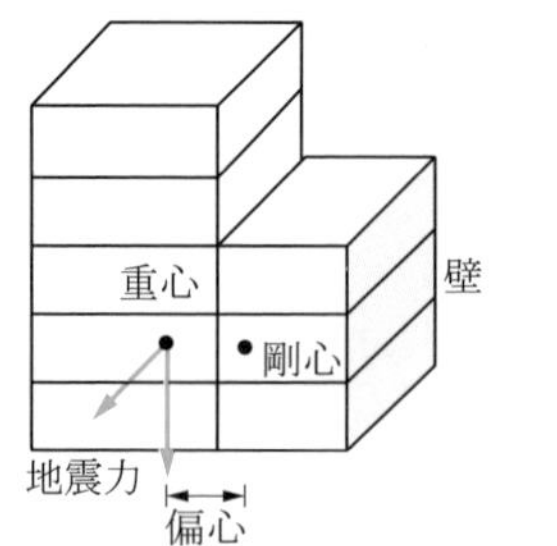

（a）重心と剛心のずれ

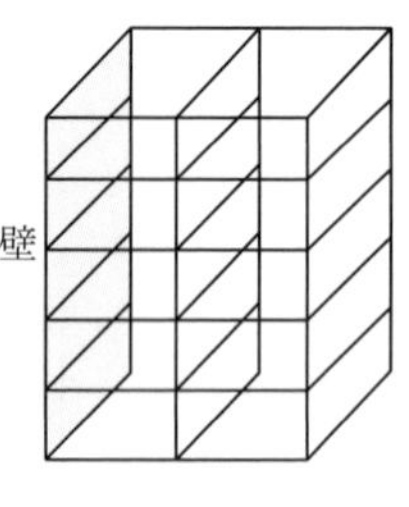

（b）壁の配置の偏り

図 10.18　耐震壁配置の偏り

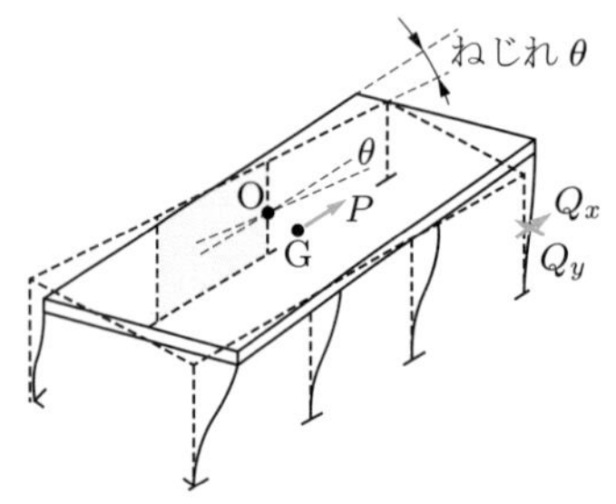

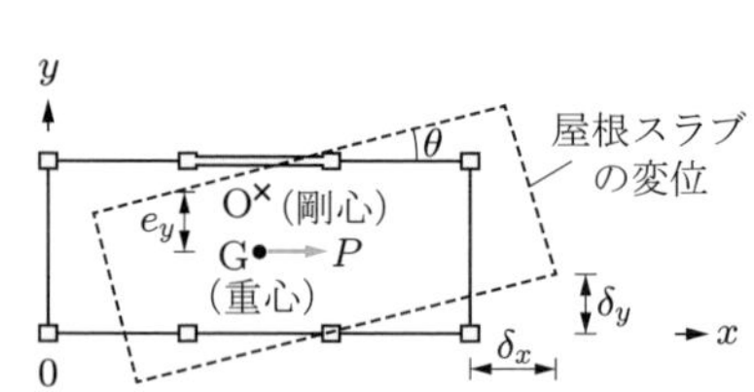

図 10.19　建築物のねじれ

$$\text{偏心量}：e_x = x_g - x_o, \qquad e_y = y_g - y_o \tag{10.42}$$

ただし，N_i：柱の支える荷重（鉛直荷重による柱軸力）

D_x, D_y：柱のそれぞれ x，y 方向の水平せん断力分布係数

x, y：剛心から耐震要素（柱や耐震壁）までの距離

さて，地震力 Q_x は重心位置に加わるので，地震力方向の水平変位 $({}_h\delta_x, 0)$ と偏心によるねじれ変位 $({}_M\delta_x, {}_M\delta_y)$ が生じる．

図 10.20(a)において，任意の柱の地震力方向の水平変位による柱の水平せん断力 ${}_hQ_x$ は，式(10.10)より次式で表される．

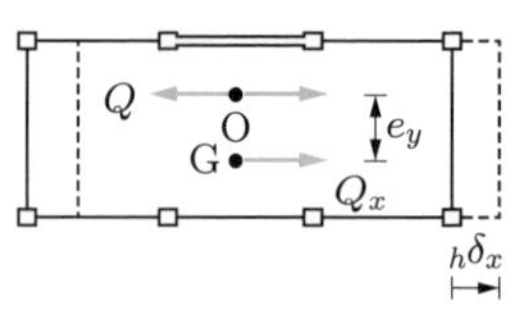

（a）水平な変位

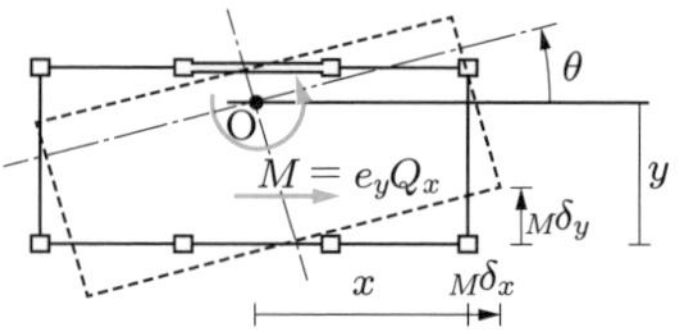

（b）ねじれ変位

図 10.20　建築物のねじれによる変位

$$_hQ_x = \frac{D_x}{\sum D_x}Q_x \tag{10.43}$$

一方，偏心距離 e によりねじれモーメント M は次式である．

$$M = e_yQ_x \tag{10.44}$$

また，図 10.20(b)において，ねじれによる変位 $_M\delta_x$，$_M\delta_y$ とねじれ角度 θ との関係は，剛心からの距離 x，y に対して次式である．

$$_M\delta_x = \theta y, \qquad _M\delta_y = \theta x \tag{10.45}$$

ねじれにより生じるせん断力 $_MQ_x$，$_MQ_y$ は，式(10.13)より次式で表される．

$$_MQ_x = {_M\delta_x} D_x \frac{12EK_0}{h^2}, \qquad _MQ_y = {_M\delta_y} D_y \frac{12EK_0}{h^2} \tag{10.46}$$

これらの力がねじれモーメント M に抵抗するので，次式の関係となる．

$$M = \sum({_MQ_x}y) + \sum({_MQ_y}x) \tag{10.47}$$

式(10.45)～(10.47)より次式となる．

$$M = \theta\left\{\sum(D_xy^2) + \sum(D_yx^2)\right\}\frac{12EK_0}{h^2} \tag{10.48}$$

また，式(10.44)，(10.48)より次式が得られる．

$$\theta = \frac{e_yQ_x}{\sum(D_xy^2) + \sum(D_yx^2)} \times \frac{h^2}{12EK_0} \tag{10.49}$$

さらに，式(10.45)，(10.46)，(10.49)より次式が得られる．

$$_MQ_x = \frac{eQ_xD_xy}{\sum(D_xy^2) + \sum(D_yx^2)} \tag{10.50}$$

となる．したがって，この柱が負担する x 方向のせん断力 Q_x は式(10.43)，(10.50)より次式となる．

$$\begin{aligned} Q_x &= {_hQ_x} + {_MQ_x} = \frac{D_x}{\sum D_x}Q_x + \frac{e_yD_xyQ_x}{\sum(D_xy^2) + \sum(D_yx^2)} \\ &= \left\{1 + \frac{e_yy\sum D_x}{\sum(D_xy^2) + \sum(D_yx^2)}\right\}\frac{D_x}{\sum D_x}Q_x = \alpha_x\frac{D_x}{\sum D_x}Q_x \end{aligned} \tag{10.51}$$

ここに，

$$\alpha_x = 1 + \frac{e_yy\sum D_x}{\sum(D_xy^2) + \sum(D_yx^2)} \tag{10.52}$$

を x 方向のねじれによる水平力の補正係数とよぶ．

y 方向についても同様の形で表される．

$$\alpha_y = 1 + \frac{e_x x \sum D_y}{\sum(D_y x^2) + \sum(D_x y^2)} \tag{10.53}$$

(e) 偏心率

偏心の大きい建築物は，地震時のねじれ変形が大きくなり耐力上不利である．そこで，これを考慮する必要がある．

建築物の重心位置でのねじれに伴う変形 ${}_{\theta}\delta_x$ は，次式である．

$${}_{\theta}\delta_x = \theta e_y \tag{10.54}$$

式(10.45)において，$y = e_y$ とおき，式(10.49)を代入すると

$${}_{\theta}\delta_x = \frac{{e_y}^2 Q_x}{\sum(D_x y^2) + \sum(D_y x^2)} \times \frac{h^2}{12EK_0} \tag{10.55}$$

一方，偏心を考慮しない場合の水平変位 ${}_{h}\delta_x$ は，式(10.13)において，すべての柱の合計 $\sum D_x$ に対して次式となる．

$${}_{h}\delta_x = \frac{Q_x}{\sum D_x(12EK_0/h^2)} \tag{10.56}$$

式(10.55)，(10.56)より，偏心のある建築物のねじれに伴う水平変形の偏心を考慮する場合としない場合との比は次式となる．

$$\frac{{}_{G}\delta_x}{{}_{h}\delta_x} = \frac{{e_y}^2}{\{\sum(D_x y^2) + \sum(D_y x^2)\}/\sum D_x} = \left(\frac{e_y}{r_{ex}}\right)^2 = {R_{ex}}^2 \tag{10.57}$$

$$\text{ただし，} r_{ex} = \sqrt{\frac{\sum(D_x y^2) + \sum(D_y x^2)}{\sum D_x}} \tag{10.58}$$

$$R_{ex} = \frac{e_y}{r_{ex}} \tag{10.59}$$

ここに，r_{ex} を弾力半径とよぶ．また，R_{ex} は x 方向の偏心率とよび，ねじれ変形の度合である．

$$R_{ex} = \frac{e_y}{r_{ex}} \leqq 0.15 \tag{10.60}$$

y 方向も同形で表される．

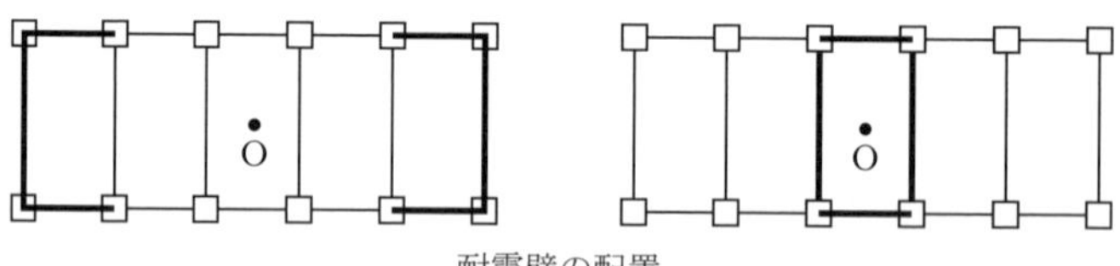

耐震壁の配置

(a) 弾力半径大（ねじれに有利） (b) 弾力半径小（ねじれに不利）

図 10.21 耐震壁配置とねじれに対する抵抗

この偏心率は，図 10.21 に示すように，剛心 O は同じでも，建築物周辺部に耐震壁などの高い剛性をもつ要素を配置すると，その値は小さくなり，ねじれに対して有利となることを表す.

10.4.2　保有水平耐力計算

(1) フレームの降伏と崩壊

水平力を増やしていくと，ラーメンを構成する部材はその端部の複数の箇所で降伏ヒンジを形成し，最終的には建築物全体，あるいは，特定の階が大変形を起こして崩壊する.

さて，1 層 1 スパンの場合の例を図 10.22 に示す.

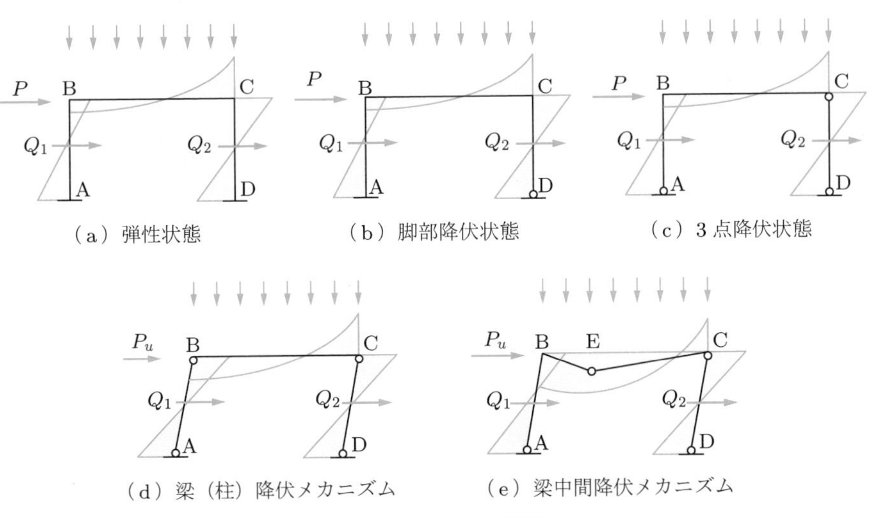

図 10.22　フレーム崩壊 1

図(a)：弾性状態の応力である.

図(b)：さらに水平荷重 P を増加させていくと，まず，節点 D が終局曲げモーメント M_u に至り，塑性ヒンジが生じる（C の場合もある).

図(c)：さらに荷重を増加させると節点 C，および節点 A に塑性ヒンジが生じ，3 点降伏状態となる.

図(d)（梁降伏メカニズム）あるいは，図(e)（梁中間降伏メカニズム)：さらに荷重を増加させると，4 個目の塑性ヒンジが節点 B，または，梁中間部の位置 E に生じて崩壊する.

このときを，崩壊機構（崩壊メカニズム）が形成されたといい，この水平荷重 P_u が保有水平耐力 Q_u である（$P_u = Q_u$).

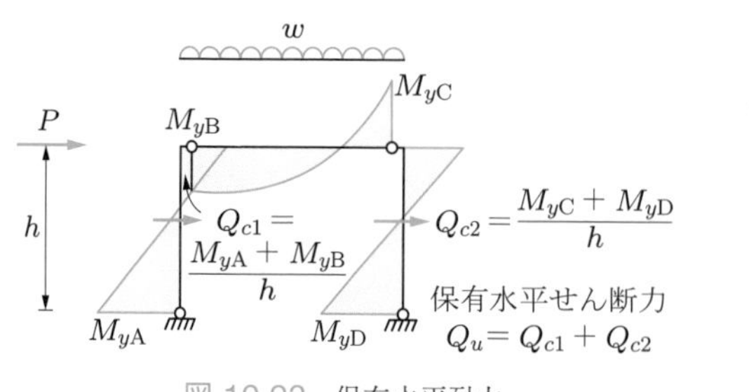

図 10.23 保有水平耐力

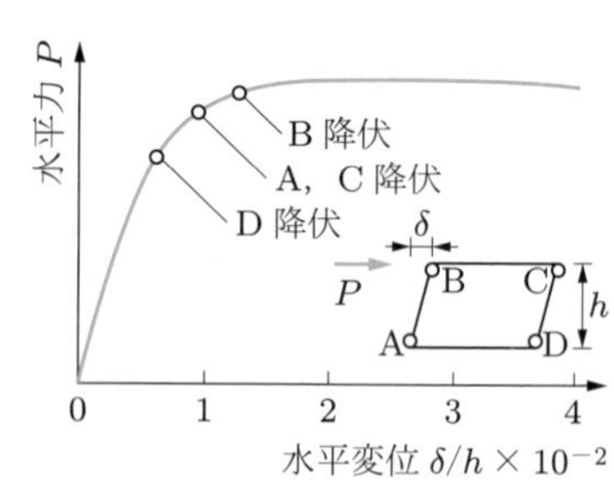

図 10.24 崩壊の経過

この例では，2 つの崩壊メカニズムが考えられ，それぞれの水平荷重のうち小さいほうが正しい崩壊メカニズムである．図 10.23 に降伏メカニズム（図 10.22(d)）の場合の Q_u の求め方を示す．

以上の崩壊の過程を水平力と変形で見ると図 10.24 のようになり，最終的に大きな水平変位を生じて終局に至る．

なお，終局時の強度計算においては，市販の主筋の降伏強度は材料の基準値 F より大きいので，一般にその 1.1 倍を採用するのが現実的である．

$$\sigma_y = 1.1F \tag{10.61}$$

(2) 崩壊機構（崩壊メカニズム）

(a) ラーメンの場合

多層フレームの場合，塑性ヒンジの生じる可能性のある部材端の数は多いが，崩壊機構は図 10.25 の 3 つに分類できる．これらのメカニズムについて，保有水平耐力の検討を行う．このうち図(a)，(b)は部分的な崩壊形である．図(c)は梁端が降伏し，全体が崩壊に至り，靱性のあるエネルギー吸収が大きく望ましい崩壊形である．これを梁崩壊形という．

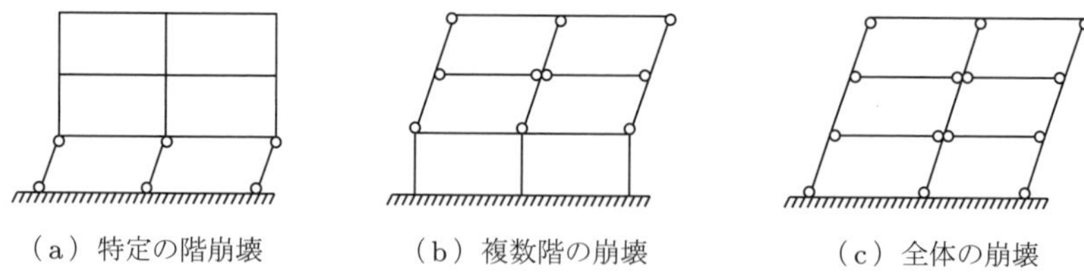

（a）特定の階崩壊　（b）複数階の崩壊　（c）全体の崩壊

図 10.25 ラーメンの崩壊メカニズム

(b) 耐震壁を含むラーメンの場合

壁脚部が浮き上がったり，壁が転倒する場合は，図 10.26 のように壁に取り付く境界梁や直交梁の拘束効果，あるいは，建築物自重による抵抗や杭の引き抜き抵抗などを考慮する．この場合は，図 10.27 のような崩壊メカニズムが考えられる．

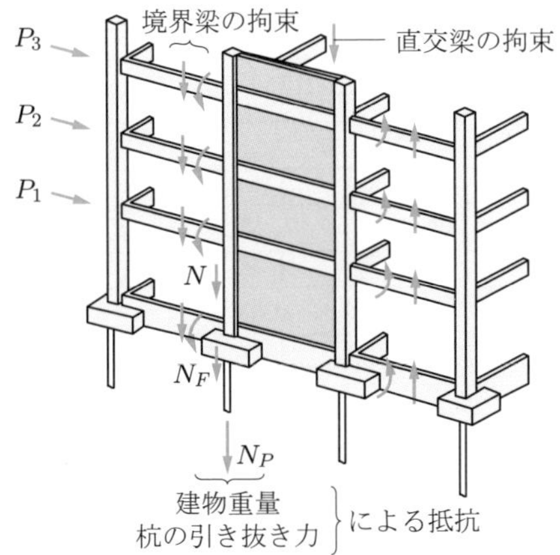

図 10.26　境界梁や直交梁の拘束

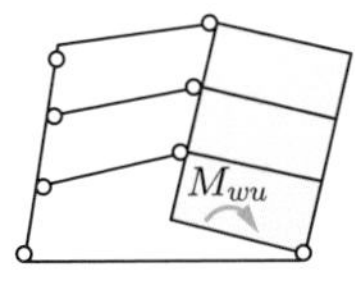

（a）壁の曲げ破壊（柱軸力が小）

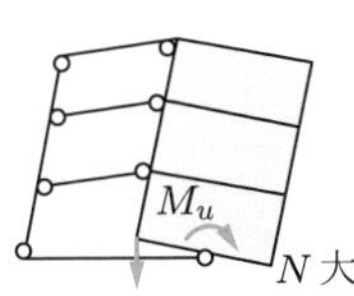

（b）壁の曲げ破壊（柱軸力が大）

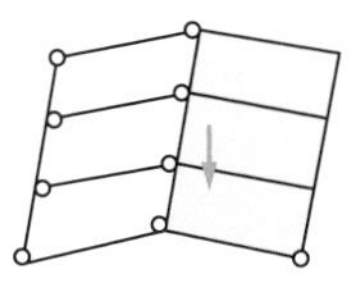

（c）基礎の浮き上がり

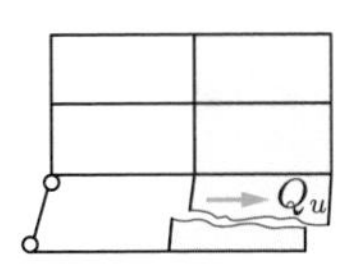

（d）せん断破壊

図 10.27　耐震壁付きラーメンの崩壊メカニズム

(3) 保有水平耐力の算出法

(a) 弾塑性増分解析法

10.3.1 項で述べたように，まず各層の水平外力分布を A_i 分布などを参考にして決めておき，水平荷重を少しずつ増分させながら，応力解析を行い，崩壊メカニズムとなるまで順次求め，終局時の水平層せん断力を採用するものである．

(b) 節点振り分け法

手計算で行う方法としてよく用いられる．手順を次に示す（図 10.28）．

① 梁の両端の柱側面位置曲げモーメント（フェースモーメント，図 10.29）が降伏するときの曲げモーメント ${}_GM_{u1}$，${}_GM_{u2}$ を求める．

② 梁のせん断力 ${}_GQ_u$ $(= ({}_GM_{u1} + {}_GM_{u2})/L')$ を求める．節点位置（柱芯位置）での曲げモーメント ${}_GM'_u$ $(= {}_GM_u + {}_GQ_u\Delta l)$ を求める．

③ 柱について，常時の柱軸力 ${}_cN$ と当該階より上層の梁のせん断力の和 ${}_cN + \sum {}_GQ_u$ を柱の軸力 N とする．

④ N を用いて柱の上下の降伏曲げモーメント（フェースモーメント）${}_CM_{u1}$，${}_CM_{u2}$ を求め，せん断力 ${}_CQ_u$ $(= ({}_CM_{u1} + {}_CM_{u2})/h')$ を求める．節点位置（柱芯位置）での曲

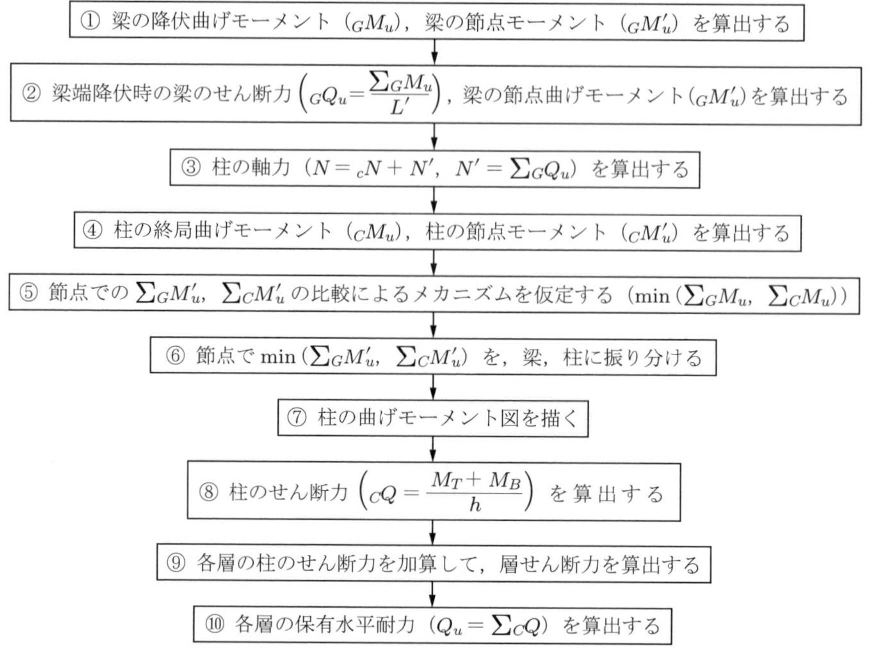

① 梁の降伏曲げモーメント（$_GM_u$），梁の節点モーメント（$_GM'_u$）を算出する
② 梁端降伏時の梁のせん断力$\left({}_GQ_u=\dfrac{\sum_G M_u}{L'}\right)$，梁の節点曲げモーメント（$_GM'_u$）を算出する
③ 柱の軸力（$N={}_cN+N'$，$N'=\sum_G Q_u$）を算出する
④ 柱の終局曲げモーメント（$_CM_u$），柱の節点モーメント（$_CM'_u$）を算出する
⑤ 節点での $\sum_G M'_u$，$\sum_C M'_u$ の比較によるメカニズムを仮定する（min ($\sum_G M_u$，$\sum_C M_u$)）
⑥ 節点で min ($\sum_G M'_u$，$\sum_C M'_u$) を，梁，柱に振り分ける
⑦ 柱の曲げモーメント図を描く
⑧ 柱のせん断力$\left({}_CQ=\dfrac{M_T+M_B}{h}\right)$を算出する
⑨ 各層の柱のせん断力を加算して，層せん断力を算出する
⑩ 各層の保有水平耐力（$Q_u=\sum_C Q$）を算出する

図 10.28　節点振り分け法による保有水平耐力の算出

げモーメント $_CM'_u$（$={}_CM_u+{}_CQ_u\Delta l$）を求める．なお，Δl は柱フェース面から柱芯までの距離とする．

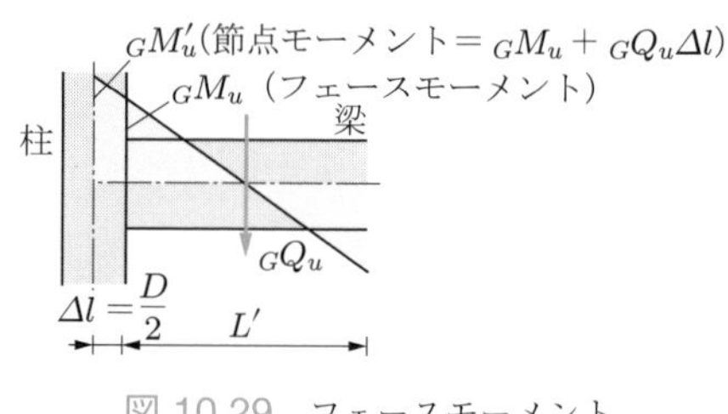

図 10.29　フェースモーメント

⑤　各節点ごとにその両側の $_GM_u$ の和と上下の $_CM'_u$ の和を比べ，小さいほうをヒンジ発生部材とする．崩壊メカニズムを仮定する．

⑥　各節点において梁端が降伏曲げモーメントの場合は，両梁端の節点曲げモーメントの和を柱に振り分ける．なお，節点での曲げモーメントを振り分ける際の分割率は，基本的には一次設計の短期応力の分布を参考にして決めるが，実務では，0.4〜0.6 がよく採用されている．

⑦　柱の降伏モーメントあるいは振り分けられたモーメントを用いて，柱の曲げモーメント図を描く．

⑧　各層において，柱の上下節点の曲げモーメント M_T，M_B からせん断力 $_CQ_i$（$=(M_T+M_B)/h$）を求める．

⑨　各層ごとに柱のせん断力 $_CQ_i$ を加算して，層せん断力を求める（$Q_u=\sum {}_CQ_i$）．

⑩ 耐震壁が存在する場合は，図 10.27 の崩壊メカニズムに対して，壁の降伏曲げモーメントや基礎の浮き上がり限界などから負担可能なせん断力を求め加算する．これを各層の保有水平耐力とする．

この方法による 2 層 2 スパンの場合の例題を表 10.7 に示す．

(c) 仮想仕事法

内部仕事と外力の仕事の釣り合いによって外力を求める方法で，崩壊メカニズムが予測しやすく計算の簡単な場合に用いられる．仮想仕事法による保有水平耐力を求める流れを次に示す（図 10.30）．

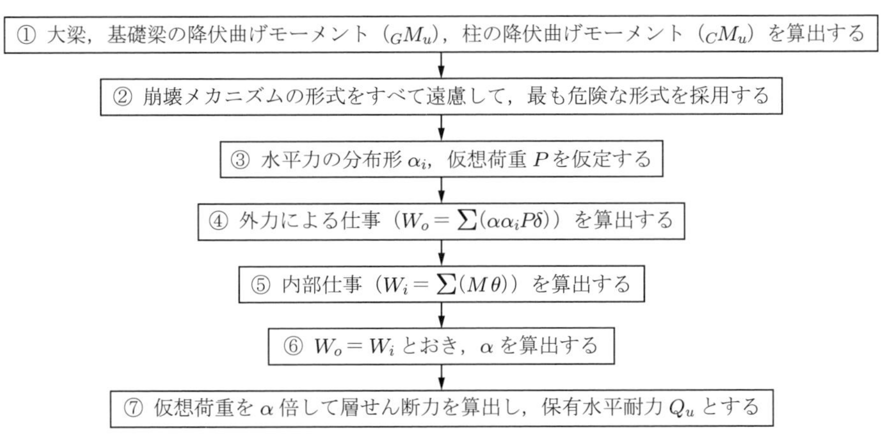

図 10.30 仮想仕事法

① 梁の両端の降伏曲げモーメント（フェースモーメント）$_GM_{u1}$，$_GM_{u2}$ を求める．梁のせん断力を考慮した柱軸力を用いて，柱の上下の降伏曲げモーメント（フェースモーメント）$_CM_{u1}$，$_CM_{u2}$ を求める．

② 崩壊メカニズムの形式をすべて考慮して，危険と思われる崩壊メカニズムを採用する．

③ 1 階の仮想基準外力を P，各階 i に作用する仮想基準外力の分布形を α_i，これを未知の倍率 α として仮想水平外力 $\alpha\alpha_i P$ を仮定する．その外力の分布形 α_i は，経験から決めたり，A_i 分布を参考にする．

④ 梁崩壊形の場合，1 層の仮想水平変位 δ から上層の水平変位 δ_i（$=\delta\times$(当該階の高さ/1 階の高さ)）を決める．崩壊形から水平外力と水平変位に伴う仕事量を計算する（$W_o=\sum(\alpha\alpha_i P\delta_i)$）．

⑤ 外部仕事に対して抵抗する内部仕事を求める．内部仕事 W_i には，塑性ヒンジの回転 θ_i（$=M_{ui}\theta$）によるが，耐震壁の回転が考えられる場合は，回転位置を想定

表 10.7 2 層ラーメンの保有水平耐力計算例

ここでは記述を簡単にするため，フェースモーメントと節点モーメントを一致させている．
降伏モーメント M_y：梁 M_0（すべて），柱 M_0（2 階），$1.5M_0$（1 階脚部），基礎梁 $1.5M_0$

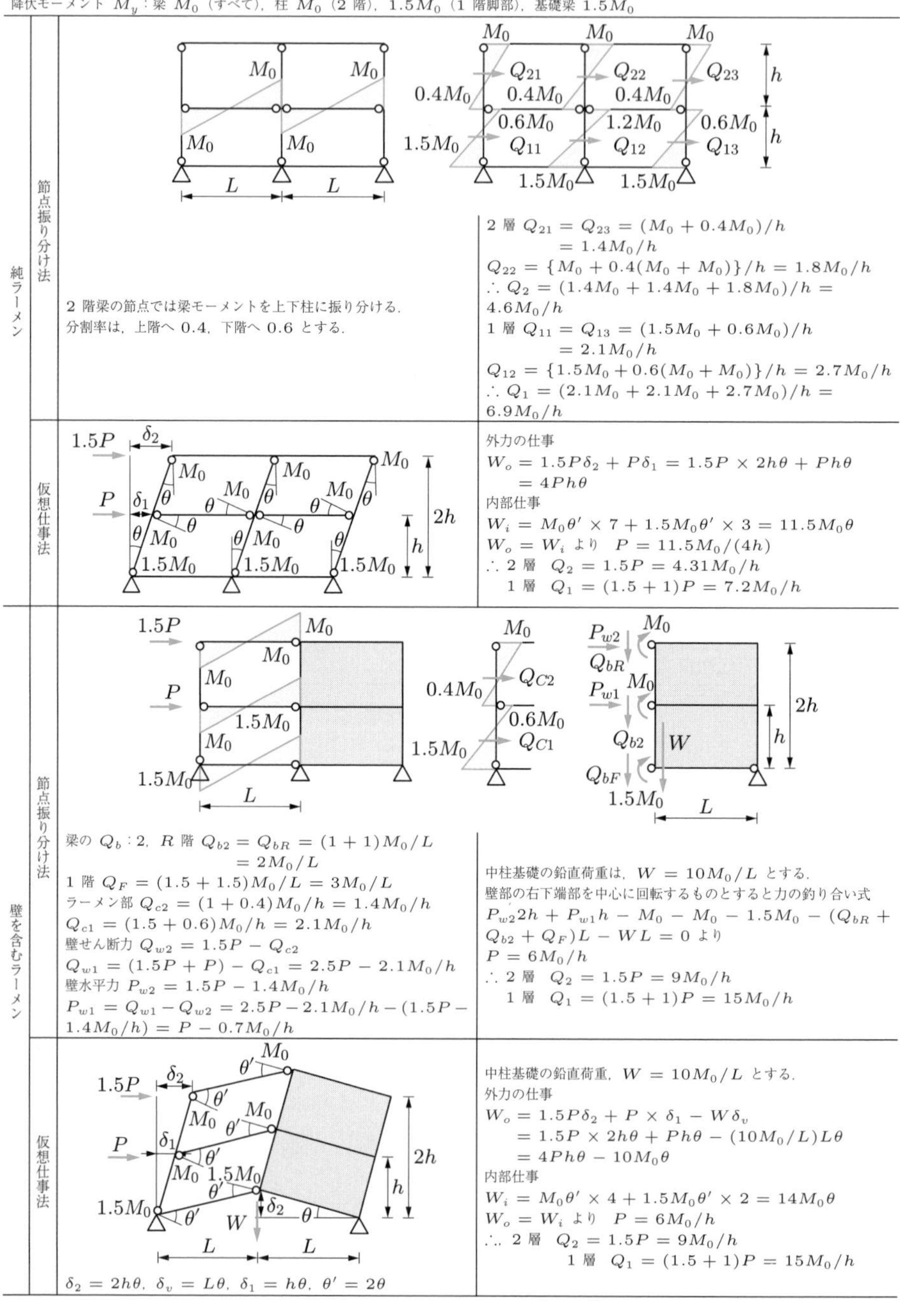

純ラーメン	節点振り分け法	2 階梁の節点では梁モーメントを上下柱に振り分ける．分割率は，上階へ 0.4，下階へ 0.6 とする．	2 層 $Q_{21} = Q_{23} = (M_0 + 0.4M_0)/h = 1.4M_0/h$ $Q_{22} = \{M_0 + 0.4(M_0 + M_0)\}/h = 1.8M_0/h$ $\therefore Q_2 = (1.4M_0 + 1.4M_0 + 1.8M_0)/h = 4.6M_0/h$ 1 層 $Q_{11} = Q_{13} = (1.5M_0 + 0.6M_0)/h = 2.1M_0/h$ $Q_{12} = \{1.5M_0 + 0.6(M_0 + M_0)\}/h = 2.7M_0/h$ $\therefore Q_1 = (2.1M_0 + 2.1M_0 + 2.7M_0)/h = 6.9M_0/h$
	仮想仕事法		外力の仕事 $W_o = 1.5P\delta_2 + P\delta_1 = 1.5P \times 2h\theta + Ph\theta = 4Ph\theta$ 内部仕事 $W_i = M_0\theta' \times 7 + 1.5M_0\theta' \times 3 = 11.5M_0\theta$ $W_o = W_i$ より $P = 11.5M_0/(4h)$ $\therefore$ 2 層 $Q_2 = 1.5P = 4.31M_0/h$ 1 層 $Q_1 = (1.5 + 1)P = 7.2M_0/h$
壁を含むラーメン	節点振り分け法	梁の Q_b：2，R 階 $Q_{b2} = Q_{bR} = (1 + 1)M_0/L = 2M_0/L$ 1 階 $Q_F = (1.5 + 1.5)M_0/L = 3M_0/L$ ラーメン部 $Q_{c2} = (1 + 0.4)M_0/h = 1.4M_0/h$ $Q_{c1} = (1.5 + 0.6)M_0/h = 2.1M_0/h$ 壁せん断力 $Q_{w2} = 1.5P - Q_{c2}$ $Q_{w1} = (1.5P + P) - Q_{c1} = 2.5P - 2.1M_0/h$ 壁水平力 $P_{w2} = 1.5P - 1.4M_0/h$ $P_{w1} = Q_{w1} - Q_{w2} = 2.5P - 2.1M_0/h - (1.5P - 1.4M_0/h) = P - 0.7M_0/h$	中柱基礎の鉛直荷重は，$W = 10M_0/L$ とする． 壁部の右下端部を中心に回転するものとすると力の釣り合い式 $P_{w2}2h + P_{w1}h - M_0 - M_0 - 1.5M_0 - (Q_{bR} + Q_{b2} + Q_F)L - WL = 0$ より $P = 6M_0/h$ $\therefore$ 2 層 $Q_2 = 1.5P = 9M_0/h$ 1 層 $Q_1 = (1.5 + 1)P = 15M_0/h$
	仮想仕事法	$\delta_2 = 2h\theta$，$\delta_v = L\theta$，$\delta_1 = h\theta$，$\theta' = 2\theta$	中柱基礎の鉛直荷重，$W = 10M_0/L$ とする． 外力の仕事 $W_o = 1.5P\delta_2 + P \times \delta_1 - W\delta_v$ $= 1.5P \times 2h\theta + Ph\theta - (10M_0/L)L\theta$ $= 4Ph\theta - 10M_0\theta$ 内部仕事 $W_i = M_0\theta' \times 4 + 1.5M_0\theta' \times 2 = 14M_0\theta$ $W_o = W_i$ より $P = 6M_0/h$ $\therefore$ 2 層 $Q_2 = 1.5P = 9M_0/h$ 1 層 $Q_1 = (1.5 + 1)P = 15M_0/h$

して基礎の浮き上がり抵抗モーメント（＝基礎浮き上がり荷重 W × 基礎の鉛直変位 δ_v）を考慮する（$W_i = \sum(M_{ui}\theta_i) + W\delta_v$）.

⑥　$W_o = W_i$ より α を求める.

⑦　各階の外力 $\alpha\alpha_i P$ より，各層のせん断力を求めて保有水平耐力 $Q_{ui} =$（当該階より上の外力の和）とする.

この方法による 2 層 2 スパンの場合の例題を表 10.7 に示す.

10.4.3　保有水平耐力の検討

■(1) 保有水平耐力の安全の判定

大地震に想定される水平層せん断力を，必要保有水平耐力 Q_{un} といい，これに対して，各層における保有水平せん断力 Q_u が上回ることを確認する.

$$Q_u > Q_{un} \tag{10.62}$$

■(2) 必要保有水平耐力 Q_{un}

大地震時に対して必要保有水平耐力 Q_{un} は，地震力によって各階に生じる層せん断力（$Q_{ud} = Q_i = ZA_iR_t\sum WC_0$，$C_0 = 1.0$，式(10.4)および式(10.5)参照）と後で説明する構造特性係数 D_s，形状特性係数 F_{es} を用いて次式で求める.

$$Q_{un} = D_sF_{es}Q_{ud} \tag{10.63}$$

■(3) 構造特性係数 D_s

12.1 節に述べるように，建築物の変形能力と減衰力に応じて必要な耐力を低減することができ，この低減率が構造特性係数 D_s である．D_s については，式(12.18)を用いてもよいが，建築基準法施行令建設省告示第 1997 号では，架構の性状に応じて表 10.8 のようにランク I～IV までに分類されている．架構の性状を決める柱，梁や壁部材は，以下のような要因により耐震性が劣ることがわかっている.

表 10.8　架構の性状（文献 15）

	架構の性状	D_s 値
I	架構を構成する部材に生じる応力に対してせん断破壊その他の耐力が急激に低下する破壊が著しく生じにくいことなどのため，塑性変形能力が特に高いもの	0.30～0.40
II	I に掲げるもの以外のもので架構を構成する部材に生じる応力に対してせん断破壊その他の耐力が急激に低下する破壊が生じにくいことなどのため，塑性変形能力が高いもの	0.35～0.45
III	I および II に掲げるもの以外のもので架構を構成する部材に塑性変形を生じさせる応力に対して当該部材にせん断破壊が生じないことなどのため，耐力が急激に低下しないもの	0.40～0.50
IV	I から III までに掲げるもの以外のもの	0.45～0.55

表 10.9　部材の種類（文献 15）

柱・梁の種別		FA	FB	FC	FD
共通条件		想定される破壊モードが，曲げ破壊であること			左記以外
柱の条件	h_0/D の下限	2.5	2.0	—	
	σ_0/F_c の上限	0.35	0.45	0.55	
	p_t の上限	0.8%	1.0%	—	
	τ_u/F_c の上限	0.1	0.125	0.15	
梁の条件	τ_u/F_c の上限	0.15	0.20	—	

注）h_0：柱の内法高さ，　D：柱のせい，　σ_0：崩壊メカニズム時の軸方向応力度，　F_c：コンクリートの材料強度，　p_t：引張鉄筋比，　τ_u：崩壊メカニズム時の平均せん断応力度（$\tau_u = Q/(bj)$，$j = 0.8D$）

* 柱とそれに接合する梁の種別が異なる場合には，いずれか最下位のものによる．なお，崩壊メカニズムの明確な場合には，塑性ヒンジが生じる部材の種別のうちの最下位のものによってよい．

** 柱の上端あるいは下端において，接合する梁に塑性ヒンジが生じることが明らかな場合には，h_0/D の代わりに $2M/(QD)$ を用いてよい（M，Q はそれぞれ崩壊メカニズム時の柱の最大曲げモーメントおよびせん断力）．

1）柱部材の脆性破壊のしやすさによる種別（表 10.9）
- 軸方向応力度 $\sigma_0 = N/(bD)$ が大きい
- せん断スパン比 $M/(Qd)$ が小さい
- せん断応力度 $Q_c/(bD)$ が大きい

2）梁部材の変形能力は，せん断応力度が大きいと劣る．

3）壁部材は，せん断応力度 τ_u（$= Q_w/(tL)$）が大きいとせん断破壊しやすく変形能力が劣る．

4）耐力壁などの壁部材は剛性が大きく，また減衰が小さい．壁部材の水平力分担率 $\beta_u = \sum Q_w/(\sum Q_w + \sum Q_c)$ が大きいと建築物全体の剛性が大きくなり，地震応答力が大きくなる．

以上の性状から，具体的には，梁や柱部材は表 10.9 の条件，また耐力壁は，表 10.10 の条件により分類され，FA～FD，WA～WD の 4 ランクに種別判定される．なお，種別の異なる部材を併用する場合，種別 D ランクの存在する場合は，それを除いたうえ

表 10.10　耐力壁の種別（文献 15）

$\tau_u = Q_u/(tL)$

耐力壁の種別		WA	WB	WC	WD
共通条件		せん断破壊する恐れがないこと			
τ_u/F_c の上限	一般	0.2	0.25	—	左記以外
	壁式構造の耐力壁	0.1	0.125	0.15	

表 10.11 種別の判定（種別の異なる部材を併用する場合の部材群としての扱い）

種別判定	A ランク部材の耐力の和の比率	B ランク部材の耐力の和の比率	C ランク部材の耐力の和の比率
A	50%以上	—	20%以下
B	—	—	50%未満
C	—	—	50%以上

表 10.12 D_s 値（( ) 内に示す）（文献 15）

耐力壁の種別および β_u ／柱・梁の種別	WA			WB			WC			WD		
	$\beta_u \leqq 0.3$	$0.3 < \beta_u \leqq 0.7$	$\beta_u > 0.7$	$\beta_u \leqq 0.3$	$0.3 < \beta_u \leqq 0.7$	$\beta_u > 0.7$	$\beta_u \leqq 0.3$	$0.3 < \beta_u \leqq 0.7$	$\beta_u > 0.7$	$\beta_u \leqq 0.3$	$0.3 < \beta_u \leqq 0.7$	$\beta_u > 0.7$
FA	I (0.3)	I (0.35)	I (0.4)	II (0.35)	II (0.4)	II (0.45)	II (0.35)	II (0.4)	III (0.5)	III (0.4)	III (0.45)	IV (0.55)
FB	II (0.35)	II (0.4)	II (0.45)	II (0.35)	II (0.4)	II (0.45)	II (0.35)	III (0.45)	III (0.5)	III (0.4)	IV (0.5)	IV (0.55)
FC	III (0.4)	III (0.45)	III (0.55)	III (0.4)	III (0.45)	III (0.5)	III (0.4)	III (0.45)	III (0.5)	IV (0.45)	IV (0.5)	IV (0.55)
FD	IV (0.45)	IV (0.5)	IV (0.55)	IV (0.45)	IV (0.5)	IV (0.55)	IV (0.45)	IV (0.5)	IV (0.55)	IV (0.45)	IV (0.5)	IV (0.55)
壁式構造 ($\beta_u = 1$)	—	—	II (0.45)	—	—	III (0.5)	—	—	IV (0.55)	—	—	IV (0.55)

でそれぞれのランクの耐力合計の比率により，表 10.11 のように判定される．また，層ごとに耐力壁の水平力の分担率 β_u に応じて，3 つのランクに分けられる．これらのことを考慮して総合的にまとめた D_s 値を表 10.12 に示す．

■(4) 形状特性係数

10.4 節で述べたように，建築物の構造計画上，平面的，および立面的な剛性のバランスの悪い場合は，被害を受けやすく，これを考慮したものが，形状特性係数 F_{es} で，偏心率に応じた値 F_e（図 10.31）と剛性率に応じた値 F_s（図 10.32）の積で表される．

$$F_{es} = F_e F_s \tag{10.64}$$

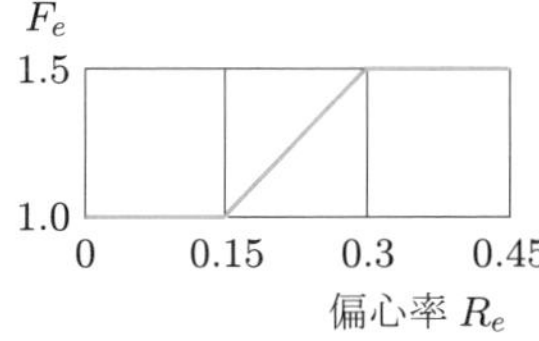

図 10.31 偏心率に応じた値 F_e

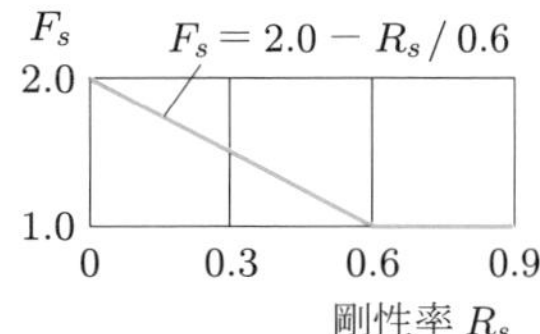

図 10.32 剛性率に応じた値 F_s

□ 演習問題 □

10.1　図 10.33 の断面二次モーメントを求めよ．

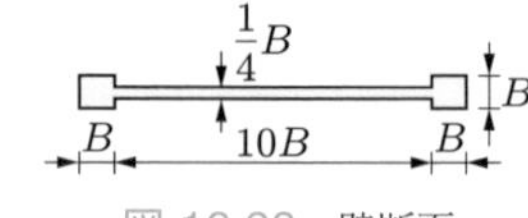

図 10.33　壁断面

10.2　図 10.34 の平面図において，重心は平面の中央のとき (1) 剛心，(2) 偏心量，(3) 弾力半径と偏心率．(4) 地震力 P が重心位置に作用するときの柱 4 の柱頭変位を求めよ．ただし，階高を h'，柱の単位水平剛性を D とする．各柱の水平剛性を x 方向 × y 方向で図中に示す．

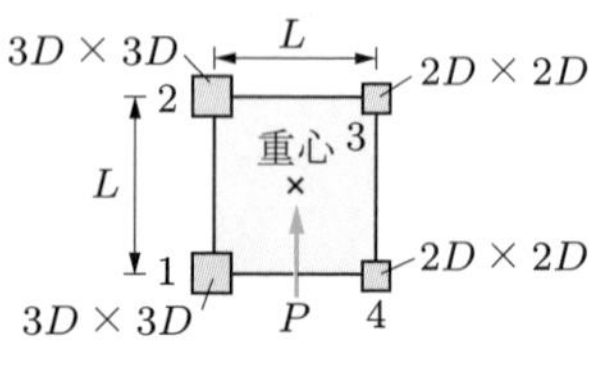

図 10.34　柱配置

10.3　図 10.35 のラーメンの保有水平耐力時の P_1，P_2 を節点振り分け法で求めよ．ただし，梁，柱とも，$M_u = 250$ [kN·m] とする．また，節点での振り分け率は，上下に 0.5 ずつとする．なお，フェースモーメントと節点モーメントは一致するものとする．

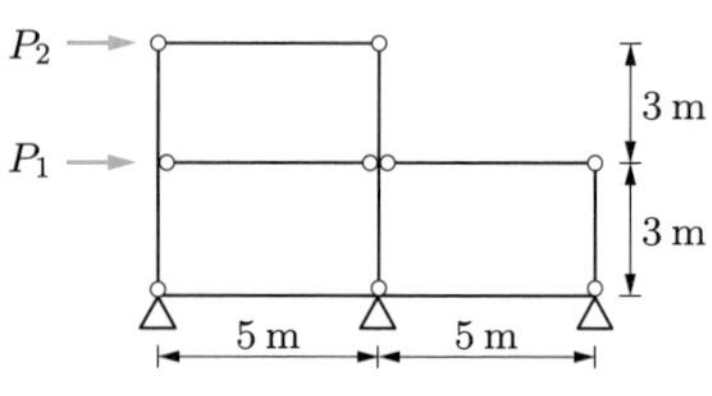

図 10.35　ラーメン崩壊形

10.4　図 10.36 の P および層せん断力 Q_1，Q_2 を保有水平耐力を仮想仕事法を用いて求めよ．ただし，梁の $M_u = 200$ [kN·m]，基礎梁の $M_u = 600$ [kN·m]，柱の $M_u = 500$ [kN·m]，基礎の浮き上がり抵抗力 $R = 680$ [kN] とする．なお，フェースモーメントと節点モーメントは一致するものとする．

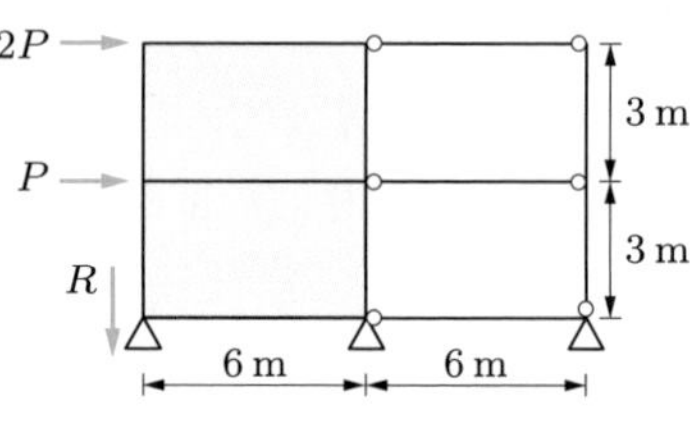

図 10.36　ラーメン崩壊形

11 構造計算例

11.1 計算の手順および設計条件

11.1.1 計算の手順

この計算例では，許容応力度計算による方法で検証を行う．また，短期応力については地震力を検討する．建築物は，11.3 節の耐震設計ルートの検討において，x 方向ラーメンではルート 2–2，また y 方向ラーメンでは壁の配置が多いのでルート 1 でよいが，ここでは，学習のために図 11.1 のように，x，y 両方向ともルート 3 で検討する．

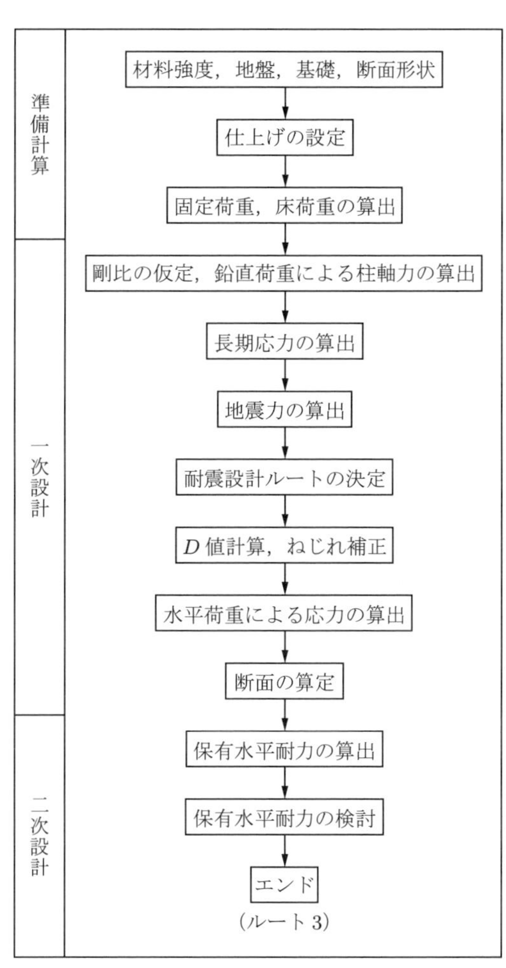

図 11.1　設計手順

11.1.2 建築物概要，設計条件など

建築物の基本情報を次に示す．また，平面図，立面図をそれぞれ図 11.2，11.3 に示す．

- 建設地：中国地方南部（地震地域係数：$Z = 0.9$）．積雪量は少ないので考慮しない．
- 構造：RC 造 3 階建（柱，壁の平面配置は各階とも同じ）
- 用途：事務所
- 材料：コンクリート F_c21，$E_c = 2.1 \times 10^4$ [N/mm^2]，鉄筋 SD295
- 地盤：2 種地盤（$T_c = 0.6$ [s]），支持層まで 20 m

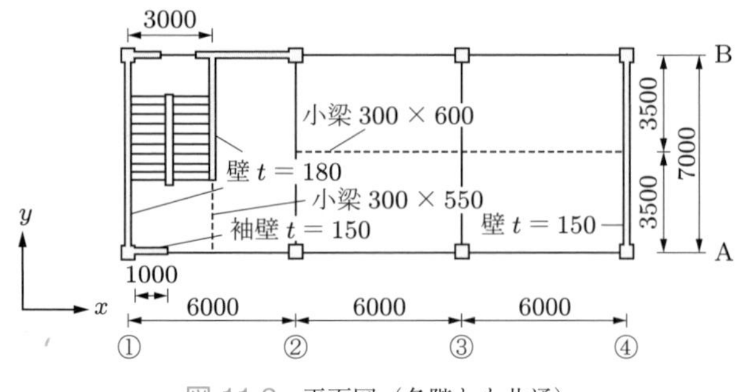

図 11.2 平面図（各階とも共通）

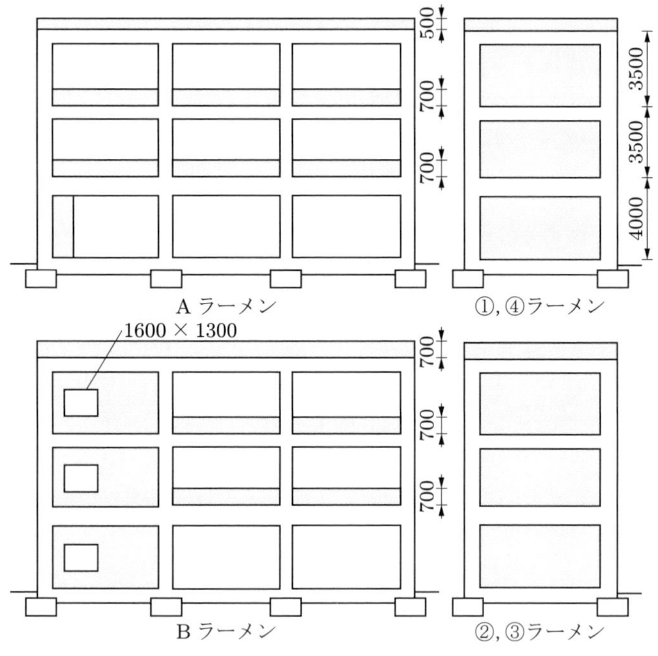

図 11.3 立面図

- 杭基礎：450ϕ PC 杭（$a = 83570$ [mm^2]）

11.1.3 計算上の留意事項

この設計例は，多項目について幅広く学習するため，以下のような条件を設けた．

1）x 方向は，純ラーメン構造と，連層開口壁付きラーメンを計画した．したがって，多少偏心がある．

2）y 方向は，耐震壁が多く，偏心のない計画とした．

3）柱，梁，壁断面は，計算を簡単にするため，各階とも 1 階の断面で統一した．

4) 小梁は，y 方向では耐震壁が多いためラーメンの水平力負担が小さいことも考慮し，x 方向とした．ただし，階段室部分は，階段の壁を配置するため y 方向に配置した．

5) 腰壁，袖壁は，スリットを設けて構造体と切り離すことが靱性設計上好ましいが，この計算例では学習のため，構造部材とみなした．そのため，部材の剛性や耐力に対して影響が大きい．

6) 保有水平耐力時の崩壊メカニズムはできるだけ梁崩壊形になるよう，柱主筋は必要量より増やした．

7) 床面は，鉄筋コンクリートスラブにより，水平方向に剛で，層全体が同一変位をし，水平力の各ラーメンへの分担率は D 値に比例するものとする．なお，この剛床仮定が成立するには，フレーム構面の水平剛性の 10 倍以上の床面の水平剛性が必要であるが，この建築物では x，y 方向の長さ比が小さいので問題ない．

8) 基礎の浮き上がり，および耐震壁の耐力について，連層耐震壁フレームでは，大地震時に基礎が浮き上がり耐力の限界となる可能性があるので検討している．

また，y 方向では，建築物全体の転倒の危険もあるが，今回の設計例は低層なのでその心配はない．

11.1.4 部材断面および重量

部材の断面およびその重量を表 11.1 に示す．ここで，単位重量は，建築基準法施行令第 84 条によっている．なお，階段室周囲部分の壁厚は大きくした．大梁，小梁自重は計算の便のため，床の単位面積あたりに換算している．

11.1.5 床荷重

床の固定荷重計算，および床荷重表を表 11.2，11.3 に示す．ここで，単位重量は，建築基準法施行令第 84 条，85 条によっている．

11.1.6 鉛直荷重による（ラーメン計算用）柱軸力

柱軸力は，図 11.4 のように柱スパン（$L \times L'$）の中央で床面を分割し，かつ，階高中央で上下に分割した部分の固定荷重と積載荷重の合計重量とし，N_L とする．なお，1 階の柱軸力算定に上階の床荷重低減（表 10.2）ができるがここでは行わない．柱 $\mathrm{C_{A4}}$ の（A ラーメン④通り）の例を，表 11.4 に示す．また他の柱については結果のみ図 11.5 に示す．

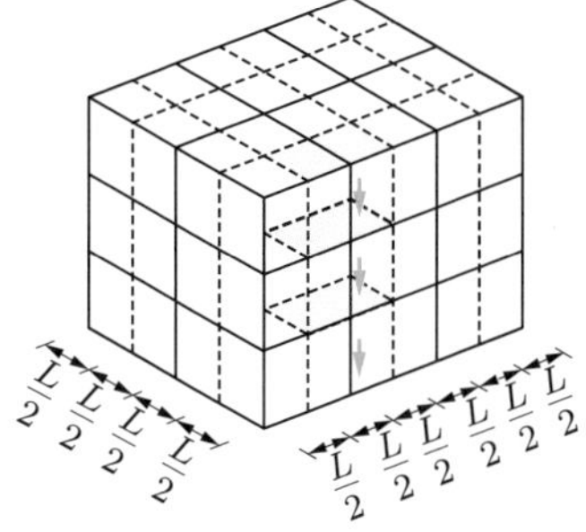

図 11.4 鉛直荷重による柱軸力

表 11.1 部材の断面およびその重量

部材断面形状		単位重量	床面積あたりの均し
柱	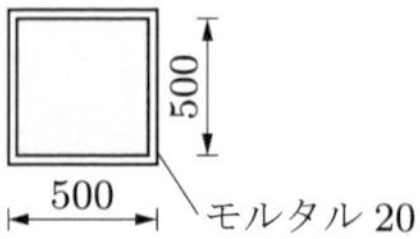 500 500 モルタル 20	コンクリート $0.5 \times 0.5 \times 24000 = 6000$ [N/m] モルタル $0.5 \times 4 \times 0.02 \times 20000 = 800$ [N/m] 計 6800 [N/m]	
大梁	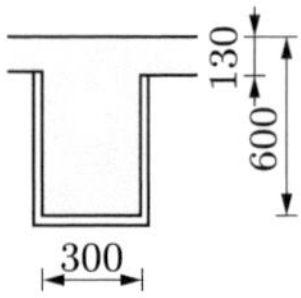 130 600 300	x 方向ラーメン コンクリート $0.35 \times (0.6 - 0.13) \times 24000 = 3950$ [N/m] モルタル $\{0.35 + (0.6 - 0.13) \times 2\} \times 0.02 \times 20000$ $= 520$ [N/m] 計 4470 [N/m]	$(4470 \times 6.0 \times 6 + 5390 \times 7.0 \times 4)/(18.0 \times 7.0) = 2480$ $\therefore 2500$ [N/m^2]
	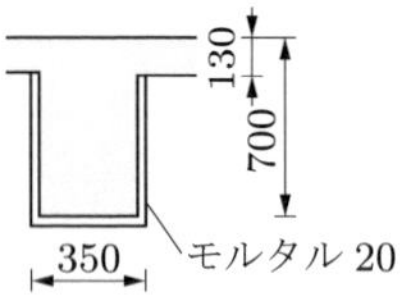 130 700 350 モルタル 20	y 方向ラーメン コンクリート $0.35 \times (0.7 - 0.13) \times 24000 = 4790$ [N/m] モルタル $\{0.35 + (0.7 - 0.13) \times 2\} \times 0.02 \times 20000$ $= 600$ [N/m] 計 5390 [N/m]	
小梁（注）	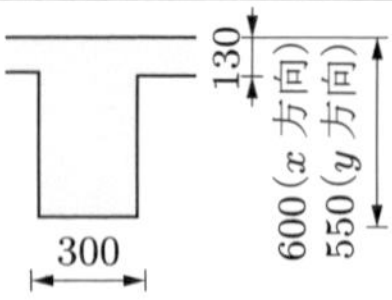 130 600（x 方向） 550（y 方向） 300	コンクリート x 方向 $0.3 \times (0.6 - 0.13) \times 24000 = 3390$ [N/m] y 方向 $0.3 \times (0.55 - 0.13) \times 24000 = 3030$ [N/m]	$3390 \times 6.0 \times 2 + 3030 \times 7.0 = 61890$ [N] $61890/(18.0 \times 7.0) = 490$ [N/m^2] $\therefore 500$ [N/m^2]
壁	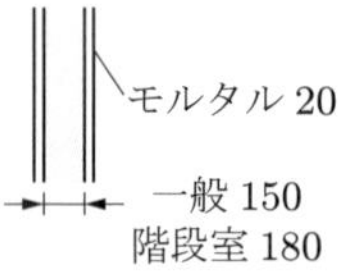 モルタル 20 一般 150 階段室 180	一般 コンクリート $0.15 \times 24000 = 3600$ [N/m^2] モルタル $20 \times 20 \times 2 = 800$ 計 4400 [N/m^2] 階段室 コンクリート $0.18 \times 24000 = 4320$ [N/m^2] モルタル $20 \times 20 \times 2 = 800$ 計 5120 [N/m^2]	
パラペット	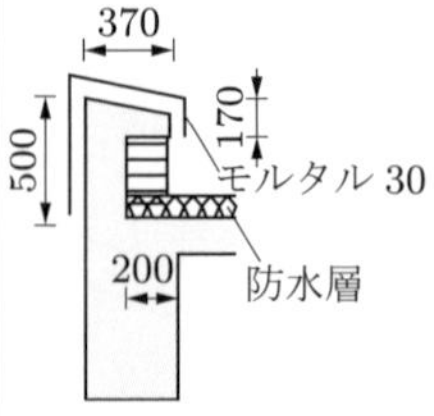 370 170 500 モルタル 30 200 防水層	コンクリート $(0.5 + 0.2) \times 0.17 \times 24000 = 2860$ [N/m] モルタル $(0.5 + 0.37) \times 30 \times 20 = 520$ [N/m] 防水層 $(0.5 - 0.17) \times 170 \times 20 = 1120$ [N/m] 計 4500 [N/m]	

注）小梁は天井内に入るのでモルタルは不用とした.

表 11.2 床の固定荷重

	断面	重量計算[N/m^2]
屋上階	仕上げモルタル 2.5 cm 軽量コンクリート 比重 1.8, 6 cm アスファルト 0.9 cm モルタル 1.5 cm コンクリート 13 cm 天井（吸音ボード，下地とも）	$200 \times 2.5 = 500$ $180 \times 6 = 1080$ $= 140$ $200 \times 1.5 = 300$ $240 \times 13 = 3120$ $= 150$ 計 5290 → 5300
一般階	リノリウム 0.25 cm モルタル 2.7 cm コンクリート 13 cm 天井（吸音ボード，下地とも）	42 $200 \times 2.7 = 540$ $240 \times 13 = 3120$ $= 150$ 計 3852 → 3900
階段	250, 170, 1.21, 1, 200 リノリウム 0.25 cm, モルタル 2.7 cm } 580 kg/m^2 コンクリート 20 cm モルタル 2 cm	リノリウム ＋ モルタル ＝ 580 $580 \times (250 + 170)/250 = 975$ $240 \times 20 \times 1.21 = 5810$ $200 \times 2 \times 1.21 = 480$ 計 7265 → 7300

表 11.3 床荷重表 [N/m^2]

		床計算用			小梁計算用			大梁計算用			地震力計算用		
		固定	積載	合計	固定	積載	合計	固定	積載	合計	固定	積載	合計
屋上階	床	5300	900	6200	5300	800	7100	5300	700	9000	5300	300	8600
	小梁均し				1000			500			500		
	大梁均し							2500			2500		
一般階	床	3900	2900	6800	3900	2400	7300	3900	1800	8700	3900	800	7700
	小梁均し				1000			500			500		
	大梁均し							2500			2500		
階段	床	7300	2900	10200				7300	1800	12100	7300	800	11100
	小梁均し							500			500		
	大梁均し							2500			2500		

注 1）屋上の積載荷重は住居用の 50%とした.
2）小梁用積載荷重は床用とラーメン用の平均とした
3）小梁算定用には，小梁負担幅（1/2 スパン ＝ 7 [m]/2 ＝ 3.5 [m]）で除して，3390 [N/m]/3.5 [m] ≒ 1000 [N/m^2] とする.

表 11.4 柱 C_{A4} の（A ラーメン④通り）

階		単位荷重	長さ，または面積	荷重[kN]	柱軸力[kN]
3	パラペット	4.5 kN/m	$3 + 3.5 = 6.5$ [m]	29.25	
	床	表 11.3 より 9.0 kN/m^2	$3 \times 3.5 = 10.5$ [m^2]	94.50	
	壁	4.4 kN/m^2	$(3.5 - 0.25) \times (3.5 - 0.7)/2 = 4.55$ [m^2]	20.02	
	柱	6.8 kN/m	$3.5/2 = 1.75$ [m]	11.90	
	窓，サッシ	0.4 kN/m^2	$(3 - 0.25) \times (3.5 - 0.6)/2 = 3.99$ [m^2]	1.60	
				計 157.3	158
2	床	表 11.3 より 8.7 kN/m^2	$3 \times 3.5 = 10.5$ [m^2]	91.35	
	壁	4.4 kN/m^2	$(3.5 - 0.25) \times (3.5 - 0.7)/2 \times 2 + (3 - 0.25) \times 0.7 = 11.025$ [m^2]	48.51	
	柱	6.8 kN/m	3.5 [m]	23.80	
	窓，サッシ	0.4 kN/m^2	$(3-0.25) \times (3.5-0.6)/2 + \{(3.5-0.6)/2 - 0.7\} \times (3 - 0.25) = 6.05$ [m^2]	2.42	
				計 166.1	325
1	床	表 11.3 より 8.7 kN/m^2	$3 \times 3.5 = 10.5$ [m^2]	91.35	
	壁	4.4 kN/m^2	$(3.5-0.25) \times (3.5-0.7)/2 + (3.5-0.25) \times (4.0 - 0.7)/2 + (3.0 - 0.25) \times 0.7 = 11.83$ [m^2]	52.10	
	柱	6.8 kN/m	$3.5/2 + 4.0/2 = 3.75$ [m]	25.50	
	窓，サッシ	0.4 kN/m^2	$(3.0 - 0.25) \times (4.0 - 0.6)/2 + \{(3.5 - 0.6)/2 - 0.7\} \times (3.0 - 0.25) = 6.74$ [m^2]	2.70	
				計 171.7	497

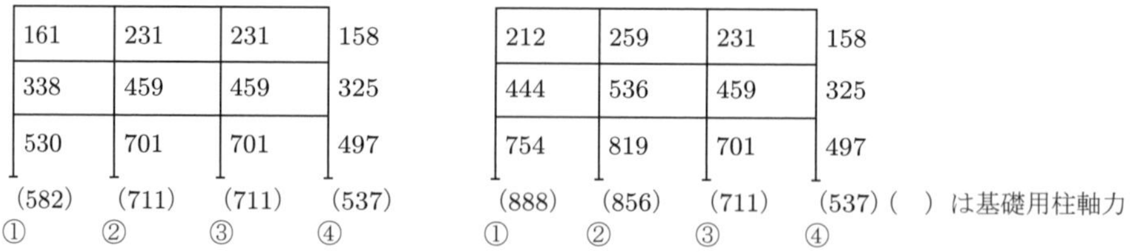

①	②	③	④
161	231	231	158
338	459	459	325
530	701	701	497
(582)	(711)	(711)	(537)

（a）Ⓐ通りラーメン

①	②	③	④
212	259	231	158
444	536	459	325
754	819	701	497
(888)	(856)	(711)	(537)

（ ）は基礎用柱軸力

（b）Ⓑ通りラーメン

図 11.5 鉛直荷重による柱軸力[kN]（ラーメン計算用）

11.2 長期荷重による応力計算

11.2.1 剛 比

■(1) ラーメン構成

1) 基本的に柱や梁などの部材中心線でラーメンを描く.

2) 柱梁の記号は, 柱通り記号を基本に定めた.

■(2) 部材長さ

剛比を算出する部材長さは, 開口部長さ l_0 に部材せい D を加えたものとする.

■(3) スラブ付き梁（T 形梁）の剛性の割り増しについて

スラブ付き梁（T 形梁）の断面二次モーメントは, 表 2.2 の協力幅 b_a による有効幅 B を用いて付録 10 の各式からも求められるが, ここでは, 以下の略算割増率を用い計算した.

片側スラブ：1.5　　両側スラブ：2.0

■(4) たれ壁, 腰壁, パラペット付き梁, 袖壁付き柱の剛性の割増しについて

たれ壁, 腰壁, パラペット付き梁, 袖壁付き柱は, 太短いプロポーションとなり, 曲げ変形に対してせん断変形の度合いが増すこと, また短期応力時では, 曲げひび割れの発生による剛性低下の影響が著しく大きくなることなどから, ひび割れのない曲げ剛性のみの増加を考えた付録 10 を用いず, ここでは, 剛性の増加率として, 付随する壁による断面積の増加率を採用する.

■(5) 剛 比

剛度（$I/(l_0+D)$）を求め, 標準剛度を 10^3 として剛比を計算する. その計算結果を表 11.5 に示す.

11.2.2 鉛直荷重による応力計算

■(1) 梁に加わる鉛直荷重の計算

梁には以下の常時荷重が加わる.

1) 床面の固定荷重（大梁, 小梁自重を含む）と積載荷重を求めるための梁の分担面積は, 大梁と小梁で囲むスラブを図 11.6(a)のように分割し, これを最寄りの梁が支持するものとみなす.

2) パラペット自重および壁自重などは, 単位長さあたりの等分布荷重とする.

3) 1 階床スラブは, 直接地面上にあり, 地盤沈下などの心配がないものとし, 1 階の床荷重や基礎梁自重は, 直接地盤に伝わるものとして設計する.

4) 以上より, 大梁は図 11.6(b)のような荷重を負担する.

表 11.5 剛比の計算

	方向	階	部材名	断面形	断面，T 型断面			袖壁，たれ壁の割増し					部材長さ		剛度			剛比
					B, b_a, b_a, t, D, b			l_2, D, t_1, l_1	A_1+A_2 $=(l_1+l_2)t$ $A_0=bD$ $\phi_2=\dfrac{A_1+A_2+A_0}{A_0}$				$D/2$, l_0, $D/2$		$I_0=\dfrac{bD^3}{12}$ $I=\phi_1\phi_2 I_0$ $K=\dfrac{I}{l_0+D}$			$K_0=10^3$ [cm³]とする $k=\dfrac{K}{K_0}$
					b [cm]	D [cm]	ϕ_1	t_1	l_1+l_2 [cm]	A_1+A_2 [cm³]	A_0 [cm²]	ϕ_2	l_0 [cm]	l_0+D [cm]	$I_0\times10^4$ [cm⁴]	$I\times10^4$ [cm⁴]	$K\times10^3$ [cm³]	k
梁	x	R	$G_{A12\sim B34}$		35	60	1.5	15	50	750	2100	1.4		600	63.0	132.3	2.21	2.2
		3・2	2F の G_{A12} 以外		35	60	1.5	15	70	1050	2100	1.5		600	63.0	141.8	2.36	2.4
			2F の G_{A12}		35	60	1.5	15	70	1050	2100	1.5	450	510	63.0	141.8	2.78	2.8
		F	G_{A12} 以外		40	85	—					—		600	204.7		3.41	3.4
			G_{A12}		40	85	—					—	450	530	204.7		3.86	3.9
	y	R	$G_{2AB,\,3AB}$		35	70	2.0					—		700	100.0	200.0	2.86	2.9
		3・2	$G_{2AB,\,3AB}$		35	70	2.0					—		700	100.0	200.0	2.86	2.9
		F	$G_{1AB\sim 4AB}$		40	90	—					—		700	243.0		3.47	3.5
柱	x	3・2	$C_{A1\sim 4,B3,4}$		50	50	—					—	220	270	52.1		1.93	1.9
		1	C_{A1} 以外		50	50	—					—	330	380	52.1		1.37	1.4
			C_{A1}		50	50	—	15	100	1500	2500	1.6	330	380	52.1	83.4	2.19	2.2
	y	3・2	$C_{A2,3,\,B2,3}$		50	50	—					—	280	330	52.1		1.58	1.6
		1	$C_{A2,3,\,B2,3}$		50	50	—					—	325	375	52.1		1.39	1.4

注 1）部材の記号は次の例に示すように定めた．梁の場合：G_{A12} = Ⓐ ラーメンで①②ラーメン間の梁，柱の場合：C_{A1} = Ⓐ ラーメンと①ラーメンの交わる柱．

2）スラブ付き梁の剛性の割増率 ϕ_1 は片側スラブで 1.5，両側スラブで，2.0 とした．

3）腰壁，袖壁，パラペットなどによる剛性の割増率 ϕ_2 は，断面積の増加の割合とした．このような壁がつくと，梁や柱のプロポーションが太短くなり，ひび割れ発生後の抵抗に依存するからである．

4）部材長さは，開口部長さ l_0 に部材本体のせい D を加えた長さか，部材の芯々長さ L のうち短いほうをとった．ここでいう部材長さは剛比を出すためだけのものでラーメン部材の長さとは異なる．

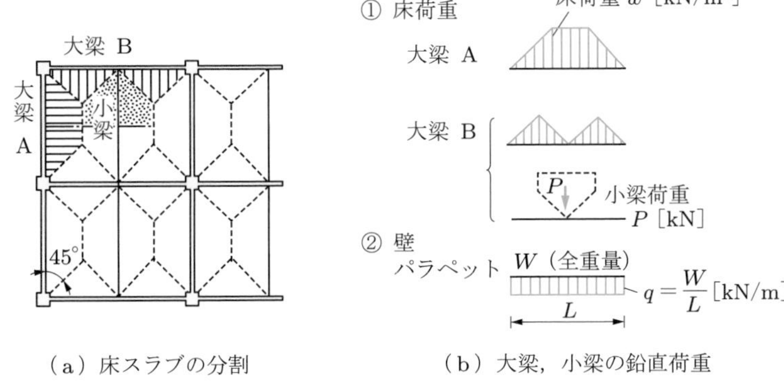

（a）床スラブの分割　　（b）大梁，小梁の鉛直荷重

図 11.6　大梁に加わる荷重

(2) C，M_0，Q_0 の計算

固定法による応力計算の準備として，付録 11 の公式を用いて大梁の固定端曲げモーメント C，単純梁とした中央部曲げモーメント M_0，せん断力 Q_0 を求める．計算結果を表 11.6 に示す．

表 11.6　梁の C，M_0，Q_0

階	部材	負担図	荷重種別	λ	w [kN/m²]	C [kN·m]	M_0 [kN·m]	Q_0 [kN]
R	A，B 通り	$L_y = 6.0$, $L_x = 3.5$	床	1.71	9.0	41.4	64.8	34.2
			パラペット	$W = 4.5 \times 6.0 = 27$		13.4	20.3	13.5
			計			55.3	85.1	47.7
	2，3 通り	$L_x = 3.5$, $L_x = 3.5$, $L_y = 6.0$	床	1.71	9.0	94.5	166.5	62.1
			床	1.71	9.0	94.5	166.5	62.1
			計			189.0	333.0	124.1
3 および 2	A，B 通り	$L_y = 6.0$, $L_x = 3.5$	床	1.71	8.7	40.0	62.6	33.1
			壁 窓	$W = 4.4 \times 0.7 \times 5.5 = 16.9$ $W = 0.4 \times 5.5 \times 2.2 = 4.8$ 計 21.7		10.8	16.3	10.9
			計			50.8	78.9	44.0
	2，3 通り	$L_x = 3.5$, $L_x = 3.5$, $L_y = 6.0$	床	1.71	8.7	91.4	161.0	60.0
			床	1.71	8.7	91.4	161.0	60.0
			計			182.8	322.0	120.0

(3) 固定法による応力計算

1) 固定法の計算手順を図 11.7 に示す.

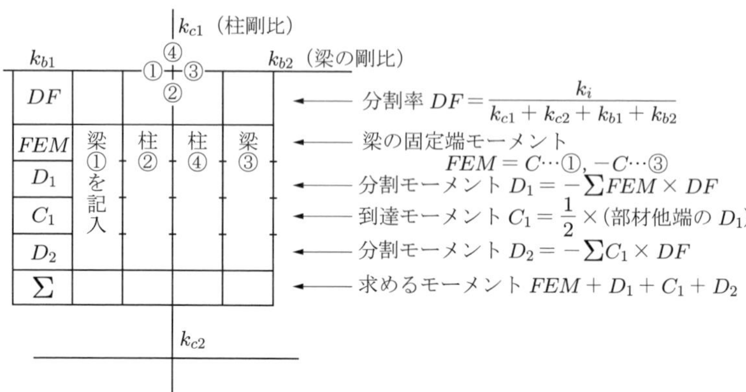

図 11.7 固定法の計算

2) ②ラーメン（③ラーメンも同じ）と A ラーメンの計算例を図 11.8, 11.9 に示す. なお, ②ラーメンは, 梁中間で対称曲げモーメントとなるので, 梁の剛比を 1/2 として半分のラーメンを取り上げる.

3) 基礎梁は剛比が大きいので, 柱脚固定とする.

℄　$k_e = 2.9/2 = 1.45$

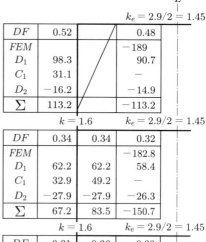

DF	0.52		0.48
FEM			−189
D_1	98.3		90.7
C_1	31.1		−
D_2	−16.2		−14.9
Σ	113.2		−113.2

$k = 1.6$　$k_e = 2.9/2 = 1.45$

DF	0.34	0.34	0.32
FEM			−182.8
D_1	62.2	62.2	58.4
C_1	32.9	49.2	−
D_2	−27.9	−27.9	−26.3
Σ	67.2	83.5	−150.7

$k = 1.6$　$k_e = 2.9/2 = 1.45$

DF	0.31	0.36	0.33
FEM			−182.8
D_1	56.7	65.8	60.3
C_1	−	31.1	−
D_2	−9.6	−11.2	−10.3
Σ	47.1	85.7	−132.8

$k = 1.4$

図 11.8 ②, ③ラーメンの応力計算[kN·m]

(4) 応力図の完成

次の要領により応力図を完成する.

1) 固定法で求めた部材端の曲げモーメント（M_1, M_2, M_3, M_4）を記入する.

梁中央部の曲げモーメントを次式で求める（図 11.10(a)）.

$$M = M_0 - \frac{M_1 + M_2}{2}$$

2) 梁端のせん断力 Q を求める（$M_2 > M_1$ の場合）（図 11.10(b)）.

$$Q' = \frac{M_2 - M_1}{L}$$

$$Q_1 = Q_0 - Q'$$

$k = 2.2$ $k = 2.2$ $k = 2.2$

DF	0.46	／	0.54	0.35	0.30	／	0.35	0.35	0.30	／	0.35	0.54	0.46	／
FEM			−55.3	55.3			−55.3	55.3			−55.3	55.3		
D_1	25.4		29.9	0	0		0	0	0		0	−29.3	−25.4	
C_1	7.9		0	15.0	0		0	0	0		−15.0	0	−7.9	
D_2	−3.6		−4.3	−5.3	−4.5		−5.3	5.1	4.4		5.3	4.2	3.7	
$\sum$	29.7		−29.7	65	−4.5		−60.6	60.4	4.4		−65	29.7	−29.7	

$k = 1.9$ $k = 2.4$ $k = 1.9$ $k = 2.4$ $k = 1.9$ $k = 2.4$ $k = 1.9$

DF	0.31	0.31	0.38	0.28	0.22	0.22	0.28	0.28	0.22	0.22	0.28	0.38	0.31	0.31
FEM			−50.8	50.8			−50.8	50.8			−50.8	50.8		
D_1	15.7	15.7	19.3	0	0	0	0	0	0	0	0	−19.3	−15.7	−15.7
C_1	7.1	12.7	0	9.7	0	0	0	0	0	0	−9.7	0	−8.4	−12.7
D_2	−6.1	−6.1	−7.5	−2.7	−2.1	−2.1	−2.7	2.7	2.1	2.1	2.7	8.0	6.5	6.5
$\sum$	16.7	22.3	−39.6	57.8	−2.1	−2.1	−53.5	53.5	2.1	2.1	−57.8	39.5	−17.6	−21.9

$k = 1.9$ $k = 2.8$ $k = 1.9$ $k = 2.4$ $k = 1.9$ $k = 2.4$ $k = 1.9$

DF	0.32	0.28	0.40	0.33	0.16	0.22	0.28	0.30	0.17	0.23	0.30	0.41	0.24	0.33
FEM			−50.8	50.8			−50.8	50.8			−50.8	50.8		
D_1	16.3	14.2	20.3	0	0	0	0	0	0	0	0	−20.8	−12.2	−17.3
C_1	—	7.9	0	10.2	—	0	0	0	—	0	−10.4	0	—	−7.9
D_2	−2.5	−2.2	−3.2	−3.4	−1.6	−2.0	−3.0	3.0	1.8	2.5	3.0	3.2	1.9	2.7
$\sum$	13.8	19.9	−33.7	57.6	−1.6	−2.2	−53.7	54.0	1.8	2.5	−58.3	32.8	−10.7	−22.1

$k = 2.2$ $k = 1.4$ $k = 1.4$ $k = 1.4$

① ② ③ ④

図 11.9 Ⓐラーメンの応力計算［kN·m］

$$Q_2 = Q_0 + Q'$$

3）柱の Q を求める（図 11.10(c)）.

$$Q = \frac{M_{上} + M_{下}}{h}$$

②ラーメン，および A ラーメンの曲げモーメント図をそれぞれ図 11.11，11.12 に示す.

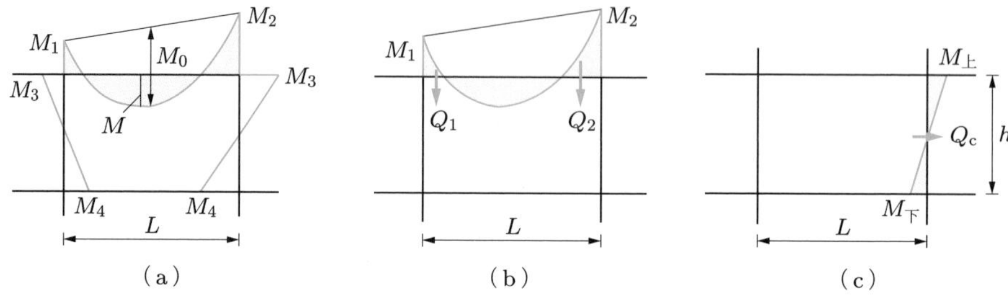

図 11.10 応力図の完成

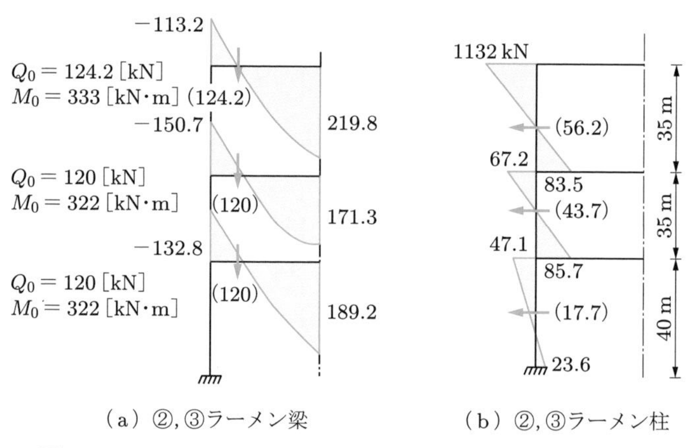

（a）②,③ラーメン梁　　（b）②,③ラーメン柱

図 11.11 鉛直荷重による応力（②，③ラーメン）［kN·m, kN］

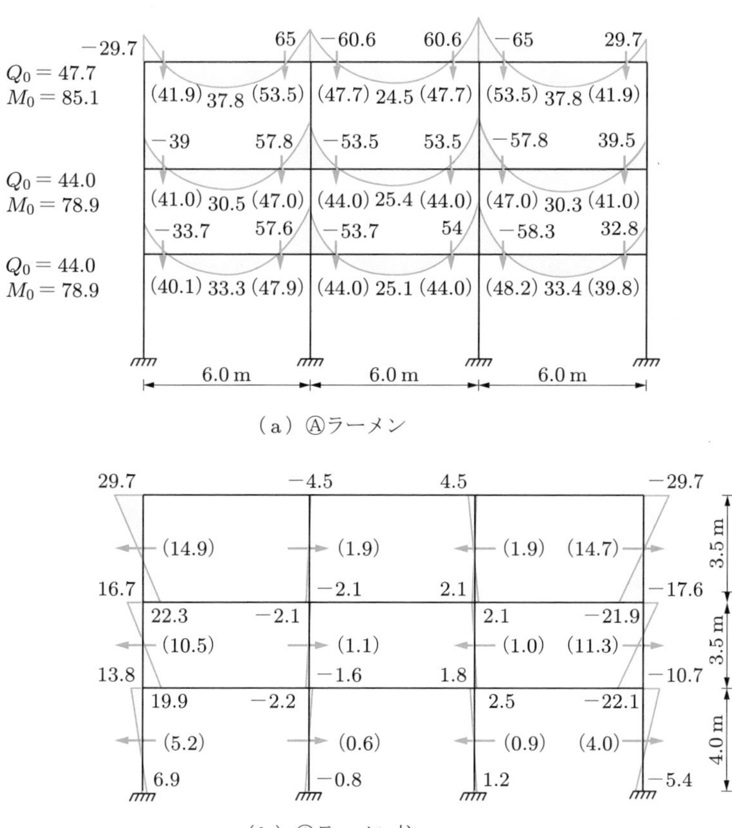

図 11.12　鉛直荷重による応力（A ラーメン）[kN·m, kN]

11.3　地震力による応力計算および耐震性の検討

11.3.1　地震力の計算

地震力計算の各階重量は，鉛直荷重による柱軸力計算結果を利用することにするが，積載荷重がラーメン計算用とは異なるので，その差を差し引いて求めた．結果を表 11.7 に示す．地震層せん断力 Q_i，および地震力 P_i を表 11.8 に示す．

11.3.2　耐震設計ルートの判定

耐震設計ルートの判定のための柱，壁断面図を図 11.13 に，判定計算を表 11.9 に示す．なお，階段室の壁は，雑壁として考慮する．壁の量は x，y 方向で異なり，耐震設計ルートは異なっている．

表 11.7　地震力計算用各階重量 [kN]

		R 階	3 階	2 階
①	図 11.5 より $\sum N$	1641	3345	5200
②	表 11.3 より積載荷重の差	$0.70-0.30=0.40$	$1.80-0.80=1.0$	$1.80-0.80=1.0$
③	床面積	$7\times 18=126$ [m^2]		
④	② × ③	$0.4\times 126=50$	$1.0\times 126=126$	$1.0\times 126=126$
⑤	地震力計算用重量 $\sum W_i=$ ①$-\sum$ ④	$1641-50=1591$	$3345-(50+126)=3169$	$5192-(50+126+126)=4898$

表 11.8　地震力による層せん断力 [kN]

		R 階	3 階	2 階
①	表 11.7 より，$\sum W_i$	1591	3169	4898
②	$\alpha_i=\frac{\sum W_i}{\sum W_1}$	$\frac{1591}{4898}=0.325$	$\frac{3169}{4898}=0.648$	1.0
③	式(10.6)より，T	$a=0,\quad T=0.02\times 11=0.22$		
④	表 10.3 より，R_t	第 2 種地盤 $T_c=0.6>T=0.22\qquad \therefore R_t=1.0$		
⑤	式(10.7)より A_i	1.38	1.16	1.0
⑥	式(10.5)より，$Z\times$ ④ $\times A_i\times C_0$ ただし $Z=0.9,\ C_0=0.2$	$0.9\times 1.0\times 1.38\times 0.2=0.248$	$0.9\times 1.0\times 1.16\times 0.2=0.209$	$0.9\times 1.0\times 1.00\times 0.2=0.180$
⑦	式(10.4)より，$Q_i=$ ① × ⑥	395	662	882

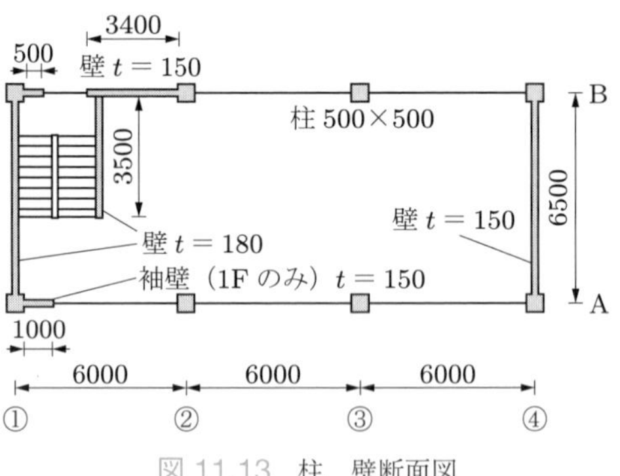

図 11.13　柱，壁断面図

11.3.3　純ラーメンの D 値（A ラーメン，②，③ラーメン）

D 値法による D 値，反曲点高比，および柱脚半固定の場合の反曲点高さの修正公式については，付録 12 に示す．詳しくは文献 5，6 に述べられている．なお，この付録では地震力 P_i の高さ方向の分布が逆三角形分布の場合を示してあるが，実際には A_i 分布であり，多少異なるが大きな差はない．反曲点高さの修正は，基礎梁の剛性か大

表 11.9 耐震設計ルートの判定

欄		方向	x 方向			y 方向		
1		層	1	2	3	1	2	3
2	図 10.18	$\sum A_W$ [$\times 10^5$ mm^2]	7.35	5.85		21.45		
3	〃	$\sum A'_W$ [$\times 10^5$ mm^2]	—			6.3		
4	〃	$\sum A_c$ [$\times 10^5$ mm^2]	20.0			20.0		
5	表 10.6	$2.5\sum A_W + 0.7\sum(A'_W + A_c)$ [kN]	3238	2863		7203		
6	〃	$\{2.5\sum A_W + 0.7\sum(A'_W + A_c)\}/0.75$ [kN]	4317	3817		9605		
7	〃	$1.8\sum(A_W + A_c)$ [kN]	4923	4653		7461		
8	〃	ZW_iA_i [kN]	4400	3308	1976	4400	3308	1976
9	〃	設計ルートの判定	2-2	2-1	1	1	1	1
10		設計ルートの決定	2-2			1		

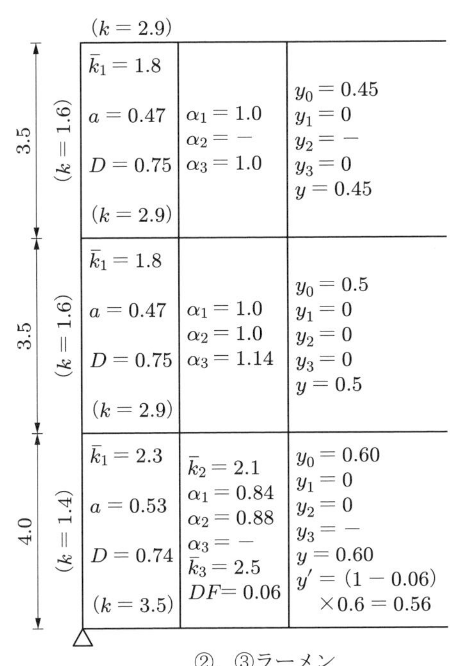

図 11.14 ②，③ラーメンの D 値，反曲点高比

きく曲げモーメント伝達率 DF は小さいので，1 階部分の修正のみにとどめる．結果を図 11.14（②，③ラーメン），図 11.15（A ラーメン）に示す，

	(k = 2.2)			(k = 2.2)			(k = 2.2)					
$(k=1.9)$	$\bar{k}_1=1.2$ $a=0.38$ $D=0.72$	$\alpha_1=0.9$ $\alpha_3=1.0$ $(k=2.4)$	$y_0=0.40$ $y_1=0$ $y_3=0$ $y=0.40$ $(k=1.9)$	$\bar{k}_1=2.4$ $a=0.55$ $D=1.05$	$\alpha_1=0.9$ $\alpha_3=1.0$ $(k=2.4)$	$y_0=0.45$ $y_1=0$ $y_3=0$ $y=0.45$ $(k=1.9)$	$\bar{k}_1=2.4$ $a=0.55$ $D=1.05$	$\alpha_1=0.9$ $\alpha_3=1.0$ $(k=2.4)$	$y_0=0.45$ $y_1=0$ $y_2=0$ $y_3=0$ $y=0.45$ $(k=1.9)$	$\bar{k}_1=1.2$ $a=0.38$ $D=0.72$	$\alpha_1=0.9$ $\alpha_3=1.0$	$y_0=0.40$ $y_1=0$ $y_3=0$ $y=0.40$
$(k=1.9)$	$\bar{k}_1=1.4$ $a=0.41$ $D=0.78$	$\alpha_1=0.85$ $\alpha_2=1.0$ $\alpha_3=1.14$ $(k=2.8)$	$y_0=0.45$ $y_1=0$ $y_2=0$ $y_3=0$ $y=0.45$ $(k=1.9)$	$\bar{k}_1=2.6$ $a=0.57$ $D=1.08$	$\alpha_1=0.92$ $\alpha_2=1.0$ $\alpha_3=1.14$ $(k=2.4)$	$y_0=0.50$ $y_1=0$ $y_2=0$ $y_3=0$ $y=0.50$ $(k=1.9)$	$\bar{k}_1=2.4$ $D=1.05$	$\alpha_1=1.0$ $\alpha_2=1.0$ $\alpha_3=1.14$ $(k=2.4)$	$y_0=0.50$ $y_1=0$ $y_2=0$ $y_3=0$ $y=0.50$ $(k=1.9)$	$\bar{k}_1=1.2$ $D=0.72$	$\alpha_1=1.0$ $\alpha_2=1.0$ $\alpha_3=1.14$	$y_0=0.45$ $y_1=0$ $y_2=0$ $y_3=0$ $y=0.45$
$(k=2.2)$	$\bar{k}_1=1.5$ $a=0.43$ $D=0.95$	$\bar{k}_2=1.25$ $\alpha_1=1.27$ $\alpha_2=0.88$ $\bar{k}_3=1.7$ $DF=0.08$ $(k=3.9)$	$y_0=0.65$ $y_1=0.05$ $y_2=0$ $y=0.70$ $y'=(1-0.08)\times 0.7=0.64$ $(k=1.4)$	$\bar{k}_1=4.5$ $a=0.69$ $D=0.97$	$\bar{k}_2=3.7$ $\alpha_1=0.71$ $\alpha_2=0.88$ $\bar{k}_3=5.2$ $DF=0.03$ $(k=3.4)$	$y_0=0.55$ $y_1=0$ $y_2=0$ $y=0.55$ $y'=0.53$ $(k=1.4)$	$\bar{k}_1=4.1$ $a=0.67$ $D=0.94$	$\bar{k}_2=3.4$ $\alpha_1=0.71$ $\alpha_2=0.88$ $\bar{k}_3=4.9$ $DF=0.03$ $(k=3.4)$	$y_0=0.55$ $y_1=0$ $y_2=0$ $y=0.55$ $y'=0.53$ $(k=1.4)$	$\bar{k}_1=2.1$ $a=0.51$ $D=0.71$	$\bar{k}_2=1.7$ $\alpha_1=0.71$ $\alpha_2=0.88$ $\bar{k}_3=2.4$ $DF=0.06$	$y_0=0.60$ $y_1=0.05$ $y_2=0$ $y=0.65$ $y'=0.61$

図 11.15 Ⓐラーメンの D 値，反曲点高比

11.3.4 独立耐震壁の D 値（①，④通り耐震壁）

第10章で述べたように，せん断変形，曲げ変形，基礎の回転による水平変位を考慮する．水平層せん断力は A_i 分布とする．

耐震壁の D 値は，付録13の式(付13.2)，(付13.8)，(付13.10)，(付13.14)から，表11.10のように求められる．なお，①通り耐震壁の諸数値は以下のとおりである．

$$t_i L = 180 \times 7000 = 1260000\ [\mathrm{mm}^2]$$

$$\kappa = 1.15\ (\text{一般に，}1.15\sim1.35\ \text{程度である})$$

$$\frac{E}{G} = 2.4, \qquad \frac{12E}{G} = 28.8$$

$$I_w = \frac{500 \times 7500^3}{12} - \frac{(500-180) \times 6500^3}{12} = 1.03 \times 10^{13}\,[\mathrm{mm}^4]$$

$$2,\ 3\mathrm{F}: k_{w2}, k_{w3} = \frac{I_w/h}{K_0} = \frac{1.03 \times 10^{13}/3500}{10^6} = 2.94 \times 10^3$$

$$1\mathrm{F}: k_{w1} = \frac{I_w/h}{K_0} = \frac{1.03 \times 10^{13}/4000}{10^6} = 2.58 \times 10^3$$

基礎の回転ばね係数 K_F は，厳密には未知の点も多いが，図11.16において，杭の伸縮による回転変形から次式のように考えて決める．

$$\text{杭の応力}\ N = \frac{M}{L}$$

表11.10 独立耐震壁の D 値計算（W_{1AB}）（矢印は，加算を意味する）

	①			3階	2階	1階
	②		h [mm]	3500	3500	4000
	③		Q [kN]	395	662	880
せん断変形	④		$A_w tL$ $(\times 10^3)$ $[\mathrm{mm}^2]$	1260	1260	1260
	⑤		$kQ/(t_i L)$ $(\times 10^{-3})$	0.360	0.604	0.803
	⑥		$12(E/G)K_0/h_i$	8230	8230	7200
	⑦	(付13.2)	$\delta_s =$ ⑤ × ⑥ $(h_i{}^2/12EK_0)$	3.0	5.0	5.9
曲げ変形	⑧		Qh $(\times 10^3)$	1390 ↓	2320 ↓	3520 ↓
	⑨		M' $(\times 10^3)$	1390 ↓→↘	3710 ↓→↘	7230 ↓
	⑩		$2M$ $(\times 10^3)$	1390	5100	10940
	⑪		k_w $(\times 10^3)$	2.94	2.94	2.58
	⑫		$2M/k_w$	473 ↓	↙ 1730 ↓	↙ 4240 ↓
	⑬		$4\Delta_B$	12410	← 10210	← 4240
	⑭	(付13.8)	$\delta_B =$ ⑬ × $3/h$ $(h_i^2/12EK_0)$	10.6	8.8	3.2
基礎回転変形	⑮		$\theta = M/K_F =$ ⑨ の $1\mathrm{F}/K_F$	$7230 \times 10^3/(6.14 \times 10^9) = 1.18 \times 10^{-3}$		
	⑯		$12EK_0/h_i$ $(\times 10^3)$	72	72	63
	⑰	(付13.10)	$\delta_R =$ ⑮ × ⑯ $(h_i{}^2/12EK_0)$	85.0	85.0	74.3
全変形	⑱		$\sum\delta =$ ⑦ + ⑭ + ⑰	98.6	98.8	83.3
	⑲	(付13.14)	$D_w =$ ③/⑱ $(h_i{}^2/12EK_0)$	4.02	6.70	10.56
D 値	⑳		採用 D_w $(h_i{}^2/12EK_0)$	4.0	6.7	10.6

杭の伸縮量 $\Delta L_p = \dfrac{N}{E_p n A_p} L_p$

基礎の回転量 $\theta = 2 \times \dfrac{\Delta L_p}{L}$

したがって，基礎の回転ばね係数は，次式で表される．

$$K_F = \frac{M}{\theta} = L^2 E_p n \frac{A_p}{2L_p}$$

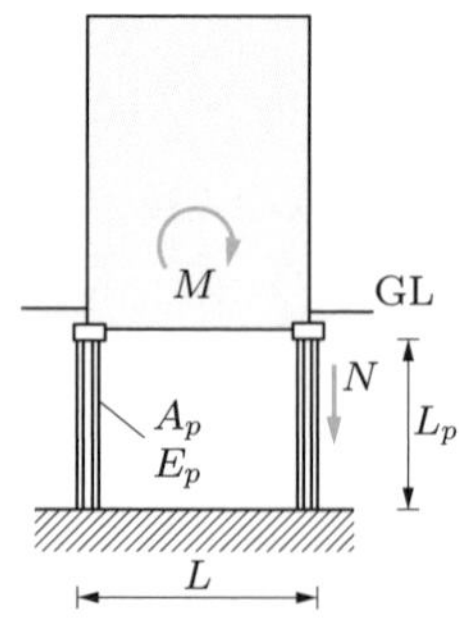

図 11.16 基礎の回転ばね係数 K_F

$E_p = 30$ [kN/mm^2]，$n = 2$ [本]，$A_p = 83570$ [mm^2]，$L_p = 20$ [m]，$L = 7$ [m] とすると，

$$K_F = 7000^2 \times 30 \times 10^3 \times 2 \times \frac{83570}{2 \times 20000} = 6.14 \times 10^9 \,[\mathrm{kN \cdot mm}]$$

表 11.10 でわかるように，この耐震壁は基礎の回転による変形 δ_R が他の変形に比べてかなり大きく，これによって D 値が左右される．したがって，④通りの耐震壁の場合も壁厚が異なるものの，D 値はほぼ同じ値となるので，①通りの値を用いる．

11.3.5 壁付きラーメンの D 値（B ラーメン）

B ラーメンの耐震壁は，ラーメンの梁に拘束され水平力負担が大きくなる．これは境界梁効果とよばれ，D 値も大きくなる．ここでは，低層の連層耐震壁では壁全体の曲げ変形が小さいので，以下のように略算する．

図 11.17 において，境界梁の反曲点位置を 3 : 1 とすると，境界梁の一部（反曲点までの長さ $0.75L$）と耐震壁部分の剛域とした部分（$0.5L$）による仮想部材の長さは，次のようになる．

$$L_{be} = 0.5L + 0.75L = 1.25L$$

梁の剛域比 λ は，$\lambda = 0.5L/1.25L = 0.4$ である．

仮想部材の剛度は，基礎梁の場合は $I_B = 204.7 \times 10^8$ [mm^4]，$L = 6000$ [mm] であるから，

$$K_{be} = \frac{I_B}{L_{be}} = \frac{204.7 \times 10^8}{1.25 \times 6000} = 27.3 \times 10^5$$

基礎梁の曲げモーメント M_B と基礎の回転量 θ との関係から，

$$M_{BF} = \left\{ \frac{3EK_{be}}{(1-\lambda)^3} \right\} \theta = \frac{3 \times 21 \times 27.3 \times 10^5}{(1-0.4)^3} \theta = 7.96 \times 10^8 \theta \,[\mathrm{kN \cdot mm}]$$

となる．同様に，上階の梁の曲げモーメントは次のようになる．

2，3 階：$M_{B2} = M_{B3} = 5.51 \times 10^8 \theta$　　R 階：$M_{B4} = 5.13 \times 10^8 \theta$

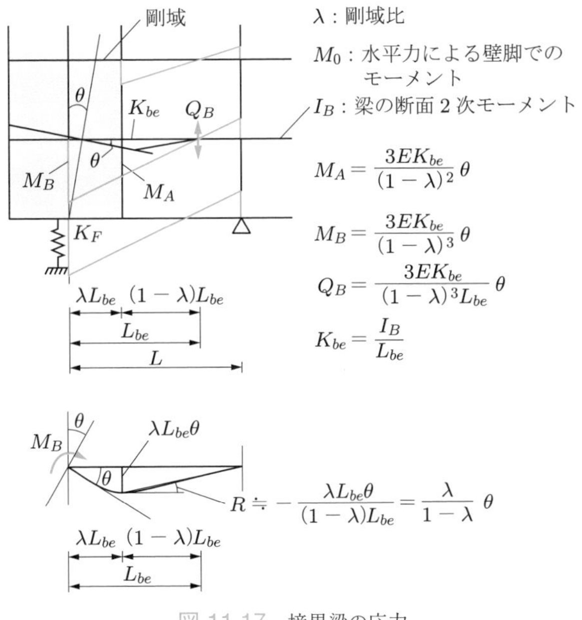

図 11.17　境界梁の応力

したがって，次式となる．

$$\sum M_B = (7.96 + 5.51 + 5.51 + 5.13) \times 10^8\theta = 24.1 \times 10^8\theta$$

基礎のばね係数は，y 方向の壁の場合と同様に

$$K_F = 6000^2 \times 30 \times 2 \times \frac{83570}{2 \times 20000} = 4.51 \times 10^9 [\text{kN·mm}]$$

基礎の回転反力曲げモーメントは，

$$M_F = 4.51 \times 10^9\theta [\text{kN·mm}]$$

境界梁の曲げモーメント M_B の基礎の回転反力曲げモーメント M_F に対する割合は，

$$\frac{\sum M_B}{M_F} = \frac{24.1 \times 10^8\theta}{4.51 \times 10^9\theta} = 0.535$$

となる．したがって，基礎の回転反力曲げモーメントに対して基礎梁による効果を加えると，次式のようになる．

$$K'_F = (1 + 0.535)K_F = 1.535K_F$$

この K'_F を用いて，独立壁と同様にして壁の D 値を求められる．さらに，この耐震壁には開口があるので，式(9.21)の剛性の低減係数を求めて上記の D 値に掛ける．

$$r = 1 - 1.25\sqrt{\frac{1.3 \times 1.6}{6.0 \times 4.0}} = 0.63$$

11.3.6　雑壁の D 値（階段室の壁）の仮定

柱との断面積比の大きさの D 値とする．$D_c = 0.75$ より，次のようになる．

$$D_w = \frac{180 \times 3500}{500 \times 500} \times 0.75 = 2.52 \times 0.75 = 1.89$$

さらに 1 階を大きく，上階を小さくとることとして，$D_w = 2.5 \sim 1.5$ とした．

11.3.7　D 値の一覧

以上より求めた D 値の一覧を図 11.18 に示す．

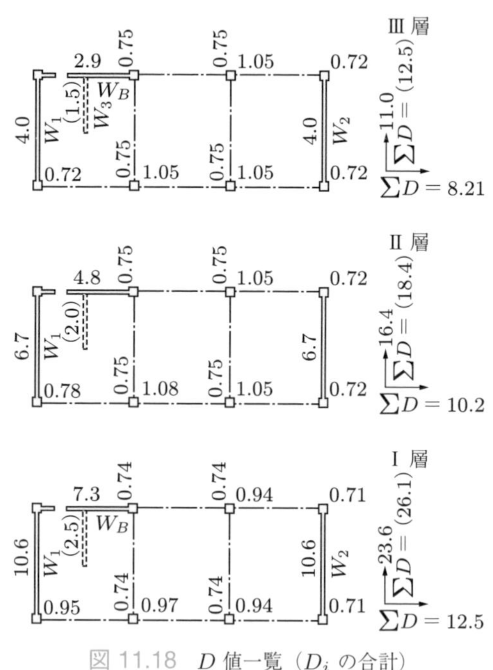

図 11.18　D 値一覧（D_i の合計）

11.3.8　層間変形角，剛性率

10.4 節で述べた層間変形角，剛性率を，x 方向について表 11.11 に示す．層間変形角は，ひび割れ後の部材の剛性低下は 1/2〜1/3 になるが，これを考慮しても十分小さい程度の値である．なお，y 方向は壁が多く設計ルート 1 であるので検討は不要である．

11.3.9　建築物のねじれ補正と偏心率

ねじれ補正のための計算表を図 11.19 に示す．なお，ねじれには雑壁を考慮する．

表 11.11 x 方向層間変形角，剛性率

			3 階	2 階	1 階
①	層間変形角	表 11.8 より，Q_i	395	662	880
②		図 11.17 より，$\sum D$	8.21	10.2	12.5
③		$(12EK_0)/h$	72×10^3	72×10^3	63×10^3
④		式(10.36)より	1/1490	1/1110	1/900
⑤		$\delta/h = Q\{D(12EK_0/h^2)\}/h =$ ①/②/③	$< 1/200$	$< 1/200$	$< 1/200$
⑥		式(10.35)より，判定	OK	OK	OK
⑦	剛性率	層間変形角の逆数 $r_{si} = h/\delta = 1/$④	1490	1100	900
⑧		式(10.37)より，$\overline{r_s}$	$(1490 + 1110 + 900)/3 = 1170$		
⑨		式(10.38)より，R_{si}	$1.27 > 0.6$	$0.95 > 0.6$	$0.77 > 0.6$
⑩		式(10.39)より，判定	OK	OK	OK

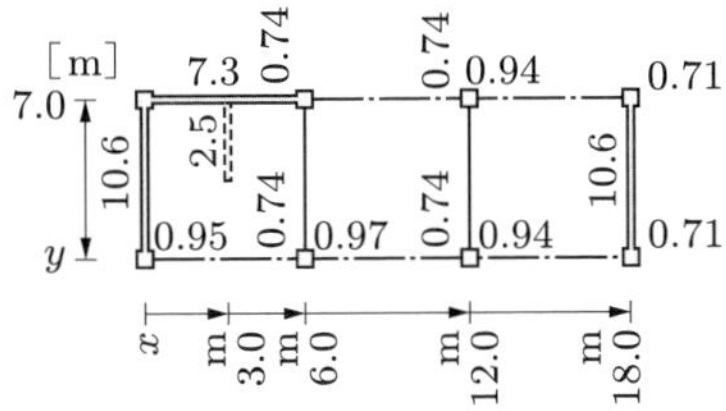

y [m]	D_x	D_xy	D_xy^2
7.0	8.98	62.6	439
0	3.57	0	0
計 $\sum$	12.52	62.6	439

x [m]	0	3.0	6.0	12.0	18.0	計 $\sum$
D_y	10.6	2.5	1.48	1.48	10.6	26.4
D_yx	0	7.5	8.9	17.8	190.8	220.0
D_yx^2	0	22.5	53.2	213.1	3434.0	3722.8

図 11.19 ねじれ補正のための計算表

(1) 重心（鉛直荷重によるの柱軸力の重心）

C_{A1} を基準として式(10.40)より，次のように求められる．

$$x_g = \frac{\sum(Nx)}{\sum N} = \frac{(701 + 819) \times 6.0 + (701 + 701) \times 12.0 + (493 + 493) \times 18.0}{5190} = 8.42\ [\mathrm{m}]$$

$$y_g = \frac{\sum(Ny)}{\sum N} = \frac{(754 + 819 + 701 + 493) \times 7.0}{5190} = 3.73\ [\mathrm{m}]$$

(2) 剛　心

C_{A1} を基準として式(10.41)より，次のように求められる．

$$x_o = \frac{\sum(D_yx)}{\sum D_y} = \frac{220.0}{26.4} = 8.33\ [\mathrm{m}]$$

$$y_o = \frac{\sum(D_x y)}{\sum D_x} = \frac{62.6}{12.5} = 5.00\ [\mathrm{m}]$$

■(3) 偏心量

式(10.42)より，次のように求められる．

$$e_x = 8.42 - 8.33 = 0.09\ [\mathrm{m}], \qquad e_y = 3.73 - 5.00 = -1.27\ [\mathrm{m}]$$

■(4) D 値 2 次モーメント

$$\begin{aligned}\textstyle\sum\{D_x(y-y_o)^2\} &= \textstyle\sum(D_x y^2) - (\sum D_x){y_0}^2 \\ &= 439 - 12.52 \times 5.00^2 = 126 \\ \textstyle\sum\{D_y(x-x_o)^2\} &= \textstyle\sum(D_y x^2) - (\sum D_y){x_0}^2 \\ &= 3722.8 - 26.4 \times 8.33^2 = 1891\end{aligned}$$

$$\textstyle\sum\{D_x(y-y_o)^2\} + \sum\{D_y(x-x_o)^2\} = 126 + 1891 = 2017$$

■(5) ねじれ補正係数

式(10.52)より，次のように求められる．ただし，x，y は剛心（x_o, y_o）を基準とした座標を用いる．

$$x\ 方向：\alpha_x = 1 + \left(-1.27y \times \frac{12.5}{2017}\right) = 1 - 0.008y$$

y の影響は小さいので $\alpha_x = 1$ とする．y 方向については，偏心がほとんどないので $\alpha_y = 1$ とする．

■(6) 偏心率

式(10.58)，(10.60)より，

$$\gamma_{ex} = \sqrt{\frac{2017}{12.5}} = 12.7, \qquad R_{ex} = \frac{e_y}{\gamma_{ex}} = \frac{1.27}{12.7} = 0.100 < 0.15$$

$$\gamma_{ey} = \sqrt{\frac{2017}{26.4}} = 8.74, \qquad R_{ey} = \frac{e_x}{\gamma_{ey}} = \frac{0.09}{8.74} = 0.010 < 0.15 \qquad \therefore \mathrm{OK}$$

11.3.10 水平荷重による応力

■(1) 耐震壁の分担水平力，および柱の付加軸力

計算表を表 11.12 に示す，雑壁は水平力を負担しないものとしている．なお，分担水平力は式(10.51)より $Q_w = \alpha D_w Q / \sum D$，せん断応力度は式(9.2)より $\tau = Q_w/(tL_w)$ である．耐震壁の柱の付加軸力は $V = \pm Q_w h/L$ である．

以上より，次のことがわかる．

1) いずれの壁も $\tau/F_c < 0.1$ であり，せん断ひび割れは生じない．

表 11.12 耐震壁の分担水平力，および柱の付加軸力の計算

方向	階	壁記号	断面 tL_w [mm × mm]	Q	$\sum D$	α	D_w	Q_w	τ/F_c	分担率 Q_w/Q	h/L	付加軸力 V [kN]
x	3	$\mathrm{W_{B12}}$	150 × (6500 − 1600)	395	8.21	1.0	2.9	140	0.091	0.35	3.5/6.0	82
	2			662	10.2	1.0	4.8	311	0.020	0.47		181
	1			880	12.5	1.0	7.3	513	0.033	0.58	4.0/6.0	342
y	3	$\mathrm{W_{1AB}}$	180 × 7500	395	11.2	1.0	4.1	145	0.005	0.37	3.5/7.0	72.5
		$\mathrm{W_{2AB}}$	150 × 7500				4.1	145	0.006	0.37		72.5
	2	$\mathrm{W_{1AB}}$	180 × 7500	662	16.4	1.0	6.7	270	0.009	0.41		135
		$\mathrm{W_{2AB}}$	150 × 7500				6.7	270	0.011	0.41		135
	1	$\mathrm{W_{1AB}}$	180 × 7500	880	24.0	1.0	10.6	389	0.014	0.44	4.0/7.0	222
		$\mathrm{W_{2AB}}$	150 × 7500				10.6	389	0.017	0.44		222

表 11.13 耐震壁の 1 階の柱軸力

	長期軸力 N_0 [kN]		付加軸力[kN]	1F 柱軸力[kN]
$\mathrm{W_{B12}}$	$\mathrm{C_{B1}}$	856	$\sum V = 82 + 181 + 342$ $= 605$	$856 - 605$ $= 251$
	$\mathrm{C_{B2}}$	888		
$\mathrm{W_{4AB}}$	$\mathrm{C_{A4}}$	533	$\sum V = 73 + 135 + 222$ $= 430$	$533 - 430$ $= 103$
	$\mathrm{C_{B4}}$	533		

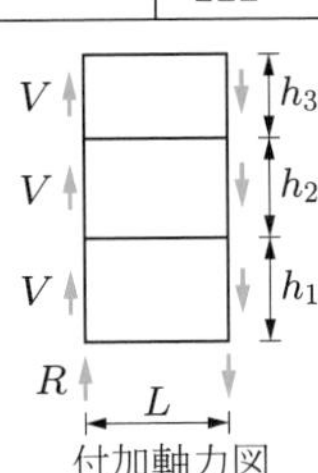

付加軸力図

2) 表 11.13 に示すように，1 階の長期軸方向力に比べて付加軸力が小さいので基礎の浮き上がりは生じない．

■(2) ラーメンの分担水平力

表 11.14 に示すように，y 方向の壁分担率がかなり大きいので，ラーメン分担率は表の数値のように割り増したものを採用した．

表 11.14 ラーメンの分担水平力

方向	階	Q [kN]	(1) Q_w/Q（表 11.12 より）	(2) 採用 Q_c/Q	(1) + (2)	Q_c [kN]
x	3	395	0.35	0.7	1.05	277
	2	662	0.47	0.6	1.07	396
	1	880	0.58	0.5	1.08	440
y	3	395	0.74	0.4	1.14	158
	2	662	0.82	0.35	1.17	231
	1	880	0.88	0.3	1.18	264

■(3) 境界梁の曲げモーメント

境界梁の応力については，耐震壁の回転によるものとする．11.3.5 項で求めた境界梁応力や基礎の回転反力曲げモーメントは以下のとおりである．

基礎梁　$M_{\mathrm{BF}} = 7.96 \times 10^8\theta$，2，3 階　$M_{\mathrm{B2}} = M_{\mathrm{B3}} = 5.51 \times 10^8\theta$，

R 階　$M_{\mathrm{B4}} = 5.13 \times 10^8\theta$

基礎の回転反力曲げモーメント　$M_F = 4.51 \times 10^9 \theta$[kN·m]

これらの合計は，

$$\sum M_B + M_F = (7.96 + 5.51 + 5.51 + 5.13) \times 10^8 \theta + 4.51 \times 10^9 \theta$$
$$= 69.2 \times 10^8 \theta$$

耐震壁に加わるせん断力 Q_w（表 11.12 より）による基礎位置での曲げモーメント M_0（$= \sum(Q_w h)$）は

$$M_0 = 140 \times 3.5 + 311 \times 3.5 + 513 \times 4.0 = 3630.5 \times 10^3 \text{[kN·m]}$$

$\sum M_B + M_F = M_0$ より，$\theta = 52.46 \times 10^{-8}$

したがって，$M_{BF} = 7.96 \times 10^8 \times 52.46 \times 10^{-8} = 418$ [kN·m]

2，3 階　$M_{B2} = M_{B3} = 5.51 \times 10^8 \times 52.46 \times 10^{-8} = 289$ [kN·m]

R 階　$M_{B4} = 5.13 \times 10^8 \times 52.46 \times 10^{-8} = 269$ [kN·m]

また，梁端部の曲げモーメント M_A（$= (1 - \lambda) M_B$）を求めたものを，表 11.15 に示す．

表 11.15　境界梁の曲げモーメント

階	k_b	k_{be}	壁中心線 M_B [kN·m]	梁端部 M_A [kN·m]
R	2.2	8.14	269	161
3	2.4	8.88	289	176
2	2.4	8.88	289	176
F	3.4	12.6	418	251

(4) 柱の分担せん断力，反曲点高比，および曲げモーメント

柱の分担せん断力 Q_c，図 11.14，11.15 で求めた反曲点高比 y から，柱頭曲げモーメント：$M = Q_c(1 - y)h$，および柱脚曲げモーメント：$M = Q_c yh$ が得られる．計算結果を表 11.16 に示す．

(5) 水平荷重による応力図

以下の手順で作成する．

① 柱の Q，M，耐震壁の Q，境界梁の M を記入する．

② 上下柱の M_1，M_2 を梁の剛比に応じて分割し，梁端の M_i，M_j を次式で求める（図 11.20(a)）．

$$M_i = (M_1 + M_2)\frac{k_i}{k_i + k_j}, \qquad M_j = (M_1 + M_2)\frac{k_j}{k_i + k_j}$$

③ 梁の Q を求める（図 11.20(b)）．

$$Q = -\frac{M_1 + M_2}{L}$$

④ 柱の付加軸力を求める（図 11.20(c)）．

表 11.16 柱の分担せん断力，反曲点高比，および曲げモーメント

階	方向	柱記号	D_c	$\dfrac{Q_c}{\sum D_c}$ *1	α	$Q_c = \alpha\dfrac{Q_c}{\sum D_c}D_c$ [kN]	階高 h	反曲点高比 y	M [kN] 位置	
x	3	C_{A1}	0.72	277/5.3 = 52.3	1.0	37.6	3.5	0.40	T	79
									B	53
		C_{A2}	1.05		1.0	54.9		0.45	T	106
									B	86
		C_{A3} C_{B3}	1.05		1.0	54.9		0.45	T	106
									B	86
		C_{A4} C_{B4}	0.72		1.0	37.6		0.40	T	79
									B	53
	2	C_{A1}	0.78	396/5.4 = 73.3	1.0	57.1	3.5	0.45	T	110
									B	90
		C_{A2}	1.08		1.0	79.2		0.50	T	139
									B	139
		C_{A3} C_{B3}	1.05		1.0	77.0		0.50	T	135
									B	135
		C_{A4} C_{B4}	0.72		1.0	52.8		0.45	T	102
									B	83
	1	C_{A1}	0.95	440/5.2 = 84.6	1.0	80.4	4.0	0.64	T	116
									B	206
		C_{A2}	0.97		1.0	82.1		0.53	T	154
									B	174
		C_{A3} C_{B3}	0.94		1.0	79.5		0.53	T	149
									B	168
		C_{A4} C_{B4}	0.71		1.0	60.1		0.61	T	93
									B	146
y	3	$C_{A2,3}$ $C_{B2,3}$	0.75	158/3.0 = 52.7	1.0	39.5	3.5	0.45	T	76
									B	62
	2	$C_{A2,3}$ $C_{B2,3}$	0.75	231/3.0 = 77.0	1.0	57.8	3.5	0.50	T	101
									B	101
	1	$C_{A2,3}$ $C_{B2,3}$	0.71	264/2.46 = 89.2	1.0	66.0	4.0	0.56	T	116
									B	148

*1 Q_c：表 11.14 より．$\sum D_c$：図 11.18 の柱のみの各方向の D 値の合計.

$$N' = \sum Q_1 - \sum Q_2$$

以上の結果を，図 11.21 に示す.

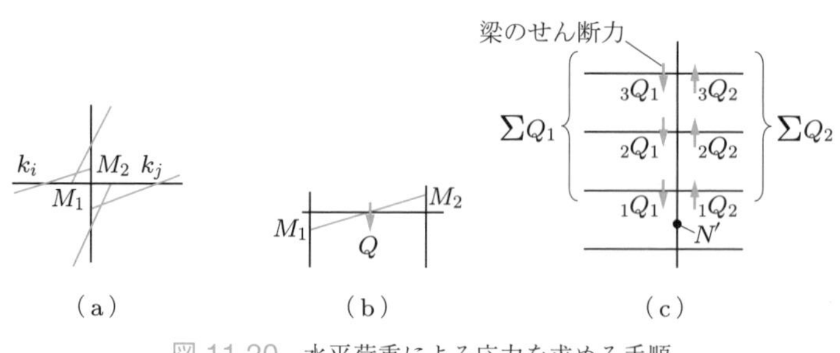

図 11.20　水平荷重による応力を求める手順

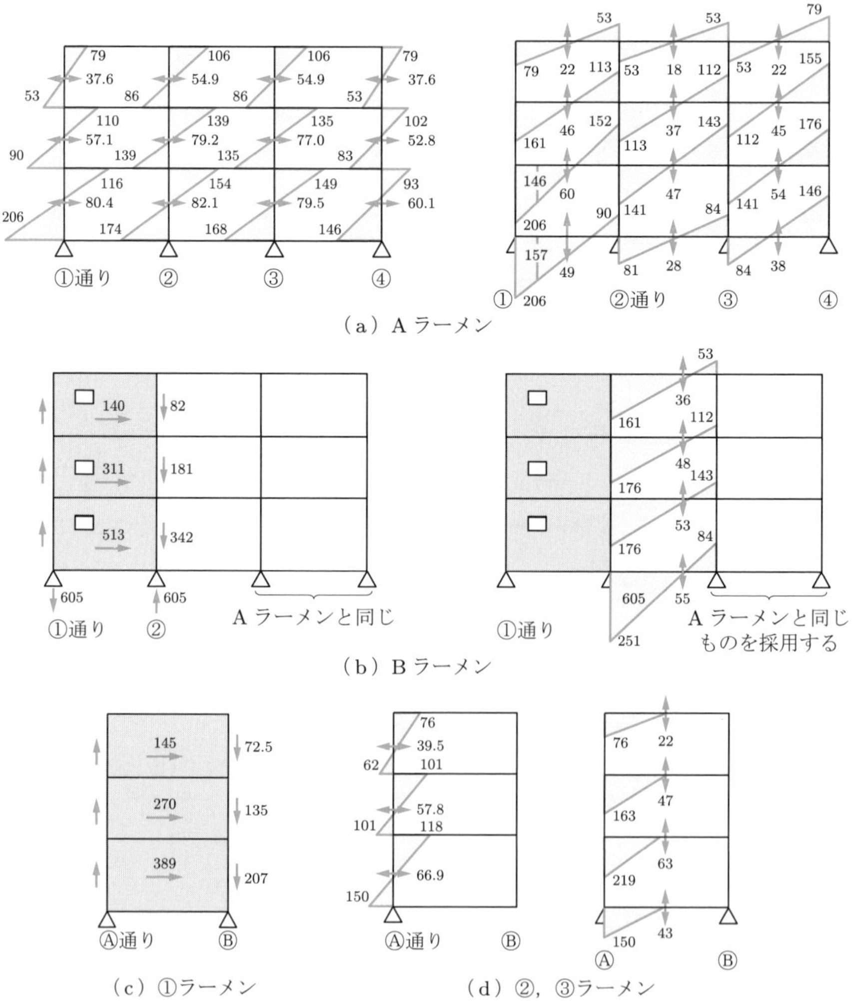

（a）A ラーメン

（b）B ラーメン

（c）①ラーメン　　（d）②，③ラーメン

図 11.21　水平荷重によるラーメン応力[kN·m, kN]

11.4 断面算定，および配筋図

11.4.1 大梁，柱

断面算定の例を大梁（${}_2\mathrm{G}_{\mathrm{A12}}$）について表 11.17 に，梁主筋比の計算を表 11.18 に，柱 ${}_1\mathrm{C}_{\mathrm{A2}}$ の主筋の算定について表 11.19，11.20 に，柱せん断補強について表 11.21 に示す．なお，曲げモーメントはラーメン節点の M を材端部（フェース面）の曲げモーメント（図 11.22）に移動して配筋を決定した．ただし，袖壁部分では袖壁端での M を採用した．

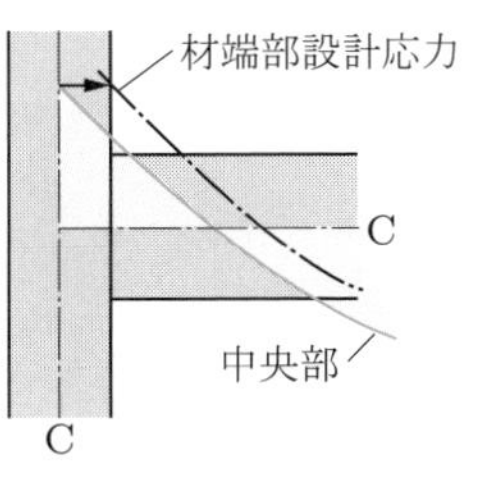

図 11.22 端部の M

11.4.2 接合部

例題 5.1 に計算例を示す．

11.4.3 付着および定着

例題 6.1 および章末問題 6.1 に計算例を示す．

11.4.4 床スラブ，階段

例題 7.2 に計算例を示す．

11.4.5 基 礎

例題 8.4 に計算例を示す．

11.4.6 耐震壁

B 通りの開口耐震壁の計算例を表 11.22 に示す．

11.4.7 小 梁

小梁は，図 11.23 のような台形のスラブ荷重を負担するが，外端部ではその曲げモーメントは大梁のねじれ剛性によって伝達されることになるので，固定端とみなすことはできない．文献 1 によると，ほぼ均等な荷重分布で積載荷重が固定荷重の 2 倍以下の場合には，図 11.24 の曲げモーメント分布によって略算できる．

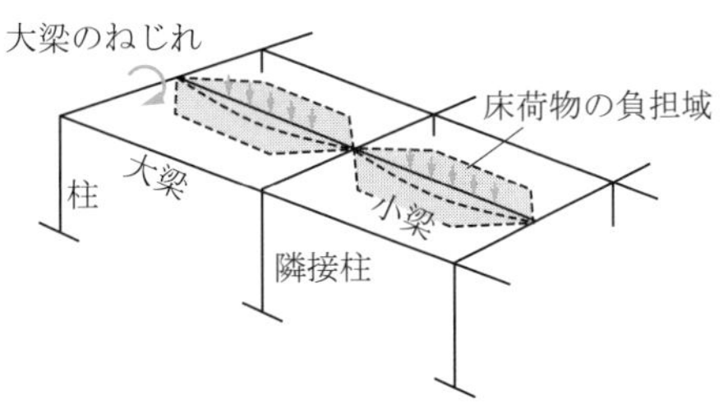

図 11.23 小梁のたわみと大梁のねじれ

表 11.17 梁の断面算定（$_{2}\mathrm{G}_{\mathrm{A12}}$）

				左端	中央	右端
①	応力	長期	M [kN·m] 上	-33.7	—	57.6
			下	—	33.3	—
			Q_L [kN]	40.1	—	48
②		水平	M [kN·m]	± 146		± 152
			Q_E [kN]	± 60	± 60	± 60
③		短期	M [kN·m] 上	-180	—	210
			下	112	—	94
			Q_{D1} [kN]	160	120	168
④	断面		$b \times d = 350 \times 540$, $b \times d^2 = 102.01 \times 10^6$, $j = 472.5$			
⑤	主筋の決定	C	長	-0.330	0.326	0.564
			短 上	-1.754		2.048
			下	1.097		0.921
⑥		p_t	上 長			0.00317
			短			0.00784
			下 長		0.00180	
			短	0.0041		
⑦			a_t [mm^2] 上			1482.8
			下	774.9	340.2	
⑧			配筋 上	4-D25（2028 mm^2）	2-D25（1014 mm^2）	4-D25（2028 mm^2）
			下	2-D25（1014 mm^2）	2-D25（1014 mm^2）	2-D25（1014 mm^2）
⑨	せん断補強	長期	$M/(Qd) = 33.7/(40.1 \times 0.54) = 1.56$ $\alpha = 4/(1.56+1) = 1.56 < 2$ $j = 7/8 \times 540 = 472.5$ $f_s = 0.7$ $Q_A = \alpha f_s bj = 1.56 \times 0.7 \times 350 \times 472.5 = 180.6 \times 10^3$[N] > 40 [kN] 構造制限より，$p_w = 0.002$			$M/(Qd) = 57.6/(47.9 \times 0.54) = 2.23$ $\alpha = 4/(2.23+1) = 1.24 < 2$ $j = 7/8 \times 540 = 472.5$ $f_s = 0.7$ $Q_A = \alpha f_s bj = 1.24 \times 0.7 \times 350 \times 472.5 = 143.5 \times 10^3$[N] $>$ 47.9 [kN] 構造制限より，$p_w = 0.002$
		短期	$Q_A = \{(2/3)\alpha f_s + 0.5\,{}_w f_t (p_w - 0.002)\} bj$			$M/(Qd) = 210/\{(47.9+60) \times 0.54\} = 3.60$ $\alpha = 4/(3.60+1) = 0.87 < 1$ $\therefore \alpha = 1$ $j = 7/8 \times 540 = 472.5$ $f_s = 0.7 \times 1.5 = 1.05$ $Q_A = Q_{D1}$ より， $\{2/3 \times 1.0 \times 1.05 + 0.5 \times 295 \times (p_w - 0.002)\} \times 350 \times 472.5 = 168 \times 10^3$ $p_w < 0$ $\therefore p_w = 0.002$（構造制限より）
		p_w 鉄筋の種類 $x = a_w/(bp_w)$ 設計		（右端に同じ）		$p_w = 0.002$ 2-D13（253.4 mm^2） $x = 253.4/(300 \times 0.002) = 422$ [mm] $>$ 250 [mm]（構造制限より） 2-D13@250

表 11.18 梁主筋比の計算（$_2\mathrm{G}_{\mathrm{A}12}$）

A	B	C	D	E	F	G	H	I	J	K	L
f_c	f_t	n	d_{c1}	r	p_t	x_{n1}	nf_c/x_{n1}	$f_t/n(1-x_{n1})$	min(H,I)	R	C
長期　右端　上　$C=0.558$											
7	195	15	0.1	0.5	0.00200	0.2100	500.0	246.8	246.8	0.001466	0.362
7	195	15	0.1	0.5	0.00300	0.2472	424.7	259.0	259.0	0.002068	0.536
7	195	15	0.1	0.5	0.00310	0.2504	419.3	260.1	260.1	0.002126	0.553
7	195	15	0.1	0.5	0.00317	0.2526	415.6	260.9	260.9	0.002166	0.565
長期　中央　下　$C=0.326$											
7	195	15	0.1	0.5	0.00150	0.1862	563.8	239.6	239.6	0.001142	0.274
7	195	15	0.1	0.5	0.00190	0.2056	510.7	245.5	245.5	0.001403	0.344
7	195	15	0.1	0.5	0.00180	0.2010	522.3	244.1	244.1	0.001339	0.327
短期　右端　上　$C=2.048$											
14	295	15	0.1	0.5	0.00600	0.3202	655.8	434.0	434.0	0.003648	1.583
14	295	15	0.1	0.5	0.00700	0.3378	621.7	445.5	445.5	0.004124	1.837
14	295	15	0.1	0.5	0.00780	0.3503	599.4	454.1	454.1	0.004492	2.040
14	295	15	0.1	0.5	0.00784	0.3509	598.4	454.5	454.5	0.004510	2.050
短期　左端　下　$C=1.097$											
14	295	15	0.1	0.5	0.00200	0.2100	1000.0	373.4	373.4	0.001466	0.547
14	295	15	0.1	0.5	0.00300	0.2472	849.4	391.9	391.9	0.002068	0.811
14	295	15	0.1	0.5	0.00400	0.2762	760.3	407.6	407.6	0.002626	1.070
14	295	15	0.1	0.5	0.00410	0.2778	753.3	409.0	409.0	0.002680	1.096

列記号と計算式

G：中立軸　C3 * F3 * (SQRT((1 + E3)^2 + 2 * (1 + E3 * D3)/C3/F3) − (1 + E3))

H：f_c で決まる　C3 * A3/G3

I：f_t で決まる　B3/(1 − G3)

J：min(H3,I3)

K：R の値　F3 * ((1 − G3) * (3 − G3) + E3 * (G3 − D3) * (G3 − 3 * D3))/3

L：C の値　J3 * K3

表 11.19 柱主筋の計算（$_1\mathrm{C}_{\mathrm{A}2}$）

$bD = 500 \times 500 = 2500 \times 10^3 \qquad bD^2 = 500 \times 500^2 = 125 \times 10^6$

		M [kN·m]		N [kN]	$M/(bD^2)$		$N/(bD)$	p_t [%]	a_t [mm^2]	配筋
		柱頭	柱脚		柱頭	柱脚				
x	長期	−2.2	−0.8	−701	0.02	0.01	2.80	0	550	x 方向 5-D19　1432 mm^2 y 方向 3-D19　860 mm^2 3-D19 5-D19
	水平	±154	±174	±26	—	—				
	短期	152	173	−727	−1.22	1.36	2.91	0.18		
		−156	175	−675	1.25	1.40	2.70	0.22		
y	長期	−47.1	−24	−701	0.38	0.19	2.80	0	450	
	水平	±118	±150	±132	—	—				
	短期	70.9	126	−569	0.57	1.01	2.28	0.06		
		165.1	174	−833	1.32	1.39	3.33	0.18		

注）鉄筋（12-D19）$a_g = 3438$ [mm^2]，$p_g = 3438/(250 \times 10^3) \times 100 = 1.4$ [%] > 0.8 [%]

x 方向は崩壊メカニズムを梁崩壊形にするため，柱主筋量を必要量より多くした

表 11.20 柱主筋比の計算

A	B	C	D	E	F	G	H	I	J	K	L	M	N	O	P	Q
f_c	f_t	n	b	D	d_{c1}	x_{n1b}	N	$N/(bDf_c)$		p_t	(1)x_{n1}	(2)x_{n1}	(3)x_{n1}	(1)$M/(bD^2)$	(2)$M/(bD^2)$	(3)$M/(bD^2)$
x 方向（負） $C = 1.400$																
0.014	0.295	15	500	500	0.1	0.374	675	0.1929	0.1373	0.00010	0.619	0.387	0.379	1.8955	1.0232	1.0320
0.014	0.295	15	500	500	0.1	0.374	675	0.1929	0.1373	0.00200	0.611	0.412	0.391	2.1287	1.3718	1.4625
0.014	0.295	15	500	500	0.1	0.374	675	0.1929	0.1373	0.00210	0.611	0.412	0.392	2.1410	1.3888	1.4852
0.014	0.295	15	500	500	0.1	0.374	675	0.1929	0.1373	0.00220	0.610	0.413	0.392	2.1534	1.4057	1.5079
y 方向（負） $C = 1.392$																
0.014	0.295	15	500	500	0.1	0.374	833	0.238	0.1694	0.00100	0.650	0.479	0.413	1.8975	1.2811	1.4396
0.014	0.295	15	500	500	0.1	0.374	833	0.238	0.1694	0.00150	0.647	0.480	0.415	1.9576	1.3522	1.5533
0.014	0.295	15	500	500	0.1	0.374	833	0.238	0.1694	0.00160	0.647	0.480	0.415	1.9696	1.3664	1.5761
0.014	0.295	15	500	500	0.1	0.374	833	0.238	0.1694	0.00180	0.646	0.480	0.416	1.9937	1.3947	1.6216
x 方向（正） $C = 1.384$																
0.014	0.295	15	500	500	0.1	0.374	727	0.2077	0.1479	0.00100	0.626	0.426	0.395	1.9701	1.2252	1.3036
0.014	0.295	15	500	500	0.1	0.374	727	0.2077	0.1479	0.00160	0.624	0.431	0.398	2.0433	1.3244	1.4397
0.014	0.295	15	500	500	0.1	0.374	727	0.2077	0.1479	0.00180	0.623	0.432	0.399	2.0677	1.3568	1.4851
0.014	0.295	15	500	500	0.1	0.374	727	0.2077	0.1479	0.00195	0.622	0.433	0.400	2.0861	1.3810	1.5192
y 方向（正） $C = 1.008$																
0.014	0.295	15	500	500	0.1	0.374	569	0.1626	0.1157	0.00010	0.597	0.328	0.356	1.9664	0.9180	0.8912
0.014	0.295	15	500	500	0.1	0.374	569	0.1626	0.1157	0.00100	0.594	0.351	0.364	2.0782	1.1321	1.0949
0.014	0.295	15	500	500	0.1	0.374	569	0.1626	0.1157	0.00060	0.595	0.342	0.360	2.0285	1.0417	1.0043
0.014	0.295	15	500	500	0.1	0.374	569	0.1626	0.1157	0.00070	0.595	0.343	0.361	2.0347	1.0533	1.0156

列記号と計算式

G (1 − F4) * C4 * A4/(B4 + C4 * A4)

I H4/(D4 * E4 * A4)

J $nN/(bDf_t)$: C4 * H4/(D4 * E4 * B4)

L (0.5 + C4 * K4)/(1 + 2 * C4 * K4 − I4)

M I4 − 2 * C4 * K4 + SQRT((2 * C4 * K4 + J4)^2 + 2 * C4 * K4)

N −J4 − 2 * C4 * K4 + SQRT((2 * C4 * K4 + J4)^2 + 2 * (C4 * K4 + (1 − F4) * J4))

O 10^3 * ((A4/L4) * (L4^2 − L4 + 1/3 + (2 * L4^2 − 2 * L4 + F4^2 + (1 − F4)^2) * C4 * K4) + (0.5 − L4) * H4/D4/E4)

P 10^3 * ((A4/M4) * (M4^3/3 + C4 * K4 * (2 * M4^2 − 2 * M4 + F4^2 + (1 − F4)^2) + (0.5 − M4) * H4/D4/E4)

Q 10^3 * ((B4/C4/(1 − F4 − N4)) * (N4^3/3 + C4 * K4 * (2 * N4^2 − 2 * N4 + F4^2 + (1 − F4)^2)) + (0.5 − N4) * H4/D4/E4)

表 11.21 柱のせん断補強

<table>
<tr><td colspan="2">柱記号</td><td colspan="5">$_1C_{A2}$</td></tr>
<tr><td></td><td></td><td colspan="3"></td><td>x 方向</td><td>y 方向</td></tr>
<tr><td rowspan="2">①</td><td rowspan="2">応力</td><td colspan="3">長期 Q_L [kN]</td><td>-0.6</td><td>-17.7</td></tr>
<tr><td colspan="3">水平 Q_E [kN]</td><td>± 82.1</td><td>± 66.9</td></tr>
<tr><td>②</td><td>式(4.27)</td><td colspan="3">$Q_{D1} = Q_L + 2.0Q_E$</td><td>$-164.8, -163.6$</td><td>$-116.1, -151.5$</td></tr>
<tr><td rowspan="5">③</td><td rowspan="5">式(3.61)</td><td rowspan="5">柱</td><td colspan="2">a_t</td><td>1432.5(5-D19)</td><td>859.5(3-D19)</td></tr>
<tr><td colspan="2">$N/(bDF_c)$</td><td>$0.138, 0.129$</td><td>$0.108, 0.158$</td></tr>
<tr><td colspan="2">第 1 項</td><td>169</td><td>103</td></tr>
<tr><td colspan="2">第 2 項</td><td>$157, 147$</td><td>$127, 175$</td></tr>
<tr><td colspan="2">$_cM_u$ [kN·m]</td><td>$324, 316$</td><td>$228, 276$</td></tr>
<tr><td rowspan="7">④</td><td rowspan="7">式(4.26)</td><td rowspan="5">梁</td><td rowspan="2">上</td><td>a_t</td><td>2280(4-D25,D13)</td><td>2169(4-D25,2-D10)</td></tr>
<tr><td>M_{y1} [kN·m]</td><td>377</td><td>369</td></tr>
<tr><td rowspan="2">下</td><td>a_t</td><td>1013(2-D25)</td><td>1520(3-D25)</td></tr>
<tr><td>M_{y2} [kN·m]</td><td>151</td><td>227</td></tr>
<tr><td colspan="2">$_bM = (M_{y1} + M_{y2})/2$ [kN·m]</td><td>$264 < 324, 316$</td><td>$298 > 228, 276$</td></tr>
<tr><td colspan="3">h'</td><td>3.3</td><td>3.2</td></tr>
<tr><td colspan="3">$Q_{D2} = ({_cM_y} + {_bM})/h'$ [kN]</td><td>$(324 + 264)/3.3$
$= 176 > 164.8$</td><td>$(276 + 276)/3.2$
$= 173 < 151.5$</td></tr>
<tr><td>⑤</td><td>式(4.22)
第 1 項</td><td colspan="3">$Q_{AS} = [\{(2/3)\alpha f_s + 0.5{_wf_t}(p_w - 0.002)\}bj]$ [kN]</td><td colspan="2">$M/(Qd) = 264/(176 \times 0.425) = 3.53 > 3$
$\therefore \alpha = 1.0,\ f_s = 1.05$
Q_{AS}(第 1 項) $= 2/3 \times 1.0 \times 1.05 \times 500 \times 10^{-3} \times (7/8) \times 425 \times 10^{-3} = 130 < 176$</td></tr>
<tr><td>⑥</td><td></td><td colspan="3">$Q_{D2} - Q_{AS}$(第 1 項)
$= Q_{AS}$(第 2 項)</td><td colspan="2">$176 - 130 = 0.5 \times 295 \times (p_w - 0.002) \times 500 \times 10^{-3} \times (7/8) \times 425 \times 10^{-3}$ より，$p_w = 0.00367 > 0.002$</td></tr>
<tr><td>⑦</td><td>式(4.17)</td><td colspan="3">x</td><td colspan="2">2-D13($a_w = 2 \times 126.7 = 253.4$
$x = 253.4/(0.00367 \times 500) = 135.1 > 100$</td></tr>
<tr><td>⑧</td><td></td><td colspan="3">配筋</td><td colspan="2">端部 2-D13@100，中央部 2-D13@100</td></tr>
</table>

この設計例では，1-2 スパンの階段室には壁があるが，他のスパンへの影響は小さいものと考え，図 11.25 のような応力を採用した．

付録 11 より，

$$L_x = 3.5\,[\mathrm{m}], \qquad L_y = 6.0\,[\mathrm{m}], \qquad \lambda = \frac{6.0}{3.5} = 1.71, \qquad w = 7300\,[\mathrm{N/m^2}]$$

$$C = 2\left(\frac{1.71^2}{24} - \frac{1}{48} + \frac{1}{192 \times 1.71}\right) \times 7300 \times 3.5^3$$

$$= 65.132 \times 10^3 = 65.1\,[\mathrm{kN \cdot m}]$$

$$M_0 = 2\left(\frac{1.71^2}{16} - \frac{1}{48}\right) \times 7300 \times 3.5^3 = 101.360 \times 10^3 = 101.4\,[\mathrm{kN \cdot m}]$$

表 11.22 W_{B12} 壁の断面算定

			断面算定	補足説明
設計せん断力	①	Q_D [kN]	Q_E(表 11.12) $\times 2.0$ $513 \times 2.0 = 1026$	ルート 2 による割り増し（表 10.6）
開口低減率	②	$L_w H$ [m] $L_{0p} H_{0p}$ [m] r_1 r_2 r_3 r	6.5×4.0 1.6×1.3 $1 - 1.1 \times 1.6/6.5 = 0.73$ $1 - 1.1\sqrt{1.6 \times 1.3/(6.5 \times 4.0)} = 0.69$ $1-(1+1.6/6.5)/2 \times (1.3 \times 3/11.0) = 0.78$ $\min(0.75, 0.69, 0.78) = 0.69$	
	③	Q_1 [kN]	$0.70 \times 150 \times 7000 \times 1.05 \times 10^{-3} = 772$	$f_s = 1.05$ [N/mm^2]
柱の耐力	④	$Q_{c1} = 1.5 f_s bj$ p_w ΔQ_c [kN] $\sum Q_c$ [kN]	$1.5 \times 1.05 \times 500 \times (7/8) \times (500-60) = 303$ $71.3 \times 2/(500 \times 100) = 0.00285 > 0.002$ $0.5 \times 295 \times (0.00285-0.002) \times 500 \times (7/8) \times (500 - 60) \times 10^{-3} = 24.1$ $(303 + 24.1) \times 2 = 654$	帯筋は構造制限より D10@100 とする $f_t = 295$ [N/mm^2]
壁板の耐力	⑤	耐震ルート p_s x [mm] 配筋 設計 p_s Q_w [kN]	0.4%　2-D10 $71.3 \times 2/(150 \times 0.004) = 238$ ∴ 2-D10@200 $71.3 \times 2/(150 \times 200) = 0.0048$ $0.0048 \times 150 \times (6000-500) \times 295 \times 10^{-3} = 1170$	ルート 2.1 による補強
安全の確認	⑥	Q_A [kN] $Q_A > Q_D$ $\sum Q_c/(Q_w + \sum Q_c)$	$0.69 \times (1170 + 654) = 1259$ $Q_A = 1259 > Q_D = 1026$　∴ OK $654/(1259 + 654) = 0.34$	柱の分担が少ないが耐力にゆとりがある
梁	⑦	主筋 あばら筋	$p_t = 0.49$ [%]（2-D25），$p_w = 0.24$ [%]（2D10@200），梁の構造制限を満足	
開口補強	⑧	$Q = Q_D =$ $T_d =$ $T_{da} =$ $M_v =$ $M_{va} =$ $M_h =$ $M_{ha} =$	1026 $(1300+1600)/(2\sqrt{2} \times 6500) \times 1026 = 161.8$ $506.8 \times 295 \times 10^{-3} + 253.4 \times 295 \times 10^{-3}/\sqrt{2} + 253.4 \times 295 \times 10^{-3}/\sqrt{2} = 255.2 > 161.8$　∴ OK $1026 \times 1300/4 = 333.5 \times 10^3$ $(6500 - 1600) \times (506.8 \times 295 \times 10^{-3}/\sqrt{2} + 253.4 \times 295 \times 10^{-3}) + 0.0048 \times 150 \times (6500 - 1600)^2 \times 295 \times 10^{-3}/8 = 1521.8 \times 10^3 > 333.5 \times 10^3$　∴ OK $1026 \times 4000 \times 1600/(4 \times 6500) = 252.6 \times 10^3$ $(4000 - 1300) \times (506.8 \times 295 \times 10^{-3}/\sqrt{2} + 253.4 \times 295 \times 10^{-3}) + 0.0048 \times 150 \times (4000 - 1300)^2 \times 295 \times 10^{-3}/8 = 680.8 \times 10^3 > 252.6 \times 10^3$　∴ OK	斜め補強筋 4-D13（506.8 mm^2） 鉛直補強筋 2-D13（253.4 mm^2） 水平補強筋 2-D13（253.4 mm^2）
右柱	⑨	N_L [kN] N_E [kN] N [kN] $\sigma_c =$ [N/mm^2]	819 $605 - 137$（境界梁の Q） $819 + (605 - 137) = 1287$ $1287 \times 103/(500 \times 500) = 5.2 < f_c$ ∴ OK	$f_c = 14$ [N/mm^2]

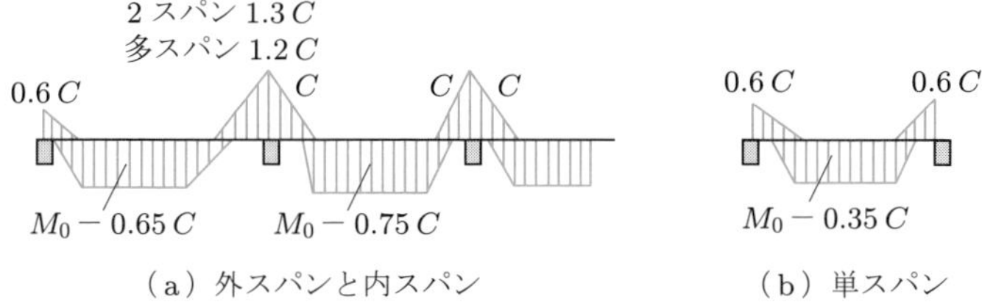

図 11.24　小梁の荷重と曲げモーメント略算値

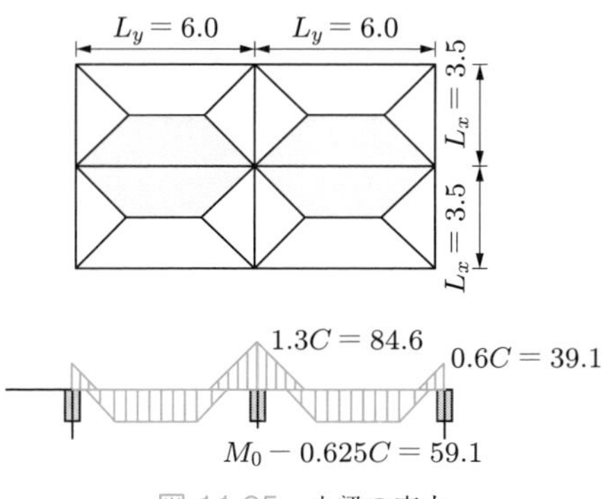

図 11.25　小梁の応力

$$Q_0 = 2\left(\frac{1.71}{4} - \frac{1}{8}\right) \times 7300 \times 3.5^2 = 54.102 \times 10^3 = 54.1\ [\mathrm{kN}]$$

したがって，次のようになる．

（外端）$0.6C = 0.6 \times 65.1 = 39.1\ [\mathrm{kN{\cdot}m}]$

（内端）$1.3C = 1.3 \times 65.1 = 84.6\ [\mathrm{kN{\cdot}m}]$

（中央）$M_0 - 0.65C = 101.4 - 0.65 \times 65.1 = 59.1\ [\mathrm{kN{\cdot}m}]$

$$Q = Q_0 \pm \frac{1.3C - 0.6C}{L} = 54.10 \pm \frac{0.7 \times 65.1}{6} = 54.1 \pm 7.6$$
$$= 61.7, 46.5\ [\mathrm{kN}]$$

表 11.23　小梁の断面算定表

位置	応力		断面				曲げモーメント			せん断力				
	M	Q	b	d	j	f_t	$a_t = M/(f_t j)$	配筋	a	f_s	$Q_A = \alpha f_s bj \times 10^{-3}$	a_w	$x = a_w/(p_w b)$	配筋
外端	39.1	47.6					421	2-D19	573.0					
中央	59.1		300	540	472	195	636	3-D19	859.5	0.7	外端 $M/(Qd) = 1.52$ $\alpha = 1.59 < 2$ $Q_A = 157.6 > 61.7$ 内端 $M/(Qd) = 2.54$ $\alpha = 1.13 < 2$ $Q_A = 113 > 61.7$	2-D10 $a_w = 143$	$(p_w = 0.002)$ $x = 238$	2-D10 @200
内端	84.6	61.7					896	4-D19	1146.0					

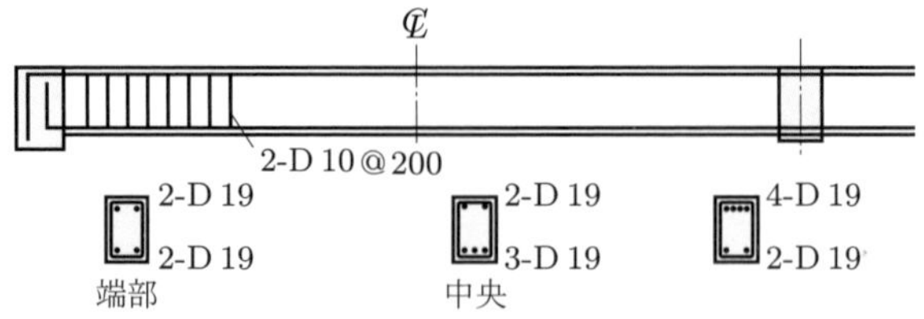

図 11.26　小梁の配筋

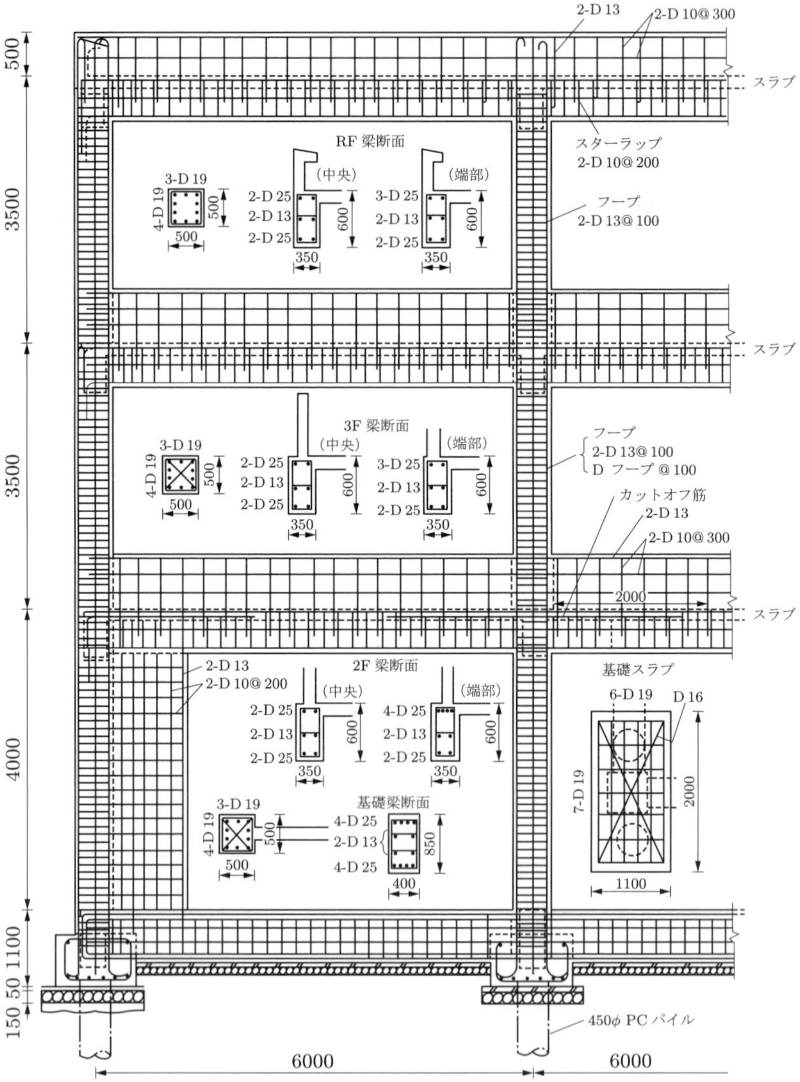

図 11.27　配筋図（A ラーメン）

断面の計算表を表 11.23 に，配筋図を図 11.26 に示す．

11.4.8 配筋図

以上の計算の結果をもとに x 方向 B ラーメンの配筋図を図 11.27 に示す．

11.5 保有水平耐力の検討

11.5.1 純ラーメン（節点振り分け法）

A ラーメンを節点振り分け法により，図 10.18 の①～⑧の手順で行う．なお，鉄筋降伏応力度には実際の材料に合わせて，$\sigma_y = 1.1F = 1.1 \times 295 = 325$ [N/mm^2] を採用する．

■(1) 梁の終局曲げモーメント M_u

前節で決定した梁の配筋を図 11.28 に示す．2，3 階は腰壁付き梁で屋上階はパラペット付きなので終局曲げモーメントは，付録 10 の略算法で求める．梁スパンの 1/10 の協力幅内のスラブ筋（1-D13，1-D10）を考慮する．

1 階は土間扱いなので基礎梁の曲げ終局強度 M_u は次式による．

$$M_u = 0.9 \times \sum a\sigma_y d$$

腰壁付き梁の終局曲げモーメントは，腰壁を考慮して，付録 10 に示す方法で計算する．

計算の例として 2 階梁の壁側圧縮の場合を以下に示す．断面を図 11.29 に示す．梁下端 2-D25（1013.4 mm^2），梁上端 4-D25，D13，D10（2224.8 mm^2）とする．

$$\sigma_y = 1.1F = 1.1 \times 295 = 325 \text{ [N/mm}^2\text{]}$$

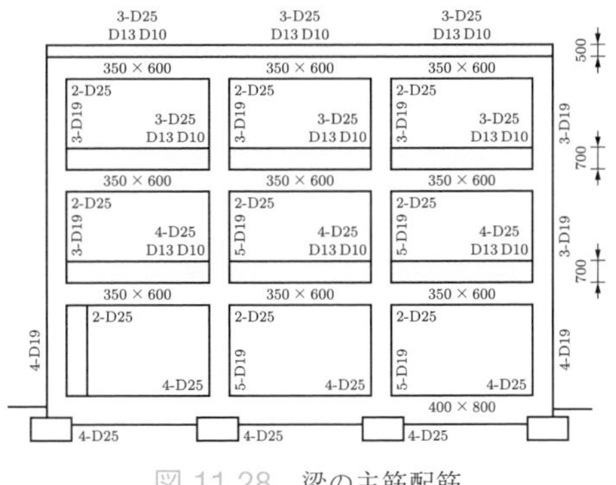

図 11.28 梁の主筋配筋

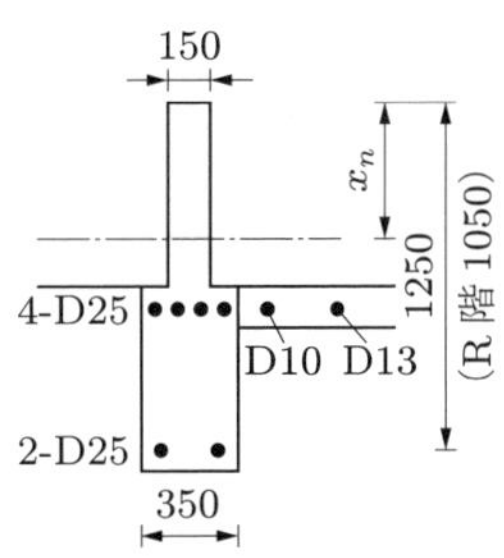

図 11.29 腰壁付き梁

式(付 9.1)より，$e = 150 \times 700 \times \dfrac{700 + 600}{2 \times (150 \times 700 + 350 \times 600)} = 216.7$ [mm]

式(付 9.2)より，$y_{\max} = \dfrac{600}{2} + 0 + 216.7 = 516.7$ [mm]

式(付 9.9)において，$L = 700 + 600 = 1300$，$x_n = \dfrac{2}{5} \times (1300 - 516.7) = 313.3$ [mm]

式(付 9.8)において，$d_1 = 700 + 600 - 60 = 1240$，　$d_2 = 700 + 60 = 760$

$$
\begin{aligned}
M_0 &= 1013.4 \times 325 \times \left(1240 - \frac{313.3}{2}\right) + 2224.8 \times 325 \\
&\quad \times \left(760 - \frac{313.3}{2}\right) = 793.1 \times 10^6 \,[\text{N·mm}] \\
&= 793.1 \,[\text{kN·m}]
\end{aligned}
$$

他の梁の計算は省略する．

各梁の計算結果を表 11.24 に示す．

表 11.24 A ラーメン梁の M_u（$\sigma_y = 325$ [kN/mm^2]）

<table>
<tr><th></th><th></th><th>梁の引張鉄筋</th><th>∑[mm²]</th><th>M_u[kN·m]</th></tr>
<tr><td rowspan="2">R 階壁側圧縮</td><td rowspan="5">パラペット（$L_w = 500$），スラブ付</td><td>2-D25</td><td>1013.4</td><td rowspan="2">534</td></tr>
<tr><td>3-D25，D13，D10</td><td>1718.1</td></tr>
<tr><td rowspan="3">R 階壁側引張</td><td>2-D13</td><td>253.4</td><td rowspan="3">369</td></tr>
<tr><td>4-D10</td><td>285.3</td></tr>
<tr><td>3-D25，D13，D10</td><td>1718.1</td></tr>
<tr><td rowspan="2">3 階壁側圧縮</td><td rowspan="10">腰壁（$L_w = 700$），スラブ付</td><td>2-D25</td><td>1013.4</td><td rowspan="2">694</td></tr>
<tr><td>3-D25，D13，D10</td><td>1718.1</td></tr>
<tr><td rowspan="3">3 階壁側引張</td><td>2-D13</td><td>253.4</td><td rowspan="3">409</td></tr>
<tr><td>4-D10</td><td>285.3</td></tr>
<tr><td>3-D25，D13，D10</td><td>1718.1</td></tr>
<tr><td rowspan="2">2 階壁側圧縮</td><td>2-D25</td><td>1013.4</td><td rowspan="2">793</td></tr>
<tr><td>3-D25，D13，D10</td><td>1718.1</td></tr>
<tr><td rowspan="3">2 階壁側引張</td><td>2-D13</td><td>253.4</td><td rowspan="3">477</td></tr>
<tr><td>4-D10</td><td>285.3</td></tr>
<tr><td>3-D25，D13，D10</td><td>2224.8</td></tr>
<tr><td>基礎梁上，下端引張</td><td></td><td>4-D25</td><td>2026.8</td><td>415</td></tr>
</table>

■(2) 梁の曲げ終局モーメント時のせん断力 Q

梁のせん断力を次式で求める．

$$
Q = \frac{\text{左右の } M_u \text{ の合計}}{\text{内法スパン } L'}
$$

袖壁部分の降伏ヒンジ位置は，梁せいの 0.5 倍（$0.5D$）内部とする．したがって，$\Delta L = 0.95$ [m](2 階梁)，$= 0.85$ [m]（基礎梁）となる．

表 11.25 梁のせん断力 Q，節点モーメント M'_u

（袖壁のヒンジ位置は，壁端から 0.5D 入ったところとする）

A	B	C	D	E	F	G	H	I	J	K
	M_u [kN·m]		L'	$Q=\sum$	ΔL [mm]		$Q\Delta L$		M'_u [kN·m]	
	左端	右端	[m]	M_u/L' [kN]	左端	右端	左端	右端	左端	右端
R 階	534	369	5.5	164.2	0.25	0.25	41.0	41.0	575.0	410.0
3 階	694	409	5.5	200.5	0.25	0.25	50.1	50.1	744.1	459.1
2 階②–③，③–④	793	477	5.5	230.9	0.25	0.25	57.7	57.7	850.7	534.7
2 階①–②	793	477	4.8	264.6	0.95	0.25	251.4	66.1	1044.4	543.1
F 階②–③，③–④	415	415	5.5	150.9	0.25	0.25	37.7	37.7	452.7	452.7
F 階①–②	415	415	4.9	169.4	0.85	0.25	144.0	42.3	559.0	457.3

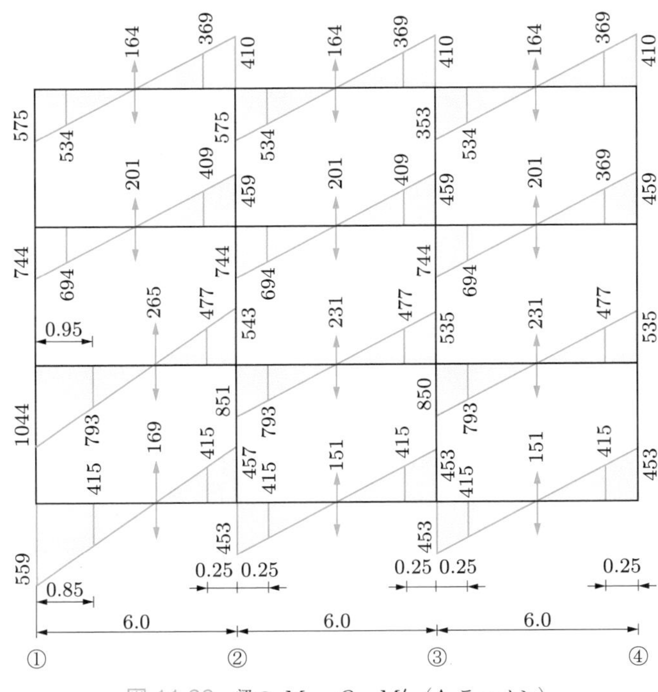

図 11.30 梁の M_u，Q，M'_u（A ラーメン）

計算を表 11.25 に，結果を図 11.30 に示す．

■(3) 梁の M'_u（柱中心位置の曲げモーメント）

フェース曲げモーメント M_u から柱部材芯の曲げモーメント M'_u を求める．

$$M'_u = M_u + Q\Delta L$$

ただし，ΔL：部材芯とフェースとの距離（$=0.5D$）

計算を表 11.25 に，結果を図 11.30 に示す．

■(4) 柱の終局曲げモーメント計算用の軸力

柱には，長期の鉛直荷重による軸力 N に地震水平力による上階の左右の梁のせん断力の差の累積和 $\sum Q$ が軸力として付加される．

$$N' = N + \sum Q$$

ただし，

$$N = N_L - \Delta N$$

$\Delta N =$ (ラーメン計算用積載荷重と地震力計算用積載荷重の差) × (負担床面積)

2，3 階 = (1800 − 800) × (負担床面積)

R 階 = (700 − 300) × (負担床面積)

これらの計算を表 11.26 に示す．

表 11.26　A ラーメンの柱の N'，M_u

$F_c = 0.021$ [kN/mm^2]，$\sigma_y = 0.325$ [kN/mm^2]，$bD = 0.5$ [m] × 0.5 [m]，柱の主筋：1 階②，③通り $a_t = 1432.5$ [mm^2] (5-D19)，その他 $a_t = 1146$ [mm^2] (4-D19)

A	B	C	D	E	F	G	H	I	J	K	L	M	N
				C − D			E + G				H ∗ K ∗ (1 − H/J)	I + L	
階	通り	長期 N_L [kN]	積載荷重低減 [kN]	N [kN]	梁 Q [kN]	$\sum Q$ [kN]	N' [kN]	$0.8a_t \sigma_y D$ [kN·m]	bDF_c [kN]	$0.5D$ [m]	第 2 項	M_u [kN·m]	
3	1	161	4.2	157	164.2	−164.2	−7.2	149.2	5250	0.25	−1.8	147.4	
	2,3	231	8.4	223	164.2	0	223	186.2	5250	0.25	53.4	239.6	
	4	158	4.2	154	164.2	164.2	318.2	149.2	5250	0.25	74.7	223.9	
2	1	338	14.7	323	200.5	−364.7	−41.7	149.2	5250	0.25	−10.5	138.7	
	2,3	459	29.4	430	200.5	0	430	186.2	5250	0.25	98.7	284.9	
	4	325	14.7	310	200.5	364.7	674.7	149.2	5250	0.25	147.0	296.2	
1	1	530	25.2	505	264.6	−629.3	−124.3					872	袖壁付き柱脚
												397.5	袖壁付き柱頭
	2	701	50.4	651	230.9	−33.7	617.3	186.2	5250	0.25	136.2	322.4	
	3	701	50.4	651	230.9	0	651	186.2	5250	0.25	142.6	328.8	
	4	493	25.2	468	230.9	595.6	1063.6	149.2	5250	0.25	212.0	361.2	

■(5) 柱の終局曲げモーメント M_u

柱の終局曲げモーメントは式(3.61)による．袖壁付き柱の袖壁側の M_u は付録 9 による．

これらの計算を表 11.26 に，結果を図 11.31 に示す．なお，これらの柱の終局せん断強度は，式(4.19)，および袖壁付き柱については，付録 9 で求めることができ，その結果，せん断破壊の心配はない．

(6) 柱の終局曲げモーメント時のせん断力 Q, 部材中心での終局曲げモーメント M'_u の計算

柱の終局曲げモーメント時のせん断力 Q は次式による.

$$Q = \frac{M_{u\,上} + M_{u\,下}}{h'}$$

部材中心での終局曲げモーメント M'_u の計算は次式による.

$$M'_u = M_u + Q\Delta L \ [\mathrm{kN{\cdot}m}]$$

表 11.27 A ラーメン柱の M'_u [kN·m]

(腰壁のヒンジ位置は, 壁端から 0.5D 入ったところとする)

A	B	C	D	E	F	G	H	I	J	K
計算式							E − F − G	(C + D)/H	C + F ∗ I	D + G ∗ I
階	通	M_u 柱頭	M_u 柱脚	h	ΔL 柱頭	ΔL 柱脚	h'	Q	M'_u 柱頭	M'_u 柱脚
3	1	147.4	147.4	3.5	0.3	0.75	2.45	120.3	183.5	237.6
	2,3	239.6	239.6	3.5	0.3	0.75	2.45	195.6	298.3	386.3
	4	223.9	223.9	3.5	0.3	0.75	2.45	182.8	278.8	361.0
2	1	138.7	138.7	3.5	0.3	0.75	2.45	113.2	172.7	223.6
	2,3	284.9	284.9	3.5	0.3	0.75	2.45	232.6	354.7	459.3
	4	296.2	296.2	3.5	0.3	0.75	2.45	241.8	368.7	477.5
1	1	397.5	872.0	4	0.3	0.4	3.3	384.7	512.9	1025.9
	2	322.4	322.4	4	0.3	0.4	3.3	195.4	381.0	400.5
	3	328.8	328.8	4	0.3	0.4	3.3	199.3	388.5	408.5
	4	361.2	361.2	4	0.3	0.4	3.3	218.9	426.9	448.8

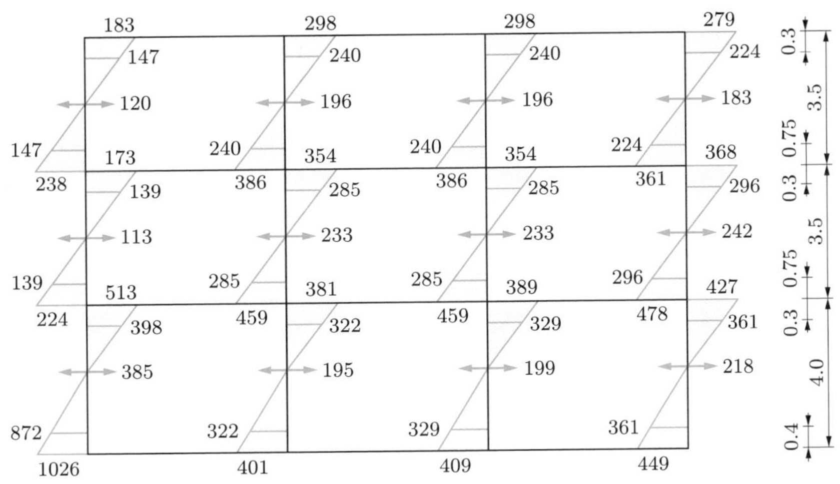

図 11.31 柱の M_u, Q, M'_u [kN·m, kN] (A ラーメン)

ただし，柱の降伏位置は，梁フェース面とする．また，腰壁端での降伏位置は，柱せいの 1/2 だけ入った位置とする．したがって，降伏位置は，梁芯から以下のようになる．

$$\Delta L_{上} = 梁せいの 1/2$$

$$\Delta L_{下} = (梁せいの 1/2) + (腰壁高さ) - (柱せいの 1/2)$$

$$h' = 柱の内法高さ = h - \Delta L_{下} - \Delta L_{上}$$

計算を表 11.27 に，その結果を図 11.31 に示す．

■(7) 塑性ヒンジ位置の決定と柱のせん断力

① 塑性ヒンジ位置は，各節点における梁の曲げモーメントの和 $\sum_b M_u$ と柱の曲げモーメントの和 $\sum_c M_u$ を比較し，その小さいほうに生じるものとする．その結果，図 11.32 に示すようにヒンジ位置が決定される．

② 次に梁が降伏する節点では，両側の梁の曲げモーメントの和を上下柱に分割して振り分ける．この際の分割率 DF は，短期応力時の曲げモーメント分布に近くなるように，3 階では 0.5 : 0.5 に，また 2 階では上下の比が 0.4 : 0.6 にし，かつ柱の M_u を上回らないように設定した．したがって，柱の M_c は，$M_c = DF(\sum_b M_u)$ で求める．

③ これより，柱のせん断力（$Q_c = $(柱頭 M + 柱脚 M)/階高 h）を求める．

④ このときの崩壊メカニズムの応力を描く（図 11.32）．

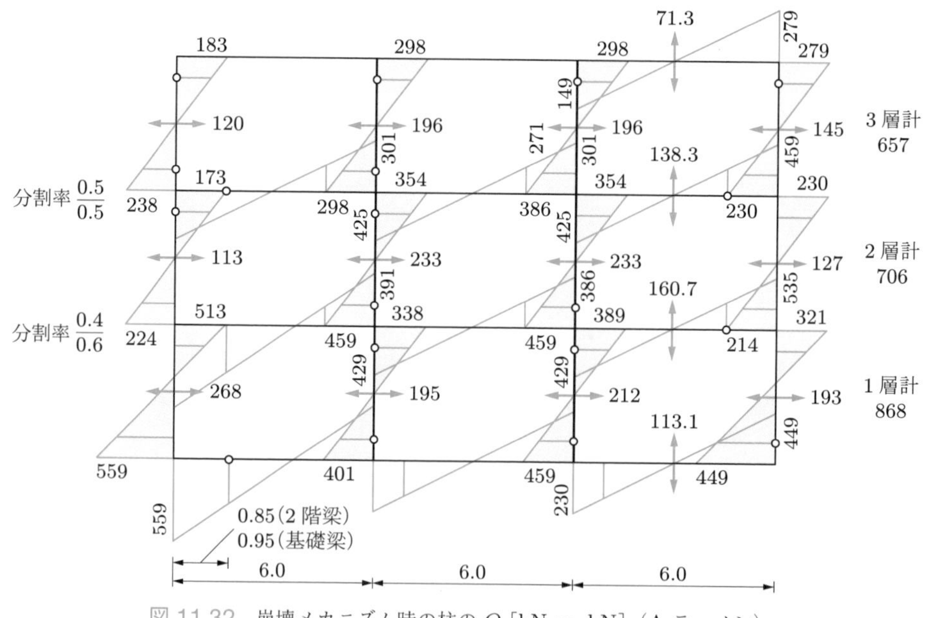

図 11.32 崩壊メカニズム時の柱の Q [kN·m, kN]（A ラーメン）

■(8) 保有水平耐力

各層の保有水平せん断力は，崩壊メカニズムでの各層の柱のせん断力の合計である．

以上の結果を図 11.32 に示す．

11.5.2 壁付ラーメン（B ラーメン）

■(1) 外力分布

このラーメンは，左方向からの水平力に対して，壁の浮き上がり抵抗が小さいため，右方向の水平力に対してよりも危険側となる．

① B ラーメンの負担する水平外力 P_i の分布形は，A_i 分布による層せん断力 Q_i の分布形から表 11.28 のように求める．

表 11.28 水平外力 P_i 分布［kN］

		R 階	3 階	2 階
①	表 11.8 より，Q_i	395	662	882
②	$P_i = (Q_{i+1} - Q_i)$	395	266	220
③	P_i 分布 (P_2/P_1)	$395/220 = 1.81$	$266/220 = 1.21$	1.0

② ラーメン部分の配筋は，A ラーメンと同じであり，崩壊形および柱のせん断力 Q_c は A ラーメンと同じように節点振り分け法により求める（図 11.33）．

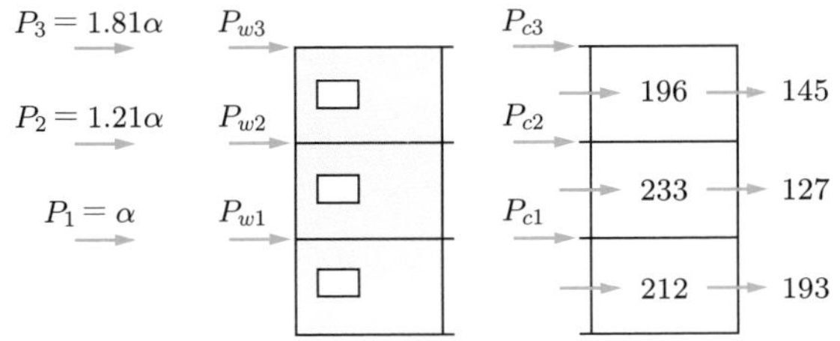

図 11.33 ラーメン部と耐震壁の外力［kN］

③ 外力を耐震壁 P_{wi} と純ラーメン部 P_{ci} に分けて考えると，柱せん断力 Q_{ci}，および柱外力は，図 11.33 のようになる．

$$Q_{c3} = 196 + 145 = 341\ [\mathrm{kN}], \qquad P_{c3} = 341\ [\mathrm{kN}]$$

$$Q_{c2} = 233 + 127 = 360\ [\mathrm{kN}], \qquad P_{c2} = 360 - 341 = 19\ [\mathrm{kN}]$$

$$Q_{c1} = 212 + 193 = 403\ [\mathrm{kN}], \qquad P_{c1} = 403 - 360 = 43\ [\mathrm{kN}]$$

したがって，耐震壁の外力は次のようになる．

$$P_{w3} = 1.81\alpha - 341, \qquad P_{w2} = 1.21\alpha - 19$$

$$P_{w1} = \alpha - 43$$

(2) 抵抗メカニズム

耐震壁は②通りを回転軸として，①通りの基礎が浮き上がることによって決まるものとした．この耐震壁の抵抗メカニズムは，図 11.34 に示すように，以下の 3 つの力が作用している．

① 境界梁の終局曲げモーメント

4 つの境界梁の曲げ抵抗はその終局曲げモーメントの節点でのモーメント M_u の和である．$\sum M_u = 575 + 744 + 851 + 453 = 2622$ [kN·m]（A ラーメンと同値：表 11.24，図 11.30）．

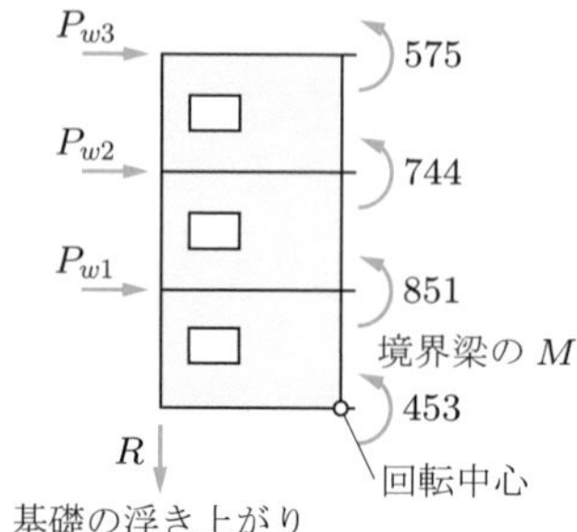

図 11.34 耐震壁の抵抗機構 [kN·m]

② 柱軸力と基礎自重の和 R

これは，(常時 1 階柱軸力) − (ラーメン用と地震用の積載荷重の差) = 888 − 25 = 863 [kN] に，基礎自重 97 kN を加えたもので，計 $R = 960$ [kN] である．

③ 隣接ラーメンの効果

耐震壁の浮き上がりには，A ラーメン①通りの基礎も伴うが，この場合は A ラーメンでの付加軸力による柱の引き抜き力が大きいので，B ラーメンに対する浮き上がりに抵抗する余裕はない．

図 11.35 に示すように，各階の境界梁の抵抗モーメント $\sum M_u$ と杭に加わる自重 R による抵抗モーメントは，$\sum M_u + RL = 1660 + 960 \times 6.0 = 7420$ [kN·m] である．

したがって，②通り耐震壁脚部での外力との釣り合いから次のようになる．

$$(1.81\alpha - 341) \times 11.0 + (1.21\alpha - 19) \times 7.5 + (\alpha - 43) \times 4.0 - 960 \times 6.0 - 2622 = 0 \qquad \therefore \alpha = 377$$

これより，各層の保有水平耐力は次のようになる．

$$3 階\ P_3 = 1.81 \times 377 = 682\ [\mathrm{kN}], \qquad Q_3 = 682\ [\mathrm{kN}]$$

$$2 階\ P_2 = 1.21 \times 377 = 456\ [\mathrm{kN}], \qquad Q_2 = 682 + 456 = 1138\ [\mathrm{kN}]$$

$$1 階\ P_1 = 377\ [\mathrm{kN}], \qquad Q_1 = 1138 + 377 = 1515\ [\mathrm{kN}]$$

(3) 耐震壁の負担せん断力

耐震壁の負担せん断力は，層全体のせん断力と柱のせん断力の差から次のようになる．

$$Q_{w3} = 682 - 341 = 341\ [\mathrm{kN}]$$

$$Q_{w2} = 1138 - 360 = 778\ [\mathrm{kN}]$$

$$Q_{w1} = 1515 - 403 = 1112\ [\mathrm{kN}]$$

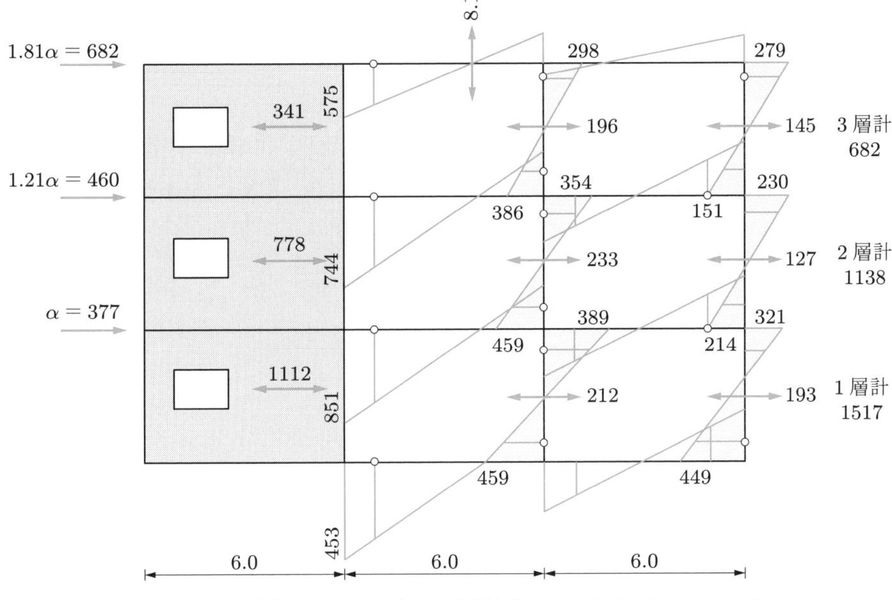

図 11.35 崩壊メカニズム時のせん断力[kN·m, kN]（B ラーメン）

以上より求めた耐震壁の負担せん断力を図 11.35 に示す．なお，これらの耐震壁の負担せん断力は，表 11.22 の⑥欄に示した許容せん断耐力 Q_A よりも小さい．

11.5.3 純ラーメン（2，3 ラーメン）（仮想仕事法）

部材の配筋を図 11.36 に示す．保有水平耐力を仮想仕事法により以下の手順で求める．

■(1) 梁の M_u，Q，M'_u

A ラーメンと同様の手順で表 11.29，11.30 のように計算する．結果を図 11.37 に示す．

■(2) 柱の M_u，Q，M'_u

計算を表 11.31, 11.32 に, 結果を図 11.38 に示す．

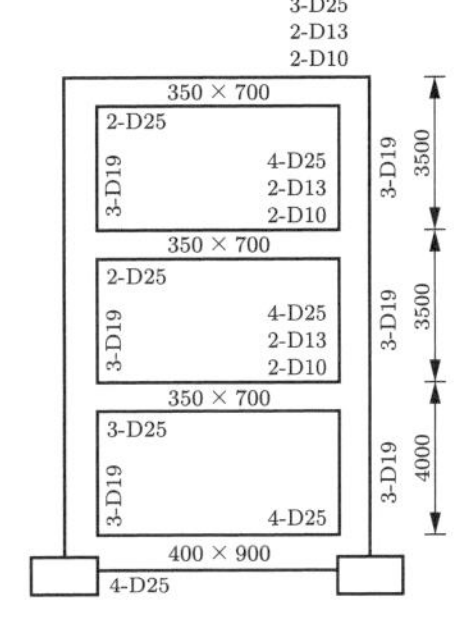

図 11.36 配筋図（2，3 ラーメン）

表 11.29 梁の M_u（2，3 ラーメン）

	引張主筋	$\sum a$	σ_y	d	M_u [kN·m]
R 階–上端筋	3-D25，2-D13，2-D10	1918	0.325	0.64	359
3，2 階–上端筋	4-D25，2-D13，2-D10	2425	0.325	0.64	454
R，3 階–下端筋	2-D25	1014	0.325	0.64	189
2 階–下端筋	3-D25	1521	0.325	0.64	284
基礎梁上下端筋とも	4-D25	2028	0.325	0.80	474

表 11.30 梁のせん断力 Q および梁の M_u' [kN·m]

A	B	C	D	E	F	G	H	I
				(B + C)/D		E × F	B + G	C + G
階	左端 M_u		L'	Q	ΔL	$Q\Delta L$	左端 M_u'	右端 M_u'
	下端	上端						
R	189	359	6.50	84.3	0.25	21.1	210.1	380.1
3	189	454	6.50	98.9	0.25	24.7	213.7	478.7
2	284	454	6.50	113.5	0.25	28.4	312.4	482.4
F	474	474	6.50	145.8	0.25	36.5	510.5	510.5

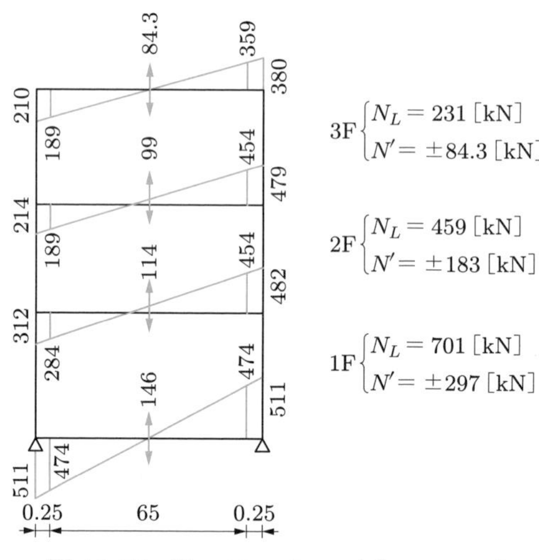

図 11.37 梁の M_u, Q, M_u' [kN·m, kN]

表 11.31 2, 3 ラーメン柱の N', M_u

$M_u = 0.8a_t\sigma_y D + 0.5ND\{1 - N/(bDF_c)\}$, $a_t = 861$ [mm^2] (3-D19)

A	B	C	D	E	F	G	H	I	J	K	L	M
				C − D			E + G				H × K × (1 − H/J)	I + L
階	通り	N_L	低減	N	Q	$\sum Q$	N'	$0.8a_t\sigma_y D$	bDF_c	$0.5D$	第 2 項	M_u
3	A	231	8.4	223	84.3	−84	139	111	5250	0.25	34	146
	B	231	8.4	223	84.3	84	307	112	5250	0.25	72	184
2	A	459	29.4	430	98.9	−183	247	112	5250	0.25	59	171
	B	459	29.4	430	98.9	183	613	112	5250	0.25	135	247
1	A	701	50.4	651	113.5	−297	354	112	5250	0.25	83	195
	B	701	50.4	651	113.5	297	948	112	5250	0.25	194	306

表 11.32 2，3 ラーメン柱の M_u' [kN·m]

$Q = (M_{uT} + M_{uB})/h'$,　　$M_u' = M_u + Q\Delta L$

A	B	C	D	E	F	G	H	I	J
						D − E − F	(C + C)/G	C + E × H	C + F × H
階	通り	M_u	h	ΔL 柱頭	ΔL 柱脚	h'	Q	M_u' 柱頭	M_u' 柱脚
3	A	146	3.5	0.35	0.35	2.8	104.3	182.5	182.5
	B	184	3.5	0.35	0.35	2.8	131.4	230.0	230.0
2	A	171	3.5	0.35	0.35	2.8	122.1	213.7	213.7
	B	247	3.5	0.35	0.35	2.8	176.4	308.7	308.7
1	A	195	4.0	0.35	0.45	3.2	121.9	237.7	249.9
	B	306	4.0	0.35	0.45	3.2	191.3	373.0	392.1

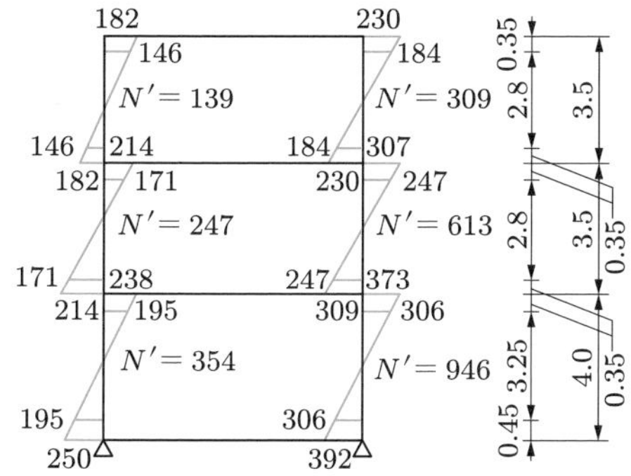

図 11.38 柱の M_u，N'，M_u' [kN·m, kN]

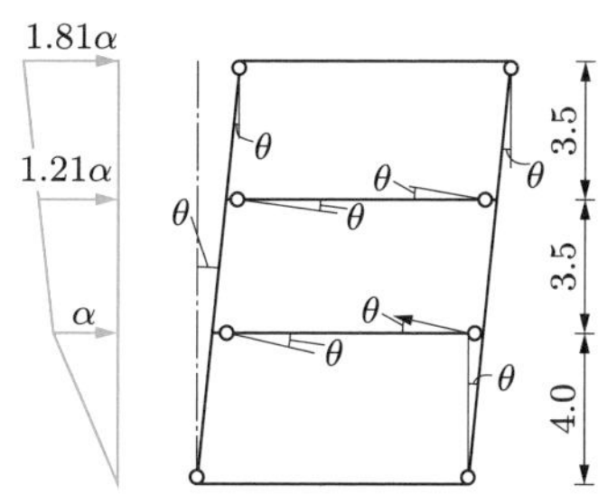

図 11.39 崩壊形

■(3) 外力，崩壊形

各節点での梁と柱の $\sum M_u'$ の比較から，R 階，1 階では柱に，2，3 階では梁に塑性ヒンジが生じる．

したがって，図 11.39 の崩壊形となる．また，外力は A_i 分布から求めた．

■(4) 仕事の釣り合い

外力の仕事　$W_o = 1.81\alpha \times 11.0\theta + 1.21\alpha \times 7.5\theta + \alpha \times 4.0\theta = 33.0\alpha \times \theta$

内部仕事　$W_i = 146\theta + 184\theta + 189\theta + 454\theta + 284\theta + 454\theta + 195\theta + 306\theta$

$$= 2212\theta$$

$W_o = W_i$ より，$33.0\alpha \times \theta = 2212\theta$　　$\therefore \alpha = 67.0$

したがって，次のようになる．

$$P_3 = 1.81 \times 67.0 = 121.3 \text{ [kN]}$$

$$P_2 = 1.22 \times 67.0 = 81.1 \text{ [kN]}$$

$$P_1 = 67.0\ [\mathrm{kN}]$$

層せん断力は以下のようになり，図 11.40 に示す．

$$Q_1 = 121.3\ [\mathrm{kN}]$$

$$Q_2 = 121.3 + 81.1 = 202.4\ [\mathrm{kN}]$$

$$Q_3 = 202.4 + 67.0 = 269.4\ [\mathrm{kN}]$$

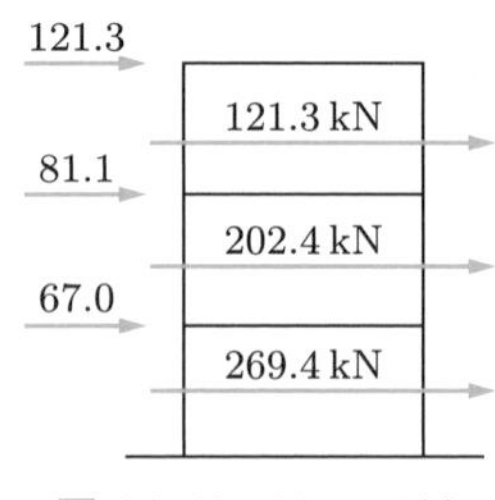

図 11.40　層せん断力

11.5.4　連層壁（①，④通り）

基礎の浮き上がりによって決まるものとする．④通りの耐震壁の耐力を仮想仕事法により求める．なお，①通り耐震壁は④通り耐震壁よりも自重が大きいので，浮き上がり抵抗モーメントが大きく，その差は小さいため，④通りの値を採用する．

(1) 基礎部分に働く浮き上がりを抑える力（図 11.41）

基礎の浮き上がりに抵抗する自重による力は柱荷重（基礎含む）として図 11.5 より，次のようになる．

$$W_a = 537\ [\mathrm{kN}]$$

また，隣接する直交梁による拘束力として，直交ラーメンが崩壊メカニズムに至るときの梁のせん断力を考える．その大きさは図 11.32 より，そのせん断力の合計で次のようになる．

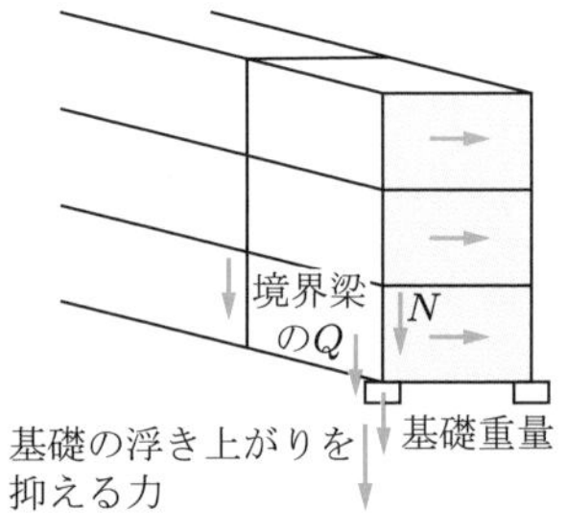

図 11.41　浮き上がり

$$W_b = 71.3 + 138.3 + 160.7 + 113.1$$

$$= 482.9\ [\mathrm{kN}]$$

したがって，浮き上がり拘束力は次のようになる．

$$W = 537 + 482.9 = 1020\ [\mathrm{kN}]$$

(2) 崩壊形と外力

崩壊形と外力を図 11.42 に示す．

(3) 仕事の釣り合い

外力の仕事：$W_o = 1.81\alpha \times 11.0\theta + 1.21\alpha \times 7.5\theta + \alpha \times 4.0\theta = 33.0\alpha \times \theta$

内部仕事：$W_i = 915 \times 7.0\theta = 6450\theta$

$W_o = W_i$ より，$33.0\alpha \times \theta = 6370\theta \qquad \therefore \alpha = 192$

したがって，

$$P_3 = 1.81 \times 192 = 348\ [\mathrm{kN}], \qquad P_2 = 1.21 \times 193 = 234\ [\mathrm{kN}]$$

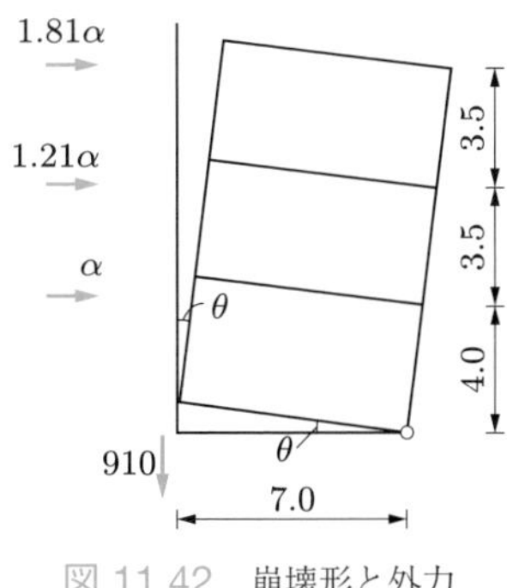

図 11.42 崩壊形と外力

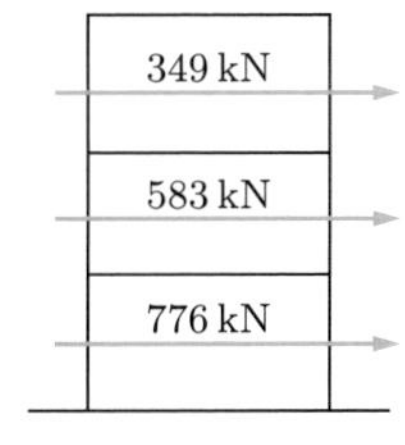

図 11.43 層せん断力

$$P_1 = 193 \text{ [kN]}$$

各層のせん断力は，以下のようになり，図 11.43 に示す．

$$Q_3 = 349 \text{ [kN]}, \qquad Q_2 = 349 + 234 = 583 \text{ [kN]}$$

$$Q_1 = 583 + 193 = 776 \text{ [kN]}$$

11.5.5 保有水平耐力の検討

以上の各ラーメンの保有水平耐力，および耐震壁の分担率を表 11.33 に示す．

表 11.33 保有水平耐力，耐震壁の分担率

方向	階	フレーム	保有水平耐力[kN]			壁の分担せん断力[kN]	壁の分担率 β_u	
			柱	壁	層		β_u	判定
x	3	A	657	0	1339	341	0.255	< 0.3
		B	341	341				
	2	A	706	0	1844	778	0.424	< 0.7
		B	360	778				
	1	A	868	0	2383	1112	0.467	< 0.7
		B	403	1116				
y	3	1	0	349	940	698	0.742	> 0.7
		2,3	121	0				
		4	0	349				
	2	1	0	583	1570	1166	0.743	> 0.7
		2,3	202	0				
		4	0	583				
	1	1	0	776	2090	1552	0.742	> 0.7
		2,3	269	0				
		4	0	776				

11.5.6 必要保有水平耐力

■(1) 部材の種別

表 10.9，10.10 において，検討項目ごとに値が最も危険なものについて検討してみると，C_{A1} のみ FB ランクで，それ以外は表 11.34 に示すようにすべて FA，WA である．

表 11.34 部材の種別

		階	部材	計算	FA の上限値	判定
柱	h_0/D	1	一般柱	$3.3/0.5 = 6.6 > 2.5$ ∴ FA	FA 以上の部材の耐力が 50%以上，F_c なし	FA
			C_{A1}（袖壁付き柱）	$3.3/1.5 = 2.2 > 2.0$ ∴ FB		
	σ_0/F_c	1	C_{B4}	$948/(500 \times 500 \times 0.021) = 0.181$	0.35	FA
	p_t	1		4-D19，$1148/(500 \times 500) = 0.00459$	0.008	FA
	τ_u/F_c	1	C_{A2}	$214/(500 \times 7/8 \times 450 \times 0.021) = 0.052$	0.1	FA
梁	τ_u/F_c	1	G_{A1}	$166/(350 \times 7/8 \times 540 \times 0.021) = 0.048$	0.15	FA
壁	τ_u/F_c	1	W_{B1}	$978/\{150 \times (6000 - 1600) \times 0.021\} = 0.0706$	0.2	WA
			W_{A1}	$774/(150 \times 7000 \times 0.021) = 0.0351$	0.2	WA

■(2) D_s 値，F_{es} 値

部材の種別が A ランクであり，また表 11.33 の壁の分担率から D_s 値は，表 10.11 より x 方向では 3 階で $\beta_u < 0.3$ なので $D_s = 0.3$，その他の階は $\beta_u < 0.7$ なので $D_s = 0.35$，y 方向では，$\beta_u > 0.7$ なので 0.4 とする．すべての方向，階において，偏心もほとんどなく，剛性率の変化もほとんどないので，$F_{es} = 1.0$ とする．

■(3) 必要保有水平耐力に対する検討

必要保有水平耐力（$Q_{un} = Q_{ud}F_{es}D_s$）と保有水平耐力 Q_u との比較を表 11.35 に示す．

これより，x，y 方向のいずれの階も安全であることがわかる．

表 11.35 必要保有水平耐力に対する検討（$Z = 0.9, R_t = 1.0, C_0 = 1.0$）

A	B	C	D	E	F	G	H	I	J	K
					C × D × E			F × G × H		J/I
方向	階	$\sum W_i$	A_i	ZR_tC_0	Q_{ud}	D_s	F_{es}	Q_{un}	Q_u	Q_u/Q_{un}
x	3	1591	1.38	0.9	1976	0.3	1.0	593	1339	2.26
	2	3169	1.16		3308	0.35	1.0	1158	1848	1.60
	1	4890	1		4401	0.35	1.0	1540	2387	1.55
y	3	1591	1.38		1976	0.4	1.0	790	938	1.19
	2	3169	1.16		3308	0.4	1.0	1323	1568	1.18
	1	4890	1		4401	0.4	1.0	1760	2086	1.18

12 構造物の動的性質と設計

12.1 地　震

12.1.1 地震のメカニズムと地理的分布

地震は世界中どこでも起こるものではなく，頻発するところは限られている．図 12.1 は世界の地震分布を示したものである．大きくみると太平洋のまわり（環太平洋地震帯）と地中海と太平洋をつなぐ地域（地中海・ヒマラヤ地震帯）に分けられる．世界の地震の 95%がこの地域で発生している．

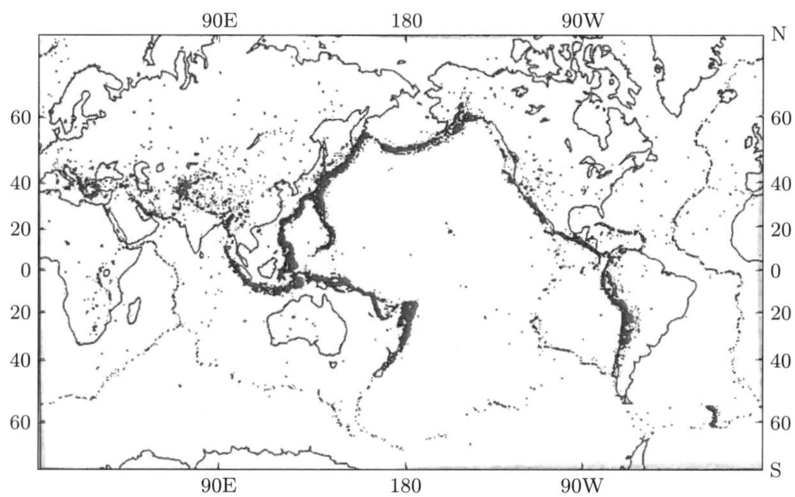

図 12.1　世界の地震分布図（1963〜1977 年の間に発生した M4.5 以上の地震（NOAA による））

環太平洋地震帯での発生機構は，プレートテクトニクス説によってある程度説明できる．すなわち，地球表面は 10 数枚の岩のかたまり（厚さ数 km〜20 km の地殻から成るプレートで大陸部で厚く，海洋部では薄い）で覆われており，その下にマントルとよばれる厚さ約 3000 km の溶融物質がある．その物質は対流（マントル対流）しており，その湧き出し口は図 12.2 に示す海嶺とよばれる地殻の裂け目で，太平洋の南東部付近の海底にある．その海嶺から出た物質は，そこで左右に分かれ，プレート（岩

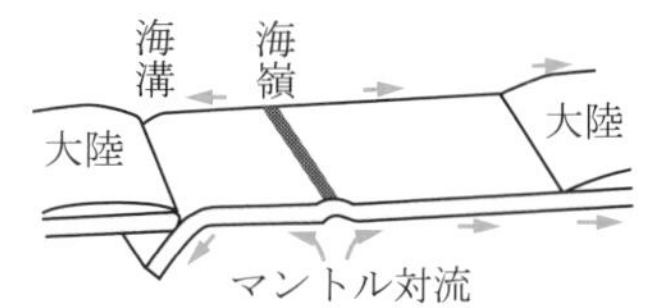

図 12.2　プレートの発生と移動

石層）となり，対流の流れにのって 1 年に数 cm の速度で海洋を横断して大陸の縁に運ばれ，海溝のところでマントル中に沈み込んでいく．図 12.3 に示すようにこの沈み込みが行われる際に地殻を歪ませエネルギーが蓄積する．そのエネルギーが解放されるときに地震が発生すると考えられている．

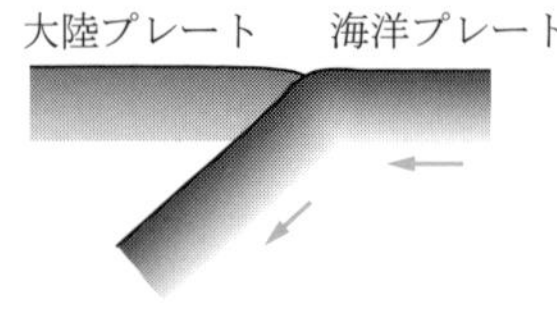

（a）海洋プレートの沈み込み

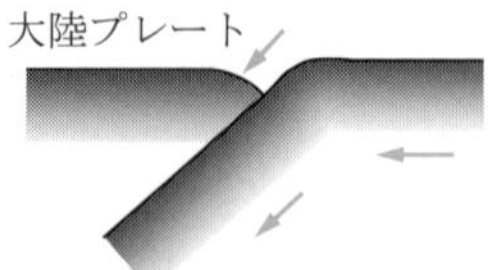

（b）大陸プレートの引き込み

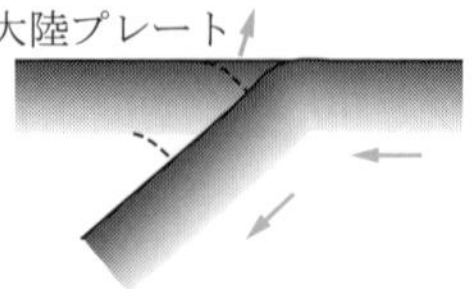

（c）大陸プレートの解放

図 12.3　プレート型地震の模式図

図 12.4 は日本における大地震の分布を示したものである．太平洋沿岸の地震は，このプレートテクトニクス説によって説明できる海溝地震である．事実，日本の太平洋沿岸の巨大地震発生地点付近では，毎年少しずつ沈下し，地震時に急に隆起することが観測されている．

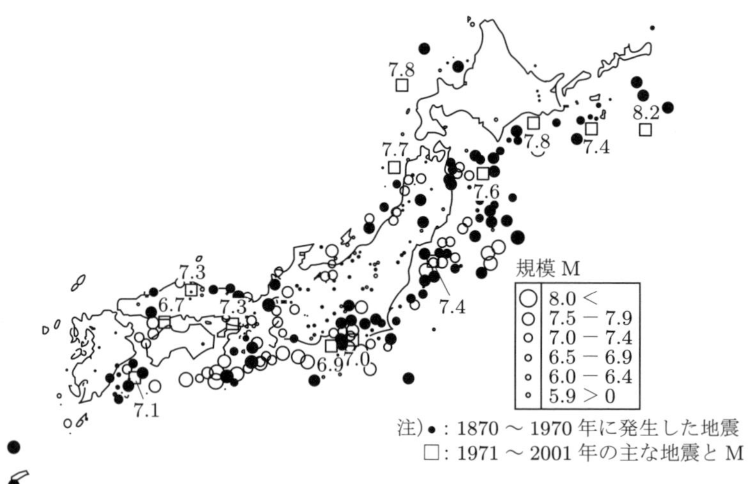

図 12.4　日本における破壊地震の分布（気象庁資料）

一方，内陸部においても地震発生がみられる．これは 1000 年単位の期間に地殻（岩石層）に歪みエネルギーが蓄積され，破壊されると断層を生じて地震となる．海溝型より規模は小さいが，都市の直下型地震となり大きな被害をもたらす．

12.1.2 地震の大きさと強さ

地震時に放出されるエネルギーは，それまでに蓄積された全エネルギーで，その大きさは，通常マグニチュード（記号 M で表す）という尺度で表現する．表 12.1 に示すものは，最近の我が国で大きな被害のあった大地震で M7〜8 程度であるが，このような M7 以上の大地震はこの 100 年間に 70 回程度発生している．したがって，ある地域に対してのこのような大地震の発生する再現期間は，数十年間である．ただし，内陸部ではその間隔は大きい．

表 12.1 日本の最近の大地震

地震	規模 [M]	エネルギー [J], [Nm]	観測場所	最大加速度 [m/s^2]	震度階
新潟（1964）	7.5	1.1×10^{16}	新潟	1.6	5
十勝沖（1968）	7.9	4.5×10^{16}	八戸	2.3	5
宮城県沖（1978）	7.4	7.9×10^{15}	仙台	2.6	5
兵庫県南部（1995）	7.3	5.6×10^{15}	神戸	8.18	7
鳥取県西部（2000）	7.3	5.6×10^{15}	日野	9.27（局所）	6 強
三陸沖（2011）	9.0	2.0×10^{18}	大船戸	9.44	6 強
熊本（2016）	7.3	5.6×10^{15}	南阿蘇	7.95	7

地震の強さは，発生源から離れるほど小さくなる．そこで地震によってある場所がどの程度揺らされたかその震動の激しさを示す尺度として，気象庁が定めた震度階がある．これを表 12.2 に示す．

表 12.2 気象庁の震度階とその目安

震度階	相当加速度 * [m/s^2]	現象の例	耐震性の低い鉄筋コンクリート造建築物の被害
0	0〜0.008		被害なし
1	0.008〜0.025	一部の人が揺れを感じる	
2	0.025〜0.08	吊り下げた物が揺れる	
3	0.08〜0.25	棚の食器が音をたてる	
4	0.25〜0.8	座りの悪い置物が倒れる	
5 弱	0.8〜1.4	棚の物が落ちる	
5 強	1.4〜2.5	棚から多数の物が落ちる	部材にひび割れが入ることがある
6 弱	2.5〜4.5	家具が転倒・移動する	部材にひび割れや亀裂が多くなる
6 強	4.5〜8.0	家具のほとんどが移動転倒する	柱，壁に斜めや X 形のひび割れが多くなる
7	8.0〜	家具が大きく移動し飛ぶ	

注）* 地震動の周期特性により変化するが平均的な値．

12.1.3　地震波の性質，工学的基盤，表層地盤

地震波は図 12.5 に示すように，押し進み波と，進行方向に直角に摺り合いうねりながら進む波とが基本的なものである．押し進み波は速度が速く先に進むもので，P 波（primary wave）とよばれる．一方，摺り合って進む波は P 波の 55〜60%の速度で進み，遅れて到達するもので，S 波（secondary wave）とよばれる．

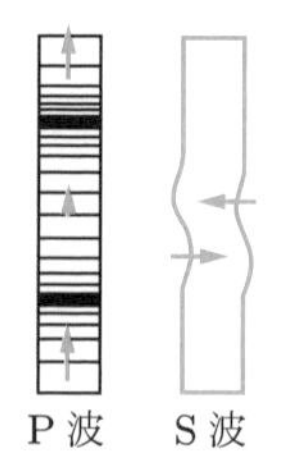

図 12.5　P 波と S 波

両波は図 12.6 のように地下の堅牢な層を伝わり，表層面を通過して地表面に到達するが，固い地盤からより軟らかい地盤へと幾層もの表面層を通過する間に屈折を重ね，地表面に到達する頃には地表面に直角になっている．したがって建築物を水平振動させるのは S 波であり，上下振動させるのは P 波である．また，固い地盤からより軟らかい地盤へ伝わる際に，地震波は波長を短くして速度を落とすが，エネルギーを保つため，その振幅は増幅する．したがって，軟らかい地表面では，建築物が大きく揺すられることとなる．

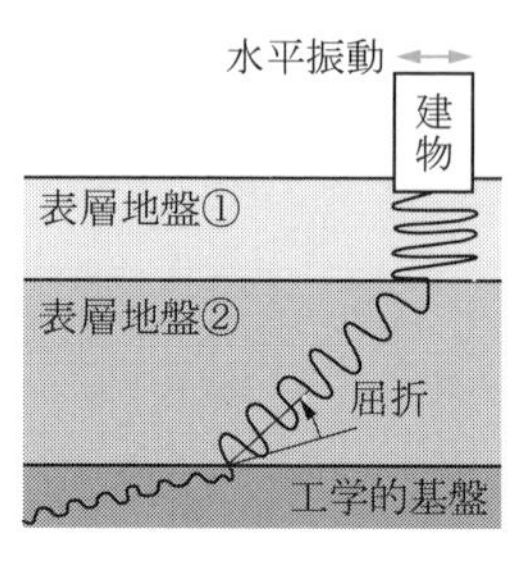

図 12.6　地震波の性質

なお，この堅牢な地下の地盤面で，その深さまでの地盤データが得られているものを工学的基盤という．具体的には，地盤の剛性に対応しているせん断波速度が，$V_B \geqq 400$ [m/s] の地盤をいう．また，その上にある軟らかい地盤を表層地盤といい，一般には，性質の異なる複数の層からできている．

12.1.4　地震動

地震動による建築物の揺れは動的な物理現象としてとらえることができる．したがって，この動的な性質を設計に反映すればより確かな設計が可能になる．

設計での解析には，これまでの大地震動のうち良好な記録が残されている表 12.3 のような実際の地震記録波をその大きさが小さいものは振幅などを増幅修正させて用いられている．このうち 1940 年のカリフォルニア州エルセントロ地震の地震波の例を図 12.7 に示す．この地震では大きな振幅を生じる波は，水平（NS：南北）方向の揺

表 12.3　解析によく用いられる地震記録

記録名（NS，EW は方向）	最大加速度[m/s^2]	最大速度[cm/s]
エルセントロ NS（1940）	3.42	34
タフト EW（1952）	1.76	18
八戸 NS（1968）	2.25	34
兵庫県南部 NS（1995）	8.18	90

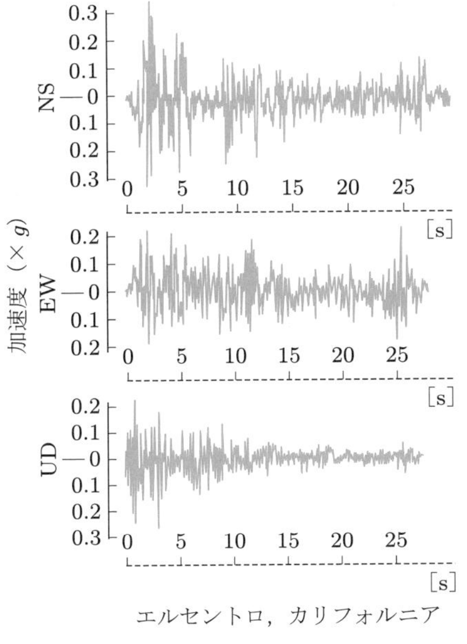

図 12.7 エルセントロ地震の地震波

れで，その周期は，0.1〜1 秒程度，また大地震動の継続時間は数十秒程度である．

12.2 振動の基本

12.2.1 固有周期

図 12.8(a)のラーメンの屋根部分を a_0 だけ引張って放したとき，この建築物は振動する．建築物が振動しているとき，柱のばねによる反発力が起こる．このばねの戻ろうとする力（復元力 P）は，柱のばね定数（あるいはばね剛性）K と変位 x に比例する．

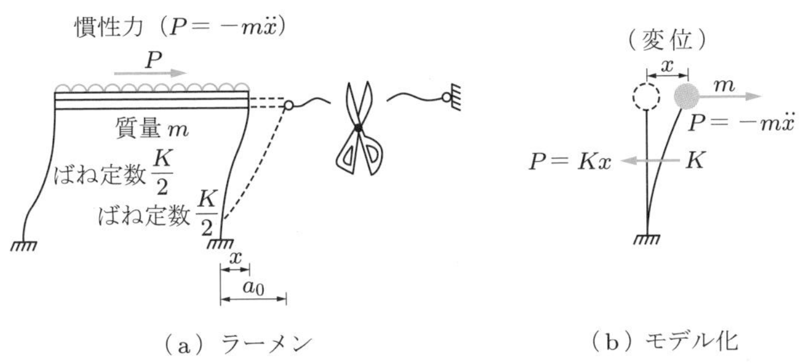

（a）ラーメン　（b）モデル化

図 12.8 慣性力とばね

$$P = Kx \tag{12.1}$$

また，建築物には，質量 m と加速度 $\ddot{x}$ の積の慣性力 P（$= -m \times \ddot{x}$）が加わる．これをモデル化したものが図(b)の質点系モデルである．

このときの釣り合い式は自由振動方程式とよばれ，次式で表される．

$$m\ddot{x} + Kx = 0 \tag{12.2}$$

その解は，次式の時間 t の関数で表すことができる．

$$x = a\cos(\omega t) + b\sin(\omega t) \tag{12.3}$$

これを 2 階微分すると，次式となる．

$$\ddot{x} = -\omega^2\{a\cos(\omega t) + b\sin(\omega t)\} \tag{12.4}$$

これらを式(12.2)に代入したとき，次式が成り立つ．

$$\omega^2 = \frac{K}{m} \text{ あるいは } \omega = \sqrt{\frac{K}{m}} \tag{12.5}$$

ω は，この振動系に固有な円振動数である．

また，振動周期 T は，円振動数との関係から次式で表される．

$$T = \frac{2\pi}{\omega} = \frac{2\pi}{\sqrt{K/m}} = 2\pi\sqrt{\frac{m}{K}} \tag{12.6}$$

したがって，この自由振動による周期は，建築物固有の値であり，固有周期とよばれ，質量とばね定数（剛性）によって決まる．

■ 例題 12.1 ■ 図 12.9 の質点系の固有周期を求めよ．

解答 鋼球（質量 $m = 36 \times 10^{-3}$[kg]），鋼板ばね（$H = 400$ [mm]，25 mm 幅，0.5 mm 厚，$E = 2.1 \times 10^5$[N/mm^2]）で作ったモデルの固有周期を求める．

断面二次モーメント $I = \dfrac{25 \times 0.5^3}{12} = 0.2604$ [mm^4]

水平変位は，$\delta = PH^3/(3EI)$ で表されるので，水平剛性は次のようになる．

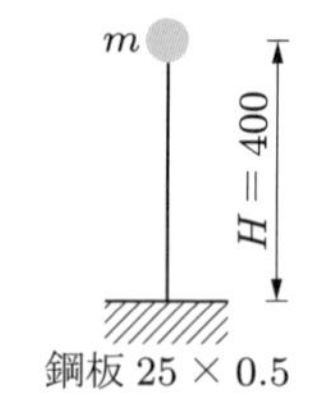

図 12.9 震動モデル

$$K = \frac{P}{\delta} = 3E\frac{I}{H^3}$$
$$= 3 \times 2.1 \times 10^5 \times \frac{0.2604}{400^3} = 2.563 \times 10^{-3}[\text{N/mm}] = 2.563\ [\text{N/m}]$$

式(12.6)より，$T = 2\pi\sqrt{\dfrac{m}{K}} = 2\pi\sqrt{\dfrac{36 \times 10^{-3}}{2.563}} = 0.744$ [s]

■ 例題 12.2 ■ 図 12.10 の静止している質点系が初速度 v_0 を受けた後の運動を説明せよ．また，質点の最大変位，最大速度，最大加速度と系の固有周期の関係を図示せよ．

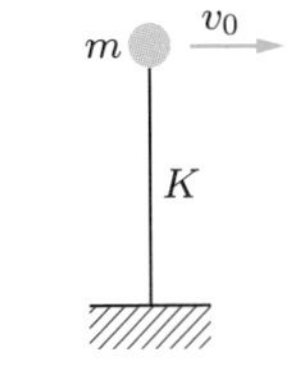

図 12.10 振動モデル

解答 式(12.3)において $t=0$ のとき $x=0$ より．

$$0 = a\cos(\omega \times 0) + b\sin(\omega \times 0) \qquad \therefore a = 0$$

式(12.3)を微分して，

$$\dot{x} = -a\omega\sin(\omega t) + b\omega\cos(\omega t)$$

$t=0$ のとき $\dot{x}=v_0$ より，

$$v_0 = -a\omega\sin(\omega \times 0) + b\omega\cos(\omega \times 0) \qquad \therefore b = \frac{v_0}{\omega}$$

したがって，次のようになる．

$$x = \frac{v_0}{\omega}\sin(\omega t), \qquad \dot{x} = v_0\cos(\omega t)$$

また，この式を微分して次式が得られる．

$$\ddot{x} = -v_0\omega\sin(\omega t)$$

最大値は，固有周期 $\omega = 2\pi/T$ より

$$x_{\max} = \frac{v_0}{\omega} = v_0\frac{T}{2\pi}, \qquad \dot{x}_{\max} = v_0, \qquad \ddot{x}_{\max} = |-v_0\omega| = \frac{2\pi v_0}{T}$$

であり，これを図示すると図 12.11 が得られる．

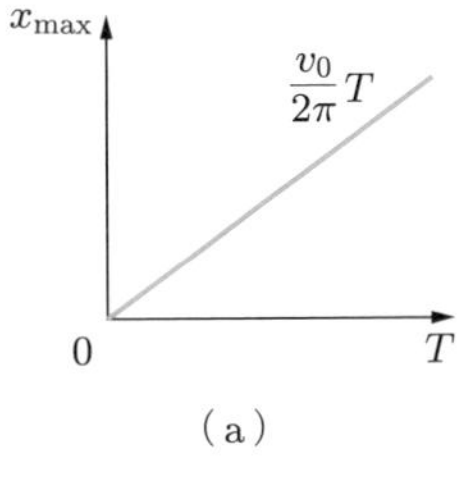

(a)

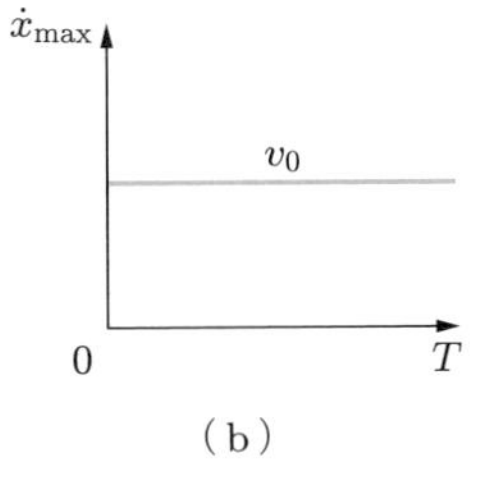

(b)

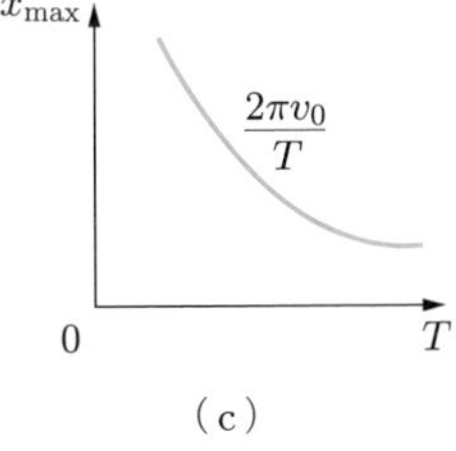

(c)

図 12.11 応答値

12.2.2 減 衰

振動系は一度強く振動させても放っておくと徐々に振幅は小さくなっていく．これを振動の減衰という．建築物の場合，その要因には以下のものがある．

1) 建築物を構成する材料自体の粘性的な性質
2) コンクリートのひび割れ面でのコンクリートどうしの摩擦
3) 鉄筋とコンクリートのずれ摩擦
4) 鉄筋の塑性域での伸縮歪み
5) 地盤との相互作用による振動吸収

これらの減衰の大きさは，一般に建築物の変位速度に比例する．したがって，式(12.2)に速度 $\dot{x}$ に比例した減衰力 $c\dot{x}$ を加えると次式となる．ここに，c は粘性減衰係数である．

$$m\ddot{x} + c\dot{x} + Kx = 0 \tag{12.7}$$

この方程式の解は，粘性減衰係数と臨界減衰係数（$C_c = 2\sqrt{mk} = 2\omega m$）との比 $h = c/C_c$（減衰定数）を用いると次式となる．

$$x = \sqrt{a^2 + b^2} e^{-h\omega t} \times \sin(\sqrt{1 - h^2}\omega t + \phi) \tag{12.8}$$

ただし，$\phi = \tan^{-1}\left(\dfrac{a}{b}\right)$，

$$h = \frac{c}{2\sqrt{mK}} = \frac{c}{2\omega m} \tag{12.9}$$

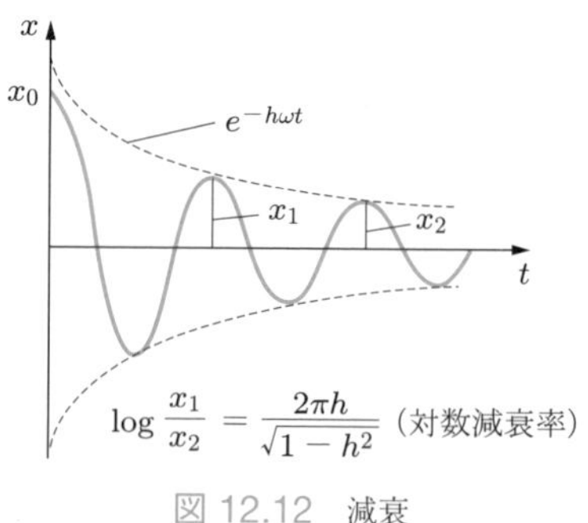

図 12.12 減衰

すなわち，式(12.8)は $e^{-h\omega t}$ が減衰に関する項で，図 12.12 のような性質のものである．

なお，実際の建築物での減衰定数 h は，以下の方法で決めることができる．

水平地震動によって構造物に投入されたエネルギーは，建築物の弾性振動エネルギー，累積塑性歪みエネルギー，および減衰消費エネルギーとなる．

建築物を構成する部材が，動的な外力（慣性力（$Q = m(\ddot{x} + \ddot{x}_0)$））を受けると，復元力（$= Kx$）と変位との関係は，減衰力のために図 12.13(b)のような膨らみのあるラグビーボールの形を描く．このとき，変位点を A，また元の点を O とすると，直線 OA の勾配が，これまでの運動方程式に用いてきたばね定数 K である．このような軌跡を荷重変位履歴ループとよぶ．

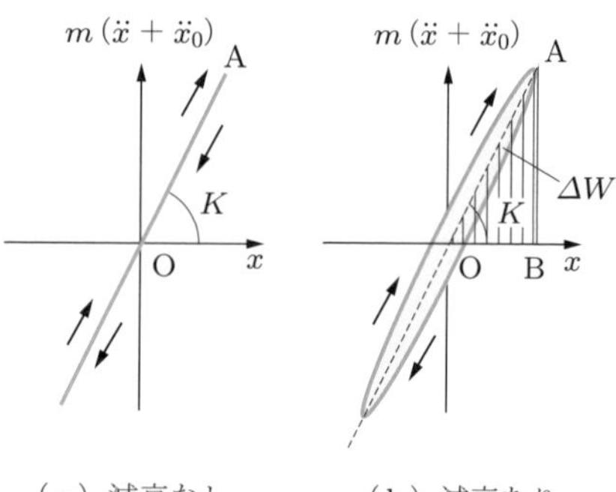

図 12.13 荷重変位履歴ループ

このループの面積 ΔW，と最大変位量の点 B との囲む三角形面積 △OAB から求めた次式

$$h_e = \frac{\Delta W}{4\pi \times \triangle \mathrm{OAB}} \tag{12.10}$$

は，減衰定数 h に置き換えられ，等価粘性減衰定数 h_e とよばれ，その大きさは，弾性時では，$h_e = 0.02$〜0.05 程度である．

12.2.3 地震による強制振動

図 12.14 に示すように，建築物は地震時の地動 x_0 に伴って慣性力を受ける．このとき質点の質量 m は，地動加速度 $\ddot{x}_0$ と建築物の変形に伴う加速度 $\ddot{x}$ の両方からの慣性力（$m\ddot{x}_0 + m\ddot{x}$）を受ける．この運動の釣り合い方程式は次式となる．

$$m(\ddot{x}_0 + \ddot{x}) + c\dot{x} + Kx = 0 \tag{12.11}$$

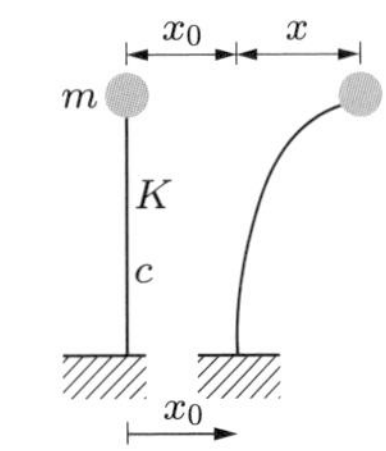

図 12.14　地震による強制振動

地動の加速度を時間の関数 $\ddot{x}_0(\tau)$ で表すと，この式の解は次式の形で表される．

$$x = -\frac{1}{\omega\sqrt{1-h^2}}\left[\int_0^t \ddot{x}_0\tau e^{-\omega h(t-\tau)} \times \sin\{\omega\sqrt{1-h^2}(t-\tau)\}d\tau\right] \tag{12.12}$$

この式のように地震動の解は複雑となるが，多質点系になると，さらに複雑になる．したがって，実際の解析は後で述べるようなほかの方法による．

12.2.4 大変形時の建築物の荷重変位履歴による効果

鉄筋コンクリート部材の荷重変形履歴ループは，鉄筋降伏に伴い変形が大きくなり，図 12.15 のような多少逆 S 字形の紡錘形を示す．ここに，降伏時の変形 δ_y と終局時の変形 δ_u の比を，塑性率 μ とよび，

$$\mu = \frac{\delta_u}{\delta_y} \tag{12.13}$$

とおくと，実験結果から終局時の変形能力に応じて $\mu = 1.5$〜4 が用いられる．

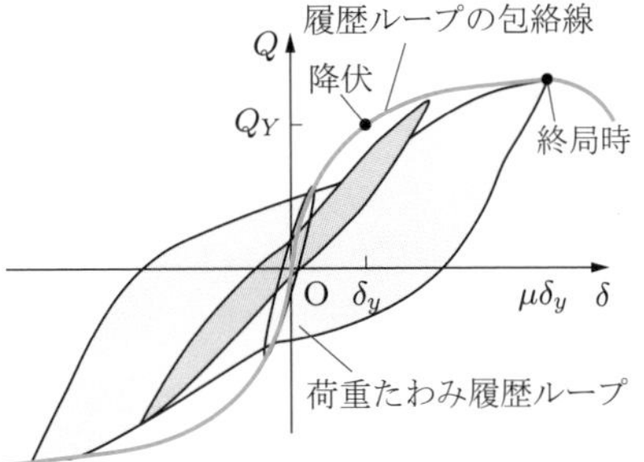

図 12.15　荷重変形履歴ループ

このように大変形した部材をもつ建築物の荷重変形履歴ループを図 12.16 のようにモデル（degrading tri-linear model）化し，最大変位点 A 点に応じて決まる等価剛性 K_e と等価粘性減衰定数 h_e を用いて弾性応答に準じて考える方法があり，これを等価線形化法とよぶ．

塑性化すると固有周期は，等価剛性 K_e に応じて低下し，次式となる．

$$T = 2\pi\sqrt{\frac{m}{K_e}} \tag{12.14}$$

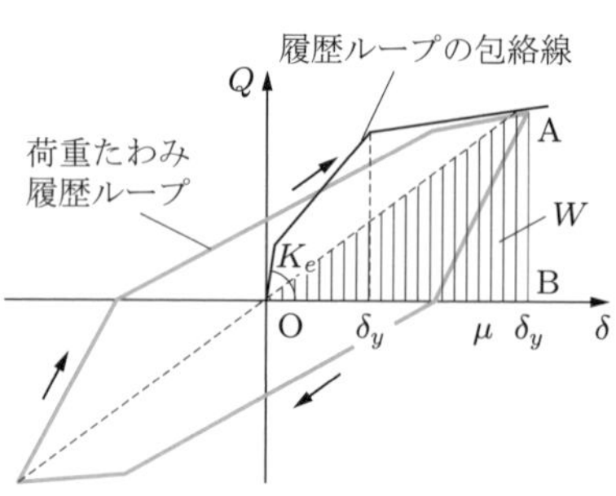

図 12.16 荷重変形履歴応答ループ

また，減衰定数 h については，弾性時から降伏限界変形時（$\mu = 1$ のとき）までを $h = 0.05$ とおき，塑性率 μ に応じて大きくなる次式が示されている（国土交通省告示第 1457 号）．

$$h = \gamma\left(1 - \frac{1}{\sqrt{\mu}}\right) + 0.05 \tag{12.15}$$

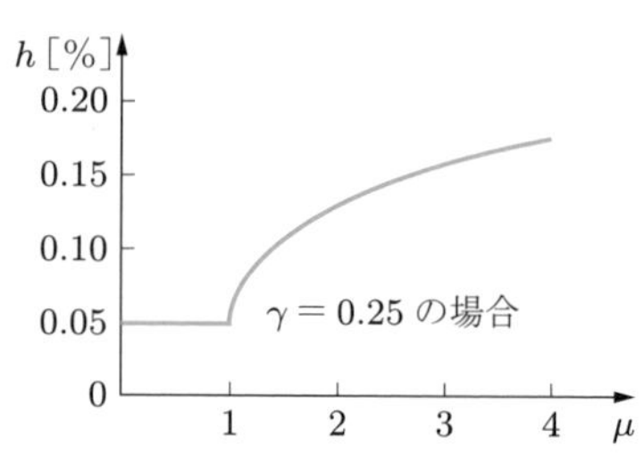

図 12.17 塑性率 μ と減衰定数 h

ここに，γ は地震波の種類と建築物の固有周期による応答の違いを表す値で，一般的な鉄筋コンクリートラーメンでは，0.25 としてよい．この式は図 12.17 に示すように，曲げ降伏後では $h = 0.05$〜0.20 程度である．

さらに次節で述べるように，減衰の大きいものは地震応答値は小さくなり，その振動応答値に対する減衰効果は $(1 + 10h)$ に反比例するとした考え方が，文献 4 で示されている．

すなわち，弾性時を $h = 0.05$ とすれば，減衰の低下は $(= 1/(1+10\times0.05) = 1/1.5)$ であり，これを基準として次式を減衰による加速度の低減率 Fh としている（図 12.18）．

$$Fh = \frac{1/(1+10h)}{1/1.5} = \frac{1.5}{1+10h}, \quad \text{かつ} \quad 0.4 \text{ 以上} \tag{12.16}$$

さて，図 12.19 に 2 つの特性の異なる建築物を示す．(a) は，強度 Q_a は大きいが小さい変形 δ_y で破壊する構造物である．一方，(b) は，強度 Q_b は小さくても，破壊ま

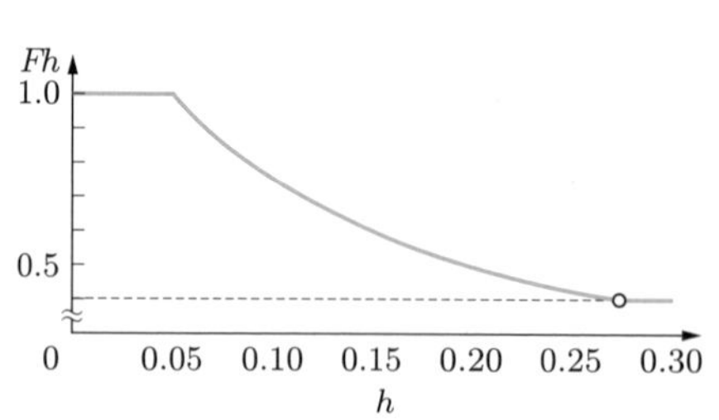

図 12.18 減衰による加速度の低減率 Fh

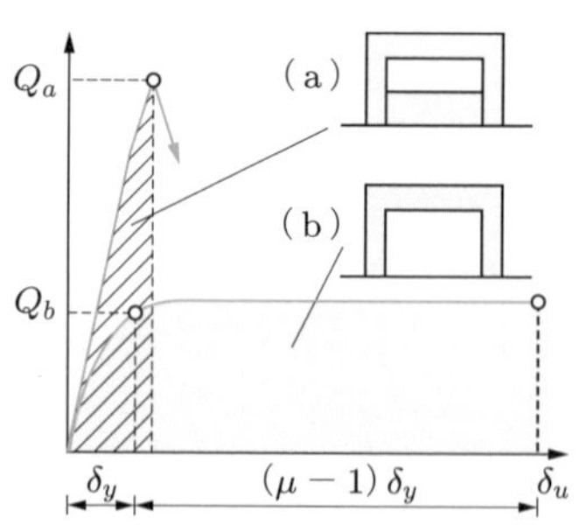

図 12.19 建築物の変形能力と耐力

での変形 δ_u が大きい構造物である．これを比べた場合，図の斜線部分が同じであれば発散エネルギーは同じなので地震に対しては同じように耐えられることがこれまでの研究などで明らかにされている．この関係から次式が得られる．

$$\frac{Q_b}{Q_a} = \frac{1}{\sqrt{2\mu - 1}} \tag{12.17}$$

この式は，建築物に必要な耐力は変形能力を示す塑性率に応じて低減できることを示している．

これらは 10.4 節の必要保有耐力の構造特性係数 D_s として考慮されている，すなわち，構造特性係数 D_s は次式で決めることもできる．

$$D_s = \frac{Fh}{\sqrt{2\mu - 1}} \tag{12.18}$$

■ 例題 12.3 ■ 塑性率 $\mu = 2$，および 4，また地震波の種類と建築物の固有周期による応答の違いを表す値 $\gamma = 0.25$ のとき，減衰定数 h，減衰による加速度の低減率 Fh，および構造特性係数 D_s を求めよ．

解答　(1) 減衰定数 h

式(12.15)より

$$\mu = 2 : h = 0.25 \times \left(1 - \frac{1}{\sqrt{2}}\right) + 0.05 = 0.123 = 12\ [\%]$$

$$\mu = 4 : h = 0.25 \times \left(1 - \frac{1}{\sqrt{4}}\right) + 0.05 = 0.175 = 18\ [\%]$$

(2) 減衰による加速度の低減率 Fh

式(12.16)より，

$$\mu = 2,\ h = 12\ [\%] \text{ の場合} : Fh = \frac{1.5}{1 + 10 \times 0.12} = 0.68$$

$$\mu = 4,\ h = 18\ [\%] \text{ の場合} : Fh = \frac{1.5}{1 + 10 \times 0.18} = 0.54$$

$\mu = 4$ では，47%も減少させる効果を示すことがわかる．

(3) 構造特性係数 D_s

式(12.18)より，

$$\mu = 2 : D_s = 0.68 \times \frac{1}{\sqrt{2 \times 2 - 1}} = 0.39$$

$$\mu = 4 : D_s = 0.54 \times \frac{1}{\sqrt{2 \times 4 - 1}} = 0.20$$

これらは表 10.8 におけるランク I 程度に相当している．

12.3 応答スペクトル，および地盤との相互作用

12.3.1 応答スペクトル

実際の構造設計では，刻一刻の質点の動きよりも地動に対する質点の最大変位，最大速度，最大加速度などの最大応答値が重要である．

例題 12.2 で示したように，振動系の応答値は系の固有周期に応じて変わる．ある測定された地震動記録に対して建築物を 1 質点系と仮定し，その最大応答値（$x_{\max}$，$\dot{x}_{\max}$，$\ddot{x}_{\max}$）を固有周期 T を横軸にプロットしてつないで得られる曲線を応答スペクトルとよぶ．図 12.20 は，前出のエルセントロ地震の南北方向 NS についての応答スペクトルである．この地震波の最大加速度は 3.42 m/s^2 である．

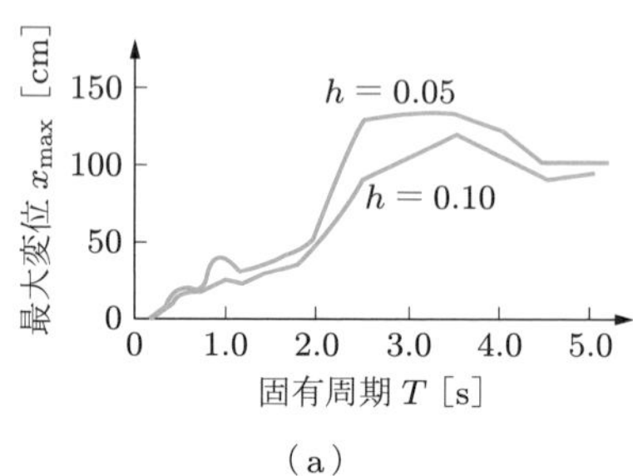

(a)

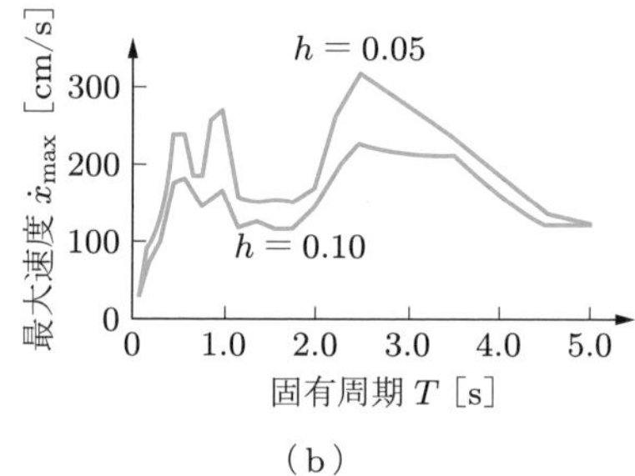

(b)

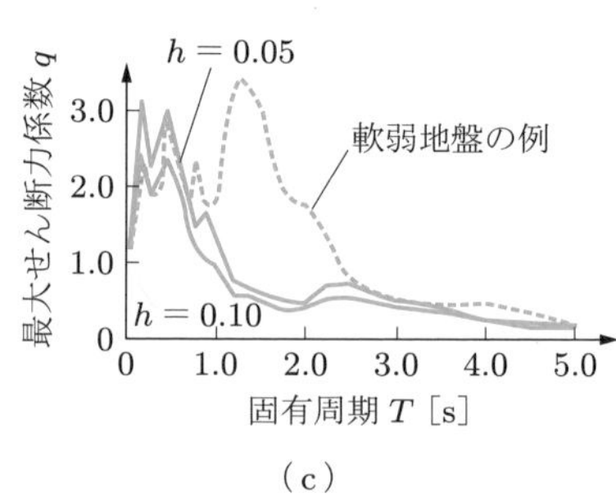

(c)

図 12.20 エルセントロ地震の南北方向（NS）の地震記録の応答スペクトル

これらの中で図 12.20(c) は，最大せん断力係数 q という値となっているが，これは式(12.11) において，$q = Kx/(mg)$ の最大応答値であり，明らかに加速度応答値 $(\ddot{x} + \ddot{x}_0)/g$ の値とは異なるものであるが，式(12.9)，(12.11) からわかるように，減衰定数 h が大きくない場合はほぼ同じものと考えてよいものである．

さて，これらの応答スペクトルの傾向をながめてみると，例題 12.2 での傾向とよく似ていることがわかる．すなわち，固有周期 T の小さい建築物は，変位は小さいが大きな加速度（最大せん断力係数）を受ける．一方，T の大きいものは大きな変位を受けているが，加速度応答は T に対して反比例的に小さくなる．

したがって，超高層建築物は固有周期が $T = 3$ [s] 前後と大きいので，地震力の加速度応答値が小さくなる．また，超高層建築物は大きな変位を受けても層数が多いので 1 層あたりの変位は小さくなることを考えれば，地震に対して有利な構造といえよう．このような周期の長い建築物を柔構造とよぶ．

なお，免震構造は，建築物自体は剛でも免震層のアイソレーターによって全体の固

有周期を 3 秒程度以上に大きく設計して地震力に対して有利にするものである．

図 12.20 で最大速度についてみると，T の大きい場合は，ほぼ一定の大きさであるという性質があるが，建築物が塑性化して固有周期が大きくなった場合の建築物の損傷，塑性化，破壊などに影響が深いということがわかっている．

さて，前節で述べたように，建築物には，振動を減衰させる性質があり，塑性域に入り建築物の変形が大きくなり，固有周期も大きくなるのでその効果も大きくなる．図 12.20 中に減衰定数 h が 5%と 10%の場合を示しているが，$h = 10$ [%] の場合の応答値は小さくなっていることがわかる．

前述の 4 つの地震記録について，入力加速度を $2\,\mathrm{m/s^2}$ に換算した加速度応答 S_A の傾向を，固有周期 T を x 軸に対数目盛で示したものが，図 12.21 である．これをみると，$T = 0.2〜0.6$ [s]のときに応答値が最大になっている．なお，これらの地域の地盤の特性である卓越周期は，$T = 0.4〜0.6$ [s]である．そして，$T > 0.6$ では，T に反比例して低下している．これらの傾向を図中の実線の簡略ラインで示したものが，12.6 節で述べる時刻歴応答解析や限界耐力計算で用いられている．

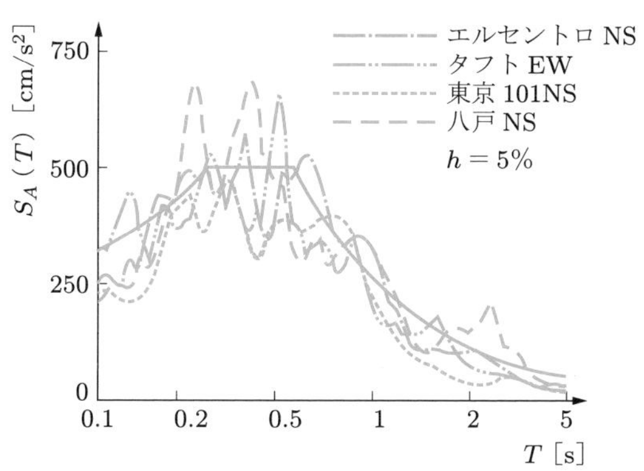

図 12.21 加速度応答の傾向（文献 4）

第 10 章で述べた一次設計と二次設計の許容応力度設計法の耐震レベルの基本理念は，建築物の基礎での地震動による加速度の程度を，それぞれ 80 [cm/s^2]（表 12.2 の震度 5 弱）および 400 [cm/s^2]（同震度 6 強）に考え，中低層建築物への増幅率を 2.5 として，建築物に作用する地震力をそれぞれ，200 [cm/s^2]（式(10.5)の $C_0 = 0.2$）と 1000 [cm/s^2]（式(10.5)の $C_0 = 1.0$）としたものである．

限界耐力計算や時刻歴応答解析は，後述するように，比較的硬い工学的基盤で建築物への応答を考えた設計曲線を定め，それに表層地盤の影響を受ける設計法で，建築物の耐震レベルは上記にほぼ相当するものになっている．

12.3.2 地盤との相互作用

(1) 卓越周期

表層地盤は，その深さ，厚さ，S 波速度などによって決まる地盤特有の周期が卓越している．これを卓越周期 T_c といい，$T_c = 0.2 \sim 1.0$ [s]程度で，軟らかい地盤ほどその値が大きい．その大きさによる分類が，表 10.4 に示した第 1～3 種地盤である．地盤の卓越周期 T_c（= 軟弱）の影響は，たとえば，前出の図 12.20(c)内に破線で示した曲線（これはエルセントロ地震波ではなく，他の地震波の加速度応答スペクトルである）はかなり軟弱な地盤上で記録された地震波であるが，この地震波のスペクトル値は周期の長いところでピーク値を示しており，地盤の影響が大きく表れている．

(2) 地盤による増幅作用

一般に，工学的基盤での地震動は，表層地盤により増幅されて地表面の建築物を揺らせる．また，その増幅の割合は，12.1.3 項でも述べたように，表層地盤が軟らかいほど大きい．この解析には図 12.22 のようなモデルなどが用いられ，解析の結果，地盤の増幅率は，中地震レベルでは，1，2 種地盤で 1.5 程度，軟弱地盤で 2～2.5 になる（文献 4）．

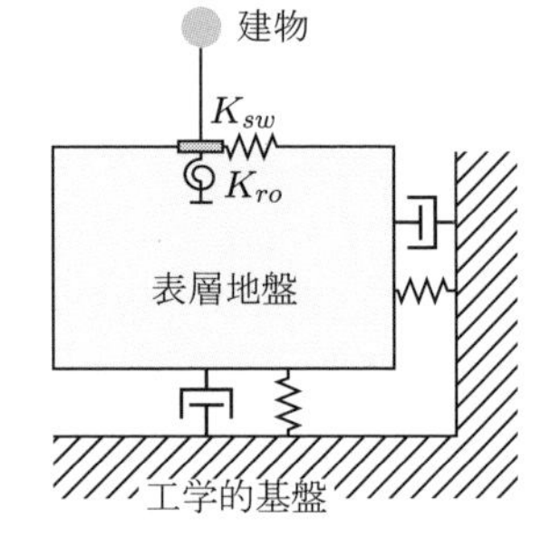

図 12.22 地盤との相互作用モデル

(3) スウェイ，ロッキングによる相互作用

地表面上の建築物は，図 12.23 のように，地表面に対してすべったり（スウェイ：sway），回転変形（ロッキング：rocking）したりする．この際，地盤との摩擦作用や，緩衝作用を受けて建築物のエネルギーを分散させたり，固有周期を大きくさせて地震力を低減させる効果がある．

このとき，上部構造の剛性 K による水平変位 x，スウェイに対する地盤のばね剛性 K_s による水平変位 x_{sw}，およびロッキングに対する地盤の回転剛性 K_{ro} による水平変位 x_{ro} は，質点の高さを H とすると，それぞれ以下のように表される．

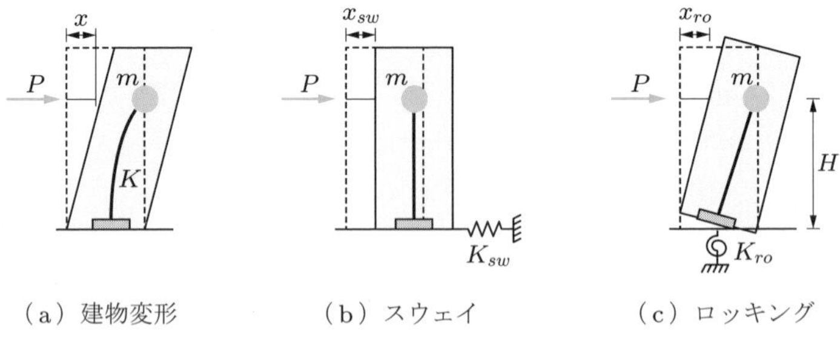

図 12.23 sway と rocking

$$x = \frac{P}{K}, \qquad x_{sw} = \frac{P}{K_{sw}}, \qquad x_{ro} = P\frac{H^2}{K_{ro}} \tag{12.19}$$

したがって，これら全体の水平変位 x' に対する見かけの剛性 K' は次のようになる．

$$K' = \frac{P}{x'} = \frac{1}{1/K + 1/K_{sw} + H^2/K_{ro}} \tag{12.20}$$

また，

$$T = 2\pi\sqrt{\frac{m}{K}}, \qquad T_{sw} = 2\pi\sqrt{\frac{m}{K_{sw}}}, \qquad T_{ro} = 2\pi H\sqrt{\frac{m}{K_{ro}}} \tag{12.21}$$

とおけば，この振動系の固有周期 T' は，構造物自体の固有周期 T に対して調整係数 r を用いて次式のように表せる．

$$\begin{aligned} T' &= 2\pi\sqrt{\frac{m}{K'}} = 2\pi\sqrt{\frac{m}{K} \times \frac{K}{K_{sw}} + \frac{KH^2}{K_{ro}}} \\ &= T\sqrt{1 + \left(\frac{T_{sw}}{T}\right)^2 + \left(\frac{T_{ro}}{T}\right)^2} = Tr \end{aligned} \tag{12.22}$$

ただし，

$$r = \sqrt{1 + \left(\frac{T_{sw}}{T}\right)^2 + \left(\frac{T_{ro}}{T}\right)^2} \tag{12.23}$$

また，相互作用による振動系全体の等価減衰定数は複雑なものであるが，限界耐力計算では次式が用いられる．

$$h' = \frac{1}{r^3}\left\{h_{sw}\left(\frac{T_{sw}}{T}\right)^3 + h_{ro}\left(\frac{T_{ro}}{T}\right)^3 + h_b\right\} \tag{12.24}$$

ただし，h_{sw}：水平地盤減衰定数

h_{ro}：回転地盤減衰定数

h_b：建築物の等価減衰定数

この式より，固有周期の小さい建築物ほど，また軟らかく固有周期の大きい地盤ほど減衰は大きいことがわかる．

さらに，地下部分では振動エネルギーが地盤に分散するので，地震入力を低減できる．

■(4) 地盤との相互作用の設計への配慮

上記の地盤との相互作用については，許容応力度計算法では，地盤と建築物の振動特性 R_t として，また，限界耐力計算では，地盤による増幅率 G_s，およびロッキング，スウェイによる固有周期の調整係数 r，等価減衰定数 h' として考慮されている．

12.4　多層骨組の振動

12.4.1　振動モード，および固有周期

多層ビルの場合は，各層を 1 質点と考えれば，図 12.24 のような質点とばねを連結させた串団子のような多質点モデルに置換できる．

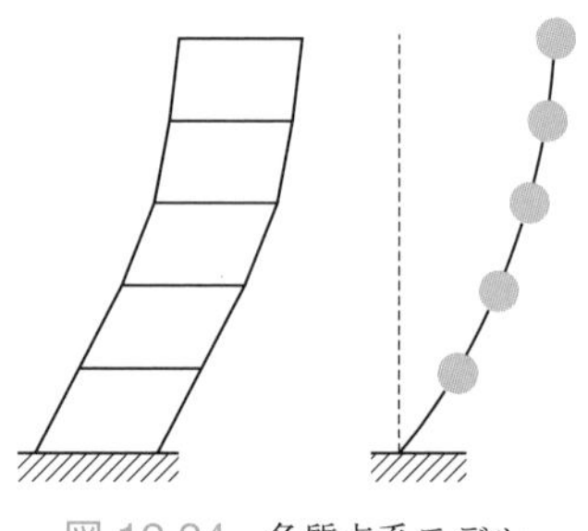
図 12.24　多質点系モデル

後で述べるように，n 個の質点系モデルの振動方程式から n 個の固有値（固有円振動数）が得られるが，これに対応して n 個の振動変形を示す．これらは，それぞれ 1 次，2 次，…，n 次の振動モードとよぶ．これらのモードのうち次数の少ないものほど変形量が大きく影響が大きい．

それらの変形は，ラーメン構造の場合，層せん断変形型となり，図 12.25 のようになる．実際の振動変形は，これらの振動モードが重なり合って揺れる．またモードに対応して，s 次モードのときの固有周期を s 次固有周期 ${}_sT$ とよぶ，

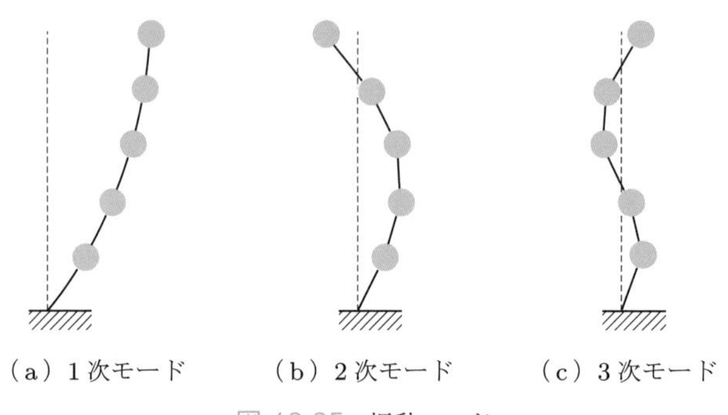

図 12.25　振動モード

1 次モードは動的解析上最も重要であり，中高層の標準的なラーメン構造の弾性時の固有周期は，建築物の高さにほぼ比例するとした統計的な次式で推定できる．

$$T = H(0.02 + 0.01a) \tag{12.25}$$

ただし，a：鋼構造部分の全体の高さ h に対する比

H：建築物の地上高さ[m]

12.4.2　振動方程式

図 12.26 に示す 3 層ラーメンの場合を例として説明する．

1 質点の場合の釣り合い式（式(12.2)）と同じように，各質点位置での慣性力とばね

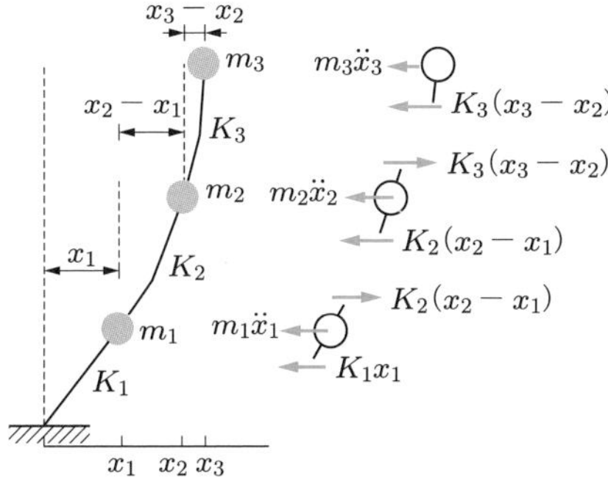

図 12.26　3 層ラーメン

の復元力の釣り合いを考える，各層の剛性をそれぞれ K_1，K_2，K_3 とする．

$$\left.\begin{array}{l}
\text{質点 3 の位置では,} \\
\qquad m_3\ddot{x}_3 + K_3(x_3 - x_2) = 0 \\
\text{質点 2 の位置では,} \\
\qquad m_2\ddot{x}_2 - K_3(x_3 - x_2) + K_2(x_2 - x_1) = 0 \\
\text{質点 1 の位置では,} \\
\qquad m_1\ddot{x}_1 - K_2(x_2 - x_1) + K_1x_1 = 0
\end{array}\right\} \tag{12.26}$$

これを整理すると，次のようになる．

$$\left.\begin{array}{l}
m_3\ddot{x}_3 + K_3x_3 - K_3x_2 = 0 \\
m_2\ddot{x}_2 - K_3x_3 + (K_3 + K_2)x_2 - K_2x_1 = 0 \\
m_1\ddot{x}_1 - K_2x_2 + (K_2 + K_1)x_1 = 0
\end{array}\right\} \tag{12.27}$$

これを，マトリクスの形で整理すると，次式の自由振動方程式で表される．

$$\begin{bmatrix} m_3\ddot{x}_3 \\ m_2\ddot{x}_2 \\ m_1\ddot{x}_1 \end{bmatrix} + \begin{bmatrix} K_3 & -K_3 & 0 \\ -K_3 & K_3 + K_2 & -K_2 \\ 0 & -K_2 & K_2 + K_1 \end{bmatrix} \begin{bmatrix} x_3 \\ x_2 \\ x_1 \end{bmatrix} = 0 \tag{12.28}$$

この式において，第 2 項は剛性マトリクスであり，次のように表す．

$$\begin{bmatrix} m_3\ddot{x}_3 \\ m_2\ddot{x}_2 \\ m_1\ddot{x}_1 \end{bmatrix} + \begin{bmatrix} k_{33} & k_{32} & k_{31} \\ k_{23} & k_{22} & k_{21} \\ k_{13} & k_{12} & k_{11} \end{bmatrix} \begin{bmatrix} x_3 \\ x_2 \\ x_1 \end{bmatrix} = 0 \tag{12.29}$$

この連立方程式の解として次のものを考える．

$$x_3 = a_3\cos(\omega t), \qquad x_2 = a_2\cos(\omega t), \qquad x_1 = a_1\cos(\omega t) \tag{12.30}$$

これらから $\ddot{x}_3$，$\ddot{x}_2$，$\ddot{x}_1$ 求め，式(12.29)に代入すると，次の 3 式が得られる．

$$\left.\begin{array}{llll}(k_{33}-\omega^2 m_3)a_3 & +k_{32}a_2 & +k_{31}a_1 & =0 \\ k_{23}a_3 & +(k_{22}-\omega^2 m_2)a_2 & +k_{21}a_1 & =0 \\ k_{13}a_3 & +k_{12}a_2 & +(k_{11}-\omega^2 m_1)a_1 & =0\end{array}\right\} \quad (12.31)$$

この連立方程式が解をもつためには，係数で作った行列式が 0 でなければならない．

$$\begin{vmatrix}(k_{33}-\omega^2 m_3) & k_{32} & k_{31} \\ k_{23} & (k_{22}-\omega^2 m_2) & k_{21} \\ k_{13} & k_{12} & (k_{11}-\omega^2 m_1)\end{vmatrix} = 0 \quad (12.32)$$

これより，ω^2 に関する 3 次方程式が得られ，これから 3 個の ω^2 の答えが求められる．

この 3 次方程式の解を得るには，実用解法として，ヤコビ法などによる繰り返し収束解法がある．

これから，正の値の 3 つの ω が得られるが小さい値からそれぞれ，${}_1\omega$，${}_2\omega$，${}_3\omega$ とする．これらは，それぞれ 1 次，2 次，3 次の固有円振動数であり，これらの ω に対応して，3 つの固有周期が得られる．

$${}_1T = \frac{2\pi}{{}_1\omega}, \qquad {}_2T = \frac{2\pi}{{}_2\omega}, \qquad {}_3T = \frac{2\pi}{{}_3\omega} \quad (12.33)$$

さて，1 次モードの場合の ${}_1\omega$ と式(12.28)のマトリクス要素を式(12.31)に代入して，a_3/a_1，a_2/a_1 を求め，以下のようにおく．

$$\frac{a_3}{a_1} = {}_1u_3, \qquad \frac{a_2}{a_1} = {}_1u_2, \qquad \frac{a_1}{a_1} = {}_1u_1 = 1 \quad (12.34)$$

この ${}_1u_3$，${}_1u_2$，${}_1u_1$ は，1 層の変位を 1 とした 1 次モードの変位量であり，1 次モードの固有振動形を示している．

次に，${}_2\omega$，${}_3\omega$ から同様にして，2 次モード，3 次モードの振動形を得られる．したがって，s 次モードの i 層の変位 ${}_sx_i$ は，式(12.3)の場合と同様に次の形で表せる．

$${}_sx_i = {}_su_i\{{}_sa\cos({}_s\omega t) + {}_sb\sin({}_s\omega t)\} \quad (12.35)$$

実際の建築物では 3 つのモードを重ね合わせて次式で表される．

$$\left.\begin{aligned} x_3 &= \sum_{s=1}^{3} {}_su_3\{{}_sa\cos({}_s\omega t) + {}_sb\sin({}_s\omega t)\} \\ x_2 &= \sum_{s=1}^{3} {}_su_2\{{}_sa\cos({}_s\omega t) + {}_sb\sin({}_s\omega t)\} \\ x_1 &= \sum_{s=1}^{3} {}_su_1\{{}_sa\cos({}_s\omega t) + {}_sb\sin({}_s\omega t)\} \end{aligned}\right\} \quad (12.36)$$

これらの式において，${}_sa$，${}_sb$ は各質点が振動し始めるとき，すなわち初期条件によって定まるものである．いま初期条件を，$t=0$ のとき，変位 $x_i = a_{i0}$，速度 $\dot{x}_i = b_{i0}$ とすると，各質点の a_{i0}，b_{i0} を式(12.36)に代入すれば，2×3 個の条件式が得られ，これを解いて ${}_s a$，${}_s b$ が得られる（直交性条件）．

$\displaystyle\sum_{i=1}^{3}(m_i\ {}_j u_i\ {}_k u_i) = 0, j \neq k$ を用いて，次式となる．

$$
{}_s a = \frac{\displaystyle\sum_{i=1}^{3}(m_i\ {}_s u_i\ a_{i0})}{\displaystyle\sum_{i=1}^{3}(m_i\ {}_s u_i{}^2)} = {}_s\beta a'_{i0}, \qquad {}_s b = \frac{\displaystyle\sum_{i=1}^{3}(m_i\ {}_s u_i\ b_{i0})}{{}_s\omega \displaystyle\sum_{i=1}^{3}(m_i\ {}_s u_i{}^2)} = \frac{{}_s\beta b'_{i0}}{{}_s\omega} \tag{12.37}
$$

ただし

$$
{}_s\beta = \frac{\displaystyle\sum_{i=1}^{3}(m_i\ {}_s u_i)}{\displaystyle\sum_{i=1}^{3}(m_i\ {}_s u_i{}^2)}
$$

$$
a'_{i0} = \frac{\displaystyle\sum_{i=1}^{3}(m_i\ {}_s u_i\ a_{i0})}{\displaystyle\sum_{i=1}^{3}(m_i\ {}_s u_i)}, \qquad b'_{i0} = \frac{\displaystyle\sum_{i=1}^{3}(m_i\ {}_s u_i\ b_{i0})}{\displaystyle\sum_{i=1}^{3}(m_i\ {}_s u_i)} \tag{12.38}
$$

この ${}_s\beta$（刺激係数）は，各モードの振動が全体の振動に寄与する程度を表すもので，これを用いると式(12.36)は次のとおりとなる．

$$
x_i = \sum_{s=1}^{3}\left[{}_s\beta\ {}_s u_i \left\{a'_{s0}\cos({}_s\omega t) + \left(\frac{b'_{s0}}{{}_s\omega}\right)\sin({}_s\omega t)\right\}\right] \tag{12.39}
$$

この式の右辺の｛　｝内は，s 次の固有円振動数 ${}_s\omega$ をもつ各質点の初期からの運動を表している．すなわち，多質点系の各点の運動は，各次モードの円振動数をもつ 1 質点系の動きにそれぞれ ${}_s\beta\ {}_s u_i$ を掛けたものの和になっている．ここに，${}_s\beta\ {}_s u_i$ は刺激関数とよばれ，$\sum_{s=1}^{3}({}_s\beta\ {}_s u_i) = 1$ となる性質のものである．

一般的に，n 質点系の場合の i 質点の動きは次のように表現できる．

$$
x_i = \sum_{s=1}^{n}({}_s\beta\ {}_s u_i\ {}_s q) \tag{12.40}
$$

このように多質点系の振動は各次モードの固有振動に ${}_s\beta\ {}_s u_i$ の重みをつけたものの

和で表される．このことは自由振動をしている場合だけでなく，振動時に減衰が働く場合や，さらに地動を受ける場合のときも成立する．

ここに，${}_sq$ は，s モード次の固有円振動数をもつ 1 質点系の動きで，式(12.8)あるいは(12.12)と同形である．

この刺激関数の 1 次モード分布をもとにして，許容応力度設計では，層せん断力を求める場合の高さ方向のせん断力分布係数 A_i が決められている．

■ 例題 12.4 ■ 設計例の建築物の x 方向の固有周期 ${}_sT$，各質点の刺激関数 ${}_s\beta\ {}_su_i$ を求めよ．ただし，各床質量 m，各層の剛性 K は，第 11 章の設計例の階重量，および層の D 値より表 12.4 のように求め，図 12.27 のとおりとする．

表 12.4 各階の剛性の計算

階	階重量 W [kN]	$m = W/g$ [t]	$\sum D$	$[12EK_0/h^2]$ $[\times 10^3 \mathrm{kN/m}]$	$K = \sum D[12EK_0/h^2]$ $[\times 10^3 \mathrm{kN/m}]$
3	1591	162	8.21	20.57	168.9
2	1578	161	10.2	20.57	209.8
1	1721	176	12.5	15.75	196.9

g：9.8 [m/s^2]重力加速度

解答 固有円振動数 ${}_s\omega$ は，式(12.32)に式(12.28)の剛性を対応させて，m, K を代入しヤコビ法（n 次方程式の解を繰り返し代入させて収束させて求める方法で，パソコンによるプログラムを用いた）により求める．

$$ {}_1\omega = 15.47\ [\mathrm{rad/s}], \qquad {}_2\omega = 40.85\ [\mathrm{rad/s}], $$
$$ {}_3\omega = 61.51\ [\mathrm{rad/s}] $$

したがって，固有周期 ${}_sT$ は次のようになる．

$$ {}_1T = 0.406\ [\mathrm{s}], \qquad {}_2T = 0.154\ [\mathrm{s}], $$
$$ {}_3T = 0.102\ [\mathrm{s}] $$

$m_3 = \dfrac{1591}{9.80} = 162\ [\mathrm{t}]$

$K_3 = 168.9 \times 10^3\ [\mathrm{kN/m}]$

$m_2 = \dfrac{1578}{9.80} = 161\ [\mathrm{t}]$

$K_2 = 209.8 \times 10^3\ [\mathrm{kN/m}]$

$m_1 = \dfrac{1721}{9.80} = 176\ [\mathrm{t}]$

$K_1 = 196.9 \times 10^3\ [\mathrm{kN/m}]$

図 12.27 各階の質量と剛性

まず，1 次モードについて求める．${}_1\omega^2 = 15.47^2 = 239.3$ であり，式(12.31)に ${}_1\omega^2$，m_i，k_i を代入すると，次のようになる．

$$ (168.9 \times 10^3 - 239.3 \times 162)a_3 - 168.9 \times 10^3 a_2 + 0 = 0 $$
$$ -168.9 \times 10^3 a_3 + (168.9 \times 10^3 + 209.8 \times 10^3 - 239.3 \times 161)a_2 - 209.8a_1 = 0 $$
$$ 0 - 209.8 \times 10^3 a_2 + (209.8 \times 10^3 + 196.9 \times 10^3 - 239.3 \times 10^3 \times 176)a_1 = 0 $$

これより，$a_2 = 1.737a_1$，$a_3 = 1.298a_2 = 2.255a_1$ が得られる．したがって，${}_1u_1 = a_1/a_1 = 1$，${}_1u_2 = a_2/a_1 = 1.737$，${}_1u_3 = a_3/a_1 = 2.255$ となる．

式(12.38)からの刺激係数 ${}_1\beta$ を求める．

$$ {}_1\beta = \frac{162 \times 1 + 161 \times 1.737 + 176 \times 2.255}{162 \times 1^2 + 161 \times 1.737^2 + 176 \times 2.255^2} = 0.544 $$

刺激関数 ${}_1\beta\ {}_1u_i$ は次のとおりとなる．

$$ 3\mathrm{F} : 2.255 \times 0.544 = 1.227 $$

$$ 2\mathrm{F} : 1.737 \times 0.544 = 0.944 $$

$$ 1\mathrm{F} : 1 \times 0.544 = 0.544 $$

同様に，2，3 次の場合を求める．結果を図 12.28 に示す．

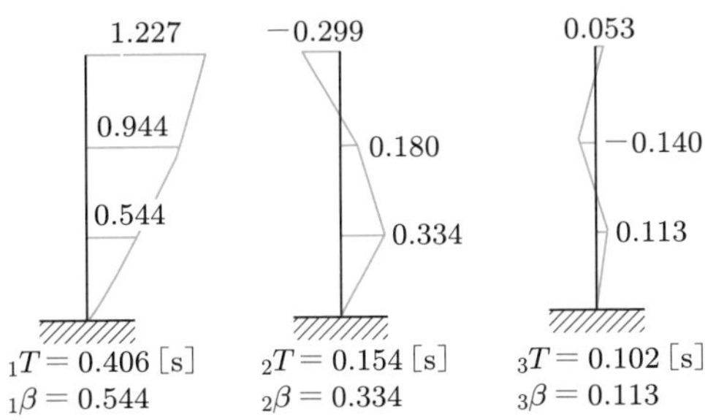

図 12.28　刺激関数

12.5　動的解析法

12.5.1　応答解析

振動解析では，刻々と変化する地震動を振動方程式に入力して，これに応じる建築物の挙動を求める．これには一般に時刻歴応答解析法が用いられる．しかし実際の設計では，刻一刻の質点の動きよりも質点の最大変位，最大速度，最大加速度などの最大応答値が重要である．これを求めるには，近似的であるが応答スペクトル法（モーダルアナリシス法）も有効である．

12.5.2　応答スペクトル法

前節で述べた式(12.40)において，i 質点の最大変位は次のように表される．

$$ x_{i\,\max} = \sum_{s=1}^{n} ({}_s\beta\ {}_su_i\ {}_sq_{\max}) \tag{12.41} $$

${}_sq_{\max}$ は 1 質点系（固有周期：${}_sT$）の最大応答変位で，式(12.12)の最大値である．また，${}_s\ddot{q}_{\max} = {}_s\omega^2\ {}_sq_{\max}$ であり，この系の最大加速度は次式で表される．

$$\ddot{x}_{i\,\max} = \sum_{s=1}^{n} ({}_s\omega^2 \, {}_s\beta \, {}_su_i \, {}_sq_{\max}) \tag{12.42}$$

地震動は各質点の各モードごとの挙動を加算したものであるが，現実には，各質点において 1 次から n 次までの振動がすべて最大の場合になることはなく，次式で求める二乗和平方根法（root mean square method）とよばれる方法が，精算値とよく一致することが確かめられている．

$$x_{i\,\max} = \sqrt{\sum_{s=1}^{n} ({}_s\beta \, {}_su_i \, {}_sq_{\max})^2} \tag{12.43}$$

$$\ddot{x}_{i\,\max} = \sqrt{\sum_{s=1}^{n} ({}_s\omega^2 \, {}_s\beta \, {}_su_i \, {}_sq_{\max})^2} \tag{12.44}$$

これらの式は，各モード（固有周期 $= {}_sT$）ごとに 1 質点系とした場合の地震動による最大応答値（応答スペクトル：${}_sq_{\max}$，${}_s\ddot{q}_{\max}$）を用いれば，建築物の各階の応答値が得られることを意味している．

この方法で 1 次モードに着目して応用した一つの方法が，限界耐力計算に用いられている．

12.5.3 時刻歴応答解析法

時刻歴応答解析法は，記録された地震動の波を細かい時間刻みに切って，振動方程式に与え，逐次質点の動きを求める方法である．

いま時刻 t のときの，変位 x_t，速度 $\dot{x}_t$，加速度 $\ddot{x}_t$ がわかっているとして，その時刻から Δt 後の $x_{t+\Delta t}$，$\dot{x}_{t+\Delta t}$，$\ddot{x}_{t+\Delta t}$ のときの加速度を仮定する方法に以下の 3 つの方法がよく用いられる．

■(1) 平均加速度法（図 12.29(a)）

$t \sim t + \Delta t$ 時間内の時間 τ における加速度は，その平均を採用する．

$$\ddot{x} = \frac{\ddot{x}_t + \ddot{x}_{t+\Delta t}}{2} \tag{12.45}$$

これを積分して次式が得られる．

$$\dot{x} = \dot{x}_t + (\ddot{x}_t + \ddot{x}_{t+\Delta t})\frac{\tau}{2} \tag{12.46}$$

さらにこれを積分して次式が得られる．

$$x = x_t + \dot{x}_t\tau + (\ddot{x}_t + \ddot{x}_{t+\Delta t})\frac{\tau^2}{4} \tag{12.47}$$

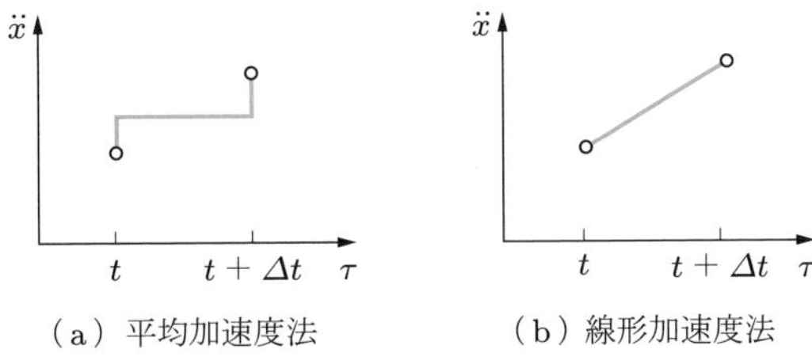

（a）平均加速度法　（b）線形加速度法

図 12.29　加速度の仮定

$\tau = \Delta t$ のとき，次式となる．

$$\dot{x}_{t+\Delta t} = \dot{x}_t + \frac{\ddot{x}_t + \ddot{x}_{t+\Delta t}}{2}\Delta t \tag{12.48}$$

$$x_{t+\Delta t} = x_t + \dot{x}_t\Delta t + (\ddot{x}_t + \ddot{x}_{t+\Delta t})\frac{\Delta t^2}{4} \tag{12.49}$$

これらの式を式(12.11)に代入して $t+\Delta t$ のときの $\ddot{x}_{t+\Delta t}$ が求められる．

$$\ddot{x}_{t+\Delta t} = \frac{-\ddot{x}_{0t+\Delta t} - c/m\,\{\dot{x}_t + (\Delta t/2)\,\ddot{x}_t\} - K/m\,\left\{x_t + \Delta t\dot{x}_t + \left(\Delta t^2/4\right)\ddot{x}_t\right\}}{1 + (\Delta t/2)\times(c/m) + (\Delta t^2/4)\times(K/m)} \tag{12.50}$$

ここで，$\ddot{x}_{0t+\Delta t}$ は地動加速度の値であり，各時刻での値は既知である．したがって，$\ddot{x}_{t+\Delta t}$ が求められる．

次に，これらの値を用いて Δt 後の時刻の段階の計算に移っていく．これを繰り返して刻一刻の時刻における応答を求めることができる．

(2) 線形加速度法（図 12.29(b)）

t～$t+\Delta t$ 時間内の時間 τ における加速度は，直線的に変化すると仮定する．

$$\ddot{x} = \ddot{x}_t + (\ddot{x}_{t+\Delta t} - \ddot{x}_t)\frac{\tau}{\Delta t} \tag{12.51}$$

これを積分して次式が得られる．

$$\dot{x} = \dot{x}_t + \ddot{x}_t\tau + (\ddot{x}_{t+\Delta t} - \ddot{x}_t)\frac{\tau^2}{2\Delta t} \tag{12.52}$$

さらに積分して次式が得られる．

$$x = x_t + \dot{x}_t\tau + \ddot{x}_t\frac{\tau^2}{2} + (\ddot{x}_{t+\Delta t} - \ddot{x}_t)\frac{\tau^3}{6\Delta t} \tag{12.53}$$

$\tau = \Delta t$ とすると，

$$\dot{x}_{t+\Delta t} = \dot{x}_t + (\ddot{x}_{t+\Delta t} + \ddot{x}_t)\frac{\Delta t}{2} \tag{12.54}$$

$$x_{t+\Delta t} = x_t + \dot{x}_t\Delta t + \ddot{x}_t\frac{\Delta t^2}{3} + \ddot{x}_{t+\Delta t}\frac{\Delta t^2}{6} \tag{12.55}$$

となる．以後の応答計算の方法は，平均加速度法と同じである．

(3) Newmark の方法

Newmark は，平均加速度法や線形加速度法などの検討から加速度変化を表す β を用いた次式を提案している．

$$\dot{x}_{t+\Delta t} = \dot{x}_t + (\ddot{x}_{t+\Delta t} + \ddot{x}_t)\frac{\Delta t}{2} \tag{12.56}$$

$$x_{t+\Delta t} = x_t + \dot{x}_t \Delta t + \left(\frac{1}{2} - \beta\right)\ddot{x}_t \Delta t^2 + \beta \ddot{x}_{t+\Delta t}\Delta t^2 \tag{12.57}$$

この式において，$\beta = 1/4$，および $\beta = 1/6$ とおけば，それぞれ平均加速度法，および線形加速度法と一致するものである．

加速度を仮定する方法には，刻み時間が短く，精算値に近いものほどよいが，一方で計算時間が長すぎても困る．その中で $\beta = 1/4$ の場合は，実際的な方法としてよく用いられている．

さて一般に，地震動を受ける多質点系の運動方程式は，次のように表現できる．

$$[m](\ddot{x}) + [c](\dot{x}) + [K](x) = -[m](\ddot{x}_0) \tag{12.58}$$

ただし，$[m]$：質量マトリクス，　$(\ddot{x})$ 加速度ベクトル

$[c]$：減衰定数マトリクス，　$(\dot{x})$ 対速度ベクトル

$[K]$：剛性マトリクス，　(x) 変位ベクトル

$(\ddot{x}_0)$ 地動加速度ベクトル

これに上述の平均加速度法を適用すると，次式となる．

$$(\dot{x}_{t+\Delta t}) = (\dot{x}_t) + \left[\frac{\ddot{x}_t + \ddot{x}_{t+\Delta t}}{2}\right]\Delta t \tag{12.59}$$

$$(x_{t+\Delta t}) = (x_t) + (\dot{x}_t)\Delta t + \left[\frac{\ddot{x}_t + \ddot{x}_{t+\Delta t}}{4}\right]\Delta t^2 \tag{12.60}$$

$$(\ddot{x}_{t+\Delta t}) = -[(\ddot{x}_{0t+\Delta t}) + (m)^{-1}(c)(x_{t+\Delta t}) + (m)^{-1}(K)(\dot{x}_{t+\Delta t})] \tag{12.61}$$

なお，時刻歴応答解析を用いる動的設計法の手順については次節に述べる．

12.6 時刻歴応答解析法などの高度な検証法

時刻歴応答解析法は主として高さ 60 m 以上の超高層建築物や比較的規模の大きい免震構造建築物の耐震設計に適用されている．なお，この方法による場合は，日本建築センターの審査を経て，国土交通大臣の認定を受ける必要がある．

その耐震設計プロセスは図 12.30 のとおりである．この設計法の特徴は次のとおり

■ 構造計画
①構造システム計画
②部材の配置計画
■ 許容変形量に必要な部材剛性の仮定
③固定・積載荷重計算
④設計部材角の仮定
⑤断面仮定
⑥建物剛性の検討
■ 地震力による応力計算
⑦応力計算
⑧ラーメン部材断面の検討
■ 振動モデル作成
⑨動的モデルへの置換
⑩地震波の設定
■ 一次設計レベル弾性振動解析
⑪弾性応答計算
⑫変形，部材応力の検討
■ 二次設計レベル弾塑性振動解析
⑬大地震時応答解析
⑭終局変形，部材応力の検討
■ 風荷重による応力と変形
⑮風荷重による応力解析
⑯応力，変形の検討

図 12.30　時刻歴応答解析などによる高度な計算法の手順

である．まれに発生する地震動（一次設計レベル）ときわめてまれに発生する地震動（二次設計レベル）に対して安全が確かめられる．

このとき建築物に水平方向に作用する地震動には，工学的基盤における建築物の固有周期 T ごとの加速度応答スペクトル S_a（減衰定数 5%の場合）（12.3.1 項）として，図 12.31 に示すもの（国土交通省告示第 1461 号）に適合するものを用い，さらに地域係数 Z，表層地盤による増幅（全国各地で評価されている倍率で，軟弱地盤ほど大きくなり，1.5〜2.5 倍程度になる）を考慮して作成したものを用いる．その際，加速度または速度の地震動を開始から終了までの継続時間を 60 秒以上，建築物の基礎に与えてその応答変形や応力性状を得る．

地動として速度を用いるときの建築物の基礎に与える地震動の最大速度レベルは，一次設計レベルで，10 cm/s（観測波の場合 25 cm/s），二次設計レベルで 50 cm/s 程度のものとする．速度を用いる利点は，実際の構造物の応答との関連が深いこと，また超高層ビルや免震建築物のように長周期の建築物に対して値が一定であることなど

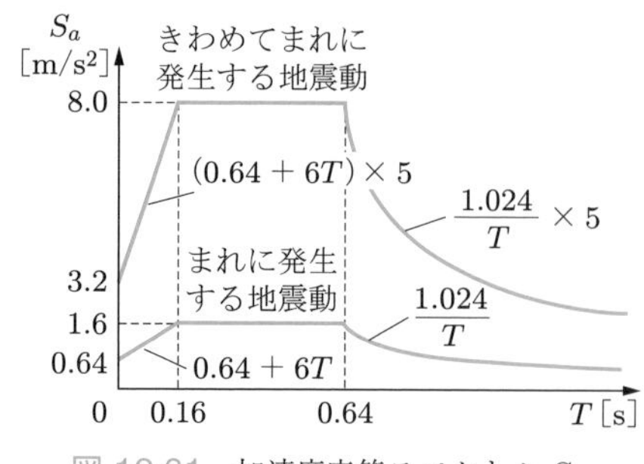

図 12.31　加速度応答スペクトル S_a

表 12.5

地盤周期 T_g [s]	地盤種別
$T_g \leqq 0.2$	第 1 種地盤
$0.2 < T_g \leqq 0.75$	第 2 種地盤
$0.75 < T_g$	第 3 種地盤

による．さらに建築物の規模や形状に応じ，上下地震動や水平地震動の 2 方向同時入力の影響，地震動の位相差の影響，大水平変形時（柱の鉛直軸力が柱中心の偏心により曲げモーメントを生じて柱に付加される）を考慮することが義務付けられている．

なお，この計算法による場合，地盤種別の判定は，表 12.5 による．なお，地盤周期は常時微動測定，せん断波測定などの適切な方法に基づいて行う．

□ 演習問題 □

12.1　図 12.32 の建築物の固有周期を求めよ．ただし，$E_c = 2.1\times 10^4$ [N/mm^2]，スラブによる梁の剛性増大率 $\phi = 1.6$ とする．

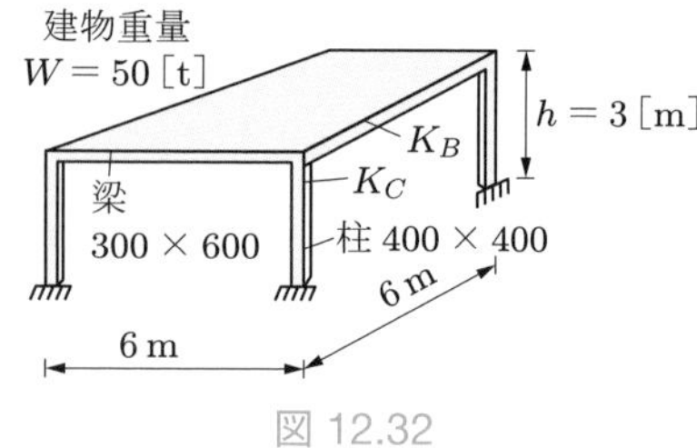

図 12.32

付　録

付録 1　本書で使用する単位記号および単位に掛ける倍数の記号）・・

「国際単位系」は，国際度量衡委員会がまとめた単位系で，略称 SI（Système International d'Unités）である．基本単位は，長さ[m]，質量[kg]，時間[s]などである．本書で使用する単位記号を付表 1.1 に示す．

付表 1.1　主な組立単位の換算表

物象状態の量	単位	定義	単位記号など
距離，長さ	m	基本単位	
	mm		$= 10^{-3}$ m
時間	s	基本単位	
速度	m/s	距離/時間	
加速度	m/s^2	速度/時間	
重力加速度		9.80665 m/s^2	
質量	kg	基本単位	
	t		$= 10^3$ kg
力	N	質量 × 加速度	N = kg · m/s^2
重量	kgf（kg 重）	質量 × 重力加速度	= 9.80665 N
応力度	N/m^2	力/断面積	= Pa
	N/mm^2		$= 10^6$ N/m^2 = MPa
力のモーメント	N·m	力 × 腕の長さ	
	kN·m		$= 10^3$ N·m
エネルギー	N·m	力 × 距離	= J

付表 1.2　単位に掛ける記号

掛ける倍数	10^9	10^6	10^3	10^2	10^{-2}	10^{-3}	10^{-6}	10^{-9}
記号	G	M	k	h	c	m	μ	n
名称	ギガ	メガ	キロ	ヘクト	センチ	ミリ	マイクロ	ナノ

付録 2　異形棒鋼寸法，断面積表

JIS G 3112

呼び名	公称直径 [mm]	公称周長 [mm]	公称断面積 [mm^2]
D6	6.35	20.0	31.67
D10	9.53	29.9	71.33
D13	12.7	39.9	126.7
D16	15.9	50.0	198.6
D19	19.1	60.0	286.5
D22	22.2	69.8	387.1
D25	25.4	79.8	506.7
D29	28.6	89.9	642.4
D32	31.8	99.9	794.2
D35	34.9	109.7	956.6
D38	38.1	119.7	1140
D41	41.3	129.8	1340
D51	50.8	159.6	2027

付録 3　長方形梁の許容曲げモーメント

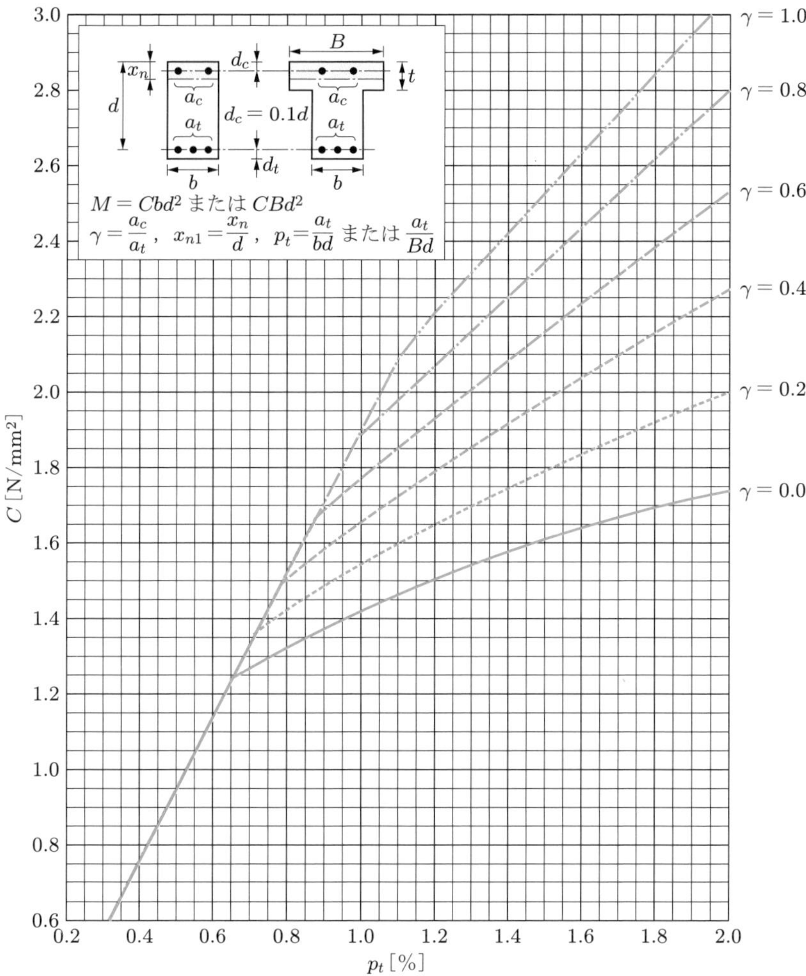

付図 3.1　長方形梁の長期許容曲げモーメント（F_c24, SD345, $d_c = 0.1d$, $n = 15$）（文献 16）

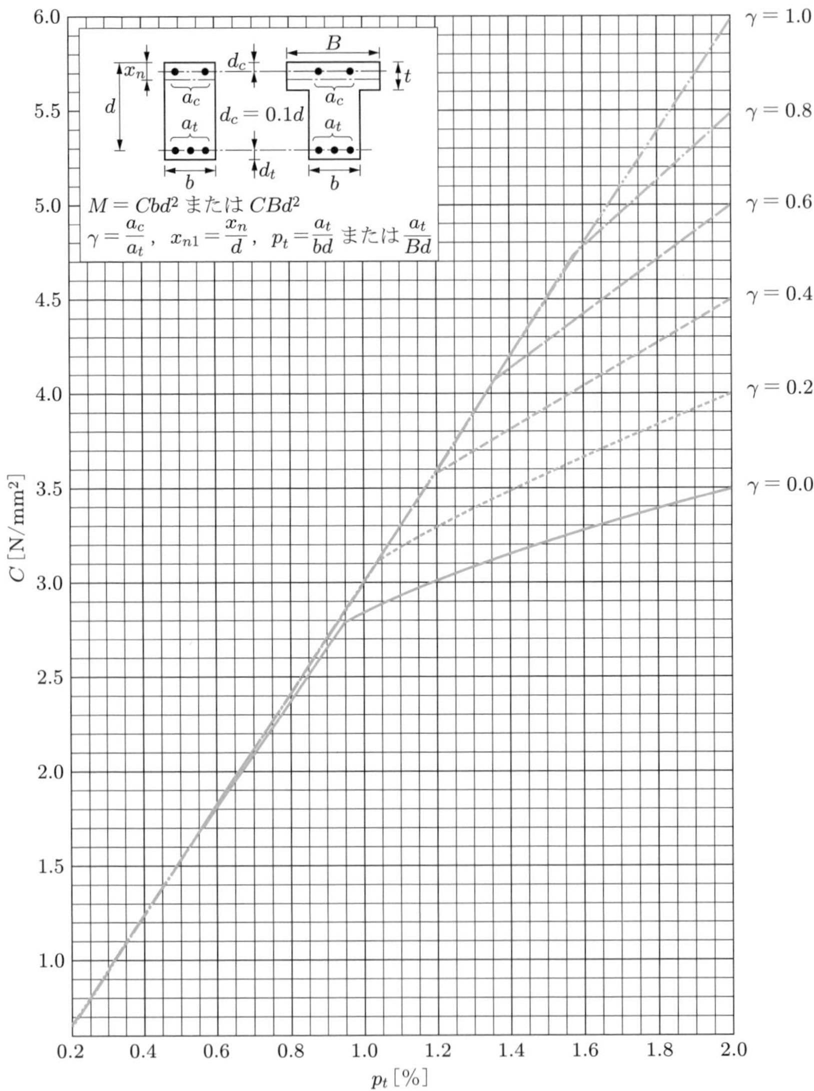

付図 3.2 長方形梁の短期許容曲げモーメント（F_c24, SD345, $n = 15$）（文献 16）

付録 4　長方形梁の断面計算図

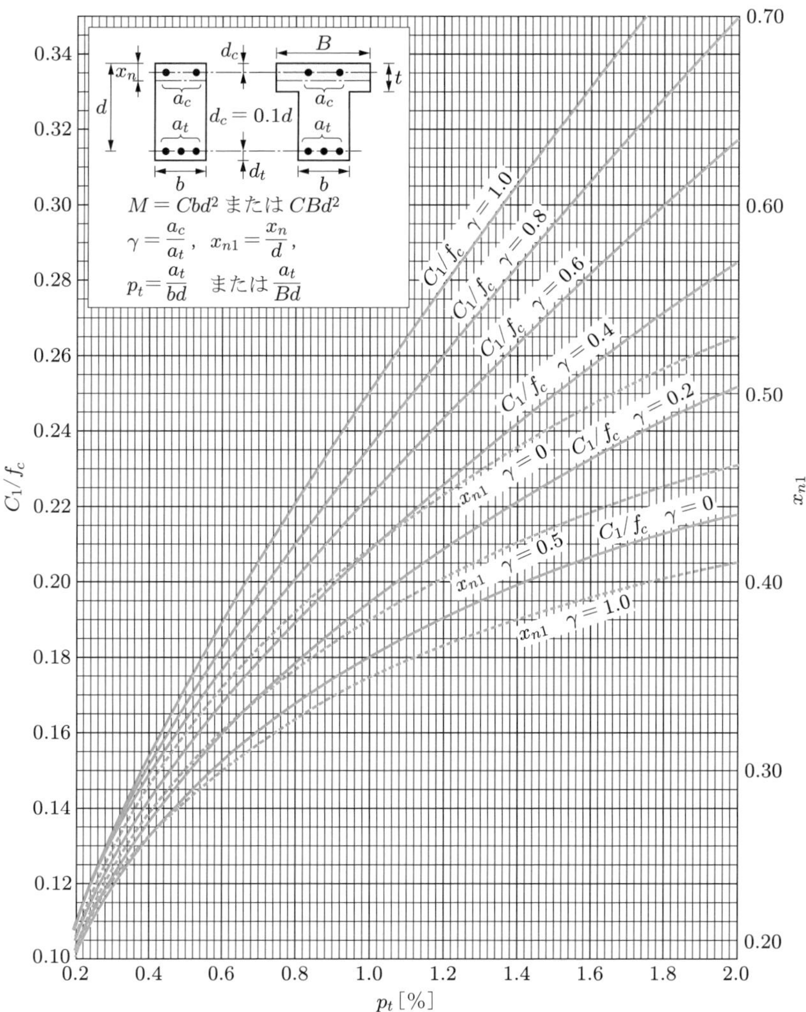

付図 4.1　釣り合い鉄筋比以上の場合の許容曲げモーメント（$n = 15$）（文献 5）

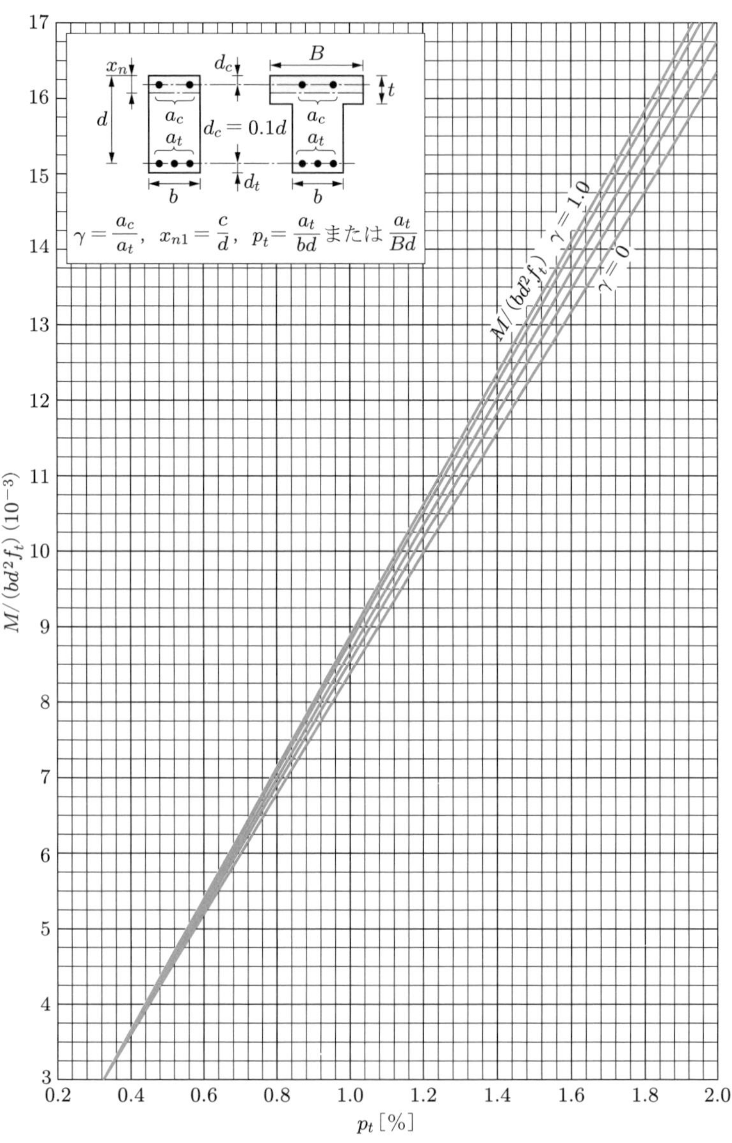

付図 4.2 釣り合い鉄筋比以下の場合の許容曲げモーメント（文献 13）

付録 5　長方形柱の許容曲げモーメント

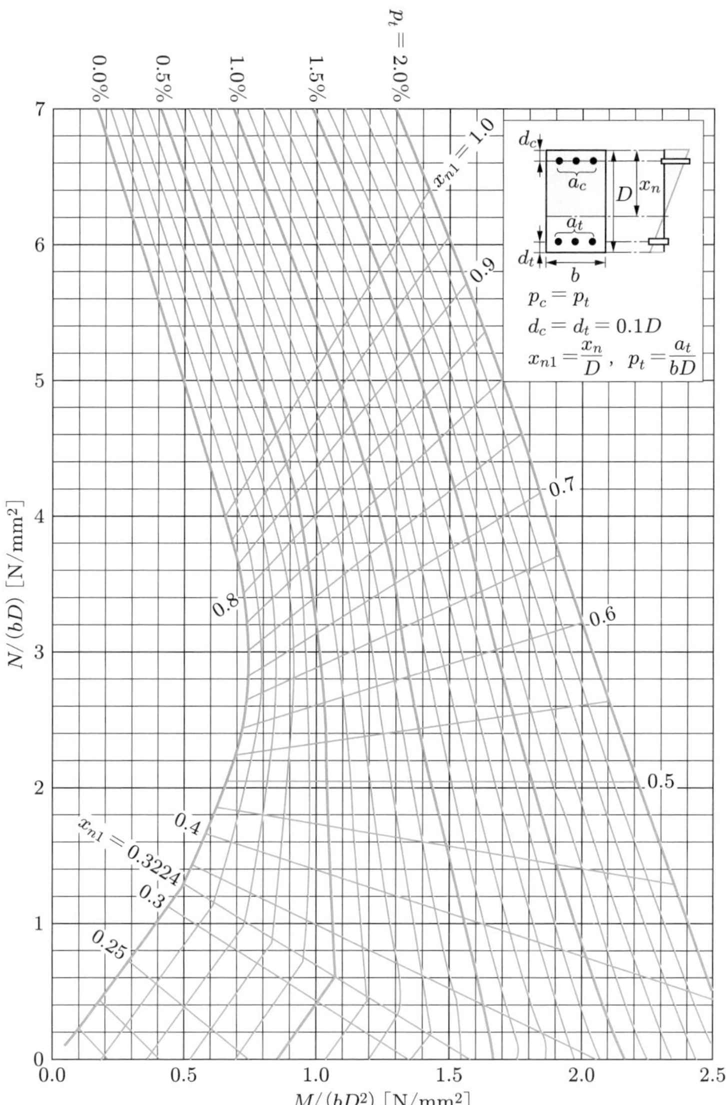

付図 5.1　柱の長期許容曲げモーメント–軸方向力関係（F_c24，SD345；$f_c = 8$ [N/mm²]，$f_t = 215$ [N/mm²]，$n = 15$）（文献 16）

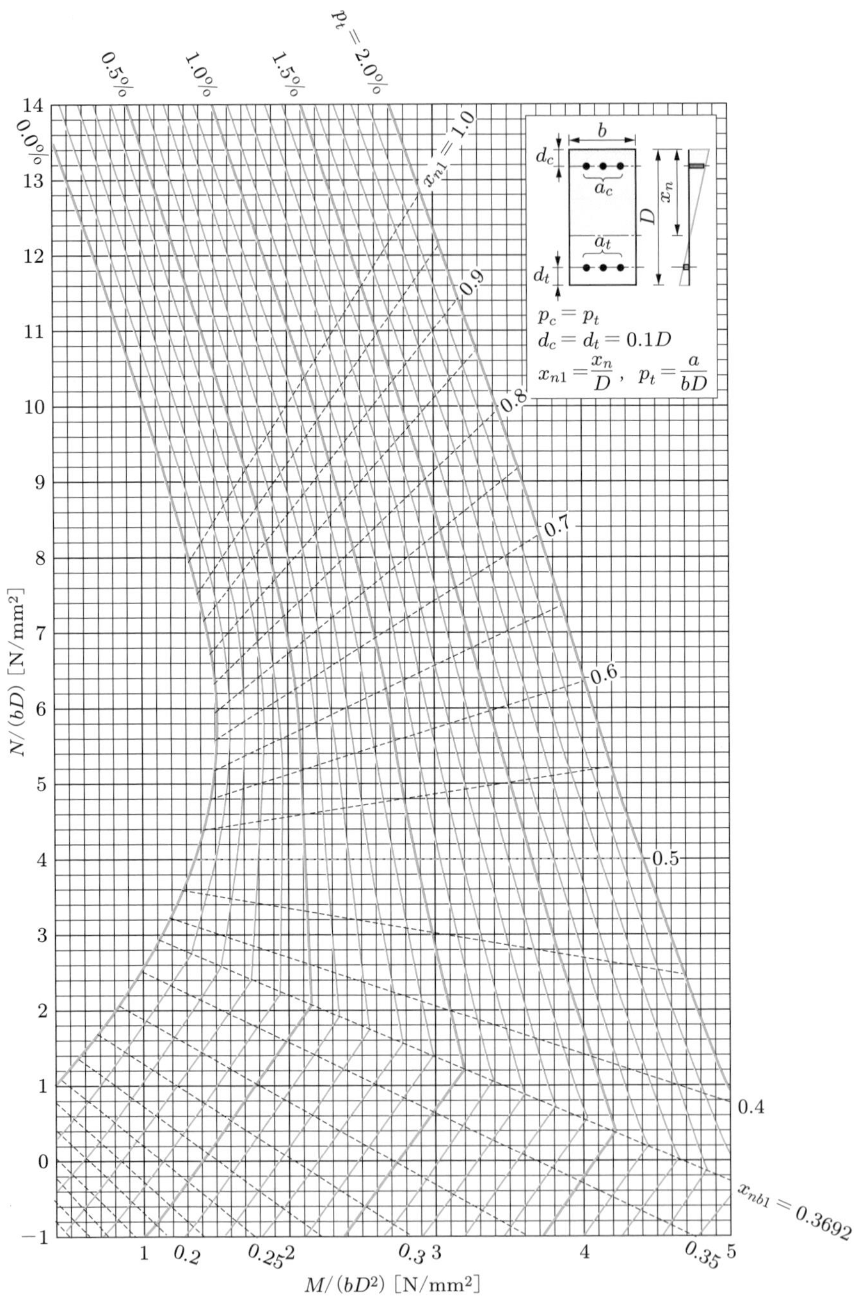

付図 5.2　長方形柱の短期許容曲げモーメント–軸方向力関係（F_c24, SD345, $n = 15$）（文献 1）

付録 6　長方形柱の断面計算図

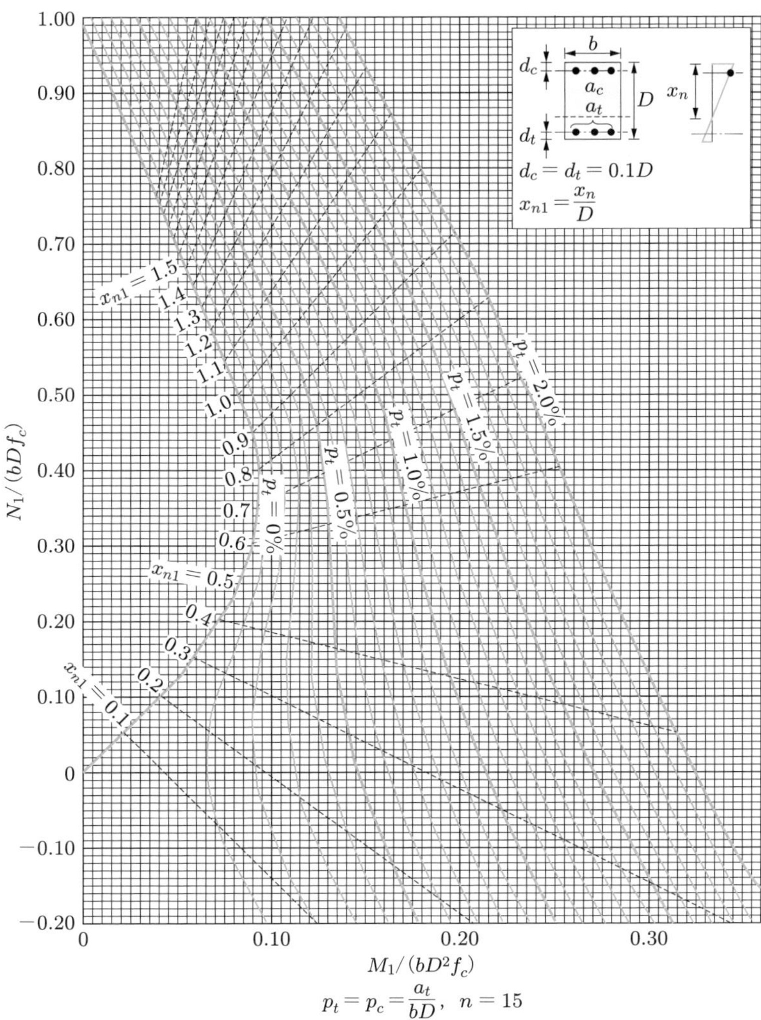

$p_t=p_c=\dfrac{a_t}{bD}$, $n=15$

付図 6.1　コンクリートの耐力で決まる場合（文献 5）

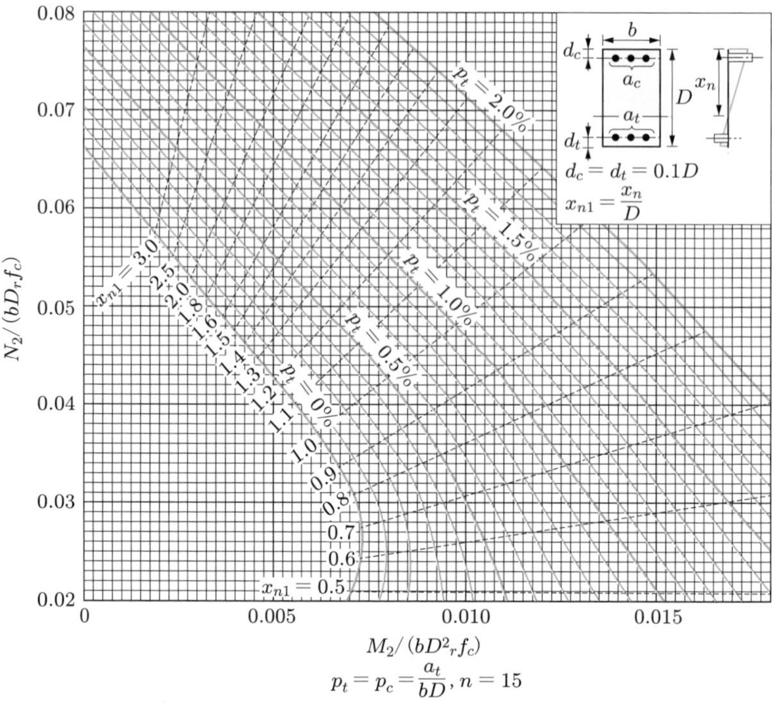

$p_t = p_c = \dfrac{a_t}{bD}, n = 15$

付図 6.2 圧縮鉄筋の耐力で決まる場合（文献 5）

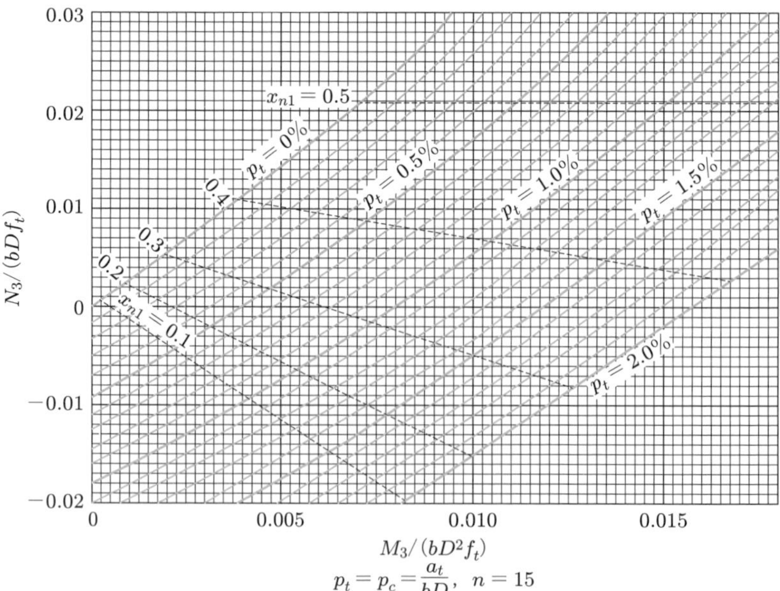

$p_t = p_c = \dfrac{a_t}{bD},\ n = 15$

付図 6.3 引張鉄筋の耐力で決まる場合（文献 5）

付録 7　パソコンの表計算による梁の断面算定

パソコンの表計算アプリケーションを用いて鉄筋比 p_t を決めるには，以下の手順で，設計応力 M に応じた $C = M/(bd^2)$ を満足する値 p_t を求める．

付表 7.1　算定を行う場合の手順

	付表 7.2 の 1 行目の欄	入力，計算事項		説明
表計算	A	入力	f_c	材料の性質
	B	入力	f_t	断面形状
	C	入力	n	
	D	入力	$d_{c1} = d_c/d$	
	E	入力	γ	複筋比の仮定
	F	入力	p_t	引張鉄筋比の仮定
	G	計算	$x_{n1} = np_t[\{(1+\gamma)^2 + 2(1+\gamma d_{c1})/(np_t)\}^{1/2} - (1+\gamma)]$	中立軸比の計算
	H	計算	$H = nf_c/x_{n1}$　コンクリートで決まる	p_{tb} 限界の判定
	I	計算	$I = f_t/(1 - x_{n1})$ 引張鉄筋で決まる	
	J	計算	$J = \min(\mathrm{H}, \mathrm{I})$ 小さいもので決まる判定	
	K	計算	$R = p_t\{(1-x_{n1})(3-x_{n1}) + \gamma/n(x_{n1}-d_{c1})(x_{n1}-3d_{c1})\}/3$	
	L	計算	$L = J \times R$	
			別に 設計応力から $C = M/(bd^2)$ を求める	
			L 欄の値と C を比較する	
表計算	F に戻る	入力	$L < C = M/(bD^2)$ のとき　次の p_t　$p_t = 0.0005$ 間隔で繰り返す $L > C = M/(bD^2)$ のとき　終了	次の鉄筋比の仮定
	E	入力	γ 変更の時　新しい γ で繰り返す	複筋比の仮定

付表 7.2　C の表計算

欄	A	B	C	D	E	F	G	H	I	J	K	L
1	f_c	f_t	n	d_{c1}	γ	p_t	x_{n1}	$n * f_c/x_{n1}$	$f_t/(1 - x_{n1})$	min(H,I)	R	C
2	入力	入力	入力	入力	入力	入力	計算 *	計算 C2 × A2/G2	計算 B2/(1 − G2)	計算 min(H2,I2)	計算 **	計算 J2 * K2
3												
4												

注）* G2 = C2 * F2 * (SQRT((1 + E2)^2 + 2 * (1 + E2 * D2)/C2/F2) − (1 + E2))
　　** K2 = F2 * ((1 − G2) * (3 − G2) + E2/C2 * (G2 − D2) * (G2 − 3 * D2))/3

付録 8　パソコンの表計算による柱の断面算定

付録 8.1　柱の断面算定図の作成方法

断面算定図は，中立軸比の式(3.42)，応力状態ごとの $N/(bD)$，$M/(bD^2)$ の式(3.26)，(3.30)，(3.37)，(3.41)，(3.43)，(3.46)から各種許容応力度別に描くことができる．表計算を用いて作成する手順は以下のとおりである．

① f_c，f_t，n，d_{c1} を決める．

② 計算アプリケーションに必要な上記式の数式を入れる．

③ 式(3.42)から x_{n1b} を求める.

④ p_t を仮定する（$p_t = 0$).

⑤ x_{n1} を仮定する.

⑥ x_{n1} に応じて,

$x_{n1} \geqq 1$ のとき, 式(3.26), (3.30)から

$1 \geqq x_{n1} \geqq x_{n1b}$ のとき, 式(3.37), (3.41)から,

$x_{n1b} \geqq x_{n1} \geqq 0$ のとき, 式(3.43), (3.46)から

$N/(bD)$, $M/(bD^2)$ を求める.

⑦ x_{n1} を 0.05 減じて, ⑥を求める.

⑧ ⑥の結果を $N/(bD)$–$M/(bD^2)$ 図に描く.

⑨ p_t を 0.001 増やして, ⑤〜⑧を繰り返す.

以上の方法で求めた $N/(bD)$–$M/(bD^2)$ の例を付図 8.1 に示す.

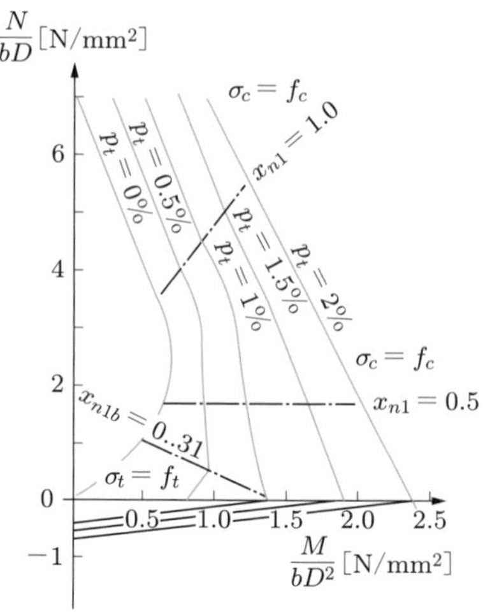

付図 8.1 N/bD–M/bD^2 図（$f_c = 8$, $f_t = 215$, $n = 15$, $d_{t1} = d_{c1} = 0.1$ の場合）

付録 8.2 表計算により柱の引張鉄筋比 p_t を求める方法

表計算アプリケーションで引張鉄筋比 p_t を求めるには, 以下の手順で, 設計応力 M に応じた $C = M/(bd^2)$ を満足する値 p_t を求める.

① 付表 8.1 を作成しておく.

② 表の最初の計算行（付表 8.1 では 2 行目の G, I, J, L〜Q の欄）のセルに数式を作成する.

③ 材料：f_c, f_t, n 断面形状：b, D, d_{c1} を入力する（N, あるいは kN の単位を間違えないようにする).

④ 釣り合い鉄筋比のときの中立軸比 x_{n1b} が得られる.

⑤ 軸力 N を入れる（N, あるいは kN の単位を間違えないようにする）

⑥ 最初の行に作った計算式および数値を下の列にコピーする（10 行程度).

⑦ 鉄筋比の欄に予想値に近い仮の p_t の初期値を入れる（$p_t = 0.0000$).

⑧ 応力状態（1), (2), (3）ごとに x_{n1}, 曲げ耐力 $M/(bD^2)$ が得られる.

⑨ $x_{n1} \geqq 1$ のとき, 中立軸が断面外の応力状態（1）$M/(bD^2)$ を採用する.

⑩ $1 \geqq x_{n1} \geqq x_{n1b}$ のとき, 中立軸が断面内応力状態（2）の $M/(bD^2)$ を採用する.

⑪ $x_{n1b} \geqq x_{n1} < 0$ のとき, 中立軸が断面内応力状態（3）の $M/(bD^2)$ を採用する.

⑨, ⑧採用した $M/(bd^2)$ と設計応力 $M/(bD^2)$ を比べ, 採用値が小さい場合は p_t を増やし, 大きい場合は p_t を減らし次の行に入れ, 再計算し, その結果と設計応力とを比べる.

⑫ $M/(bD^2)$ の値が近くなると p_t の増減量を小さくして求める $C = M/(bd^2)$ の値と

近似するまで繰り返す．設計応力 $M/(bD^2)$ < 許容応力耐力 $M/(bD^2)$ となるときの p_t を決定する．

付表 8.1 柱断面の鉄筋比の算出

欄	A	B	C	D	E	F	G	H	I	J	K	L	M	N	O	P	Q
	入力	入力	入力	入力	入力	入力		入力			入力						
1	F_c [N/mm^2]	F_t [N/mm]	n	b [mm]	D [mm]	d_{c1}	x_{n1b}	N [kN]	$N/(bD)$	$nN/(bD)$	p_t	(1) x_{n1}	(2) x_{n1}	(3) x_{n1}	(1) $M/(bD^2)$	(2) $M/(bD^2)$	(3) $M/(bD^2)$
2																	

列記号と計算式

G：式(3.42) 釣り合い鉄筋比のときの中立軸比 $x_{n1b} = d_1*n*f_c/(f_t+n*f_c)$：(1 − F4) ∗ C4 ∗ A4/(B4 + C4 ∗ A4)

I：$N/(b*D*f_c)$：H4 ∗ 10^3/(D4 ∗ E4 ∗ A4)

J：$n*N/(b*D*f_t)$：C4 ∗ H4 ∗ 10^3/(D4 ∗ E4 ∗ B4)

L：式(3.27)（状態（1）x_{n1}）中立軸断面外，f_c で決まる　x_{n1} = (0.5 + C4 ∗ K4)/(1 + 2 ∗ C4 ∗ K4 − I4)

M：式(3.40)（状態（2）x_{n1}）中立軸断面内，f_c で決まる　x_{n1} = I4 − 2 ∗ C4 ∗ K4 + SQRT((2 ∗ C4 ∗ K4 − I4)^2 + 2 ∗ C4 ∗ K4)

N：式(3.44)（状態（3）x_{n1}）中立軸断面内，f_t で決まる
x_{n1} =: −J4 − 2 ∗ C4 ∗ K4 + SQRT((2 ∗ C4 ∗ K4 + J4)^2 + 2 ∗ (C4 ∗ K4 + (1 − F4) ∗ J4))

O：式(3.30)（状態（1）$M/(b*D^2)$）中立軸断面外　f_c で決まる
$M/(b*D^2)$ =: (A4/L4) ∗ (L4^2 − L4 + 1/3 + (2 ∗ L4^2 − 2 ∗ L4 + F4^2 + (1 − F4)^2) ∗ C4 ∗ K4) + (0.5 − L4) ∗ H4 ∗ 10^3/D4/E4

P：式(3.41)（状態（2）$M/(b*D^2)$）中立軸断面内　f_c で決まる
$M/(b*D^2)$ =: (A4/M4) ∗ (M4^3/3 + C4 ∗ K4 ∗ (2 ∗ M4^2 − 2 ∗ M4 + F4^2 + (1 − F4)^2)) + (0.5 − M4) ∗ H4 ∗ 10^3/D4/E4

Q：式(3.46)（状態（3）$M/(b*D^2)$）中立軸断面内　f_t で決まる
$M/(b*D^2)$ =: (B4/C4/(1 − F4 − N4)) ∗ (N4^3/3 + C4 ∗ K4 ∗ (2 ∗ N4^2 − 2 ∗ N4 + F4^2 + (1 − F4)^2)) + (0.5 − N4) ∗ H4 ∗ 10^3/D4/E4

付録 9 壁付き部材の許容曲げモーメント，終局曲げモーメントの略算方法（文献 16，付 10）

(1) 断面と記号

断面と記号を以下に示す（付図 9.1）．構造芯は，梁または柱の中心におく．

断面図芯の距離は，構造芯から e の位置にあり，その大きさは次式で表される．

$$e = \frac{b_1 D_1 (D_1 + D_2) - b_3 D_3 (D_2 + D_3)}{2A} \qquad (付 9.1)$$

ただし，A：部材の全断面積

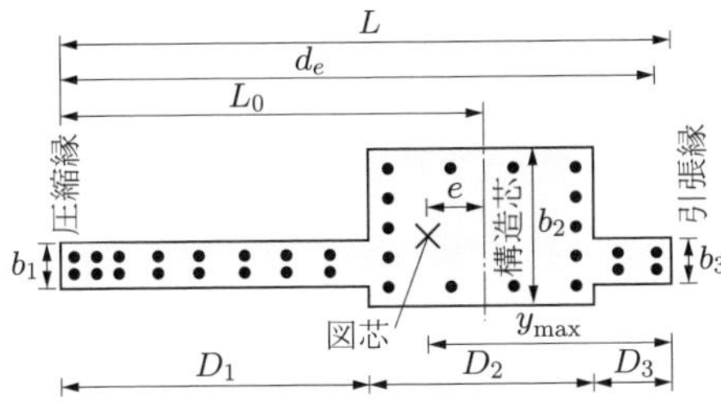

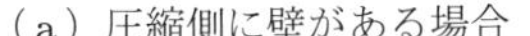
（a）圧縮側に壁がある場合

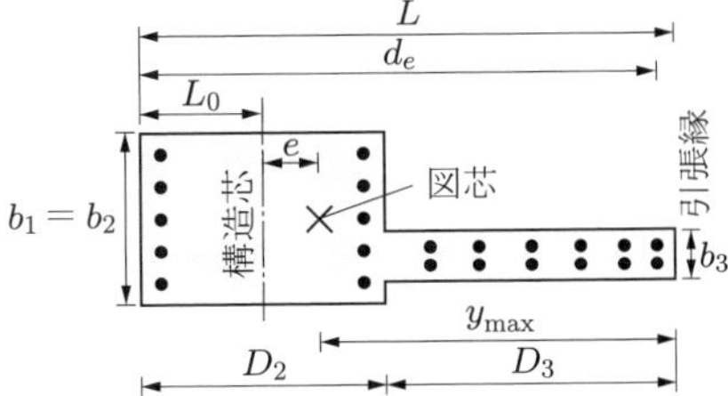

（b）圧縮側に壁がない場合（$D_1 = 0$ とする）

付図 9.1 壁付き部材の断面

e：符号は図芯が構造芯より圧縮縁に近いときを正とする．

図芯から引張縁までの距離を $y_{\max}$ とする．

$$y_{\max} = \frac{D_2}{2} + D_3 + e \quad (付 9.2)$$

鉄筋はグループ化する（付図 9.2）．

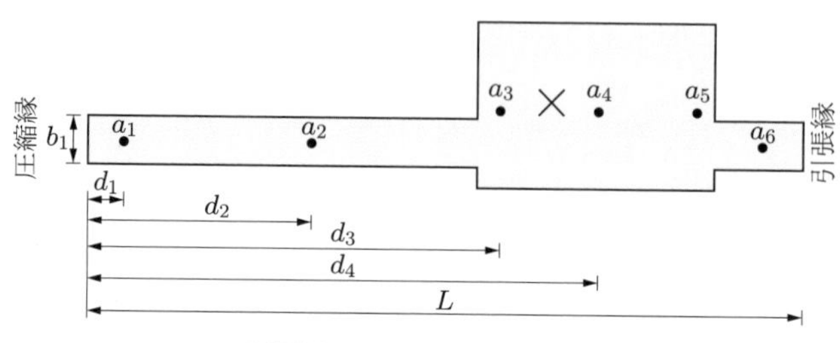

付図 9.2 鉄筋のグループ化

(2) 許容曲げモーメント

1）N_T，M_T

全断面が一様に引張力を受けて鉄筋が許容応力度になるときの軸力 N_T，軸力が図芯に作用するときの最初に許容応力度に達するときの曲げモーメント M_T を求める．

$$N_T = -\sum(a_i f_{ti}) \quad (付 9.3)$$

$$M_T = N_T e \quad (付 9.4)$$

ただし，f_{ti}：使われている鉄筋の最小の許容引張応力度

2）N_1，M_1

中立軸が柱と梁の境界に一致するとき（$x_n = D_2$）の軸力 N_1，曲げモーメント M_1 を求める（付図 9.3）．

$$N_1 = \frac{b_1 x_n \sigma_c}{2} \quad (付 9.5)$$

ただし，$\sigma_c = \min\left(f_c, \dfrac{x_n f_t}{n(d_e - x_n)}\right)$

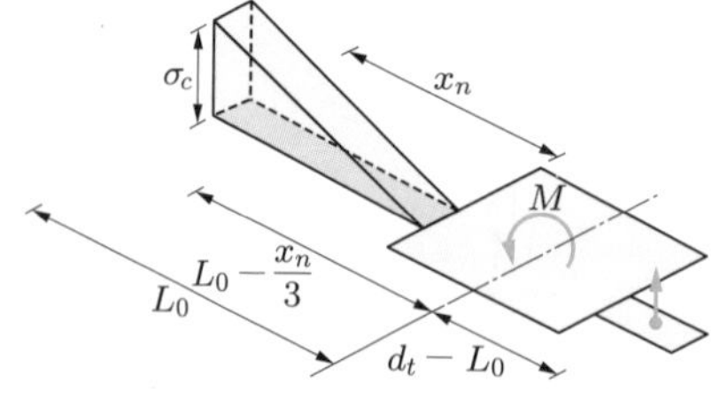

（a）圧縮壁がある場合

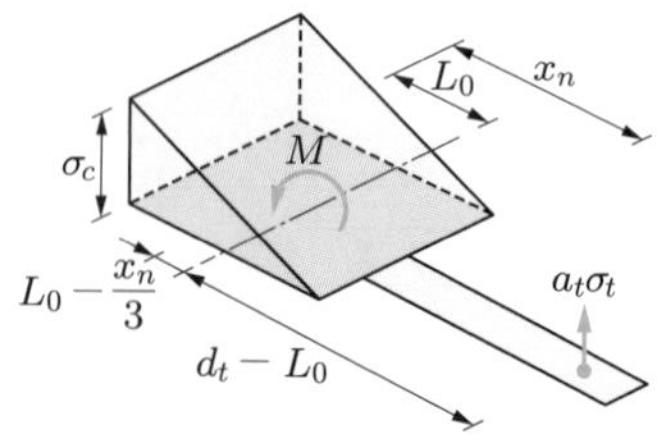

（b）圧縮壁がない場合

付図 9.3 N_1，M_1 の計算で仮定する応力度分布

f_c：コンクリートの許容圧縮応力度

d_e：圧縮縁から最も遠い引張鉄筋の許容引張応力度

n：ヤング係数比

$$M_1 = N_1\left(L_0 - \frac{x_n}{3}\right) + a_t\sigma_t(d_t - L_0) \tag{付 9.6}$$

ただし，a_t：引張縁にある鉄筋グループの断面積

σ_t：上記鉄筋グループの応力度 $\sigma_t = \{(d_t - x_n)/x_n\}n\sigma_c$

d_t：上記鉄筋グループの圧縮縁からの距離

3）M–N 相関図

以上の方法で，付図 9.3 に示すように，壁側が圧縮応力度になる場合と，壁側が引張応力度になる場合の 2 通りを求める．

4）許容曲げモーメントの算出

(N_T, M_T) と (N_1, M_1) を補間して軸力 N に対応する許容曲げモーメント M を求める

$$M = M_T + \frac{N - N_T}{N_1 - N_T}(M_1 - M_T) \tag{付 9.7}$$

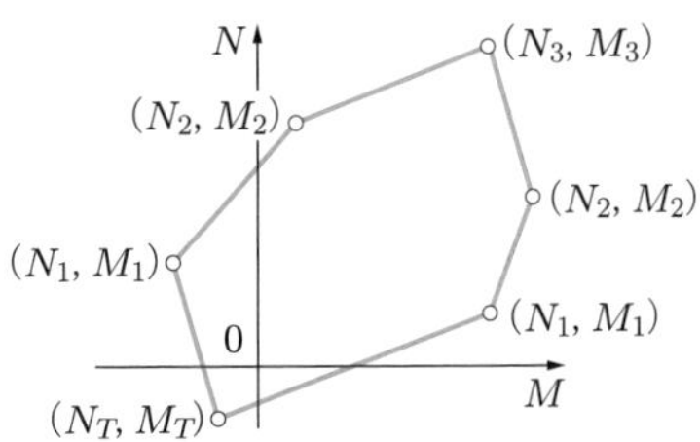

付図 9.4　許容耐力 $M-N$ 相関図

(3) 終局曲げモーメント

1）M_0

軸力のない場合（$N = 0$）の終局時の応力度分布を付図 9.5 とする．終局曲げモーメント M_0 は次式で求める．

$$M_0 = \sum\left\{a_{ti}\sigma_{yi}\left(d_i - \frac{x_n}{2}\right)\right\} \tag{付 9.8}$$

ただし，中立軸 x_n は次式で概算する．

$$x_n = \frac{2}{5}(L - y_{\max}) \tag{付 9.9}$$

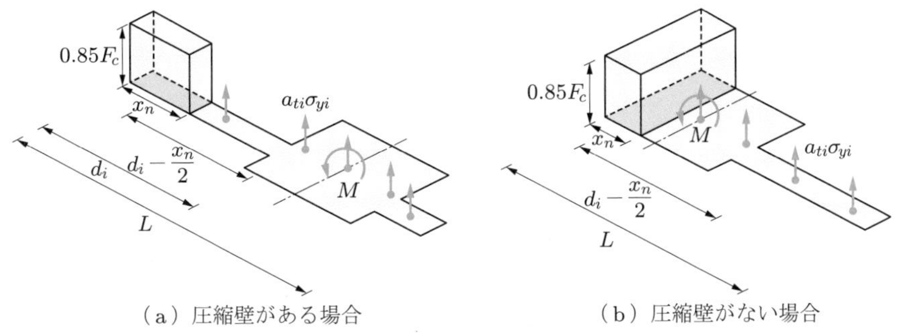

付図 9.5　N_0，M_0 の計算で仮定する応力度分布

引張側にある鉄筋グループの断面積を a_{ti} とする．また，通常は σ_{yi} は $1.1\sigma_y$ とする．

2）N_1，M_1

袖壁付き柱の場合，中立軸を柱の中心軸（$x_n = L_0$）に仮定する．そのときの応力度分布を付図 9.6 に示す．

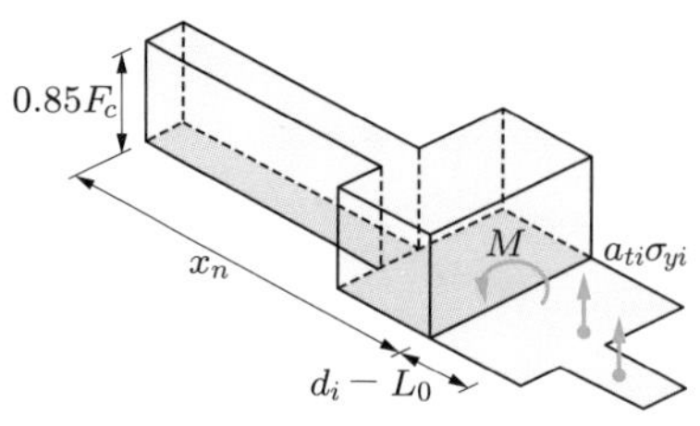

（a）圧縮壁がある場合　　（b）圧縮壁がない場合

付図 9.6　N_1，M_1 の計算で仮定する応力度分布

圧縮領域の面積 $A_c = b_1D_1 + b_2D_2/2$ となり，軸力は次式となる．

$$N_1 = A_c \times 0.85F_c \qquad \text{(付 9.10)}$$

また，このときの曲げモーメントを次式で計算する．

$$M_1 = \sum(a_{ti}\sigma_{yi}(d_i - L_0) + S_c \times 0.85F_c \qquad \text{(付 9.11)}$$

ただし，S_c：圧縮領域にある柱中心

軸周りの断面一次モーメントで次式による．

$$S_c = b_1D_1\frac{D_1 + D_2}{2} + b_2\frac{D_2^2}{8} \qquad \text{(付 9.12)}$$

3）N_T，M_T

全断面が引張力を受ける場合の軸力 N_T，軸力が図芯に作用するときの曲げモーメント M_T を次式で計算する．

$$N_T = -\sum(a_i\sigma_{yi}) \qquad \text{(付 9.13)}$$

$$M_T = N_Te \qquad \text{(付 9.14)}$$

4）M–N 相関図（付図 9.7）を描く．

5）終局曲げモーメント M の算出

上記の相関図において軸力 N に対応する補間値から終局曲げモーメント M を求める．梁の場合は，$N = 0$ の場合とする．

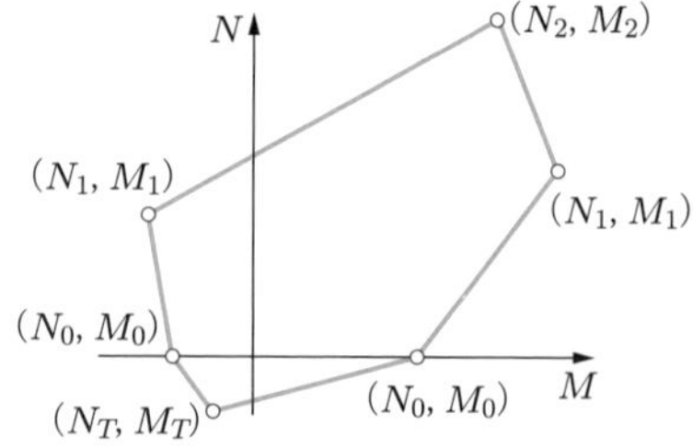

付図 9.7　終局時 $M-N$ 相関図

付録 10　部材の断面二次モーメント

断面形状		断面二次モーメント
長方形	D, b	$I_0 = \frac{bD^3}{12}$
ト形	B, b, t, D	$I = \frac{\phi D b^3}{12} = \phi I_0$ $\phi = 1 + ({b_1}^3 - 1)t_1$ $b_1 = \frac{B}{b},\quad t_1 = \frac{t}{D}$
T形	B, t, D, b	$I = \frac{\phi b D^3}{12} = \phi I_0$ $\phi = 4\alpha - \frac{3\beta^2}{\gamma}$ $\alpha = 1 + (b_1 - 1){t_1}^3$ $\beta = 1 + (b_1 - 1){t_1}^2$ $\gamma = 1 + (b_1 - 1)t_1$ $b_1 = \frac{B}{b},\quad t_1 = \frac{t}{D}$
L形	b, B, b, t, t, B	$I = \frac{\phi b^4}{12} = \phi I_0$ $\phi = 4\alpha - \frac{3\beta^2}{\gamma}$ $\alpha = 1 + (b_1 - 1){t_1}^3 + ({b_1}^3 - 1)t_1$ $\beta = 1 + (b_1 - 1){t_1}^2 + ({b_1}^2 - 1)t_1$ $\gamma = 1 + 2(b_1 - 1)t_1$ $b_1 = \frac{B}{b},\quad t_1 = \frac{t}{b}$

付録11　床スラブ形状と梁の C，M_0，Q_0

$(\lambda = L_y/L_x)$　　（文献 1）

形状		応力		
		C	M_0	Q_0
小梁なし	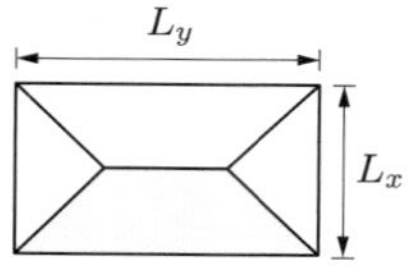 L_y, L_x	$C = \left(\frac{\lambda^2}{24} - \frac{1}{48} + \frac{1}{192\lambda}\right) w{L_x}^3$ 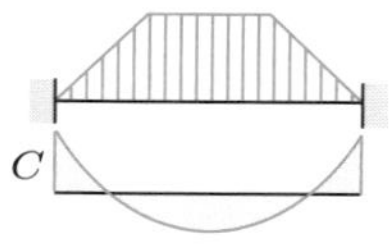	$M_0 = \left(\frac{\lambda^2}{16} - \frac{1}{48}\right) w{L_x}^3$ 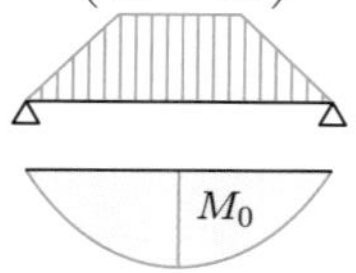	$Q_0 = \left(\frac{\lambda}{4} - \frac{1}{8}\right) w{L_x}^2$ 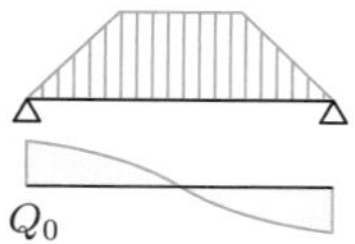
小梁1本	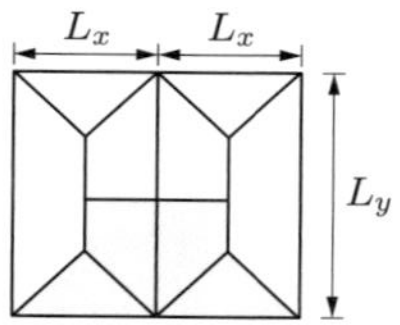 L_x, L_x, L_y	$C = \left(\frac{\lambda}{8} + \frac{5}{192}\right) w{L_x}^3$ 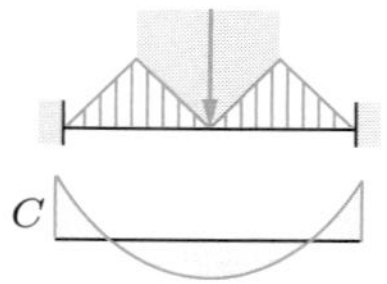	$M_0 = \frac{\lambda}{4} w{L_x}^3$ 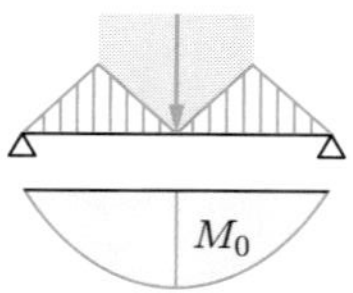	$Q_0 = \left(\frac{\lambda}{4} + \frac{1}{8}\right) w{L_x}^2$ 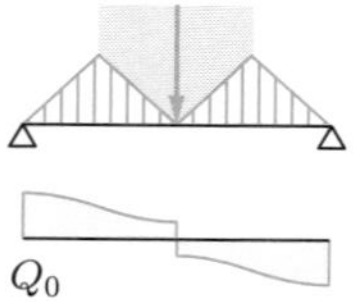
小梁2本	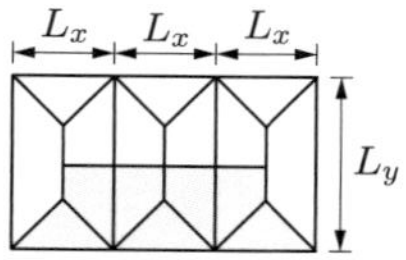 L_x, L_x, L_x, L_y	$C = \left(\frac{\lambda}{3} + \frac{5}{192}\right) w{L_x}^3$ 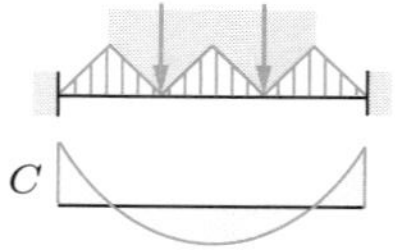	$M_0 = \left(\frac{\lambda}{2} + \frac{1}{24}\right) w{L_x}^3$ 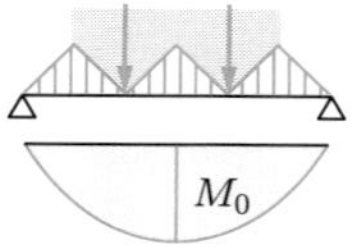	$Q_0 = \left(\frac{\lambda}{2} + \frac{1}{8}\right) w{L_x}^2$ 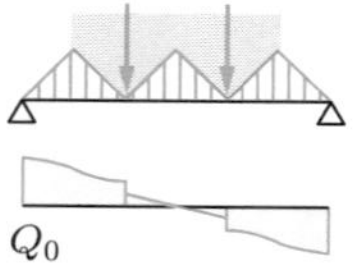

付録 12　柱の D 値と反曲点高比（文献 6）

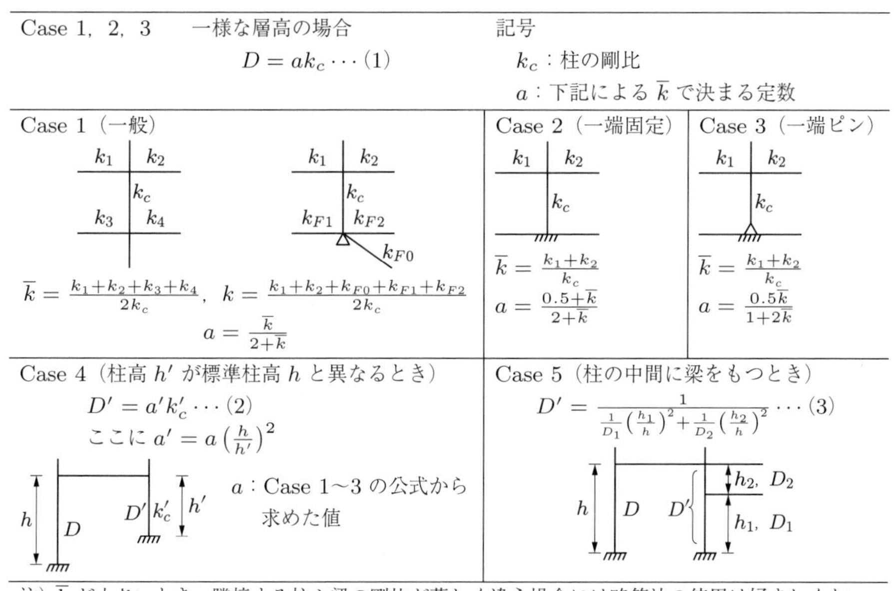

Case 1，2，3　一様な層高の場合
$D = ak_c \cdots (1)$
記号
k_c：柱の剛比
a：下記による $\overline{k}$ で決まる定数
Case 1（一般）
k_1 k_2 k_c k_3 k_4
k_1 k_2 k_c k_{F1} k_{F2} k_{F0}
$\overline{k} = \frac{k_1+k_2+k_3+k_4}{2k_c}$，$\overline{k} = \frac{k_1+k_2+k_{F0}+k_{F1}+k_{F2}}{2k_c}$
$a = \frac{\overline{k}}{2+\overline{k}}$
Case 2（一端固定）
k_1 k_2 k_c
$\overline{k} = \frac{k_1+k_2}{k_c}$
$a = \frac{0.5+\overline{k}}{2+\overline{k}}$
Case 3（一端ピン）
k_1 k_2 k_c
$\overline{k} = \frac{k_1+k_2}{k_c}$
$a = \frac{0.5\overline{k}}{1+2\overline{k}}$
Case 4（柱高 h' が標準柱高 h と異なるとき）
$D' = a'k'_c \cdots (2)$
ここに $a' = a\left(\frac{h}{h'}\right)^2$
h D D' k'_c h'
a：Case 1～3 の公式から求めた値
Case 5（柱の中間に梁をもつとき）
$D' = \frac{1}{\frac{1}{D_1}\left(\frac{h_1}{h}\right)^2+\frac{1}{D_2}\left(\frac{h_2}{h}\right)^2} \cdots (3)$
h D D' h_2，D_2 h_1，D_1
注）$\overline{k}$ が小さいとき，隣接する柱や梁の剛比が著しく違う場合には略算法の使用は好ましくない．

付図 12.1　柱の D 値

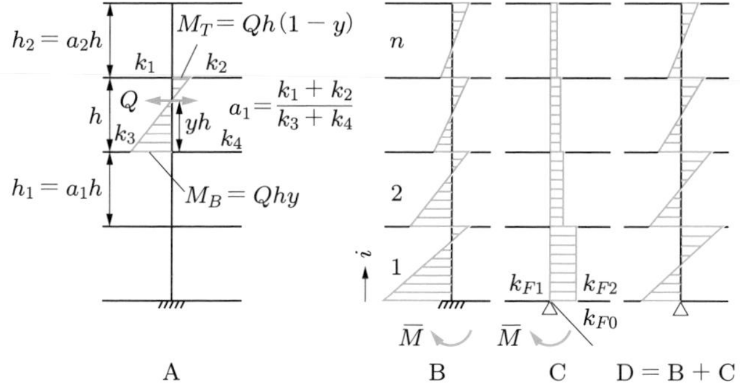

A：i 層の曲げモーメントの算定関係事項
B：柱脚固定時の曲げモーメント分布
C：柱脚半固定時の修正法
D：柱脚半固定時の曲げモーメント分布

付図 12.2　ラーメン柱の曲げモーメントの計算

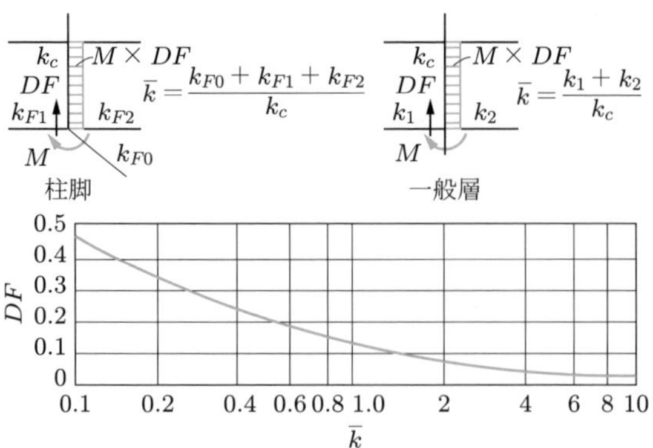

付図 12.3 節点を越えての曲げモーメントの伝達

付表 12.1　反曲点高比の計算のための表（文献 6）

（1）標準反曲点高比 y_0（逆三角形荷重）

（a）1 層から 9 層まで

n	i \ $\bar{k}$	0.1	0.2	0.3	0.4	0.5	0.6	0.7	0.8	0.9	1.0	2.0	3.0	4.0	5.0
1	1	0.80	0.75	0.70	0.65	0.65	0.60	0.60	0.60	0.60	0.55	0.55	0.55	0.55	0.55
2	2	0.50	0.45	0.40	0.40	0.40	0.40	0.40	0.40	0.40	0.45	0.45	0.45	0.45	0.50
	1	1.00	0.85	0.75	0.70	0.70	0.65	0.65	0.65	0.60	0.60	0.55	0.55	0.55	0.55
3	3	0.25	0.25	0.25	0.30	0.30	0.35	0.35	0.35	0.40	0.40	0.45	0.45	0.45	0.50
	2	0.60	0.50	0.50	0.50	0.50	0.45	0.45	0.45	0.45	0.45	0.50	0.50	0.50	0.50
	1	1.15	0.90	0.80	0.75	0.75	0.70	0.70	0.65	0.65	0.65	0.60	0.55	0.55	0.55
4	4	0.10	0.15	0.20	0.25	0.30	0.30	0.35	0.35	0.35	0.40	0.45	0.45	0.45	0.45
	3	0.35	0.35	0.35	0.40	0.40	0.40	0.40	0.45	0.45	0.45	0.45	0.50	0.50	0.50
	2	0.70	0.60	0.55	0.50	0.50	0.50	0.50	0.50	0.50	0.50	0.50	0.50	0.50	0.50
	1	1.20	0.95	0.85	0.80	0.75	0.70	0.70	0.70	0.65	0.65	0.55	0.55	0.55	0.55
5	5	−0.05	0.10	0.20	0.25	0.30	0.30	0.35	0.35	0.35	0.35	0.40	0.45	0.45	0.45
	4	0.20	0.25	0.35	0.35	0.40	0.40	0.40	0.40	0.40	0.45	0.45	0.50	0.50	0.50
	3	0.45	0.40	0.45	0.45	0.45	0.45	0.45	0.45	0.45	0.45	0.50	0.50	0.50	0.50
	2	0.75	0.60	0.55	0.55	0.50	0.50	0.50	0.50	0.50	0.50	0.50	0.50	0.50	0.50
	1	1.30	1.00	0.85	0.80	0.75	0.70	0.70	0.65	0.65	0.65	0.60	0.55	0.55	0.55
6	6	−0.15	0.05	0.15	0.20	0.25	0.30	0.30	0.35	0.35	0.35	0.40	0.45	0.45	0.45
	5	0.10	0.25	0.30	0.35	0.35	0.40	0.40	0.40	0.45	0.45	0.45	0.50	0.50	0.50
	4	0.30	0.35	0.40	0.40	0.45	0.45	0.45	0.45	0.45	0.45	0.50	0.50	0.50	0.50
	3	0.50	0.45	0.45	0.45	0.45	0.45	0.45	0.45	0.45	0.50	0.50	0.50	0.50	0.50
	2	0.80	0.65	0.55	0.55	0.55	0.55	0.50	0.50	0.50	0.50	0.50	0.50	0.50	0.50
	1	1.30	1.00	0.85	0.80	0.75	0.70	0.70	0.65	0.65	0.65	0.60	0.55	0.55	0.55
7	7	−0.20	0.05	0.15	0.20	0.25	0.30	0.30	0.35	0.35	0.35	0.45	0.45	0.45	0.45
	6	0.05	0.20	0.30	0.35	0.35	0.40	0.40	0.40	0.40	0.45	0.45	0.50	0.50	0.50
	5	0.20	0.30	0.35	0.40	0.40	0.45	0.45	0.45	0.45	0.45	0.50	0.50	0.50	0.50
	4	0.35	0.40	0.40	0.45	0.45	0.45	0.45	0.45	0.45	0.45	0.50	0.50	0.50	0.50
	3	0.55	0.50	0.50	0.50	0.50	0.50	0.50	0.50	0.50	0.50	0.50	0.50	0.50	0.50
	2	0.80	0.65	0.60	0.55	0.55	0.55	0.50	0.50	0.50	0.50	0.50	0.50	0.50	0.50
	1	1.30	1.00	0.90	0.80	0.75	0.70	0.70	0.70	0.65	0.65	0.60	0.55	0.55	0.55
8	8	−0.20	0.05	0.15	0.20	0.25	0.30	0.30	0.35	0.35	0.35	0.45	0.45	0.45	0.45
	7	0.00	0.20	0.30	0.35	0.35	0.40	0.40	0.40	0.40	0.45	0.45	0.50	0.50	0.50
	6	0.15	0.30	0.35	0.40	0.40	0.45	0.45	0.45	0.45	0.45	0.50	0.50	0.50	0.50
	5	0.30	0.45	0.40	0.45	0.45	0.45	0.45	0.45	0.45	0.45	0.50	0.50	0.50	0.50
	4	0.40	0.45	0.45	0.45	0.45	0.45	0.45	0.50	0.50	0.50	0.50	0.50	0.50	0.50
	3	0.60	0.50	0.50	0.50	0.50	0.50	0.50	0.50	0.50	0.50	0.50	0.50	0.50	0.50
	2	0.85	0.65	0.60	0.55	0.55	0.55	0.50	0.50	0.50	0.50	0.50	0.50	0.50	0.50
	1	1.30	1.00	0.90	0.80	0.75	0.70	0.70	0.70	0.65	0.65	0.60	0.55	0.55	0.55
9	9	−0.25	0.00	0.15	0.20	0.25	0.30	0.30	0.35	0.35	0.40	0.45	0.45	0.45	0.45
	8	0.00	0.20	0.30	0.35	0.35	0.40	0.40	0.40	0.40	0.45	0.45	0.50	0.50	0.50
	7	0.15	0.30	0.35	0.40	0.40	0.45	0.45	0.45	0.45	0.45	0.50	0.50	0.50	0.50
	6	0.25	0.35	0.40	0.40	0.45	0.45	0.45	0.45	0.45	0.50	0.50	0.50	0.50	0.50
	5	0.35	0.40	0.45	0.45	0.45	0.45	0.45	0.45	0.50	0.50	0.50	0.50	0.50	0.50
	4	0.45	0.45	0.45	0.45	0.45	0.50	0.50	0.50	0.50	0.50	0.50	0.50	0.50	0.50
	3	0.60	0.50	0.50	0.50	0.50	0.50	0.50	0.50	0.50	0.50	0.50	0.50	0.50	0.50
	2	0.85	0.65	0.60	0.55	0.55	0.55	0.55	0.50	0.50	0.50	0.50	0.50	0.50	0.50
	1	1.35	1.00	0.90	0.80	0.75	0.75	0.70	0.70	0.65	0.65	0.60	0.55	0.55	0.55

付表 12.1 反曲点高比の計算のための表（つづき）（文献 6）

（2）上下の梁の剛比変化のための修正値 y_1

α_1 \ $\bar{k}$	0.1	0.2	0.3	0.4	0.5	0.6	0.7	0.8	0.9	1.0	2.0	3.0	4.0	5.0
0.4	0.55	0.40	0.30	0.25	0.20	0.20	0.20	0.15	0.15	0.15	0.05	0.05	0.05	0.05
0.5	0.45	0.30	0.20	0.20	0.15	0.15	0.15	0.10	0.10	0.10	0.05	0.05	0.05	0.05
0.6	0.30	0.20	0.15	0.15	0.10	0.10	0.10	0.10	0.05	0.05	0.05	0.05	0.0	0.0
0.7	0.20	0.15	0.10	0.10	0.10	0.05	0.05	0.05	0.05	0.05	0.05	0.0	0.0	0.0
0.8	0.15	0.10	0.05	0.05	0.05	0.05	0.05	0.05	0.05	0.0	0.0	0.0	0.0	0.0
0.9	0.05	0.05	0.05	0.05	0.0	0.0	0.0	0.0	0.0	0.0	0.0	0.0	0.0	0.0

k_{B1} k_{B2} / k_{B3} k_{B4}

$k_{B上} = k_{B1} + k_{B2}$
$\alpha_1 = k_{B上}/k_{B下}$
$k_{B下} = k_{B3} + k_{B4}$

α_1：最下層は考えないでよい
上梁の剛比が大きいときには逆数をとって
$\alpha_1 = k_{B下}/k_{B上}$ として y_1 を求めて符号を負（−）とする

（3）上下の層高変化による修正値 y_2, y_3
（y_2：上層の層高変化による修正値，y_3：下層の層高変化による修正値）

α_2 上	α_3 下 \ $\bar{k}$	0.1	0.2	0.3	0.4	0.5	0.6	0.7	0.8	0.9	1.0	2.0	3.0	4.0	5.0
2.0		0.25	0.15	0.15	0.10	0.10	0.10	0.10	0.10	0.05	0.05	0.05	0.05	0.0	0.0
1.8		0.20	0.15	0.10	0.10	0.10	0.05	0.05	0.05	0.05	0.05	0.05	0.0	0.0	0.0
1.6	0.4	0.15	0.10	0.10	0.05	0.05	0.05	0.05	0.05	0.05	0.05	0.0	0.0	0.0	0.0
1.4	0.6	0.10	0.05	0.05	0.05	0.05	0.05	0.05	0.05	0.05	0.0	0.0	0.0	0.0	0.0
1.2	0.8	0.05	0.05	0.05	0.0	0.0	0.0	0.0	0.0	0.0	0.0	0.0	0.0	0.0	0.0
1.0	1.0	0.0	0.0	0.0	0.0	0.0	0.0	0.0	0.0	0.0	0.0	0.0	0.0	0.0	0.0
0.8	1.2	−0.05	−0.05	−0.05	0.0	0.0	0.0	0.0	0.0	0.0	0.0	0.0	0.0	0.0	0.0
0.6	1.4	−0.10	−0.05	−0.05	−0.05	−0.05	−0.05	−0.05	−0.05	−0.05	0.0	0.0	0.0	0.0	0.0
0.4	1.6	−0.15	−0.10	−0.10	−0.05	−0.05	−0.05	−0.05	−0.05	−0.05	−0.05	0.0	0.0	0.0	0.0
	1.8	−0.20	−0.15	−0.10	−0.10	−0.10	−0.05	−0.05	−0.05	−0.05	−0.05	−0.05	0.0	0.0	0.0
	2.0	−0.25	−0.15	−0.15	−0.10	−0.10	−0.10	−0.10	−0.10	−0.05	−0.05	−0.05	−0.05	0.0	0.0

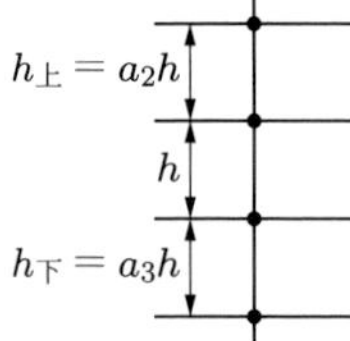

y_2：$\alpha_2 = h_上/h$ から求める
上層が高いときに正となる
y_3：$\alpha_3 = h_下/h$ から求める

ただし，最上層については y_2，最下層については y_3 を考えなくてよい

付録 13 連層耐震壁の D 値（文献 6）

連層壁の i 階を考えると，せん断変形（δ_{si}：付図 13.1）については式(10.15)より，

$$\delta_{si} = \frac{Q_{wi}\kappa h_i}{Gt_iL} \qquad (付 13.1)$$

変形すると，

$$\delta_{si} = \frac{Q_{wi}\kappa h_i}{Gt_iL} \times \frac{12EK_0}{{h_i}^2} \times \frac{{h_i}^2}{12EK_0}$$
$$= \frac{\kappa Q_{wi}}{t_iL} \times \frac{12(E/G)K_0}{h_i} \times \frac{{h_i}^2}{12EK_0} \qquad (付 13.2)$$

式(付 13.2)より，

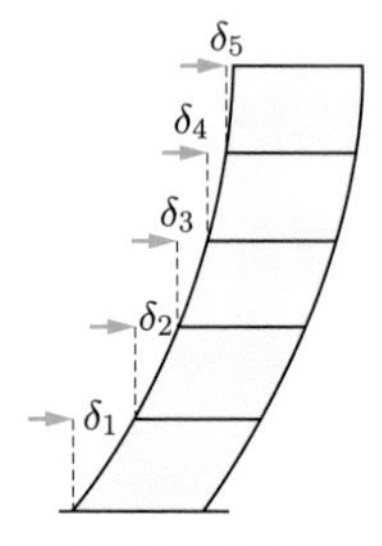

付図 13.1 せん断変形

$$\frac{Q_{wi}}{\delta_{si}} = \frac{t_i L h_i}{12\kappa(E/G)K_0} \times \frac{12EK_0}{{h_i}^2} = D_S \frac{12EK_0}{{h_i}^2} \tag{付 13.3}$$

ただし，

$$D_S = \frac{t_i L h_i}{12\kappa(E/G)K_0} \tag{付 13.4}$$

曲げ変形については，付図 13.2 のように当該階より下階の曲げ変形の影響を考慮する．

$$\delta_{Bi} = \sum_{j=1}^{i-1} \frac{M_j h_j}{EI_j} h_i + \frac{M_i {h_i}^2}{2EI_i} \tag{付 13.5}$$

$I_j/(h_j K_0) = k_{wj}$，$I_i(h_i K_0) = k_{wi}$ とおくと，

$$\delta_{Bi} = \left(\sum_{j=1}^{i-1} \frac{M_j}{k_{wj}} + \frac{M_i}{2k_{wi}} \right) \frac{12}{h_i} \times \frac{{h_i}^2}{12EK_0} \tag{付 13.6}$$

となり，さらに，

$$\varDelta_{Bi} = \sum_{j=1}^{i-1} \left(\frac{M_j}{k_{wj}} + \frac{M_i}{2k_{wi}} \right) \tag{付 13.7}$$

とおくと，次のようになる．

$$\delta_{Bi} = 4\varDelta_{bi} \frac{3}{h_i} \times \frac{{h_i}^2}{12EK_0} \tag{付 13.8}$$

したがって，

$$D_{Bi} = \frac{Q_{wi}}{\delta_{Bi}} = \frac{Q_{wi}}{(4\varDelta_{Bi})(3/h_i)} \times \frac{12EK_0}{{h_i}^2} = \frac{Q_{wi}}{12\varDelta_{Bi}/h_i} \times \frac{12EK_0}{{h_i}^2} \tag{付 13.9}$$

となる．また，連層耐震壁，基礎の回転により高さに応じた変位を考慮する．

$$\delta_{Ri} = \theta h_i = \frac{M}{K_F} h_i = 12EK_0 \frac{M/K_F}{h_i} \times \frac{{h_i}^2}{12EK_0} \tag{付 13.10}$$

ここに，

$$\varDelta_{Ri} = 12EK_0 \frac{M/K_F}{h_i} \tag{付 13.11}$$

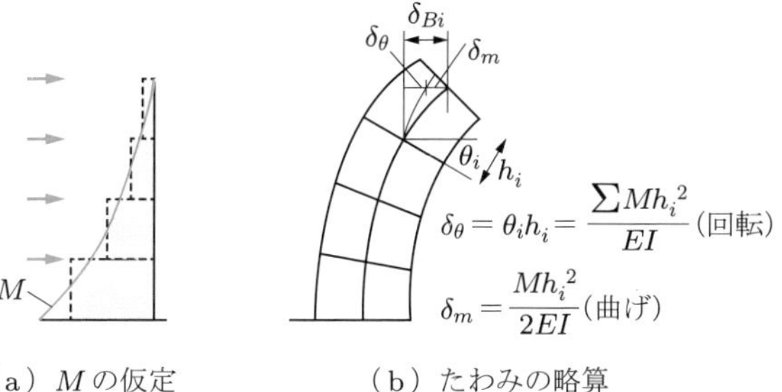

（a）M の仮定　（b）たわみの略算

付図 13.2　連層壁の曲げ変形の計算

とおくと，次式となる．

$$\delta_{Ri} = \Delta_{Ri} \frac{{h_i}^2}{12EK_0} \tag{付 13.12}$$

したがって，次式となる．

$$D_{Ri} = \frac{Q_{wi}}{\delta_{Ri}} = \frac{Q_{wi}}{\Delta_{Ri}} \times \frac{12EK_0}{{h_i}^2} \tag{付 13.13}$$

以上より，式(10.18)，(10.19)と同様に，連層壁の D 値は次式で表される．

$$D_{wi} = \frac{Q_i}{\delta_{Si} + \delta_{Bi} + \delta_{Ri}} \tag{付 13.14}$$

あるいは，

$$\frac{1}{D_{wi}} = \frac{1}{D_{Si}} + \frac{1}{D_{Bi}} + \frac{1}{D_{Ri}} \tag{付 13.15}$$

である．

付録 14　建築物区分，構造計算の方法，および審査の方法のフローチャート

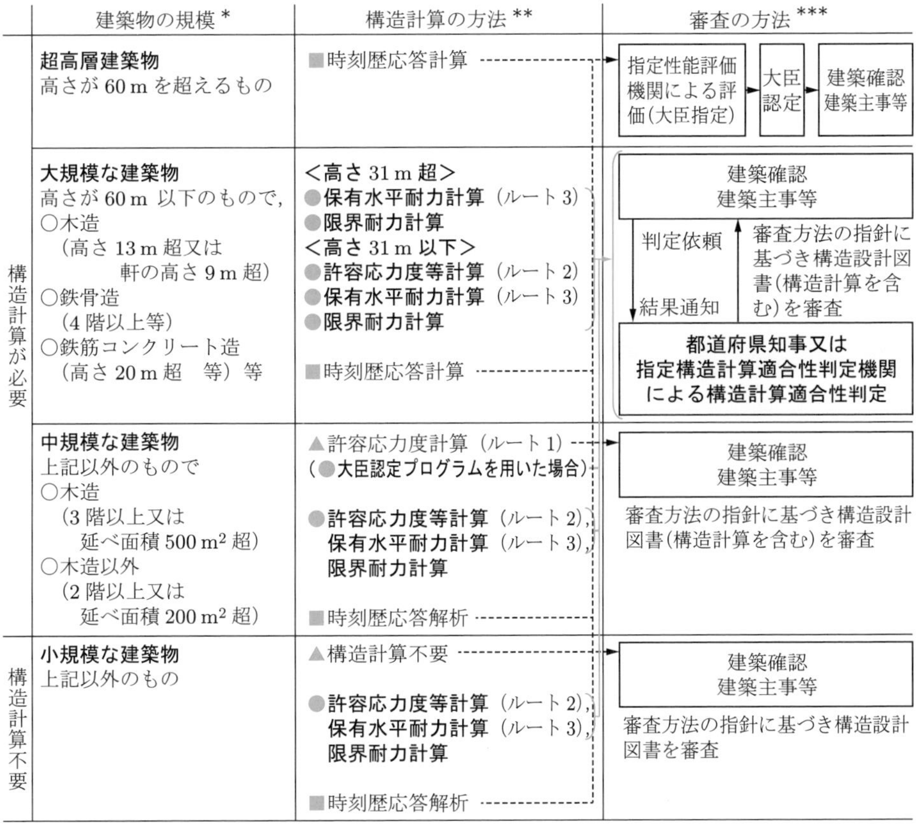

	建築物の規模 *	構造計算の方法 **	審査の方法 ***
	超高層建築物 高さが 60 m を超えるもの	■時刻歴応答計算	指定性能評価機関による評価（大臣指定）→ 大臣認定 → 建築確認 建築主事等
構造計算が必要	**大規模な建築物** 高さが 60 m 以下のもので， ○木造 （高さ 13 m 超又は 軒の高さ 9 m 超） ○鉄骨造 （4 階以上等） ○鉄筋コンクリート造 （高さ 20 m 超　等）等	＜高さ 31 m 超＞ ●**保有水平耐力計算**（ルート 3） ●**限界耐力計算** ＜高さ 31 m 以下＞ ●**許容応力度等計算**（ルート 2） ●**保有水平耐力計算**（ルート 3） ●**限界耐力計算** ■時刻歴応答計算	建築確認 建築主事等 判定依頼 結果通知 審査方法の指針に基づき構造設計図書(構造計算を含む)を審査 **都道府県知事又は指定構造計算適合性判定機関による構造計算適合性判定**
	中規模な建築物 上記以外のもので ○木造 （3 階以上又は 延べ面積 500 m^2 超） ○木造以外 （2 階以上又は 延べ面積 200 m^2 超）	▲許容応力度計算（ルート 1） （●**大臣認定プログラムを用いた場合**） ●**許容応力度等計算**（ルート 2）， **保有水平耐力計算**（ルート 3）， **限界耐力計算** ■時刻歴応答解析	建築確認 建築主事等 審査方法の指針に基づき構造設計図書(構造計算を含む)を審査
構造計算不要	**小規模な建築物** 上記以外のもの	▲構造計算不要 ●**許容応力度等計算**（ルート 2）， **保有水平耐力計算**（ルート 3）， **限界耐力計算** ■時刻歴応答解析	建築確認 建築主事等 審査方法の指針に基づき構造設計図書を審査

（(一財) 日本建築センターの＜判定の手引き＞より）

注）*　建築物の区分で，上から建築基準法第 20 条の 1 号，2 号，3 号，4 号

**　耐震設計ルートで，建築基準法施行令の各条で規定.
時刻歴応答計算（第 81 条第 1 項第 1 ～ 4 号）
許容応力度等計算―ルート 1―（第 82 条の 4）
許容応力度等計算―ルート 2―（第 82 条の 2，4，6）
保有水平耐力計算―ルート 3―（第 82 条）と（第 82 条の 2，3，4）
限界耐力計算（第 82 条の 5）
ただし，第 82 条の 2 は層間変形角の規定，第 82 条の 4 は屋根ふき材の規定，第 82 条の 6 は剛性率，偏心率の規定.

***指定性能評価機関（民間機関）は，(一財) 日本建築センターなど.
建築確認の機関には，行政機関（建築主事）と民間の指定建築確認検査機関（建築主事等）があり，後者は 1999 年にスタート.
構造計算適合性判定制度（指定機関は民間機関）は 2007 年にスタート.
なお，全国の建築確認検査と構造計算適合性判定の各機関名は，(一財) 建築行政情報センター(ICBA) のホームページにリストアップされている.

付録 15 建築基準法施行令第 3 章（構造強度）の構成

第 1 節	総則	（第 36 条～第 36 条の 3）
第 2 節	構造部材等	（第 37 条～第 39 条）
第 3 節	木造	（第 40 条～第 50 条）
第 4 節	組積造	（第 51 条～第 62 条）
第 4 節の 2	補強コンクリートブロック造	（第 62 条～第 70 条）
第 5 節	鉄骨造	（第 63 条～第 70 条）
第 6 節	鉄筋コンクリート造	（第 71 条～第 79 条）
第 6 節の 2	鉄骨鉄筋コンクリート造	（第 79 条の 2～4）
第 7 節	無筋コンクリート造	（第 80 条）
第 7 節の 2	構造方法に関する補則	（第 80 条の 2，3）
第 8 節	構造計算	（第 81 条～第 106 条）
第 1 款	総則	（第 81 条）
第 1 款の 2	保有水平耐力計算	（第 82 条～第 82 条の 4）
第 1 款の 3	限界耐力計算	（第 82 条の 5）
第 1 款の 4	許容応力度計算	（第 82 条の 6）
第 2 款	荷重及び外力	（第 82 条～第 88 条）
第 3 款	許容応力度	（第 89 条～第 94 条）
第 4 款	材料強度	（第 95 条～第 106 条）

注 1）第 1 節：構造方法に関する技術的基準と構造設計の原則

2）第 2 節から第 7 節：各構造毎の寸法や配置等の構造方法の詳細を定めた規定（仕様規定）．いずれの場合も，構造計算とは無関係に遵守しなくてはならない規定（構造設計に関する基本原則，建築物の品質の確保，耐久性，施工性，防火性等）と構造計算で代替えできる規定で構成

3）第 8 節：構造計算の規定

付録 16　鉄筋コンクリート構造関係の施行令と関連告示一覧

施行令	項　目	国土交通省（建設省）告示
第 36 条	構造方法に関する技術的基準	
第 36 条の 3	構造設計の原則	
第 37 条	構造部材の耐久	
第 38 条	基礎	第 1347 号（H12）
第 39 条	屋根ふき材等の緊結	第 109 号（S46）
(第 71 条～第 79 条	鉄筋コンクリート造)	
第 71 条	適用の範囲	
第 72 条	コンクリートの材料	
第 73 条	鉄筋の継手及び定着	第 1463 号（H12）
第 74 条	コンクリートの強度	第 1101 号（S56）
第 75 条	コンクリートの養生	
第 76 条	型枠及び支柱の除去	第 110 号（S46）
第 77 条	柱の構造	第 1106 号（S56）
第 77 条の 2	床版の構造	
第 78 条	はりの構造	
第 78 条の 2	耐力壁	
第 79 条	鉄筋のかぶり厚さ	第 1372 号（H13） { 第 567 号（H17）}
第 80 条の 2	構造方法に関する補則	第 1025 号（H13）等
第 80 条の 3	土砂災害関係構造方法	第 383 号（H13）
第 81 条	適用	第 1461 号（H12）等
第 82 条	保有水平耐力計算	第 1456 号（H12） 第 594 号（H19）
第 82 条の 2	層間変形角	第 594 号（H19）
第 82 条の 3	保有水平耐力	第 1997 号（H7）
第 82 条の 4	屋根ふき材等の構造計算	第 1458 号（H12）
第 82 条の 5	限界耐力計算	第 1457 号（H12）
第 82 条の 6	許容応力度等計算	第 1791 号（S55）
第 83 条	荷重及び外力の種類	
第 84 条	固定荷重	
第 85 条	積載荷重	
第 86 条	積雪荷重	第 1455 号（H12）
第 87 条	風圧力	第 1454 号（H12）
第 88 条	地震力	第 1793 号（S55）
第 90 条	鋼材等（許容応力度）	第 1451 号（H12） 第 2464 号（H12）
第 91 条	コンクリート（同上）	第 1450 号（H12）
第 93 条	地盤及び基礎ぐい	第 1113 号（H13）
第 96 条	鋼材等（材料強度）	（第 90 条と同じ）
第 97 条	コンクリート（同上）	（第 91 条と同じ）

注）H：平成　　S：昭和

参考および引用文献

1. 日本建築学会：「鉄筋コンクリート構造計算規準・同解説（許容応力度設計法）1999」，1999
2. 日本建築学会：「鉄筋コンクリート造建物の靱性保証型耐震設計指針・同解説 1999」，1999
3. 建設省大臣官房技術調査室監修，（社）建築研究振興協会編：「鉄筋コンクリート造建築物の性能評価ガイドライン」，技報堂出版，2000
4. 日本建築学会：「建築物荷重指針・同解説　1993」，1993
5. 日本建築学会：「鉄筋コンクリート構造設計規準・同解説　1988」，1988
6. 武藤清：「耐震設計シリーズ 1，耐震計算法」，丸善，1963
7. 日本建築学会：「建築工事標準仕様書・同解説　JASS5　鉄筋コンクリート工事 2018」，2018
8. 日本建築学会：「建築耐震設計における保有耐力と変形性能　1990」，1999
9. 日本建築センター：「改正建築基準法施行令新耐震基準に基づく構造計算指針・同解説」，監修建設省住宅局建築指導課，建設省建築研究所，1981
10. ACI318：American Concrete Institute
11. 菅野俊介：「鉄筋コンクリートの復元力特性に関する研究」，東京大学学位論文，1970
12. 広沢雅也：「既往の鉄筋コンクリート造耐震壁に関する実験資料とその解析」，建築研究所，建築研究報告，No. 6，1975
13. 日本建築学会：「鉄筋コンクリート構造計算資料集　2002」，2002
14. 広島県：「広島県地震被害想定調査報告書（平成 7・8 年度調査）」，1997
15. 国土交通省ら：「2007 年版　建築物の構造関係技術基準解説書」，2007
16. 日本建築学会：「鉄筋コンクリート構造計算規準，同解説 2018」，2018
17. 荒川卓：「鉄筋コンクリート梁のせん断補強とせん断強度について」，建築学会大会学術講演梗概集，1969
18. 日本建築学会：「建築基礎構造設計指針」，2019

演習問題解答

第 1 章

1.1 （長期）$f_c = 8$，$f_s = 0.73$，$f_a = 1.54$（上端筋），2.31（その他）$[\text{N/mm}^2]$
（短期）$f_c = 16$，$f_s = 1.095$，$f_a = 2.31$（上端筋），3.465（その他）$[\text{N/mm}^2]$

1.2 （略）

第 2 章

2.1 （1）$Z = 21.0 \times 10^6 [\text{mm}^3]$
（2）$\sigma_B = 0.56\sqrt{24} = 2.74 [\text{N/mm}^2]$，$M_{cr} = 2.74 \times 21.0 \times 10^6 = 57.5 \times 10^6 [\text{N·mm}]$，$1/\rho = \{(2.74/(2.1 \times 10^4)\}/(600/2) = 4.35 \times 10^{-7} [1/\text{mm}]$

2.2 （1）$d = 525$ [mm]，式(2.13)より，$x_n = 212.8$ [mm]
（2）式(2.17)より，$M_2 = 171.3$ [kN·m]，（3）式(2.16)より，$M_1 = 135$ [kN·m]

2.3 第 11 章の梁（y 方向，2 階）$M_L = 133$ [kN·m]，$M_E = \pm 219$ [kN·m]
上端筋 $M = 133 + 219 = 352$ [kN·m]，下端筋 $M = 133 - 219 = -86$ [kN·m]
$f_c = 14 [\text{N/mm}^2]$，$d = 625$ [mm]
上端筋 $M/(bd^2 f_c) = 0.1837$，付図 4.1 より，$p_t = 0.70$ [%]
$M/(bd^2 f_t) = 8.723 \times 10^3$，付図 4.2 より，$p_t = 0.99\ [\%] > 0.70\ [\%]$ $\therefore p_t = 0.99$ [%]，$a_t = 2166 [\text{mm}^2]$，5-D25
下端筋 $M/(bd^2 f_t) = 2.137 \times 10^3$，付図 4.2 より，$p_t = 0.24$ [%]，$a_t = 525 [\text{mm}^2]$，2-D25

第 3 章

3.1 $N/(bD) = 1500 \times 10^3/(600 \times 600) = 4.17$，$M/(bD^2) = 400 \times 10^6/(600 \times 600^2) = 1.85$
付図 5.2 より，$p_t = 0.34$ [%]，$a_t = 0.34 \times 10^{-2} \times 600 \times 600 = 1224 [\text{mm}^2]$ $\therefore$ 5-D19 とする

第 4 章

4.1 $f_s = 0.73 [\text{N/mm}^2]$，${}_w f_t = 195 [\text{N/mm}^2]$，
式(4.21)$Q_A = Q_D$ より，$p_w = 0.002179$，2-D10 として，$x = 187$ [mm]
$\therefore$ 2-D10@150

4.2 左端部では式(2.64)と表 2.4 より，$\sigma_y = 1.3\sigma_y$ とする．
$M_{yL} = 0.9 \times 507 \times 2 \times 1.3 \times 295 \times 525 = 183.6 \times 10^6 [\text{N·mm}] = 183.6$ [kN·m]
右端部では式(2.64)，表 2.4 より，$\sigma_y = 1.3\sigma_y$ とする．また，スラブ筋を考慮して $a_t = 506.7 \times 2 + 71.33 + 126.7 = 2224.83 [\text{mm}^2]$

$M_{yR} = 0.9 \times 2224 \times 1.3 \times 295 \times 525 = 403.0 \times 10^6$ [N·mm] $= 403.2$ [kN·m]

式(4.25)より，右端では $Q_D = 100 + (183.7 + 403.0)/6.0 = 197.8$ [kN]

右端部では $M/(Qd) = 403.2 \times 10^6/(147.8 \times 10^3 \times 525) = 5.20 > 3$，$\alpha = 4/(5.19+1) = 0.65 < 1 \quad \therefore \alpha = 1$

$f_s = 0.73 \times 1.5 = 1.095$ [N/mm^2]，

式(4.23)より，$Q_A = Q_D = 197.8$ [kN] として $p_w = 0.002915$，2-D13 を採用する．$x = 2 \times 126.7/(350 \times 0.002899) = 248.4$ [mm] $\quad \therefore$ 2-D13@200 とする

4.3 式(3.61)と表 2.4 より，$\sigma_y = 1.3\sigma_y$ として

$M_u = 0.8 \times 1.3 \times 295 \times 7 \times 387.1 \times 600 + 0.5 \times 1500 \times 10^3 \times 600 \times \{1 - 1500 \times 10^3/(0.85 \times 24 \times 600 \times 600\} = 856.9 \times 10^6 =$ [N·mm] $= 856.9$ [kN·m]

$Q_D = (856.9 + 856.9)/3.5 = 489.7$ [kN]

式(4.24)より，$Q_A = Q_D = 489.7$ [kN] として $p_w = 0.00624 < 1.2$ [%]，4-D13 とすると，$x = 4 \times 126.7/(600 \times 0.00625) = 135.4$ [mm] $\quad \therefore$ 4-D13@100 とする

第 6 章

6.1 (1) 定着長さ（下端筋の場合）

$L = 375$ [mm] $\geqq 0.75D = 0.75 \times 500 = 375$ [mm] $\quad \therefore$ OK

構造制限より，$L = 375$ [mm] $> 8d_b = 8 \times 25 = 200$ [mm]かつ 150 [mm] $\quad \therefore$ OK

(2) 側面かぶり厚さ

表 6.6 において，側面かぶり厚さ $> 1.5 \times 25 = 37.5$ [mm]かつ 50 [mm] $\quad \therefore$ OK

(3) 余長

図 6.10 より，360 [mm] $> 8d_b = 8 \times 25 = 200$ [mm] $\quad \therefore$ OK

(4) 必要な定着長さ

式(6.16)において，$d_b = 25$ [mm]，$\sigma_t = f_t = 295$ [N/mm^2]，

表 6.1 その他の鉄筋より，$f_b = 21/40 + 0.9 = 1.425$ [N/mm^2]，

横補強筋で補強されているので，$\alpha = 1.0$

表 6.5 より，$S = 0.7$

$L_{ab} = 1.0 \times 0.7 \times 295 \times 25/(10 \times 1.425) = 362.3 < 375$ [mm] $\quad \therefore$ OK

第 7 章

7.1 $P = 2R_A + 2R_B$，$I_A = bD^3/12$，$I_B = 2bD^3/12$，$\delta_A = 2R_AL^3/(48EI_A) = \delta_B = 2R_B \times (2L)^3/(48EI_B)$ より，$R_A = 0.4P$，$R_B = 0.1P$

7.2 必要な $t = 112 < 130 \quad \therefore$ OK

$w_x = 6.37$ [kN/m^2]，$M_{x1} = 6.50$ [kN·m/m]，$M_{x2} = 4.33$ [kN·m/m]，$M_{y1} = 3.62$ [kN·m/m]，$M_{y2} = 2.42$ [kN·m/m]

短辺方向 $d = 130 - 40 = 90$ [mm]，

端部 D10，D13 交互 $x = 239$ [mm] $\quad \therefore$ @200

中央 D10 $x = 253$ [mm] $\quad \therefore$ @200

長辺方向 $d = 130 - 50 = 80$ [mm]，

端部　D10，D13 交互 $x = 373$ [mm]　　$\therefore$ @300
中央　D10　　　　　 $x = 402$ [mm]　　$\therefore$ @300

第 8 章

8.1　$\sigma' = 144.4$ [kN/m^2]，$M_F = 311.9$ [kN·m]，$f_t = 195$ [N/mm^2]，$d = 600$ [mm]，$a_t = 3047$ [mm^2]，$n = 10.67$　$\therefore$ 11-D19

8.2　$e = 66.7$ [mm]，$L/b = 0.0333$，$\sigma_m = 450$ [kN/m^2]

8.3　$R = (3000 + 600)/9 = 400 < 450$ [kN]　　$\therefore$ OK

$M_F = 400 \times 3 \times 0.65 = 780$ [kN·m]，$d = 1000$ [mm]，$f_t = 195$ [N/mm^2]，$a = 4571$ [mm^2]　　$\therefore$ 12-D22

第 9 章

9.1　$Q_1 = 1039.5 < 1200$ [kN]

柱：$p_w = 0.238$ [%]（2-D10@100），$d = 525$，$Q_c = 449.5$ [kN]

壁：$Q_w = 1200 - 2 \times 449.5 = 301$ [kN]，式(9.12)より，$p_s = 0.126$ [%] < 0.25 [%]

$\therefore p_s = 0.25$ [%]，$x = 190.2$　　$\therefore$ D10@150

9.2　$r = 0.671$，$Q_1 = 944 > 900$ [kN]

柱筋：$p_s = 0.25$ [%]，壁筋：2-D10（$a = 2 \times 71.33$）とすると，

$x = 2 \times 71.33/(200 \times 0.0025) = 285$　　$\therefore$ 2-D10@250（$p_s = 0.00285$）

開口補強筋，斜め（2-D16），鉛直（2-D16），水平（4-D16）

9.3　柱：$A_g = 2296$（8-D19）

$A_{ws} = 2 \times 71.33 \times 5000/250 = 2853$，式(9.41)より，$M_u = 14976$ [kN·m]

第 10 章

10.1　$81.5B^4$

10.2　(1) 式(10.41)より，剛心（$0.4L$，$0.5L$）　(2) 式(10.42)より，偏心量 $e_x = 0.1L$

(3) 式(10.58)より，弾力半径 $r_{ey} = 0.7L$，式(10.59)より，偏心率 $R_{ey} = 0.14$

(4) y 方向も式(10.56)と同形なので，柱 4 の柱頭変位 ${}_h\delta_y = 0.1P/D$，式(10.45)，(10.49)より，${}_M\delta_y = 0.0102P/D$

10.3　節点で 1/2 ずつ振り分ける．$P_1 = 167$ [kN]，$P_2 = 292$ [kN]

10.4　$P = 399$ [kN]，$Q_2 = 798$ [kN]，$Q_1 = 1197$ [kN]

第 12 章

12.1　$W = 50$ [t]，柱の剛度 $K_c = (400 \times 400^3/12)/3000 = 0.711 \times 10^6$．梁の剛度 $K_b = (300 \times 600^3/12)/6000) \times 1.6 = 1.44 \times 10^6$，$K_b/K_c = k_b/k_c = 1.44 \times 10^6/(0.711 \times 10^6) = 2.03$，図 10.6 より，基礎梁が剛の場合 $a = 0.8145$．

式(10.11)より，$Q/\delta = 0.8145 \times 12 \times 2.1 \times 10^4 \times 0.711 \times 10^6/3000^2 \times 4 = 649 \times 10^5$ [kN/m]

式(12.6)において $K = Q/\delta$ なので，$T = 2\pi\sqrt{50 \times 10^3/(649 \times 10^5)} = 0.174$ [s]

索 引

英 数

D 値 147
P 波 222
S 波 222
T 形梁 24

あ 行

あき 11
アーチ機構 59
圧縮せん断破壊 59
圧縮鉄筋比 18
あばら筋 11
あばら筋比 60
一次設計 2
上端筋 9
応答スペクトル 230
応答スペクトル法 239
応力中心間距離 15
帯筋 11
帯筋比 60

か 行

開口周比 127
開口低減率 128
仮想仕事法 165
カットオフ筋 76
かぶり厚さ 11
壁筋比 122
基礎スラブ 103
基礎梁 104
協力幅 24
許容圧縮応力度 8
許容応力度 2
許容せん断応力度 8
許容付着応力度 9
杭基礎 104
クリープ 7
形状特性係数 169
限界耐力計算 138
減衰定数 226
減衰による加速度の低減率 228
建築物の高さ方向の層せん断力分布係数 142
工学的基盤 222
高強度鉄筋 10
交差梁理論 91
剛性低下率 127
剛性率 157
構造特性係数 167
剛度 146
剛比 146
降伏曲げモーメント 30
固定荷重 139
固有周期 224

さ 行

雑壁 137
時刻歴応答解析 139
刺激関数 237
刺激係数 237
時刻歴応答解析法 239
地震層せん断力係数 141
地震力 141
質点系モデル 224
地盤と建築物の振動特性係数 141
地盤の増幅率 232
斜張力 56
斜張力破壊 59
終局状態 30
終局曲げモーメント 30, 48
主筋 11, 94
上限用強度 33
振動モード 234
震度階 221
スウェイ 232
スパイラルフープ 52
積載荷重 139
積雪荷重 140
設計基準強度 5
接合部の有効幅 71
接地圧 104
節点振り分け法 163
せん断剛性低下率 120
せん断スパン比 57
せん断スパン比による割り増し係数 57
せん断弾性係数 6
せん断ひび割れ 55
せん断力の分布係数 146
線膨張係数 6
層間変形角 3, 155
塑性ヒンジ 30
塑性率 227
袖壁付き柱 123

た 行

ダイアゴナルフープ 52
卓越周期 231, 232
単筋梁 14
弾性係数 6
弾力半径 160
地域係数 141
中立軸 14
中立軸比 16
超高強度コンクリート 5
つなぎ梁 104
鉄筋のダボ作用 59
等価剛性 227
等価線形化法 227
等価断面積 12
等価粘性減衰定数 227
トラス機構 59

な 行

中子筋　52
二次構造部材　138
二次設計　2
二乗和平方根法　240
ねじれによる水平力の補正係数　159
粘性減衰係数　226

は 行

配力筋　94
梁崩壊形　162
パンチングシェアー破壊　97, 105
引張鉄筋比　16
必要保有水平耐力　167
ひび割れ強度　28
標準剛度　146
標準層せん断力係数　143
表層地盤　222
風圧力　140
フェースモーメント　163
復元力　223
付着応力度　9
付着割裂破壊　60, 76
付着長さ　77
フーチング　103
複筋梁　18
複筋比　18
フック　84
壁体の有効長さ　121
偏心率　160
ポアソン比　6
崩壊機構（崩壊メカニズム）　161
保有水平耐力計算　138

ま 行

マグニチュード　221
曲げ降伏　30
曲げ上限強度　33
曲げせん断ひび割れ　56
マトリクス法　146, 150
モーダルアナリシス法　239

や 行

ヤング係数比　7
有効せい　14
有効幅　24
用心鉄筋　106
横補強効果　52
余長　84

ら 行

ロッキング　232

著 者 略 歴

嶋津　孝之（しまづ・たかゆき）
1966 年　東京大学大学院工学研究科博士課程修了
現　在　広島大学名誉教授　工学博士

福原　安洋（ふくはら・やすひろ）
1969 年　広島大学大学院工学研究科修士課程修了
現　在　呉工業高等専門学校名誉教授　博士（工学）

佐藤　立美（さとう・たつみ）
1969 年　早稲田大学大学院理工学研究科修士課程修了
現　在　広島工業大学名誉教授　工学博士

大田　和彦（おおた・かずひこ）
1981 年　近畿大学工学部建築学科卒業
1987 年　広島大学大学院工学研究科博士課程単位取得退学
現　在　近畿大学工学部教授　博士（工学）

松野　一成（まつの・かずなり）
1990 年　呉工業高等専門学校建築学科卒業
1994 年　豊橋技術科学大学大学院工学研究科博士前期課程修了
現　在　呉工業高等専門学校建築学科教授　博士（工学）

寺井　雅和（てらい・まさかず）
1999 年　北海道大学大学院工学研究科博士課程満期単位修得退学
現　在　近畿大学工学部准教授　博士（工学）

編集担当　加藤義之（森北出版）
編集責任　藤原祐介（森北出版）
組　　版　中央印刷
印　　刷　　同
製　　本　協栄製本

新しい鉄筋コンクリート構造（第 2 版）

2002 年 4 月 24 日　第 1 版第 1 刷発行
2021 年 8 月 20 日　第 1 版第17刷発行
2022 年 1 月 20 日　第 2 版第 1 刷発行
2024 年 1 月 19 日　第 2 版第 2 刷発行

著　　者　嶋津孝之・福原安洋・佐藤立美
　　　　　大田和彦・松野一成・寺井雅和
発 行 者　森北博巳
発 行 所　**森北出版株式会社**
東京都千代田区富士見 1-4-11（〒102-0071）
電話 03-3265-8341／FAX 03-3264-8709
https://www.morikita.co.jp/
日本書籍出版協会・自然科学書協会　会員
JCOPY ＜（一社）出版者著作権管理機構　委託出版物＞

落丁・乱丁本はお取替えいたします.

Printed in Japan／ISBN 978-4-627-55002-5